수정판

교육행정의 이해

정일환 · 김정희 · 정현숙

Educational Administration

태영출판사

머리말

교육체제를 둘러싼 국내외 정치 · 경제 · 사회 · 과학기술 등 제반 환경의 급속한 변화에 따라 교육행정체제 및 단위학교는 변화된 모습을 요구받고 있다. 즉 단위학교와 학급중심의 교육활동이 원활히 이루어질 수 있는 교육개혁과 이를 위한 지원체제의 구축이 절실히 요청된다고 할 수 있다. 또한, 지식기반사회와 정보화사회에 대비하는 교육의 수월성과 경쟁력을 제고하기 위하여 교육행정체제의 쇄신으로 교육행정의 실제에서 많은 변화가 일어나고 있다. 따라서 1995년「교육행정학 : 이론과 적용」(중앙적성출판사), 2003년「교육행정학의 탐구 : 개념과 실제」(원미사) 발간 이후 교육행정분야에서 새로운 이론의 도입 · 소개와 더불어 정치 · 행정체제의 변화에 따른 변경된 교육행정제도를 보완할 필요성을 갖게 되었다.

공공분야의 하나로서 분화 · 발전되고 있는 현대 교육행정은 교육 수요자를 위한 양질의 교육 서비스 제공에 대한 요청과 더불어 교육행정 업무의 전문화, 과학화, 지방자치시대에 부응하는 교육행정의 민주화, 자율화 등의 특징을 지니고 있다. 그리고 교육행정은 다양한 시각이나 관점에서 논의되고 있으나, 궁극적으로는 국가나 사회에서 설정한 교육목표를 효율적으로 달성하기 위하여 제반 인적 · 물적 자원을 지원 · 조장하는 수단적 · 봉사적 활동이라고 할 수 있다. 다양하고 창의성 있는 교육활동을 통하여 교육의 수월성과 경쟁력 제고를 위하여 어느 때보다 교육

행정의 중요성이 부각되고 있으며, 교육 실제의 개선을 위해서는 우선적으로 교육행정 이론의 구축·형성이 필요하며 아울러 교육행정학의 학문적 정립이 요청된다고 할 수 있다.

교육행정학은 교육학의 한 영역에서 교육 및 교육행정 활동과 밀접한 연관을 가지고 인접 학문으로부터 필요한 지식을 원용하여 독자적인 학문 영역을 구축하고 있다. 교육행정학은 교육행정 현상과 교육행정 행위에 관한 과학적 이론과 그 적용 기술에 대한 종합적이며 논리적인 지식의 체계라고 할 수 있다. 따라서 교육행정학은 교육행정 현상 연구의 준거가 될 뿐만 아니라 교육활동이나 교육행정 운영의 기술을 위한 실제적인 지침을 제공해 주는 학문이라고 할 수 있다.

본 서는 전체 10장으로 구성되어 있는 바, 제1장, 제2장, 제3장은 교육행정학의 학문적 성격 규명, 교육행정의 개념과 원리, 교육행정학의 이론발달 과정 등 주로 교육행정학의 이론 규명에 초점을 두고 기술하였다. 그리고 제4장에서는 최근 부각되고 있는 교육정책에 대한 내용을 과정과 분석으로 구분하여 기술하고, 교육정책에 대한 이론적인 제 접근모형들을 교육정책의제 설정, 정책결정, 집행 및 평가 등의 교육정책 과정별로 소개하였다.

제5장부터 제9장까지는 교육행정 과정의 측면에서 교육기획, 장학 및 행정통제, 조직화, 교육행정조직의 실제, 인적 자원의 충원과 관리, 물적 자원의 동원과 관리, 그리고 교육 지도성에 관한 이론과 학교조직 및 교육행정 조직에서 적용되는 내용을 서술하였다. 그리고 제10장에서는 교육목표를 효율적으로 달성하기 위한 측면에서 실제 이루어지고 있는 일선 단위학교와 학급의 경영활동에 관하여 이론을 토대로 학교현장의 실제 사례를 소개하였다.

이와 같이 본 서에서는 교육행정 현상과 활동을 분석하기 위하여 교육행정학에 대한 새로운 패러다임의 적용과 보다 생생한 실증적인 교육행정 운영을 기술하기 위하여 교육현장에서의 사례를 적용시키려고 노력하였다.

따라서 교육행정학을 학문적으로 탐구하려는 사람이나 실제 교육조직에서 근무하는 교사 및 교육행정가에게 조금이나마 도움을 주기 위하여 본 서를 보완·집필하게 되었다.

어려운 가운데서도 출판을 맡아 본 서가 보다 깔끔하게 출판되도록 격려를 아끼

지 않으신 태영출판사 김현태 사장님과 편집부 직원들께 감사를 드린다. 집필을 시작할 당시 의도하였던 내용과는 달리 미흡한 점이 많이 있음을 느끼면서 선배 제현의 아낌없는 질정을 바라는 바이다.

2013년 5월

저자 일동

차 례

제1장

교육행정학의 학문적 성격

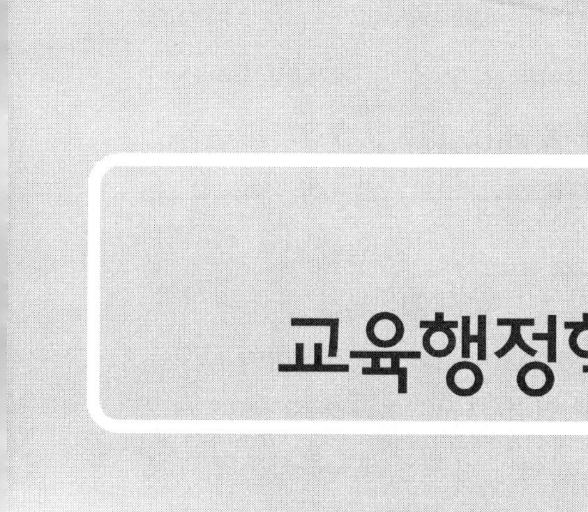

제1절 교육학과 교육행정학
제2절 교육행정학의 성격과 연구 대상
제3절 교육행정학의 접근방법

제1절 교육학과 교육행정학

교육행정학에 대한 학문적인 성격을 규명하기 위해서는 모체라고 할 수 있는 교육학에 대한 논의부터 전개되어야 할 것이다. 교육학은 일반적으로 교육작용과 교육활동에 관한 지식의 조직화, 체계화 또는 교사, 교육내용, 학생의 상호작용을 중심으로 교육상황을 과학적으로 연구하는 영역이라고 할 수 있다(정범모, 1976). 이와 같이 교육[1]이라는 실제적 활동을 수행하는데 응용되는 이론인 교육학은 목적론, 방법론, 경영론, 정치론 및 환경론으로 구성된다(정범모, 1976; 이홍우 외, 1981; 강길수, 1983; 정태범, 1984; 김병성 외, 1992; 정일환, 1996).

첫째, 교육목적론은 어떤 학생을 기를 것인가에 관한 내용으로서 교육의 이념, 목표, 신념, 가치 등을 포함한다. 그리고 사회가 바라는 인간상[2]을 제시하여 그것을 교육의 내용으로 구체화하는 것은 교육목적론에 연결된다. 교육에서 지 · 덕 · 체의 강조, 민주적 가치, 공동체 형성 및 존속, 자아 실현의 강조는 교육목적론의 주요 내용이 된다. 따라서 교육목적론에서는 교육내용론에서 다루는 내용을 포함한다.

학교교육의 목표와 그 내용은 교육과정에 반영된다. 이러한 교육과정에 근거하여 어떤 학습내용을 선정하여 조직할 것인가는 학교교육의 주요 과제가 아닐 수 없다. 교육부에서 제시하는 교육과정은 전국 어느 곳에서도 같으나, 그것을 지역사회에 맞는 학습내용으로 재조직하는 데는 전국이 같을 수 없다.

교육의 지역적 특성이 교육활동에 반영되어야 한다는 출발은 교육목적론에서 나온다. 특히, 제7차 교육과정에서 교육과정의 지역화를 강조하는 것은 교육자치제의 실시와 더불어 지역교육의 특성, 단위학교의 특성을 제대로 구현하기 위해서이

---

1) 교육에 대한 정의는 학자들에 따라 다양하게 규정되고 있는 바, 기능적 측면에서는 '사회문화의 계승 및 발전의 수단'으로 목적론적 측면에서는 '자아실현과 사회적 공헌의 극대화'로, 그리고 조작적 측면에서는 '인간행동의 계획적 변화활동'이라고 정의 내리고 있다.

2) 제7차 교육과정, 7차 개정교육과정 및 2009 개정교육과정에서는 교육기본법 제2조 교육이념하에 학교교육을 통해 길러 내고자 하는 인간상을 ① 전인적 성장의 기반 위에 개성의 발달과 진로를 개척하는 사람, ② 기초능력의 바탕 위에 새로운 발상과 도전으로 창의성을 발휘하는 사람, ③ 문화적 소양과 다원적 가치에 대한 이해를 바탕으로 품격있는 삶을 영위하는 사람, ④ 세계와 소통하는 시민으로서 배려와 나눔의 정신으로 공동체 발전에 참여하는 사람으로 설정하고 있다.

다. 교육행정권에서 나오는 각종 교육시책이 교육목적론이라는 관점에서 재조직되어 학교교육에 의미있게 적용될 수 있을 때에 그 시책은 효과를 거둘 수 있게 된다.

둘째, 교육방법론은 기르고자 하는 학생을 어떻게 기를 것인가에 관한 내용으로 교수-학습 활동이 여기에 포함된다. 학교의 교육활동에서 교육방법론은 교육과정 운영으로 표현되어 수업 시간표의 편성, 수업활동, 수업에 필요한 교재의 활용, 그리고 다양한 교수매체 등이 포함된다. 여기에는 학생들에 대한 심리적 이해가 무엇보다도 중요하다. 그렇기 때문에 수업활동에 학생들이 가지는 심리적 환경이 가장 중요한 변인이 된다. 학교에서 교사들이 조직적인 학습내용의 제시와 학생들의 학습에 대한 심리적 환경이 조화를 이룰 때 학교교육은 의도했던 학교조직의 목표를 보다 효과적으로 달성할 수 있을 것이다.

학교에서 이루어지는 다양하고 복잡한 교육활동에 대한 정확한 파악과 이해는 매우 중요하다. 학교에서 전문적인 지도와 협동적인 조언이 필요하게 되는 이유도 여기에 있다. 즉 아무리 좋은 교육목표를 설정하였다 하더라도 그것을 달성할 교육적 수단이 합리적으로 적절하게 제공되지 않는다면 목표달성은 어렵게 될 것이다.

셋째, 교육경영론은 학교조직에서 학교교육을 위한 모든 조건을 갖추어 교육과정을 운영하는 것이며, 전체 교육제도면에서 본다면 학교교육을 포함하여 전체 교육체제 전반을 합리적으로 관리하는 것을 말한다. 따라서, 교육경영론에서는 학교교육권의 인적 · 물적 조건관리와 교육행정권의 체계적 관리를 포함한다. 이는 교육목적과 방법에 맞게 교육행정 조직을 갖추고, 자격있는 교사를 양성하고 학교교육 운영에 필요한 재정과 시설을 마련하여 교육을 경영한다는 것을 의미한다.

학교에서는 다양한 교육과정의 운영과 학생들의 능력과 적성의 차이로 말미암아 효과적인 학교경영이 요구된다. 그리고 교육의 제도적 관리면에서도 학교교육의 양적 팽창과 질적 고도화로 인하여 융통성있는 교육행정과 정책이 요구된다. 또한, 교육의 수월성과 경쟁력을 제고하기 위해서는 합리적인 교육경영이 필요하다. 따라서 학교교육 운영에서 경제학적 · 경영학적 지식이 활용되는 이유가 바로 여기에 있다. 효율적인 학교의 교육과정 운영에 필요한 인적 · 물적 조건을 지원 · 조장 · 감독하기 위해서는 교육경영과 교육행정의 전문성이 요청된다.

넷째, 교육정치론은 교육이 이루어지는 과정과 교육조직이 운영되는 과정은 정치적 과정과 밀접한 관련성이 있음을 뜻한다. 국가 전체에서 한정된 자원을 교육부문에 배분하는 문제, 주요한 교육정책의 결정이나 방향설정, 주민들이나 국민들에 의한 지방자치단체장 및 의회의원 선출, 교육조직에서의 지도자와 구성원간의 관계, 그리고 교육조직 구성원간에 나타나는 권한의 배분 등을 다루는 것은 정치적 과정이다. 아울러 교육체제와 정치체제와의 관계 규명, 교육과 정치 사회화, 교육과 정치발전, 그리고 정치적 행태를 이해하지 않고서는 교육활동이 전개되는 것을 제대로 파악할 수 없게 된다. 교육과 정치와의 관계를 규명하고, 교육정책 과정을 설명하려는 교육정치학이 최근에 관심을 모으고 있는 것은 바로 교육이 정치적 관련성을 떠나서 교육학을 이해할 수 없기 때문이다.

끝으로, 교육환경론은 교육이 이루어지는 주변환경의 이해를 말한다. 이는 가정과 사회가 가지고 있는 교육관을 비롯하여 가정의 사회 · 경제적 배경은 물론 사회 전체의 영향을 포함한다. 교육은 사회적 맥락에 따라 이루어지며, 그 환경의 소산이다. 따라서 사회환경을 초월하여 교육이 이루어질 수 없다. 왜냐하면, 학교의 교육활동에 필요한 사회 · 문화적 지식은 사회환경에서 나오며, 교수-학습 활동은 사회환경을 배경으로 이루어지기 때문이다. 교육의 문제나 교수-학습 활동에 있어서 교육목적론적 접근이나 교육방법론적 접근 및 교육경영론적 접근 등 어느 방법으로도 해결될 수 없는 부분이 있다. 그것이 교육환경론적 접근이며, 여기에 교육의 사회학적 접근이 중요한 기여를 하게 된다.

이상에서 기술한 바와 같이, 본 서에서 다루는 교육행정학은 교육학의 모든 영역과 직 · 간접적으로 관련성을 지니고 있으며, 특히 교육정치론과 교육경영론은 교육행정 현상과 활동을 이해하는 데 도움을 준다고 할 수 있다.

제2절 교육행정학의 성격과 연구 대상

교육행정학은 교육학의 한 영역으로서 교육 및 교육행정 활동과 밀접한 연관성을 가지고, 인접 학문으로부터 필요한 이론과 지식을 흡수하여 독자적인 학문영역을 구축하고 있다. 교육행정학은 교육행정 현상과 교육행정 행위에 관한 과학적 이론과 그 적용 · 기술에 대한 종합적이고 논리적인 지식의 체계라고 할 수 있다. 따라서 교육행정학은 교육행정 현상의 연구를 위한 준거가 될 뿐만 아니라 교육활동이나 교육행정 운영의 기술을 위한 실제적인 지침을 제공해 주는 기능을 수행하게 된다.

이와 같은 성격을 지닌 교육행정학을 올바르게 이해하기 위해서는 패러다임에 대한 정립, 연구대상 및 접근방법을 고찰할 필요가 있다.

1. 교육행정학의 패러다임

패러다임(paradigm)은 '어떤 시기의 특정한 학문 공동체의 연구자들이 공유하는 믿음, 가치, 방법론 등을 구성하는 학문연구의 원형(기본형)', '연구자들이 공유하는 이론적 가정들', '연구자들이 타당하다고 인정하는 가정을 바탕으로 세계를 이해하는 이론적 틀', '연구자들이 공유하는 시각(perspective), 준거 틀(frame of reference), 정신적 창구(mental window)' 등을 지칭한다고 할 수 있다.

Kuhn(1962)은 '과학혁명의 구조(The structure of scientific revolution)'에서 학문 혹은 과학의 발전은 오랜 세월에 걸친 학자들의 연구업적이 단순하게 누적된 것이 아니라 패러다임의 승계와 과학혁명이라고 설명하고 있다.

학문발전의 역사를 과학혁명, 새로운 패러다임을 갖는 정상과학의 전통수립, 정상과학의 위기 출현, 그리고 과학혁명의 변증법적 과정으로 파악하고, 학문 연구에 있어서 과학혁명과 정상과학의 상호 보완적 기술을 강조하고 있다. 따라서 사회과학 및 교육학의 한 분야인 교육행정학의 실체와 그 내용은 바로 여기에 종사하는 학자들의 연구활동을 통하여 구성 · 형성되어 온 것이다. 즉, 교육행정학은 그 연구에 종사하는 사람들이 공유하는 신념, 가치 및 방법론 등의 전반을 구성하는 과학연구 원형의 변증법적 전개를 통하여 형성되어 왔다고 할 수 있다(강영삼, 2013: 21-60; 이종재 · 김용, 2013: 61-73). 따라서 패러다임의 개념을 통하여 교육행정학 연구의 실체와 내용을 살펴보게 되며, 제3장에서 기술하는 교육행정이론 발달에 대한 고찰은 좋은 예가 된다.

2. 교육행정학의 연구대상

교육행정학의 연구 범위와 대상은 학자에 따라 다양하게 규정되고 있다. 강영삼

(1982: 26~39)은 교육행정학의 연구대상 영역을 이론 영역면, 행정 기능면, 그리고 교육 대상면으로 구분하여 기술하고 있다.

첫째, 이론 영역면에서는 과업중심 영역, 인간중심 영역, 행동과학 영역, 체제 영역, 인접학문 영역의 다섯 영역으로 세분화하고 있다. 여기서 과업중심 영역에 포함되는 교육행정 대상으로는 ① 교육행정과정론, ② 교육조직론, ③ 관료제론, ④ 과학적 관리론, ⑤ 교육정책론, ⑥ 의사결정론, ⑦ 역할이론, ⑧ 교육제도론, ⑨ 기획론, ⑩ 교육법규론 등을 들 수 있다. 인간중심 영역의 관심 대상으로는 ① 인간관계론, ② 동기이론, ③ 교육행정가 자질론 등을 들고 있다.

행동과학 영역은 과업 중심적 접근과 인간 중심적 접근이 통합된 것으로 ① 사회적 과정론, ② 교육지도 행위론, ③ 학교조직 풍토론, ④ 교육조직 발전론, ⑤ 갈등이론 등으로, 그리고 체제영역에서는 ① 일반체제 이론, ② 체제분석, ③ 경영체제 기법 등을 연구 대상에 포함시키고 있다. 인접학문 영역으로는 학문적인 측면에서 ① 교육행정사론, ② 교육경제론, ③ 교육재정론, ④ 교육경영론, ⑤ 교육통계론, ⑥ 학교건축론, ⑦ 교육정치론, ⑧ 교육환경론, ⑨ 집단역동론 등을 제시하고 있다.

둘째, 행정 기능면에서는 교육행정 활동과 직접적으로 관련되는 것으로 교육기획 행정, 교육내용 행정, 장학행정, 학생행정, 교육인사 행정, 교육재무 행정, 교육시설 행정, 교육사무관리 행정, 특수업무 행정, 연구 및 평가 행정, 그리고 홍보행정 등을 연구대상 영역으로 들고 있다.

셋째, 학교단계별에 초점을 둔 교육 대상면에서는 유아교육 행정, 초등교육 행정, 중등교육 행정, 고등교육 행정, 사회 · 평생교육 행정, 특수교육 행정, 해외교육 행정 등을 들고 있다.

김종철(1982: 14)은 교육행정학의 학문적 체계로서 기초과정, 정책과학과정, 관리과학과정, 현장연구과정 및 부문별 교육행정으로 구분하고 있다. 여기서 기초과정에는 교육행정원론, 교육행정이론, 교육행정사, 교육행정제도론, 교육행정연구법, 비교교육행정, 교육행정연습법 등을, 정책과학 과정에는 교육정책론, 교육정책 사례연구, 교육계획론, 교육경제학 등을 포함시키고 있다.

관리과학 과정에는 인사행정, 학생행정, 장학론, 인간관계론, 지도론, 교장론, 학교경영론, 학급경영론, 학교건축, 교육재정 등을, 현장연구 과정에는 현장교육행정문제 연구, 예산회계실무, 감사실무, 현장문제 모의연습 등을 포함시키고 있으며, 끝으로 부문별 교육행정에는 초등교육 행정, 중등교육 행정, 고등교육 행정, 교원교육 행정, 실업교육 행정, 유아교육 행정, 특수교육 행정, 해외교육 행정, 학교 외 교육행정을 포함시키고 있어 교육행정학을 이론적 · 과학적인 면과 실무적인 면으로 구분하여 체계화하고 있다.

한편, 김종철과 이종재(1994: 74)는 교육행정학의 연구대상을 교육행정 현상과 교육행정 내용으로 구분하면서, 교육행정 현상에는 사회적 · 공공적 · 조직적 활동으로서의 교육활동에 관한 기획, 정책결정, 조직, 의사소통, 지도, 조정, 통제, 평가 등과 교육행정 내용에는 프로그램, 인적 자원, 물적 자원, 기타 연구와 홍보 등의 지원 조건에 이르기까지 광범위한 영역에 걸쳐 교육활동을 지원하고 조성하며 통제하고 규제하는 양면을 포함하는 것으로 기술하고 있다.

노종희(1992: 61~62)는 탐구 분야로서의 교육행정학을 조직구조와 조직과정을 매개로 하여 이루어지는 학생, 교사, 행정가, 교육과정, 그리고 내 · 외 환경간의 관계를 연구하는 학문으로 정의하고 있다. 이를 그림으로 나타내면 [그림 1-1]과 같다.

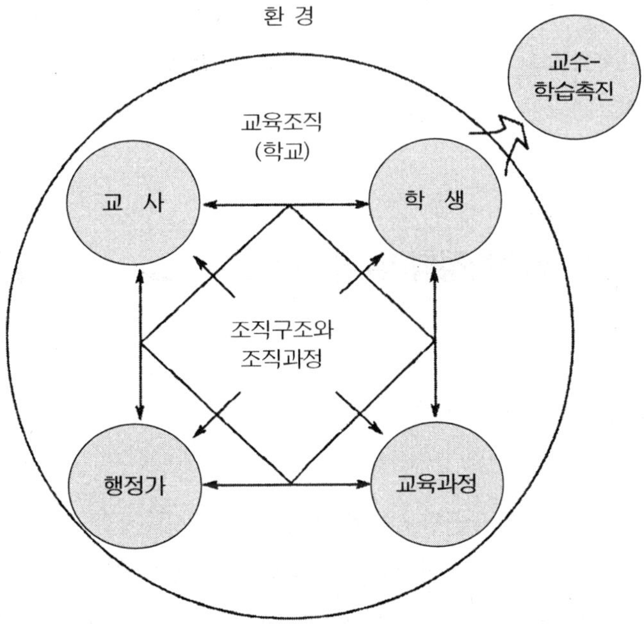

[그림 1-1] 교육행정학의 개념구조 모형

출처: 노종희(1994: 62)

즉, 교육행정학의 지식은 연구를 통해서 생산되며, 이의 활용은 행정 실제를 통해서 이루어지게 된다. 따라서 연구를 통해서 생산되는 지식은 교육행정 실제를 이해하고 설명하는 데 적합한 것이어야 하며, 또한 교육현장을 개선하는 데 공헌할 수 있어야 할 것이다. 다시 말하면, 교육행정의 존재 의의는 교수-학습을 개선 · 촉진하는 데 있기 때문에 교육행정학의 탐구 대상은 교수-학습의 촉진과 직결되는 연구문제에 초점이 모아져야 할 것이다. 아울러 행정가, 조직구조나 과정 자체에 대한 개별적인 탐구와 주변적인 문제에 대한 연구도 보다 구체적으로 논의되어야 할 것이다.

이상에서 기술한 바와 같이, 교육행정학의 내용 체계는 학자들에 따라 상이하게 설정하고 있다. 아울러 교육행정학의 연구대상 영역은 포괄적임을 알 수 있다. 그러나 본질적으로 교육행정학은 교육이라는 활동과 학교조직과 이를 둘러싸고 있는 외부조직이나 환경에 대한 내용을 체계화한 것이라고 할 수 있다. 즉, 학교조직에서 이루어지고 있는 교육활동에 대한 탐구와 학교조직에 영향을 주는 외적인 요인들, 즉 정책에 대한 탐구로 크게 나눌 수 있다. 교육조직에서의 다양한 활동과 행위들, 기획, 조직, 인사, 재정, 시설, 장학, 리더십 및 학급 등에 대한 이론적 · 실제적 탐구영역과 교육조직의 기본적인 구조와 방향을 정립해 주는 기능을 하는 교육정책에 대한 탐구의 두 가지 영역으로 구분할 수 있다.

제3절 교육행정학의 접근방법

1. 접근방법

교육행정 현상에 대한 접근방법이란 연구의 주제 및 연구대상의 선정, 연구방법의 선정, 그리고 관련된 자료의 수집 등에 따라 방향과 범위를 결정해 주는 관점 또는 시각이라고 할 수 있다. 교육행정학의 접근방법은 크게 경험적 · 실증적 방법과 규범적 · 처방적 방법으로 나누어 설명할 수 있다(박성복 · 이종열, 1993: 116~118; 이종수 · 윤영진 외, 2009: 144-165; 신현석, 2013: 75-110; 정정길 외, 2007: 20-23).

1) 경험적 · 실증적 접근방법

경험적 · 실증적 접근방법은 실사구시의 정신에 입각하여 교육행정 현상의 사실적 측면을 연구대상으로 삼는 접근방법을 말한다. 이 방법을 통해 얻는 교육행정 지식은 그것이 관찰과 경험에 근거를 두고 있기 때문에 경험적이다. 여기에는 교육행정 현상에 대한 기술적(descriptive) 측면과 논리 실증주의(logical positivism)에서 말하는 과학적 방법을 적용하여 사실들간의 또는 변인들간의 인과 관계를 규명하는 측면으로 나뉘어진다. 특히, 이 접근방법은 교육조직 내의 구성원들의 행태와 행동양식을 분석하는 데 초점을 둔다(Hanson, 1991, 2003; Owens, 1998). 예컨대, 학교행정가의 지도성 유형, 조직 구성원의 동기와 사기, 학교조직 풍토 등이 그 분석 대상이 된다.

따라서 이 접근방법은 고도의 일반화, 증명, 방법의 신뢰성, 경험주의를 중시하고, 광범위하고 막연한 것보다는 한정되고 특정한 것들을 대상으로 하며, 조직 구성원의 개인이나 소집단 연구에 치중한다.

2) 규범적 · 처방적 접근방법

규범적 접근방법은 교육행정 현상의 가치적 측면을 연구대상으로 한다. 이는 당위의 세계를 대상으로 이상적인 교육행정 현상을 탐구하고 실현시키려는 가치판단적인 접근방법이다. 이 접근방법은 교육행정 문제에 대하여 관심을 갖고 해결방안 또는 그 문제에 도움이 될 수 있는 지식을 모색하는 데 초점을 둔다.

처방적 접근방법은 교육행정 분야에 응용적 지식을 탐구하는 방법이라고 할 수 있다. 앞에서 기술한 경험적 · 실증적 접근을 통해 얻은 지식과 규범적 접근을 통해 얻은 지식으로부터 현실적인 처방에 관한 지식을 연구하는 방법이다. 따라서 교육행정 연구에서 처방적 접근은 과학적 접근과 규범적 접근의 종합이라고 할 수 있다. 예컨대, 최선의 교육행정 수단을 선택하기 위해서는 교육행정 목표와 수단간의 과학적인 인과법칙이 개발되어야 하며, 동시에 경쟁하는 가치들간에 우선순위나 행정 선택의 논리에 관한 규범적 지식이 선행되어야 한다.

이 접근방법은 구체적 가설을 제시하지 않고 일반적 전제만을 제시하며, 연역적 추리방법을 사용한다. 분석과제로 ① 학교행정가의 의사결정 행태, ② 자원의 최적 배분, ③ 교육행정 발전이나 혁신에서의 문화적 필수요건 등을 들 수 있다(김윤태, 1994: 79). 계량적 · 통계적 접근방법들, 예를 들어 비용-수익 분석(cost-benefit analysis), 선형계획(linear programming), 사업평가 검토기법(program evaluation and review technique: PERT) 등이 이 접근방법에 속한다.

2. 연구 접근방법

어느 학문이든 학문적 독창성을 가지기 위해서는 고유한 연구내용과 방법을 지녀야 한다. 교육행정학도 사회과학의 하나인 교육학의 한 영역으로서 정립되기 위해서는 독자적인 연구방법의 형성이 필요하다.

김재범(1981: 10~11)은 교육행정의 실제적인 기술과 과학적인 연구가 기초 이론과 응용의 양 측면에서 균형적으로 추구되어야 한다고 지적하면서 교육행정학의 고유한 연구방법의 정립을 강조하였다. 어떤 분야의 학문이든 그 분야의 학문 연구에서 무엇을 어떻게 연구할 것인가에 대해서는 다양한 관점이 있기 마련이다. 교육행정 현상이나 행위에 대한 연구활동의 일반적인 지향이나 전략을 교육행정 연구의 접근방법이라고 할 수 있다(Isaak, 1981: 191). 교육행정연구에 대한 접근방법은 이 분야의 학문 연구에 유용한 가설을 설정하는 데 좋은 아이디어의 제공과 개념, 정보, 설명을 제공해 준다.

교육행정 현상이나 활동을 연구 대상으로 하는 교육행정학은 다양한 접근방법을 통해 연구되고 있다. 이러한 다양한 접근방법은 교육행정학 또는 인접 사회과학의 학문적 연구 정향과 궤를 같이 하고 있다. 여기서는 교육행정학 연구에 중요하게 고려되고 있는 몇 가지 접근방법들을 제시한다. 즉, 교육행정 현상과 행위에 대한 탐구를 위하여 적용되는 다양한 교육행정학의 연구 접근방법을 기술하면 다음과 같다(강길수, 1983; 강영삼, 1985; 윤재풍, 1991: 13~41; 이종수 · 윤영진 외, 2009: 144-165; 김윤태, 1994; 김종철 · 이종재, 1994).

1) 역사적 접근방법(historical approach)

역사적 접근방법은 각종 교육행정 제도의 성격과 그 제도가 형성되어 온 특수한 방법을 인식하는 유일한 수단을 제공해 준다. 역사적 접근방법을 통한 연구는 현대 교육행정의 문제나 사건(event)들을 상세하게 묘사해 주고 그 결과, 이들 연구는 일종의 사례 연구(case study)가 된다. 예를 들어, 교육행정에 대한 사례 연구시에 이러한 접근방법을 원용하게 된다.

역사적인 접근방법의 기본 전제는 과거와 현재의 사건들은 다양한 형태로 상호 연계되어 있으며, 어떠한 시기든 인간의 존재는 결코 유리되어 있는 것이 아니라 불가피하게 과거와 연결되어 있다는 것이다. 이러한 역사적 접근방법은 어떤 사건, 기관, 제도, 정책 등의 기원과 발전 과정을 분석하고 설명하는 데 많이 사용된다.

교육행정 현상이나 이론을 역사적 방법에 의해 연구한 것으로 자료의 수집, 자료의 해석 및 비판의 단계를 거치게 된다. 자료에는 제 1차적 자료와 제 2차적 자료가 있다. 제 1차적 자료에는 원기록, 사건 회의록, 사진 등 최초의 자료를 말한다. 예를 들어, 조선시대 교육제도나 교육행정 제도에 관한 연구시 역사서나 당시 문헌자료를 직접 활용한다든지 혹은 지방의회의 교육행정에 관한 활동을 분석시 당시의 회의록을 통하여 탐색하는 경우가 여기에 해당된다. 제 2차적 자료는 제 1차적 자료가 다른 사람에 의해 인용 · 복사 · 모조된 것을 말한다.

우리나라 교육행정학 연구에 있어 역사적 접근방법을 개척한 강길수(1983)는 교육행정의 실제와 교육행정이론에 대해 역사적 연구가 동시에 이루어져야 한다고 주장하고 있다.

2) 법률적 · 제도적 접근방법(legalistic-institutional approach)

이 연구방법은 교육행정 과정의 합법성과 법률에 기반을 둔 제도를 강조하는 입장이다. 법률적 접근방법은 합법성과 책임성이 중요한 문제로서 교육관련 법규들, 예컨대 헌법, 교육기본법, 초 · 중등교육법, 고등교육법, 교육관계 법령, 규칙 등에 근거를 두고 교육행정 현상과 제도를 분석하는 입장이다. 이 방법은 법률에 따른 교육행정의 규범적 측면에 초점을 두고 있다. 교육행정이 법치행정의 원리에 입각하여 운영되고 있음은 주지의 사실이다. 따라서 교육관련 법규에 대한 연구는 교육행정 연구에 있어서 중요하며, 교육행정 운영이나 학교행정 운영에 규범을 제시해 주게 된다.

그리고 제도적 접근방법은 교육행정의 실제에 초점을 두면서 교육행정 제도의 기술(description)에 관심을 두게 된다. 예를 들면, 교육정책에 대한 대통령과 교육부 장관의 권한과 책임, 시 · 도 교육감의 역할과 기능, 중앙과 지방 교육행정 조직과 직제, 교육인사제도나 예산제도 등에 대해 상세히 기술하는 데 관심을 갖는 접근방법이다.

제도적 접근방법에서 관심을 갖는 각종 교육행정제도들, 예컨대 학교제도, 교육자치제도, 평생교육제도 등은 법률에 기반을 두고 있으므로 이 두 가지 접근방법을 통합하여 법률적 · 제도적 접근방법이라고 한다. 이 접근방법도 역사적 접근방법과 마찬가지로 공식적인 제도나 법률에 기반을 두고 있어 제도나 법률 이면의 교육행정의 역동적인 과정을 파악하는 데는 어려움이 있다.

3) 관리 · 기능적 접근방법(management-functional approach)

관리 · 기능적 접근방법은 교육행정의 효율성과 생산성을 강조하고 있으며, 이를 위해서 합리적인 구조와 교육계획, 인사, 예산과 같은 관리 기능에 초점을 두어야 한다는 입장이다. 이 접근방법에 따른 교육행정 연구들은 인간을 경제적 이윤을 추구하는 합리적 존재로 가정하고, 교육행정의 효율성과 생산성을 제고하는 교육행정의 원리를 찾아내는 데 초점을 두고 있다. 즉, 교육행정의 과제는 과업, 조직구성원, 장소간의 체계적인 관계를 설정하고, 권한과 책임을 합리적으로 배분하고, 그 장치를 마련하는 데 있다는 것이다. 이러한 측면에서 교육행정에 대한 연구는 Taylor, Bobbitt, Spaulding, Gulick, Urwick, Sears, Barnard 등과 같은 전통적 행정 또는 교육행정의 관리 · 기능적인 측면의 연구에서 찾을 수 있다.

4) 생태론적 접근방법(ecological approach)

생태론적 접근방법은 교육행정 현상을 자연적 · 사회적 · 문화적 환경과 연계시

켜 설명 · 분석한다. 이 접근방법은 교육행정체제의 개방성을 강조하고 있으며, 분석수준이 조직구성원의 개인보다는 집단적 행위나 제도에 주어지고 있어 거시적 분석의 성격을 갖고 있다.

Gaus가 정치학, 문화인류학 등에서 발전시킨 이 접근방법을 행정학에 도입하였는 바, 그는 행정에 영향을 주는 환경적 요인으로 인구, 장소, 과학적 기술, 사회적 기술, 욕구와 이념, 재난, 개성 등 7가지를 들고 있다. 교육행정 분야에서 교육체제를 둘러싸고 있는 제 환경적 요인들 중에서 예를 들어, 취학인구는 학교수, 학급수, 교원수 등 교육시설이나 교사수급에 지대한 영향을 주게 된다. 또한, 공학 및 기술의 발달은 교육행정 업무의 전산화는 물론 교수-학습의 효율화를 위한 교육 방법이나 교수매체에 영향을 주게 되어 이를 지원 · 조장하는 교육행정 업무 전반에 변화를 가져오게 된다. 따라서 교육행정에 직 · 간접으로 영향을 주는 생태 · 문화에 대한 연구는 교육행정의 실제 개선에 기여하게 된다.

5) 행태론적 접근방법(behavioral approach)

행태론적 접근방법은 교육조직 구성원들의 행태 연구에 초점을 두고 있다. 즉, 교육행정학의 주요 관심사가 되어야 하는 것은 교육행정제도나 조직 내의 교육행정가, 학교행정가 또는 조직구성원의 행위 및 활동이어야 한다는 점이다.

행정학 및 교육행정학 분야에서 행태주의 연구 경향이 나타나기 시작한 것은 논리실증주의(logical positivism)를 강조하던 Simon의 '행정행위론(Administrative Behavior)'을 발표한 이후이다. 그는 행정 현상에 대한 경험적 연구와 방법론적 엄격성을 통해 행정학의 과학화를 기할 수 있다고 보았다. 특히, 그는 행정 현상을 의사결정 과정으로 파악하고, 행정가의 행위도 모두 의사결정과 연계되어 있다는 것이다. 이러한 입장에 있는 교육행정학자들로서는 Griffiths, Owens 등을 들 수 있다.

행태론적 접근은 인간 행동에 관한 실증적 연구를 통해 행동과학을 형성하려는 것으로 과학적 방법을 강조한다. 과학적 방법은 경험적(empirical), 객관적 현상을 대상으로 법칙을 정립하는 논리에 따르는 것으로 가치 판단적인 것은 연구대상이나 범위에서 제외한다. 교육행정 연구에 있어서 가치와 사실의 분리 및 계량화를 주장

하고, 경험적인 입증을 통한 교육행정이론(일반화, 법칙화)의 발전을 강조하게 된다. 따라서 고도의 일반화, 증명, 방법의 신뢰성, 경험주의를 중시하고, 광범위하고 막연한 것보다는 한정되고 특정한 것을 대상으로 삼는다. 예를 들어, 교육행정에서 학교행정가의 지도성 유형이 조직구성원들에게 미치는 영향, 교사의 개인적 욕구와 동기, 학생들의 학업성취 요인 등이 그 분석 대상이 된다.

6) 체제적 접근방법(system approach)

교육행정 체제에 대한 접근방법은 Parsons의 구조기능주의, Easton의 정치체제론, Kaufman의 체제분석 이론 등에서 찾을 수 있다. 교육행정 현상에 대한 체제접근방법은 '체제'라는 개념을 기초로 해서 연구대상이나 조직관리 문제에 접근하는 것을 말한다. 체제는 일반적으로 어느 정도 독립성과 자기경계를 가지면서 다른 부분과 상호의존하고 상호작용하는 하나의 전체, 집합, 혹은 실체로 파악된다.

교육행정은 구성 부분인 여러 하위체제들로 구성되고, 그 하위체제는 전체체제 및 하위체제간에 상호의존 및 상호작용하는 하나의 실체이다. 또한, 교육행정 체제는 그에 요구되는 체제 기능으로써 적응, 목표달성, 통합 및 유형 유지와 같은 기능을 수행한다. 교육행정 체제는 투입, 전환, 산출 과정으로 나눠어지며, 이들은 환경요인에 의해 영향을 받게 된다.

7) 현상학적 접근방법(phenomenological approach)

현상학적 접근방법은 사회현상 또는 사회적 실재(social reality)를 자연현상처럼 사람과 동떨어진 객체로 존재하는 것이 아니라 그 속에 참여하는 사람들의 의식, 생각, 언어, 개념 등으로 구성되며, 그들의 상호 주관적인 경험으로 이룩되는 것이기 때문에 사회과학에서 형성되는 사유대상(thought objects), 또는 정신적 구성물은 자연과학의 그것과는 본질적으로 다르다는 것이다.

교육행정학 연구에서 현상학적 접근방법의 원용은 과학적 연구방법을 통해서는 파악하지 못했던 인간의 주관적 관념, 의식 및 동기 등의 의미를 더 적절하게 다루고 이해할 가능성을 제시하여 주고 있어 연구의 적합성을 높여줄 수 있다. 또한, 교육조직 문제를 파악하는 데 폭넓은 철학적 사고 방식과 준거의 틀을 제공해 줄 수 있다. 아울러, 교육행정연구 분야에서 과학적 연구가 지향하는 가치 중립적인 연구에서 가치 비판적인 또는 가치 평가적인 연구를 할 수 있게 함으로써 교육정책 연구에 기여할 수 있게 된다.

8) 신제도론적 접근방법(neo-institutional approach)

신제도론적 접근방법은 제도를 일단의 규칙으로 규정하고, 사회적 활동의 결과에 영향을 미치는 제도적 장치를 규명하는데 초점을 두는 사회과학 연구의 한 접근방법이다. 신제도론은 사회의 제 현상을 설명하는데 있어 제도를 사람과 동등한 위치의 독립변수 내지는 사람의 형태에 영향을 미치는 상위의 독립변수로 고려하는 입장이다. 앞서 기술한 법률적 · 제도적 접근과는 구분되는데, 신제도주의는 제도에 대한 이해의 폭을 공식적인 통치체제, 법구조, 행정조직에 국한하지 않고 비공식적인 규범이나 정책구조로 확대한다. 아울러 단순히 제도의 기술에 그치는 것이 아니라 제도와 제도, 제도와 개인, 제도와 정책 등의 인과관계를 역동적으로 설명하는데 초점을 두고 있다. 신제도론은 학문적 특성에 따라 역사적 제도주의, 사회학적 제도주의, 합리적 선택 제도주의 등으로 구분된다(오석홍, 2005: 70-75; 유민봉, 2008, 36-43; 이종수 · 윤영진 외, 2007: 153-156; Ostrom, 1990).

신제도론적 접근방법은 교육행정 분야에서 소외계층, 낙후된 지역 등에 교육복지를 증진시키는 데 필요한 조직 조건이나 상황에 관한 지식에 기반을 두고 적용하고 있으며, 따라서 교육행정학자들과 교육행정 실무자들은 이 조건과 상황이 무엇인지를 규명하고, 또한 각기 다른 조직적 상황으로부터 도출되는 결과를 구체적으로 명시하는 데 초점을 두게 된다.

9) 비교론적 접근방법(comparative approach)

비교론적 접근방법이란 둘 이상의 연구대상 또는 현상에 대하여 서로를 비교하는 방법이다. 국가간 · 지역간 비교 연구를 통해서 교육행정의 연구대상이 되는 변인들간의 유사성 혹은 보편성과 차이성 혹은 특수성을 찾아내게 된다. 이 접근방법은 국제적 시야에서 교육문제를 이해하고, 교육법칙을 발견하게 된다. 비교교육은 자국 외 다른 한 개 이상 나라의 교육현상이나 제도에 대한 진술과 설명을 필요로 한다(정일환 · 김병주 외, 2012: 13).

이 방법은 다양한 교육행정 현상을 일정한 비교 기준(예를 들면, 교육제도, 교육과정, 교육재정제도 등)에 따라서 비교 · 연구함으로써 현상간의 일반적 보편성이 무엇인가를 설명하려는 보편적 이론의 구성을 추구하게 된다. 다시 말하면, 교육행정 현상은 시공을 초월하여 보편성이 있으면서도 시대, 문화적 배경, 국가 및 교육행정기관이나 학교 조직이나 기능에 따라 매우 다양하다. 비교준거에 따라서 비교 · 연구함으로써 현상간의 일반적 보편성을 설명하고, 탐구하는 데 중점을 두고 있다.

제 2 장

교육행정의 의의와 성격

교육활동을 전제로 하는 교육행정의 역할과 의미를 파악하기 위해 교육과 교육행정과의 관계를 규명하고, 교육활동과 영역에서 교육행정의 본질을 규명한다. 그리고 교육행정의 운영지침과 준거가 되는 원리를 파악한다. 또한, 급변하는 사회환경과 다양한 교육적 요구가 증대하는 현대 교육행정의 특징을 살펴본다.

제1절 교육을 위한 교육행정

1. 교육과 교육행정

교육은 학생, 교사, 그리고 교육내용을 중심으로 이들간의 상호작용을 통해 이루어지는 학교교육 뿐만 아니라 가정교육, 사회교육, 그리고 이들을 포함하는 평생교육에 이르기까지 보편적인 형태로 이루어지고 있다. 교육에 대한 개념은 제 1장에서 제시한 바와 같이 학자들에 따라 다양하게 규정되고 있는 바, 교육은 인간적 측면과 사회적 측면이라는 두 가지 측면에서 파악할 수 있다. 우선 인간적 측면에서 교육은 개인으로 하여금 지식, 태도, 관습, 가치관을 습득하고, 인간발달의 잠재적 가능성, 인간행동의 변화로서 성장과 발전, 이를 통한 자아완성 등에 초점을 두고 있다.

사회적 측면에서 교육은 이미 어느 특정 개인의 관심분야 뿐만 아니라 전체 사회와 관계를 가지게 된다. 즉 교육활동 자체가 사회적 현상과 밀접한 관계를 가지고 있으며, 개인은 이를 통해 사회화되고, 궁극적으로 국가 · 사회발전을 도모하게 된다(Dewey, 1916; Scheffler, 1960; 김신일, 1995; 이상주, 1997). 이는 교육의 공공성 및 사회성을 강조하는 것으로 국가차원의 관리 · 운영이 필요하다는 것을 보여 준다. 이러한 측면에서 국가와 정부차원에서 교육을 체계적으로 관리 · 감독 기능을 수행하는 교육행정에 대한 관심이 강조되고 있다.

교육행정은 국가 사회에서 의도하는 교육목적을 제대로 달성하기 위하여 교육제도를 비롯한 제 교육조건의 마련에 초점을 두고 있다. 아울러 학교의 교수-학습활동을 위하여 제반 교육조건을 정비하며, 국가 권력작용을 통하여 교육정책을 실현할 수 있도록 감독 · 지원하는데 중점을 두게 된다. 또한, 교육체제 전반을 효율적으로 관리하고, 한정된 교육재원의 합리적인 배분을 통하여 개인 및 사회의 발전을 도모하도록 하는 기능을 수행하기도 한다.

교육과 교육행정과의 관계를 쉽게 이해하기 위해 교육을 과일을 싣고 가는 '수레'에 비유해 보자. 시골 농부가 과일을 수확해서 수레에 과일 상자를 싣고 시장에 팔러 가는 상황을 가정하면, 농부의 목적지는 장터이며, 목적지를 향해서 포장된 또는 비포장된 길을 따라 가게 된다. 여기서 장터(과일 판매)는 도달해야 할 교육목적이 되며, 싣고 가는 짐(과일)은 학교에서 가르쳐야 할 교육내용이 된다. 그리고 목적지에 도달하기 위해 가는 길은 교육영역에서 보면, 교육제도와 교육정책이 여기에 해당된다. 교육행정은 짐을 싣고 가는 수레바퀴의 기능을 하게 된다. 즉 교육행정 및 경영은 교육의 방향을 설정하고 교육내용이라는 짐을 지탱하는 밑받침이 되며, 교육목적을 향해 속도를 결정하게 하는 동력으로 파악할 수 있다.

이와 같이, 교육행정 및 경영은 교육목적을 효율적으로 달성하기 위해 필요한 제반 교육조건을 갖추고 교육내용을 원활히 전달하기 위해, 그리고 정해진 교육제도나 정책에 따라 갈 수 있도록 전체적으로 올바른 교육방침과 합리적인 교육활동이 단위학교에서 가능하도록 지원하고 조장하며, 감독하는 기능을 수행한다고 볼 수 있다.

2. 교육행정의 개념

교육행정학은 1950년대 이후 독자적인 응용학문 분야로서 행정학, 정치학, 경제학, 정책학, 사회학, 심리학 등의 기초 학문에 토대를 두고 형성된 것이다. 이에 교육행정학에서 논의되고 있는 교육행정의 개념은 제 학자들에 의해 다양하게 제시되고 있다. 교육행정을 수행하는 형태에 따라 교육이념이나 정책을 강조하는 공권설, 교육조건의 정비에 초점을 두는 기능설, 그리고 교육목표나 내용을 강조하는 경영설 등으로 구분하여 그 개념을 규정하기도 한다. 여기에서는 교육행정에 대한 제 학자들의 견해를 종합하여 (1) 조건정비론, (2) 행정과정론, (3) 사회적 과정론, (4) 행정일반론, 그리고 (5) 협동적 행위론의 다섯 가지 관점으로 나누어 살펴본다.

1) 조건정비론

교육행정을 교육의 핵심적인 활동인 교수-학습의 효율화를 위하여 필요한 제반 인적 · 물적 조건을 정비하고 지원하는 수단적 · 봉사적 활동으로 파악하는 입장이다. Moehlman(1951)은 수업이 학교의 최종 목적이며, 조직과 행정은 수업의 목표를 달성하기 위해 생겨난 것이기 때문에 교육행정은 바로 이 목적을 달성하는 데 필요한 수단으로 기능해야 한다고 기술하고 있다. 즉, 교육행정은 근본적으로 교육의 기본목표를 보다 능률적으로 달성하기 위한 일련의 봉사활동으로 규정하고 있다.

Campbell 등(1967: 83)도 어떤 조직에서든지 행정은 조직의 목표를 달성하도록 조직구성원의 노력을 조정하는 것으로 보고, 교육행정은 교육조직에 있어서의 목표, 즉 교수와 학습을 수행해 나가는 것을 도와 주는 것으로 파악하고 있다.

또한, 김종철(1985: 32~34)도 교육행정을 '사회적 · 공공적 · 조직적 활동으로서 교육에 관하여 공식목표를 설정하고 목적달성을 위한 인적 · 물적 조건을 정비 · 확립하고 목표 달성의 과정에 있어 지도 · 감독하는 일련의 봉사활동'으로 정의하고 있어 교육행정이 교육목표를 달성하기 위하여 교육조건을 정비해 주는 수단적 봉사활동으로 정의하고 있다.

2) 행정과정론

이 관점은 행정가가 조직목적을 설정한 후에 그 목적을 달성하는 데 필요한 적절한 행동을 취하는 과정을 생각하게 된다는 데서 출발한다. Fayol은 행정과정을 기획(planning), 조직(organizing), 명령(commanding), 조정(coordinating), 통제(controlling)로, Urwick과 Gulick은 행정과정을 기획(planning), 조직(organizing), 인사(staffing), 지시(directing), 조정(coordinating), 보고(reporting), 예산(budgeting)의 POSDCoRB 일곱 요소로 제시하여 행정을 과정면에서 분석하고 있다. 이러한 행정과정을 Sears(1950)는 교육행정 과정을 계획, 조직, 지시, 조정, 통제의 다섯 가지 요소로 분석 · 제시하였으며, 이후 Gregg, Newman과 Sumer, Johnson 등에 의하여 행정가의 기능으로서 교육행정 과정이 설명되어 왔다.

특히, Gregg(1957)는 교육행정 과정으로 의사결정, 계획, 조직, 의사소통, 영향,

조정, 평가 등을 주요한 요소로 간주함으로써 초기의 교육행정학자들이 통제, 지시, 명령 등의 권위주의적이고 지시적인 교육행정 과정으로부터 조직구성원의 참여를 유도하는 민주적인 교육행정 과정을 강조하고 있음을 알 수 있다.

한편, Knezevich(1975: 28)는 교육행정이란 설정된 교육목표를 달성하기 위하여 하나의 통합체제 내에서 공식적 · 비공식적으로 구성된 인적 · 물적 에너지를 파악하고, 유지하고, 자극하고, 통제하고, 단일화하는 과정으로 정의 내리고 있다. 이 정의는 행정의 출발점을 교육기관의 목표로 인식하고, 교육정책과 계획은 이 목표를 달성할 수 있도록 수립되어야 함을 시사하고 있다. 따라서 학교행정가는 학교조직 내에서 전략적 계획을 수립하고 인적 · 물적 자원을 조직 · 배분 · 조정함으로써 정책을 집행하고 나아가서 조직의 목적을 달성하게 된다고 보고 있다.

3) 사회적 과정론

이 입장은 Getzels와 Guba(1957: 423~480)가 제시한 사회적 과정모형으로 설명되는 교육행정 이론에서 찾을 수 있다. 사회적 과정모형은 [그림 2-1]에서 제시한 바와 같이 사회학적 용어인 기관, 역할, 기대 등의 개념으로 설명되는 조직 규범적 차원 또는 기관중심적 차원(nomothetic dimension)과 심리학적 용어인 개인, 인성, 욕구성향 등의 개념으로 설명되는 개인 · 인간적 차원 또는 개인중심적 차원 (idiographic dimension)에 의하여 사회적 행동이 나타남을 보여주고 있다.

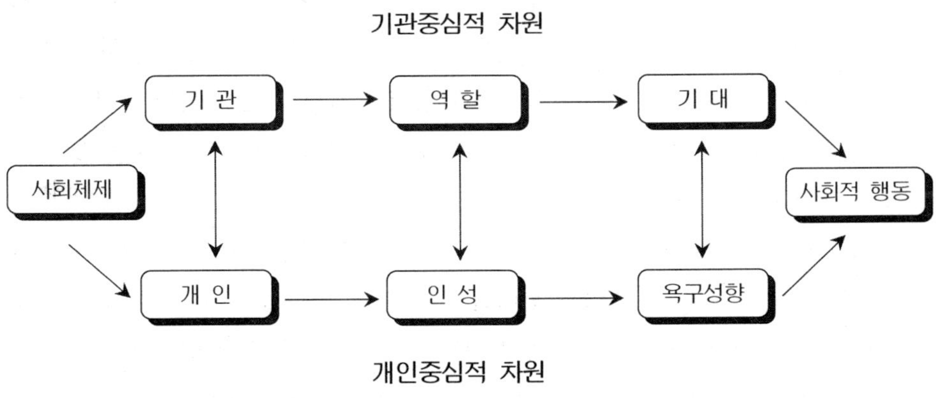

[그림 2-1] Getzels-Guba의 사회적 과정모형

이 모형은 양 차원 제 요소간의 상호작용 관계를 비롯하여 개인 상호간의 지각, 상 · 하급자간의 일치도, 개인 및 조직 갈등의 유형, 리더십 유형 등과 같은 교육행정 및 학교조직에서 적용되는 측면을 제시해 주고 있다. 따라서 학교조직에서 학교장의 리더십, 학교조직과 조직구성원(교사) 사이의 갈등 등을 다룸으로써 보다 민주적이고 자율적인 학교행정 운영의 필요성을 시사해 주고 있다.

4) 행정일반론

교육행정을 일반행정의 일부로 파악하려는 입장으로서 백현기(1964: 15~16)에 따르면 이 정의는 '교육에 관한 행정'으로 법규 해석적인 입장이다. 즉 국가통치 작용 가운데 입법 · 사법을 제외한 행정작용은 내무, 외무, 군무, 법무, 재무 등 다섯 가지로 분류되며, 이 중에서 내무행정은 다시 보육행정과 경찰행정으로 분류되고, 보육행정의 한 영역으로서 교육에 관한 행정이 바로 교육행정이라는 점이다.

이러한 교육행정의 개념 규정은 교육행정을 일반행정의 일부로 봄으로써 교육의 자주성, 독립성, 특히 교육자치와 관련시켜 볼 때 바람직하지 못한 관점이라고 할 수 있다.

5) 협동적 행위론

Waldo(1967: 12)는 행정이란 '고도의 합리성을 가진 집단적인 협동행위'라고 규정하고 있으며, 교육대학 교재편찬위원회(1970: 15)에서는 교육행정을 '계획된 절차에 따른 인간행위의 신장을 최대한 합리적으로 성취하려는 목적을 달성하기 위하여 교육활동과 관련된 모든 조직의 상호 관계가 학습 상황의 제 조건을 정비하는 봉사적 활동의 방향으로 의도적 기능을 발휘하는 협동적 행위'로 규정하고 있어 조직 구성원의 집단적 협동행위를 교육행정으로 정의하고 있다.

이상에서 교육행정의 개념에 대한 제 학자들의 정의를 다섯 가지 관점으로 나누어 살펴보았다. 이러한 교육행정에 대한 논의들은 크게 '교육에 관한 행정'과 '교육을 위한 행정'으로 구분하여 파악하고 있다. 먼저 '교육에 관한 행정'이라는 입장은 교육행정이 교육법규를 해석하고 그대로 집행하는 것에 중점을 둔다. 이는 교육행정이 공권설적 입장이나 행정일반론 및 행정과정론적 입장을 강조하는 것으로 행정

작용에 있어 권력적 · 강제적 · 감독적 성격을 나타내 주게 된다. 그리고 학교교육 활동에 있어서도 국가에서 정한 법규, 규정, 그리고 공식적 교육조직에서 상급자의 명령에 복종하는 것이 교육행정의 임무라고 보고 있다.

따라서 교육행정의 작용에 있어 권력적 · 강제적 요소를 강조하고, 일반행정 속에 내포되어 교육행정의 전문성과 특수성을 찾아볼 수 없다. 이러한 점에서 교육의 자주성을 중시하며, 교육행정의 전문성을 강조하는 현대 교육행정의 입장에서는 다소 바람직하지 못한 면이 있다. 그러나 교육수요자들에게 양질의 교육서비스를 제공해야 하는 현대 교육행정의 기능 확대는 필연적으로 교육행정 이외의 타부문과의 협력체제가 요구되는 측면이 많다. 지나친 교육행정의 자주성 · 독립성은 타부문과의 경쟁에서 낙후되고 교육의 질적 저하를 가져올 수도 있기 때문에 보다 타분야 행정과의 유기적인 협력체제가 요구된다고 할 수 있다.

'교육을 위한 행정'이라는 측면은 최종적으로 교육활동이 수행되는 단위학교에서 다양한 학교경영 활동과 조직구성원들의 협력을 통하여 교육목표 달성을 극대화할 수 있도록 인적 · 물적 자원을 지원 · 조장 · 감독하는 일련의 행위로서 교육행정을 보는 입장이다. 교육행정이 아무리 좋은 교육목적이나 목표를 수립하여도 이의 달성을 위한 인적 · 물적 조건의 정비없이는 소기의 목적을 달성할 수 없다는 입장이며, 이러한 측면에서 교육행정은 조장적 · 봉사적 성격이 강하다. 특히, 조건정비론이나 기능설에서 강조하고 있는 학교의 교수-학습의 효율화를 위하여 제반 교육조건을 정비하려는 봉사적 활동으로 교육행정을 규정하고 있는 것과 동일한 입장이다.

이종재 외(2012: 35-36)는 '교육을 위한 행정'의 관점을 견지하면서 다음의 세 가지 교육행정의 특성들, 즉 첫째, 교육행정에서 행정의 목적으로 교육 가치를 추구하는 것, 둘째, 행정작용이 교육적합성을 점검하는 것, 셋째, 교육의 규범적 가치와 원칙을 장기적 관점에서 추구하는 것 등을 강조하고 있다.

따라서 교육행정은 '교육을 위한 행정'이라는 측면에서 파악되어야 하며, 교육활동에 대한 지원체제로서, 특히 교수-학습 활동의 지원에 초점을 두어 교육발전을 도모하는 봉사적 · 조장적 성격으로 이해해야 할 것이다. 궁극적으로 교육행정은 다양하고 창의성 있는 교육활동과 교육의 수월성과 경쟁력 제고를 위하여 국가나 사회에서 설정한 교육목표를 효율적으로 달성하기 위하여, 제반 인적 · 물적 자원을 지원 · 조장하는 수단적 · 봉사적 활동으로 보아야 할 것이다.

제2절 교육행정의 원리

정치, 경제 및 사회체제의 변화, 교육수요자의 다양한 요구, 교육여건의 개선과 교육개혁, 교육과정의 개편, 그리고 교육투자의 확대 등 교육체제 환경의 변화에 따라 현대 교육행정은 변화하고 있으며, 이에 대응하기 위해서는 현상유지보다는 쇄신과 발전에 치중하는 역동적 행정으로 변모되어야 할 것이다.

교육행정이 설정한 목표를 효율적으로 달성하고 제 기능을 발휘하기 위해 제시되는 원리는 시대와 장소, 강조되는 이념 등에 따라 다양하게 논의될 수 있으나, 여기서는 실제 교육업무나 활동의 수행과정에서 적용되고 있는 원리를 중심으로 기술하면 다음과 같다.

1. 자율성의 원리

자율성의 원리는 각종 교육기관이나 지방교육 행정기관이 해당업무를 자주적으로 운영하는 것을 의미한다. 이 원리는 일선학교와 지방교육 행정기관이 그 조직의 관리 · 운영에 관하여 필요한 기준을 자주적으로 설정 · 집행하며, 조직발전에 필요한 제반 정책을 독자적으로 결정하는 것을 의미한다. 이는 중앙정부의 지나친 통제 위주의 집권적 행정체제를 지양하고 지방분권을 도모함으로써 교육행정의 자율적 운영을 실현하고자 하는 원리이다.

이 원리는 자율의 폭을 학교행정에까지 확대되도록 추구하고 있으며, 개방 사회에 새로운 적응을 위해서 다양성과 창의성이 존중되고 환경과 여건 변화에 신축성 있게 대응할 수 있는 능동적 행정체제를 구축하려는 이념이다. 특히, 이명박 정부는 학교 자율화정책을 추진함에 따라 단위학교는 창의적이고 특색있는 교육을 실시하도록 단위학교의 자율성을 최대한 보장한 것은 바로 자율성의 원리를 강조한 것이라고 할 수 있다.

2. 민주성의 원리

민주성의 원리는 교육에 관한 중요한 정책을 수립하는데 있어서 광범위한 교육관련 집단들의 참여를 통하여 공정한 민의를 반영하도록 하며, 결정된 정책의 집행과정에서는 권한 위임과 이양을 통하여 기관장의 독단과 전제를 막는 것을 의미한다.

교육행정기관이나 교육관련 기관의 장이 그 기관의 운영에 관한 궁극적인 책임을 가지고 있음에도 불구하고 교육행정 기관장이 정책자문위원회, 각종 심의회 또는 위원회 등을 두어 시책의 결정과정에서 중지를 모으는 것이나 교장이 직원회, 협의회, 연구회 등을 두어 의사소통의 길을 열고, 일방적인 명령이나 지시보다는 협조와 이해를 바탕으로 업무를 집행해 나가는 것은 모두 민주성의 원리에 입각한 것이다.

민주성의 원리는 다음의 효율성 원리와는 배타적일 수도 독립적일 수도 있으며, 자율성의 원리와는 그 이념상 같은 맥락을 가지고 있는 것으로 파악할 수 있다.

3. 효율성의 원리

효율성의 원리는 교육행정이 능률적이고 효과적으로 집행되어야 함을 의미한다. 교육조직을 둘러싸고 있는 여러 가지 상황의 변화들, 예를 들면 교육에 대한 사회적 책무성의 점증과 교육조직 규모의 확대와 기능의 복잡화 등은 효율성의 이념을 부각시키고 있다.

교육에 있어서 능률이란 교육활동에 최소한의 인적·물적 자원과 시간을 투입하여 최대의 교육적 성과를 가져오게 하는 것을 의미한다. 그리고 교육행정이 조장적·봉사적 기능뿐만 아니라 변화와 발전을 주도하기 위하여 새로운 정책 목표를 세우고 이를 실천하는 데 효율성의 원리는 바로 교육정책 목표 달성을 극대화하려는 개념이다.

4. 형평성의 원리

형평성(공평성, equity)은 헌법상의 평등에서부터 혜택을 받은 자가 비용을 부담해야 한다는 수익자부담의 원칙에 이르기까지 다양한 의미를 지니고 있다. 교육행정 분야에서 형평성의 원리는 수평적 형평성과 수직적 형평성의 측면에서 논의된다.

수평적 형평성은 '같은 사람을 같이' 취급함을 의미한다. 법률 앞에서의 평등이 여기에 해당되며, 수직적 형평성은 '다른 사람을 다르게' 취급한다는 의미이다. 헌법에서 보장하는 교육을 받을 권리로서 의무교육은 전자에 해당되며, 동일한 교육을 받더라도 경제적으로 가난한 학생들에게 등록금을 적게 받거나 장학금(정부에서 시행하고 있는 가계소득과 연계한 국가장학금)을 주어 학비를 보조하게 되는 경우는 후자에 해당된다.

5. 합목적성의 원리

합목적성의 원리는 바람직한 교육정책을 수립하고 그 정책목표에 타당한 교육행정 활동이 수행되어야 한다는 것이다. 즉 목표와 수단간에 괴리가 있어서는 안 된다는 것이다. 그리고 앞서 살펴본 바와 같이, 교육행정의 본질은 그 자체의 목적을 가지고 있다기보다는 교육목표 달성을 위한 수단적 활동이며, 바람직한 교수-학습 활동이 전개되도록 하고 그 성과를 높이는 데 있다. 따라서 교육을 위한 행정의 입장에서 교육계획에서부터 집행, 평가에 이르기까지 교육행정의 전 활동이 타당성 있고 합목적적으로 수행되어야 한다는 원리이다.

6. 합법성의 원리

합법성의 원리는 모든 교육행정의 활동이 합법적으로 제정된 법규나 관례, 즉 헌법을 비롯한 법령 · 규칙 · 조례 등에 의거하여 운영되어야 한다는 원리이다. 즉, 교육행정은 헌법 제 31조를 기초로 하는 교육기본법, 초 · 중등교육법, 고등교육법, 지방교육자치에 관한 법률, 교육공무원법, 그리고 사립학교법 등이 있으며, 이를 기초로 하는 대통령령, 교육부령 등에 의거하여 이루어져야 한다. 따라서 법치행정의 원리에 있어 문제가 되는 것은 법률이 헌법의 규정을 벗어나서는 안 되고 각종 명령이 헌법 및 각종 법률의 취지를 벗어나서는 안 된다는 것이다. 또한, 교육자치제의 실시로 지방정부에서 각종 조례, 규칙을 제정할 때 상위의 법률 취지를 벗어나서는 안 된다.

합법성에 의하여 국민의 교육권이 보장되고 국가예산이 효율적으로 집행되며, 교육공무원의 부당한 직무수행과 행정재량권의 남용이 방지될 수 있다. 그러나 합법성을 지나치게 강조하면 행정의 합목적성, 전문성, 그리고 기술성이 경시되고 법규만능으로 인하여 형식적이며 경직화되는 경향이 강하게 되며, 관료의 행태 여하에 따라 교육권이나 교육에 관한 공익이 침해될 위험도 있다.

7. 안정성의 원리

안정성의 원리는 교육활동의 지속성, 안정성을 확보하기 위한 원리이다. 이는 빈번한 교육정책의 개편이나 개혁은 행정의 낭비뿐만 아니라 혼란을 초래할 수 있다. 또한, 교육정책의 일관성과 교육활동을 충분히 지원해 줄 수 있는 재원의 확보가 이루어져야 한다는 점이다.

이 외에도 교육행정의 기본이념 내지 원리로서 합리성, 전문성, 융통성, 도덕성, 인간성 등을 들 수 있으며(노종희, 1992: 16~21), 이러한 교육행정의 기본원리는 교육행정의 기능 수행은 물론 학교경영이나 학급경영에서도 적용될 수 있는 확대된 개념으로 사용되고 있다.

제2절 교육행정의 성격

앞서 기술한 교육행정의 개념 규정에 대한 다섯 가지 입장들은 교육행정이 지니고 있는 여러 가지 성격이나 특성들의 한 측면을 강조한 것이다. 따라서 교육행정에 대한 성격 규명은 교육행정에 대한 종합적인 정의에서 나타나게 된다. 이와 같은 입장에서 교육행정을 크게 일반적 성격과 교육행정이 타부문의 행정과 구별되는 독자적인 성격으로 구분할 수 있다.

1. 공공적 성격

교육은 어느 특정한 개인의 이익을 위한 사업이 아니라 모든 국민과 관계되는 공익사업이라고 할 수 있다. 우리 나라에서 국민이 교육을 받을 수 있는 권리와 그 권리를 보장하기 위하여 교육제도를 비롯한 제 교육 조건의 마련을 법률로 정하고 있는 점은 교육행정의 공공성을 보여주는 것이다. 즉, 국가와 지방자치단체가 교육기관을 직접 경영하고 지원할 뿐만 아니라 사립학교에 대하여도 사회적 공기(公器)로서의 그 기능과 역할을 수행할 수 있도록 감독과 지원을 하고 있다.

이와 같이 공공성은 학교법인이나 사인(私人)에 의하여 설치 · 운영되는 사립학교 교육에도 적용된다. 사립학교의 경영주체가 국가나 공공단체가 아니라 할지라도 사립학교의 경영은 국가의 위임 · 인가 사항으로서 법률에 의하여 이루어진다. 근본적으로 교육이 공공성을 전제하고 있기 때문에 교육의 주체가 국가이든 사인이든 관계없이 교육행정은 공공적 성격을 지니고 있다.

2. 조장적 · 봉사적 성격

조건정비론의 입장에 의하면 교육행정은 학교의 교수-학습을 위하여 제반 교육 조건을 정비하려는 봉사활동으로 나타나기 때문에 조장적 · 봉사적 성격이 강하게 나타난다. 수업의 목적을 달성하기 위하여 필요한 인적 · 물적 조건을 정비 · 확립하는 것이 교육행정이라면 교육행정은 교육목적 달성을 위한 하나의 수단으로서 조장적 · 봉사적 성격을 띠게 된다.

교육행정이 아무리 좋은 교육목적이나 목표를 수립하여도 이를 달성하기 위한 인적 · 물적 조건의 정비없이는 소기의 목적을 달성할 수 없다는 입장에서 보면 교육행정은 조장적 · 봉사적 성격이 강하다고 할 수 있다. 특히, 민주적인 교육행정에서 가장 기본적인 특성은 바로 조장적 · 봉사적 성격이라고 할 수 있다.

3. 감독적 성격

행정일반론적 입장이나 공권설적 입장에 의하면, 교육행정은 국가가 권력작용을 통하여 교육정책을 실현하려고 하는 것이기 때문에 감독적 성격이 강하게 나타나게 된다. 즉, 교육관련 법규나 지침 또는 시책에 따라 교육행정을 수행하고, 법규나 지침에 있는 내용의 실현 여부가 행정의 주요 목적이 되기 때문에 법규나 명령 또는 지침에 따른 감독적 성격이 가장 잘 나타난다고 볼 수 있다.

교육행정에 대한 공권적 해석은 중앙집권적, 관료통제적 국가체제 하에서의 학교행정의 성격일 뿐만 아니라 교육자체의 성격을 규정하게 된다. 따라서 교육행정이나 학교교육 활동에 있어서도 국가에서 정한 법규나 공식적 교육조직에서 상급자의 명령에 복종하는 것이 행정의 임무라고 보고 있다.

지방자치제, 교육자치제의 실시로 중앙집권적 교육행정체제에서 지역단위 혹은 단위학교의 자율적 운영이 강조된다. 현재 지방분권적 교육행정체제로 변화되고 있으나, 국가 교육정책 실현을 위하여 교육행정기관이나 학교조직에 대한 어느 정도의 감독적 작용도 한다고 보아야 할 것이다.

제4절 현대 교육행정의 특징

공공 분야의 한 영역이며 특수한 활동으로서 분화 · 발전되고 있는 교육행정의 특징을 파악하는 것은 최근 교육 수요자를 위한 양질의 교육 서비스 제공에 대한 요청과 더불어 질적인 발전을 도모하기 위한 제반 장치들을 강구하는데 도움을 준다. 다양하고 창의성 있는 교육활동을 통하여 교육의 수월성과 경쟁력을 제고하고, 미래에 대비할 수 있는 여건을 마련하기 위한 측면에서 공공 분야의 하나로서 분화 · 발전되고 있는 현대 교육행정의 특징을 제시하면 다음과 같다.

첫째, 정보화 사회에서 교육행정은 중앙 및 지방 교육행정의 정보체계화(information system)를 통한 교육 서비스를 제공하고 있다. 교육행정의 전산망을 구축함으로써 신속하고 정확한 행정업무 처리가 이루어진다고 할 수 있다. 교육행정의 업무 중 인사관리, 재무관리 및 시설관리 등의 분야에서 행정 전산망을 통한 업무체계가 이루어지고 있다. 그리고 학교 조직에서의 경영은 컴퓨터를 활용한 수업, 다양한 교수 매체를 활용한 수업을 통하여 교수-학습의 효율화를 도모하고 있다.

교육행정 업무의 보다 효율적인 처리를 위해서는 교육관리 기능과 의사결정 기능을 보완하는 데 필요한 정보 자료를 제공할 역할을 할 수 있는 시스템이 구축되어야 한다. 이러한 체제를 관리정보체제(Management Information System: MIS)라고 한다. 관리정보체제의 특성은 ① 정보흐름을 구조화하여 정보의 장치를 강조한다. ② 주로 중간관리층을 대상으로 관리정보에 초점을 둔다. ③ 데이터처리 체제를 재정관리, 인사관리, 물품 및 시설관리 등의 기능별로 통합한다. ④ 데이터 베이스(data base)를 구축하여 각종 기능별 업무를 효율적으로 수립 · 관리해 나간다(Murdick & Ross, 1977: 19 ~89).

이 체제는 교육행정 관리에 적용하는 경우에 교육관리 정보체제(Education Management Information System: EMIS)라고 한다. EMIS는 교육행정의 목적을 달성하기 위해 학교조직, 학교행정 조직 및 이의 구성원, 이들 조직이 담당하는 사무(인사, 재무, 시설) 등을 대상으로 파악하고, 교육행정의 관리기능과 서비스 기능의 향상을 위해 정보통신 기술을 수단과 도구로 활용하는 방법이다. 이러한 측면에서 교육과학기술부는 2003년 4월 11일부터 교육행정정보시스템(National Education Information System: NEIS)을 개통하였다. 교육행정정보시스템은 종전에 학생 · 교원관련 교육정보를 각 학교별로 DB를 구축 · 운영해 오던 것을 각 시 · 도교육청에 DB를 구축한 것이다. 이 시스템은 전국 1만여 개 초 · 중등학교, 17개 시 · 도교육청 및 교육부를 초고속 인터넷망으로 연결한 세계 최고 수준의 교육 정보화 물적 기반을 활용함으로써, 교무 및 학사뿐만 아니라 인사, 물품, 회계 등 기타 교육행정 전 업무를 상호 전자적으로 연계하여 업무를 효율적으로 처리하는 획기적인 종합행정시스템이다. NEIS는 교육이 학교 울타리를 넘어 가정, 지역사회, 국가까지 그 영역을 확대하여 전 국민의 참여와 협력 속에 만들어 나가는 21세기형 정보시스템이다(교육과학기술부, 2003).

둘째, 교육행정 서비스의 강화를 들 수 있다. 현대국가를 행정국가, 복지국가라고 할 수 있을 정도로 국민들의 행정에 대한 서비스 요구는 점증하고 있으며, 교육부문도 예외는 아니다. 교육활동의 전 영역, 예를 들어 계획, 조직, 인사, 재정, 교육과정, 시설 등에 걸쳐 교육행정이 관여하게 되며, 교육 수요자들은 보다 쾌적한 교육환경하에서 질 높은 교육을 요구하게 되며, 따라서 교육행정의 사회적 책무성은 점증한다고 할 수 있다.

셋째, 교육행정 업무의 전문화를 들 수 있다. 교육행정 활동이 점차적으로 복잡하고 다양해짐에 따라 그 업무수행을 위하여 고도의 기술성을 요구하게 된다. 교육행정가의 기술도 Katz(1955: 32~42)가 제시하고 있는 바와 같이 직급에 따라 실무적 기술(technical skill), 인간관계적 기술(human skill), 통합적 기술(conceptual skill)이 달리 요청되고 있다. 현재 교육행정에서 전문화의 경향은 교육기획, 인사, 시설, 재정, 장학, 연구, 평가 등 각 영역에 두드러지게 나타나고 있다. 교육행정은 교수-학습활동, 학생의 생활지도 및 특별활동을 포함하는 교육과정 운영과 전문직으로서의 교원 인사를 핵심적 업무로 삼고 있다. 따라서 교육요원에 대한 현직 교육 강화를 통해 전문성 신장을 도모하고 있다.

넷째, 교육행정의 민주화를 들 수 있다. 자율화, 분권화의 추세에 따라 중앙집권적인 교육행정 체제는 지방교육자치제의 실시로 그 권한과 책임이 지방으로, 그리고 학교중심의 학교경영 혹은 단위학교 책임경영제(school based management)의 강조에 따라 일선 학교 단위로 이양 · 위임되고 있으며, 교육조직 내부에서도 상층부의 권한이 점차적으로 하부로 이양 · 위임되고 있다. 단위학교 중심의 학교 운영과 더불어 교직원의 학교 운영에 대한 참여는 교육행정 운영의 민주화를 더욱 발전시키고 있다.

다섯째, 현대 교육행정 특징 중의 하나로 합리화를 들 수 있다(김종철 · 이종재, 1994: 42). 이는 교육행정 활동에 있어서 경제성의 원리가 중시되고 효율적인 목표달성이 강조되고 있음을 의미한다. 이러한 교육행정의 합리화는 교육행정이나 학교경영에 있어서 새로운 예산기법 및 관리기법의 개발과 활용, 교육행정에 있어서 계획과 평가활동이 중시되고 있는 점, 그리고 정확한 통계자료의 수집과 조사 연구활동 등이 강조되고 있는 점 등을 들 수 있다. 교육행정의 과학화를 강조할 때 제안되는 교육행정의 관리정보체제의 확립, 계량적 의사결정 모형 및 분석 등 현대적 행정기법, 그리고 도구의 도입과 활용을 통하여 교육행정의 합리성을 높이고 있다.

여섯째, 현대 교육행정은 학교교육 뿐만 아니라 평생학습사회(life-long learning society)에 따른 평생교육에 대하여도 관심을 넓혀 가고 있으며, 평생교육 체제의 구축을 위하여 다각도로 노력하고 있다. 폭증하는 지식이나 정보의 양과 현대사회의 급격한 변동에 따른 산업구조의 변화에 따라 학교교육만으로는 교육 수요자의 다양한 학습욕구를 충족시키는 데 대처하기 어렵기 때문에 평생교육의 필요성이 증대되고 있다. 평생교육이 학교교육의 보충적 기능과 확장적 기능을 체계적으로 수행하기 위해서 이를 지원 · 조장하는 사회교육 행정의 기능도 증대되고 있으며, 특히 1999년 평생교육법의 제정 이후 이를 위한 지원책으로 평생학습 도시 지정 · 운영 등 중앙과 지방교육 행정조직에서도 관련부서를 설치 · 운영하고 있다.

끝으로, 글로벌시대에 세계 각국 간에 교육인적 · 물적자원 및 프로그램의 교류 활성화, 교육의 국제통용성 증대, '국경없는 교육', 교육 ODA 증가 등이 이루어짐에 따라 교육 국제화 부문에도 교육행정의 영향력이 커지고 있으며, 그 중요성도 강조되고 있다. 이에 따라 교육 국제화업무의 효율적인 추진과 성과 달성을 위해서는 국제교육 전문가 양성, 다양하고 적합한 교육프로그램 개발, 행정지원체제 강화, 충분한 재정 확보 등이 수반되어야 할 것이다.

제 3 장

교육행정의 이론발달

교육조직의 효율적 운영을 위한 노력은 시대를 거쳐 끊임없이 계속되어 왔다. 초기의 교육조직 관리에 대한 이론적 연구는 생산성 향상과 관련한 기업의 경영기법을 차용하여 이루어졌다. 이러한 측면과 제 학문분야의 이론을 도입 · 적용하여 교육행정의 이론적 근거로 발전되었다.

교육행정 이론은 크게 조직의 구조, 과업을 중시하는 고전적 이론(과학적 관리론, 행정관리론, 관료제론), 조직 구성원을 강조하는 사회정치체제 이론(인간관계론, 행동과학이론), 조직, 조직 구성원 환경의 역동적인 상호작용을 강조하는 개방체제 이론, 그리고 교육행정 현상에 대한 새로운 패러다임인 대안적 이론(비판이론)으로 구분할 수 있다 (Hanson, 1991, 2003; Hoy & Miskel, 2008, 2013; Lunenburg & Ornstein, 2000; Owens & Valesky, 2012).

제1절 고전적 이론

고전적 이론은 1900년대부터 1930년대까지 발달한 이론으로 기본적으로 조직의 구조적 · 물리적인 면에 치중한 것으로 과학적 관리론, 행정관리론, 그리고 관료제 이론이 여기에 해당된다. 고전적 교육행정이론의 성립 배경은 1776년 Adam Smith에 의해 제기된 생산성 향상을 위한 분업의 중요성에서 찾을 수 있다. 즉 Smith는 '국부론'에서 핀의 제조과정을 단순작업 과정에서 분업과정으로 전환시키면 1인의 생산량이 240배로 향상되어 20개에서 4,800개로 늘어나게 된다고 주장하였다. 이러한 Smith의 주장은 그 후 100년 이상을 지나 Taylor에 의해 과학적 관리론의 성립배경이 되었다.

1. 과학적 관리론

과학적 관리론은 Taylor(1947)에 의해 제창된 이론으로 노동은 과학적으로 연구가 될 수 있으며, 작업현장에서 수집한 객관적인 자료가 최선의 작업조직을 구상하는 근거가 된다고 하였으며, 작업과 관리에 대한 체계적인 연구와 분석을 통하여 보다 나은 해결책을 제시하였다.

그에 따르면, 과학적 관리론의 목적은 각 고용인의 최대 번영과 고용주의 최대 번영을 보장하는 데 있으며, 각 동작의 형태, 순서 및 소요시간을 '시간연구(time study)'와 '동작연구(motion study)'를 통해 표준화하여 하루의 표준작업량을 설정하고 이 과업을 기준으로 하는 관리의 과학화를 도모하게 된다.

Taylor에 의하면, 노동자들이 고용주에게 요구하는 것은 높은 임금이며, 고용주가 노동자들에게 요구하는 것은 낮은 임금이다. Taylor는 고용주와 노동자간의 이러한 상호 이익에 바탕을 둔 다섯 가지 작업 관리의 원리를 다음과 같이 제시하고 있다.

① 최대의 1일 작업량: 모든 노동자에게 명확하게 규정한 충분한 1일 작업량을 주어야 한다.

② 표준화된 조건: 노동자가 과업을 성공적으로 수행할 수 있도록 작업조건과 도구를 표준화해 두어야 한다.

③ 성공에 대한 높은 보상: 노동자가 과업을 성공적으로 완수한 경우에는 높은 보상이 주어져야 한다.

④ 실패에 대한 손실 보상: 노동자가 과업을 달성하지 못한 경우에는 그 실패에 대한 손해를 감수하도록 한다.

⑤ 과업의 고숙련도: 노동자에게 주어지는 과업은 우수한 노동자만이 달성할 수 있을 만큼 어려운 것이어야 한다.

Taylor의 과학적 관리론의 원리는 관찰과 분석에 의하여 작업방법 또는 작업과정을 정하는 것이며, 이와 같이 정해진 방침대로 직무를 수행하도록 직원을 훈련시키는 것이었다. 주요한 과학적 관리의 원리를 제시하면 다음과 같다(Taylor, 1947: 63~64; 김윤태, 1994: 92~94).

① 과학적 직무 분석(scientific job analysis): 관찰, 자료 수집 및 신중한 측정을 통해 관리층은 각 직무를 수행하는 '한 가지 최선의 방법'을 결정한다. 즉 관리자는 낡은 주먹구구식의 작업방법을 대체하는 작업의 각 요소에 대한 과학을 발전시킨다. 다시 말하면, 작업 각 요소를 정확히 객관적으로 분석·측정할 수 있는 진정한 의미의 과학을 발전시키는 것을 의미한다.

② 과학적인 인사제도(scientific of personnel): 직무가 분석되면 다음 단계는 일할 사람

을 과학적으로 선발하고, 체계적으로 훈련시키는 일이다.

③ 협동관리(management cooperation): 수행되고 있는 모든 일은 발전되어 온 과학의 원리와 일치한다는 것을 보장하기 위하여 관리자는 노동자와 친밀하게 협력해야 한다.

④ 기능적 감독(functional supervising): 관리자와 노동자간에 분업이 이루어져야 하는 바, 관리자는 계획 · 조직 · 의사결정하는 활동을 하고 노동자는 그들의 직무를 수행한다.

과학적 관리운동과 그 능률의 원리는 지금까지 소위 주먹구구식의 관리에서 벗어나 과학적인 방법을 도입함으로써 생산성 향상에 크게 기여하였으나, 인간을 기계의 부품처럼 취급했다는 면에서 비판을 받고 있다.

2. 행정관리론

행정관리론은 조직경영을 위한 거시적인 행정원리에 대한 접근법으로 Fayol, Urwick, Gulick, Mooney 등에 의해 주장되었다. Fayol(1949: 20~41)은 Taylor의 과학적 관리론을 이론적으로 발전시킨 사람으로 30여 년간 회사 관리층의 조직을 토대로 하여 조직의 당면한 문제에서 추출한 14개의 관리원리를 제안하였다. 이를 제시하면 다음과 같다.

① 분업(division of work)의 원리

② 권한(authority)의 원리

③ 규율(discipline)의 원리

④ 명령통일(unity of command)의 원리

⑤ 지휘통일(unity of direction)의 원리

⑥ 조직 전체의 이익에 대한 개인적인 이해관계의 종속(subordination of individual interests to the general interest)의 원리

⑦ 보상(remuneration)의 원리

⑧ 집중화(centralization)의 원리

⑨ 책임 계층(scalar chain)의 원리

⑩ 질서(order)의 원리

⑪ 공평성(equity)의 원리
⑫ 직원 신분보장(stability of tenure of personnel)의 원리
⑬ 솔선 및 자발성(initiative)의 원리
⑭ 단결심 및 단체정신(esprit de corps)의 원리

Urwick은 Taylor의 관리방식을 공공행정에 적용 · 발전시켜 명령계통의 일원화, 참모의 활용, 목적, 과정, 사람, 장소 등을 기준으로 한 부서화, 권한과 책임의 위임과 양자간의 균형, 통솔범위의 명백한 설정, 그리고 구성원을 조직구조에 적응시켜 여섯 가지 원리를 제시하였다. 특히, Gulick(1937: 13)은 최고 행정가의 일반적 직무를 기능적으로 분석하여 조직관리 과정으로 POSDCoRB를 창안하여 Fayol의 관리원리를 더욱 발전시켰다. 이를 구체적으로 기술하면 다음과 같다(윤정일 외, 1994 : 49~50).

① 계획(planning): 조직의 목적을 달성하기 위한 행동의 대상과 방법을 개괄적으로 확정하는 일

② 조직(organizing): 세워진 공동의 목적을 달성하기 위하여 공식적 권한구조를 설정하고 직무내용을 배분 · 규정하는 일

③ 인사(staffing): 설정된 구조와 직위에 적격한 직원을 채용 · 배치하고 작업에 유리한 근무조건을 유지해 가는 일

④ 지시(directing): 조직의 장이 여러 가지 의사결정을 하고 그것을 각 부서에 대한 명령과 지식 등의 형태로 구체화하는 일

⑤ 조정(coordinating): 각 부서별 업무수행의 관계를 상호 연계시켜 원만하게 통합 · 조절하는 활동

⑥ 보고(reporting): 조직의 장이 작업의 진전상황을 기록, 조사 · 연구 · 감독 등을 통하여 자기 자신은 물론 하위 직원들에게 알려 주는 일

⑦ 예산(budgeting): 조직의 목표 달성에 소요되는 제반 예산의 편성, 회계 및 재정 통제, 결산 등을 포함하는 일

따라서 행정관리론자들은 조직을 폐쇄체제로 보고, 조직 구성원들의 인간행동 요소보다는 조직 부서간의 구조적 관계를 강조하였다.

3. 관료제 이론

관료제(bureaucracy)는 정치적 의미로서 권력을 장악하고 있는 소수 통치집단의 지배현상으로, 그리고 조직구조적 의미로서 대규모 조직의 집단관리 현상 및 계층제의 형태를 지닌 구조로서 Weber(1946)는 제시하고 있다. Weber는 관료제의 기초로서 권위의 유형을 전통적 권위, 카리스마적 권위, 그리고 합리 · 합법적 권위[1]로 구분하면서, 이 중에서 합리 · 합법적 권위가 관료제의 기초로 되어야 한다고 주장하고 있다.

Weber는 관료제를 이념형(ideal type)으로 보고 그 특징으로 분업과 전문화, 몰인정성, 권위의 위계, 규정과 규칙, 경력 지향성 등 다섯 가지를 들고 있다. 이와 같은 관료제의 특징들은 합리적 의사결정과 행정적 효율성을 극대화해 준다.

한편, Weber의 관료제 모형이 지니고 있는 순기능과 역기능을 Hoy와 Miskel (2008: 94)은 〈표 3-1〉과 같이 요약 · 제시하고 있다.

〈표 3-1〉 Weber의 관료제 모형의 순기능과 역기능

역기능	관료제의 특징	순기능
권태	분업	전문성
사기의 저하	몰인정성	합리성
의사소통 저해	권위의 위계	엄격한 순응과 조정
경직성과 본말전도	규정과 규칙	계속성과 통일성
업적과 연공서열제간의 갈등	경력지향성	유인체제

Weber의 관료제 이론은 조직의 능률성과 합리성에 관련된 구조 유형을 분석하는 데 기여하였으며, 특히 대규모 복합조직의 기능을 파악하는 데 유용한 틀을 제시하

1) * 전통적 권위(traditional authority): 하위자가 상위자의 명령에 대해서 그것이 전통적으로 그러했다는 근거에서 정당한 권위로 받아들일 때 나타나는 권위
* 카리스마적 권위(charismatic authority): 권위의 근거가 상위자의 비범한 능력에 의하여 나타나는 권위
* 합리 · 합법적 권위(rational-legal authority): 권위가 법이나 규정에 의하여 보장되는 권위

였다는 점에서 높이 평가받고 있다.

4. 교육행정에의 적용

기업조직에서 시작된 고전적 이론의 내용은 일반행정과 교육행정 전반에 걸쳐 많은 영향을 주었으며, 대규모 조직운영에 있어 합리화, 표준화, 기계화 등을 통해 능률의 극대화를 도모하였다. 교육행정의 연구와 실제 운영에 고전적 이론을 도입한 학자는 Bobbitt, Spaulding, Strayer, Gregg, Abbott 등을 들 수 있다.

Bobbitt는 「교육에서의 낭비의 추방」(1912)과 「도시학교 체제 문제에 과학적 관리원리의 적용」(1913)이라는 논문을 통해 학교관리 및 장학행정에 과학적 관리를 적용할 것을 주장하였다. Bobbitt가 주장한 과학적 관리의 원칙은 ① 가능한 모든 시간에 모든 교육시설을 활용한다. ② 교직원의 작업능률을 최대로 유지하며, 교직원의 수를 최소로 감축시킨다. ③ 교육에서 낭비를 최대한 제거한다. ④ 교원들에게 학교행정을 맡기기보다는 학생들을 가르치는 데 활용한다는 것이다. 또한, Bobbitt는 교육에서도 기업에서와 마찬가지로 생산품(학생)의 표준화, 생산방법(교육방법), 생산자(교원)의 자격 및 생산자의 교육과 훈련에 과학적 관리를 적용해야 하며, 특히 생산자들에게 작업의 성격, 달성해야 할 목표, 목표달성을 위한 방법의 채택, 그리고 활용해야 할 시설에 관한 상세한 지시를 해 주어야 한다고 주장하였다.

그리고 Gregg(1957: 8)는 교육행정에 행정과정을 보다 혁신적으로 적용시켜 의사결정(decision-making), 기획(planning), 조직(organizing), 의사소통(communicating), 영향(influencing), 조정(coordinating), 평가(evaluating) 등 7단계로 구분하였다.

Abbott는 학교조직이 지니고 있는 관료적 특성을 다음과 같이 기술하고 있다(Sergiovanni, 1969: 44~45).

① 학교는 전문화와 과업 세분화의 필요에 의해 영향을 받고 있다. 즉 초·중등학교의 분리, 교과목 및 지원활동의 구분, 수업과 행정의 분리 등은 학교의 전문화 요구에 따른 것이다.

② 학교조직도 조직기구표 내지 직제표상 명확하고도 엄격하게 규정되어 있는 권위의 계층을 가지고 있다.

③ 학교조직은 조직구성원들의 행동을 통제하고 과업수행의 통일성을 기하기

위하여 규칙사용에 크게 의존한다.

④ 학교조직은 인화단결을 자주 내세우지만 조직관계에서 보면 몰인정성의 원리가 폭넓게 적용되고 있다.

⑤ 교사들의 채용은 전문적 능력에 기초해서 이루어지며, 대부분의 경우 전문적 경력으로 이어진다. 승진은 연공서열과 업적에 의해 결정되고 고정된 급여를 받는다.

이상에서 기술한 바와 같이, 교육행정에서의 고전적 이론들은 교육분야 특히, 학교관리와 장학행정에서의 절약과 능률의 강조, 교육행정 과정의 탐색, 학교조직의 관료제적 특성 파악 등을 통하여 효율적이고 과학적인 교육행정을 제시하였다.

제2절 사회정치체제 이론

과학적 관리론을 비롯하여 고전적 조직이론들이 1930년대 초까지 교육 행정분야에 지대한 영향을 주었지만 1930년대의 경제공황으로 조직관리의 한계를 느끼게 되었으며, 또한 지나치게 조직의 공식적인 구조나 과업조직, 구성원의 경제적 · 물리적 측면만을 강조함으로써 조직구성원의 사회적 · 심리적 측면, 조직내부에 존재하는 비공식 조직, 정치적인 요소 등을 간과함으로써 조직의 목표달성이나 생산성을 저하시킨다는 비판을 받게 되었다. 이러한 입장에서 사회정치체제 이론은 '사회적 인간'에 근거하여 조직구성원의 사회 · 심리적 측면, 조직내부에 존재하는 비공식 조직, 정치적 요소 등을 강조하는 인간관계론과 공식구조와 비공식 집단간의 상호작용을 강조하는 행동과학이론이 대두하게 되었다.

1. 인간관계론

인간관계론적 접근을 최초로 시도한 학자는 Follet로서, 그는 조직의 기본문제는 민주적 정신과 인간관계를 형성하고 유지하는 것이라고 하여 조직운영에 심리학적 관점을 도입하였다. 이후 Mayo, Roethlisberger 등 하버드대학 경영학 교수팀이 미국 서부전기회사의 Hawthorne 공장에서 1924년부터 1932년까지 8년 간에 걸쳐 수행된 일련의 실험 소위 'Hawthorne실험'이 인간관계론을 잉태하게 하였다.

Hawthorne실험은 4개의 단계를 통해서 이루어졌는 바, 첫 번째 단계의 실험은 조명실험(illumination test)이었다. 조명실험은 원래 작업장의 조명도를 높이면 생산량이 증가될 것이라는 가설하에서 여자노동자들을 통제집단과 실험집단으로 구분하여 비교해 본 결과 원래대로의 조명하에서 생산된 통제집단의 생산규모나 조도를 높여준 실험집단의 생산량 모두 생산량이 증가하였으며, 일정한 시간이 지난 후에는 원래의 생산규모로 되돌아왔다. 특히, 실험집단에서 조도를 낮추어도 생산량이 증가됨을 알아냄으로써 생산량과 조도와의 아무런 관계가 없음이 판명되었다.

두 번째 단계에서 이루어진 실험은 계전기 조립실험(relay-assembly test)이다. 첫 번째 실험에서 생산량에 영향을 주는 것은 작업실 주변의 물리적인 변화가 절대적인 것이 아니라는 결과에 따라 두 번째 이루어진 계전기 조립실험에서는 2차례에 걸친 실험이 이루어졌다. 1차 실험에서는 2명의 인간관계가 좋은 여공이 뽑혀 그들로 하여금 각각 2명씩 4명의 동료를 선발하여 모두 6명의 작업구성원을 하나의 작업장으로 만들어 생산활동에 임하게 하였다. 그리고 2차 실험에서는 5명의 작업구성원을 조직하여 집단 임금제도를 실시하였다. 이러한 두 가지의 실험결과, 1차 실험에서는 작업동료가 그들 장소에서 작업에 임한다는 생각 때문에 생산량의 증가를 가져오고 2차 실험에서는 별실작업이라는 점과 동시에 작업의 자율성과 자부심, 그리고 자기표현의 기회가 증가되면서 생산성 향상에 영향을 가져왔다.

이러한 실험의 결과를 통하여 연구자는 작업능률의 향상에 영향을 미치는 요소로 노동시간이나 급료, 휴식시간, 급식 등과 같은 작업의 물리적 · 환경적 조건들보다는 오히려 작업자체에 대한 자부심, 자기표현의 기회를 포함한 인간적 · 사회적 조건으로 우리의식(we-feeling)이 강한 작업풍토 등의 변인이 크게 좌우되고 있음을 입증한 실험이 되었다.

세 번째 이루어진 실험은 면접 프로그램(interview program)이다. 면접 프로그램에서는 원래 조직 내의 계층을 초월하여 모든 조직구성원들 상호간의 문제를 서로 이해하고 도움을 줌으로써 보다 높은 우리의식을 심어 주고 아울러 자기직무에 대한 자신감을 불러일으킴으로써 생산성을 향상시키려는 방법이었다. 면접실험에 사용된 면접의 내용들은 조직 내의 업무나 조직의 공식적인 일들보다는 오히려 개인의 사생활과 가정적인 일 등 업무 외의 일들에 초점이 두어졌으며, 궁극적으로는 조직에 대한 소속감과 상급자로부터의 인정감을 높여 줌으로써 보다 안정적인 조직생활을 하게 하고 생산의욕을 높이는데 목적을 둔 연구였다.

결국, 이러한 직접 · 간접적인 면접 프로그램을 거쳐 얻어진 결과는 조직 내에 존재하고 있는 형식적 · 공식적 조직보다 오히려 비형식적이고 비공식적인 조직의 영향력이 생산규모의 결정에 크게 작용하고 있다는 사실을 증명함으로써 비공식적 조직의 중요성을 인정하게 되었다.

마지막으로 네 번째의 실험은 건반 배선관찰 실험(bank wiring observation room test)이다. 이 실험은 비공식 조직의 중요성을 확인하기 위한 실험인 바, 14명의 남자 노동자들을 건반배선 작업원으로 배치하여 그들의 작업에 대한 감정, 태도, 그리고 상호관계 등을 아무런 조작적 조건없이 스스로 작업에 임하도록 한 후 결과를 조사 · 분석하였다. 그 결과 생산의 정도는 작업구성원들의 지능, 손재주, 기타의 기능들과 무관하며, 단지 그 집단에서 생산량의 증가원인은 구성원 상호간의 비공식적인 관계임을 밝혔다.

이 실험의 목적은 조직 내의 인간적 요인에 변화를 주면 생산성이 어떻게 되는가를 규명하려는데 있었다. 다시 말해서, 이 실험은 과학적 관리론이 갖고 있는 비합리적인 인간관과 기계적 도구관을 부정하고, 조직관리의 인간화를 도모하려는 것으로 인간관계론의 기초를 형성하였다.

Hawthorne실험의 결과는 고전적 이론에서 제시했던 단순한 공식구조로만 인식하던 조직을 구성원, 비공식 집단, 집단 상호간의 관계로 이루어지는 다원적인 사회정치체제로 인식하게 되었으며, 특히 조직구성원에 대한 인간적 측면을 부각시키게 되었다. Hawthorne실험 연구를 통해서 얻어진 결론은 다음과 같이 요약될 수 있다(Hoy & Miskel, 1996: 15).

첫째, 경제적 유인만이 유일한 동기유발 인자가 아니다. 실제로 비경제적인 사회적 제재가 경제적 유인의 효과를 제한하게 하고 감소시키게 한다.

둘째, 노동자들은 개인으로서가 아니라 비공식 집단의 일원으로서 관리층에 반응하게 된다.

셋째, 생산수준은 개인의 생리적 능력보다는 비공식 조직의 사회규범에 의해 더 많은 영향을 받게 된다.

넷째, 전문화가 반드시 가장 효과적인 작업집단의 조직을 만들어 내는 것은 아니다.

다섯째, 노동자들은 경영자의 임의적인 의사결정에 대해 그들 스스로를 보호하기 위하여 비공식적인 조직을 이용한다.

여섯째, 비공식적 사회조직은 경영층과 상호작용한다.

일곱째, 통솔범위를 좁히는 것이 효과적인 감독의 전제조건은 아니다.

여덟째, 비공식 조직의 리더도 공식적인 감독자만큼 중요한 경우가 많다.

아홉째, 인간은 기계의 톱니바퀴와 같은 수동적 존재가 아니라 능동적인 존재이다.

그러나 인간관계론은 지나치게 비공식적 집단이나 조직구성원의 사회 · 심리적 측면만을 강조한 나머지 오히려 생산성 저하, 노동자와 경영자간의 갈등문제, 폐쇄된 조직내부의 문제 등을 야기시키게 되었다는 비판을 받고 있다.

2. 행동과학이론

고전적 행정이론과 인간관계론이 각각 사회적 관계의 영향과 공식적 구조의 영향을 무시하였기 때문에 행동과학이론(behavioral science theory)은 이 두 입장을 통합하여 조직을 분석하고 있다. 따라서 행동과학 이론은 사회학, 심리학, 정치학, 경제학 등의 학문분야에서 추출된 원리를 추가하여 이론을 정립시켰으며, 공식적 조직 내에서 행해지는 조직구성원의 직무행동에 관심을 두었다.

대표적인 학자로서 Barnard와 Simon을 들 수 있는데, Barnard(1938)는 조직을 사회적 협동체로 보고 조직의 요소로서 의사소통, 협동, 공동의 목적 등을 제시하였으며, 공식조직 내의 비공식 집단의 중요성과 공식적 조직과의 상호작용을 주장하였다. 그는 구조적 개념과 역동적 개념을 차용하여 공식적 조직 내의 협동적 행동을 설명하였다. 즉 구조적 개념은 개인, 협동체제, 공식적 조직, 공식적 복합조직, 비공식적 조직을 의미하며, 역동적 개념은 자유의지, 협동, 의사소통, 권위, 의사결정 과정, 그리고 역동적 균형과 같은 개념을 의미한다.

Simon(1957)은 「행정행위」라는 저서에서 작업동기에 관한 공식적 이론에 초점을 두고 조직의 균형에 대한 개념을 도입하였다. 그는 조직을 작업량과 그 대가가 상호 교환되는 교환체제로 보았으며, 구성원들은 자기가 한 일보다 더 많은 대가를 받고 있다고 생각하는 한 이직을 하지 않는다는 것이다. 또한, 그는 행정 자체를 조직구성원들의 행동에 영향을 미치는 합리적인 의사결정 과정으로 파악하고 있다.

Barnard와 Simon이래 많은 사회과학자들이 행정에 관심을 기울이고 특히, 교육행정 분야에 행동과학의 개념과 원리를 적용하여 이론화 운동을 전개하였다. 1950년대 이후 미국을 중심으로 교육행정학자, 교육행정가 및 행동과학자들의 노력에 의하여 교육행정학은 크게 발전하였다. 당시 교육행정에 대한 이론화 운동을 신운동(new movement)이라 하였는데, 이 내용을 제시하면 다음과 같다(Halpin, 1970: 162~163; 이형행, 1983: 87; 이종재 외, 2012: 61).

① 교육행정학의 연구에 있어 이론의 중요성을 인정하고 이론에 근거한 가설 연역적 연구방법을 택해야 한다.

② 교육행정을 일반행정이나 기업행정 등과 다르게 보는 편협한 관점을 택하지 말고, 행정 앞의 형용사와는 관계없이 행정은 행정자체로서 과학적인 연구주제가 될 수 있다.

③ 교육은 사회체제로서 가장 잘 이해될 수 있는 것이므로 교육행정 연구는 행동과학적인 접근방법에 크게 의존하지 않을 수 없다.

그리고 교육행정의 이론화에 대한 신운동은 처음에는 교육행정학자와 교육행정가들 사이에서 이루어지다가 교육행정학자와 사회과학자들 간의 협동적 연구 계획에 의해 더욱 촉진되었는데, 그 대표적인 예를 들면 다음과 같다(Sergiovanni, 2004: 81-100).

① 1946년과 1947년에 미국교육행정가연합회(American Association of School Administrators: AASA)의 기획위원회가 주장한 교육행정의 전문화 활동

② 1947년에 결성된 미국 교육행정학교수협의회(National Conference for Professors of Educational Administration: NCPEA)의 활동

③ 1950년 Kellogg재단의 후원을 받아 Harvard대학을 비롯한 5개 대학이 중심이 되어 수행한 교육행정협동프로그램(Cooperative Program in Educational Administration: CPEA)

④ 1956년에 교육행정학 분야 박사과정을 개설한 32개 대학으로 구성된 교육행정 대학협의회(University Council for Educational Administration: UCEA)의 활동

3. 동기이론

여기서 조직목표의 효율적인 달성을 위해 인간관계론에서 중시하고 있는 조직구성원의 동기와 관련된 이론을 내용이론과 과정이론으로 구분하여 기술하면 다음과 같다.

1) 동기의 내용이론

(1) Maslow의 욕구단계이론

Maslow(1970)는 인간의 동기는 다섯 개의 기본적인 욕구 범주로 분류될 수 있다고 주장하고 있다. 그가 밝힌 다섯 가지 욕구의 순위는 ① 생리적 욕구, ② 안전의 욕구, ③ 사회적 욕구, ④ 존경의 욕구, ⑤ 자아실현의 욕구이다. 그에 따르면, 충족된 욕구는 더 이상 행동을 유발하는 동인으로 작용하지 않으며 오직 충족되지 않은 욕구에 의해서 행동이 일어난다는 것이다.

(2) Alderfer의 ERG이론

Maslow의 욕구계층 다섯 단계를 수정하여 세 단계의 핵심적인 계층 욕구로 통합시킨 것이 Alderfer의 ERG 이론이다. ERG이론이란 생존(E: existence), 관계(R: relatedness), 성장(G: growth) 욕구의 머릿자를 딴 것이다. 세 가지 욕구를 간단하게 살펴보면 다음과 같다.

① 생존의 욕구: 생존의 욕구는 신체적인 생존을 유지하는 데 필요한 생리적 욕구와 물질적인 안전의 욕구를 통합한 것이다.

② 관계의 욕구: 이는 의미있고 만족스러운 사회적 관계를 갈망하는 욕구로 Maslow의 대인관계에 있어서 안전의 욕구와 사회적 욕구, 그리고 자존의 욕구 등이 포함된다.

③ 성장의 욕구: 성장의 욕구는 최고수준의 욕구로써 Maslow의 자존의 욕구와 자아실현의 욕구를 포함하고 있다. 이는 개인발전을 위한 욕구이다.

(3) Herzberg의 동기 · 위생이론

Herzberg와 그의 동료들은 미국 피츠버그 지방에서 200명의 기술자와 금전 수납원의 직무태도를 중심으로 인간행위의 전제가 되는 욕구를 파악하기 위해 실험을 한 결과 인간에게는 고통으로부터 벗어나려는 욕구와 심리적으로 성장하려는 욕구 등 두 가지의 이질적인 욕구가 있으며, 이들 욕구는 인간행위에 대하여 서로 다른 차원에서 영향을 주고 있다고 밝히고 있다. 즉, 조직구성원이 업무에 대해서 만족을 느끼게 하는 요인은 직무자체와 관련되어 있고, 불만족을 느끼게 하는 요인은 직무를 둘러싼 근무조건과 관련되어 있다고 지적하였다.

Herzberg는 동기요인, 즉 조직구성원들에게 만족을 주는 요인으로 성취감, 인정감, 책임감, 승진, 직무자체, 직무를 통한 자아실현 등을 들고 있다. 그리고 위생요인, 즉 조직구성원들에게 불만족을 초래하는 요인으로는 보수, 작업환경, 감독, 상사 및 동료와의 인간관계 등을 들고 있다.

이와 같은 Herzberg의 동기 · 위생 이론을 토대로 Sergiovanni가 1967년 미국의 교사를 대상으로 연구한 결과, 교사의 동기요인으로는 ① 성취감, ② 인정감, ③ 책임감이, 그리고 위생요인으로는 ① 학생과의 인간관계, ② 동료와의 인간관계, ③ 장학지도, ④ 학교방침과 행정 등으로 나타났다.

이상에서 제시한 동기의 내용이론, 즉 Maslow의 욕구단계이론, Alderfer의 ERG 이론, Herzberg의 동기 · 위생 이론간의 관계를 제시하면 [그림 3-1]과 같다.

[그림 3-1] 동기 내용이론 간의 관계

출처: Lunenburg & Ornstein(2000: 100).

(4) McGregor의 X, Y이론

McGregor의 X, Y이론은 인간의 행동은 이론 X형, 이론 Y형으로 분류될 수 있다는 전제하에서 인간을 보는 입장이다.

X이론에 입각한 인간관은 인간이 본래 태만하며, 책임을 싫어하고, 지도받기를 원하며, 선천적으로 이기적이고 조직의 필요에는 무관심하고, 변화에 대하여 저항적으로 대응하는 등 인간을 부정적이며 소극적인 측면에서 보는 입장이라고 할 수 있다. 따라서 개인은 수동적인 존재로 인식되고, 다른 한편으로 조직은 개인에 대하여 일방적 지시와 세밀한 감독을 하고, 생리적 조건만 충족시켜 주고 루틴화, 표준화에 의한 통제를 하여야 한다고 생각하였다.

한편, Y이론에 입각한 인간관은 작업이란 고통스러운 것이 아니고, 휴식과 마찬가지로 자연스러운 것으로 본다. 자기 표현과 자제의 기회를 통하여 발견을 하면 대부분의 인간들은 자기 행동의 방향을 스스로 정하고 자제할 능력이 있으며, 따라서 책임있는 행동을 한다. 그리고 물질적 욕구만 있는 것이 아니고 심리적 · 사회적인 욕구를 더 중시하며, 작업 속에서 이런 욕구 충족의 기회를 발견하고 도전을 느끼며, 이기적으로만 행동하는 것이 아니고 같은 조직 내의 타인을 위하여 행동하기도 한다는 등의 입장에서 보아 인간을 능동적이고 적극적인 측면에서 보고 있다. 이상과 같은 인간관에 입각하였기 때문에 조직 내의 권위원(權威源)을 다원적으로 보고 세밀한 감독보다는 일반적 감독을 중시하며, 작업에서의 다양성을 부여하고 비공식 조직을 중시하였다.

이상에서 McGregor의 X, Y이론에 대해서 살펴보았는 바, X이론보다는 Y이론에 입각한 인간관을 가지고 조직구성원을 대할 때 조직구성원의 만족은 물론 조직목표를 달성하는 데 더 효과적임을 알 수 있다. 일반적으로 조직의 성격에 따라 다르겠지만, 장학지도가 행해지는 학교조직에서도 마찬가지로 적용될 것이다. 즉, Y이론에 입각한 인간관계를 형성할 때 교사와 장학담당자 사이에 갈등이 줄어들 것이고 장학지도가 목적하는 바를 효율적으로 달성할 수 있을 것이다.

2) 동기의 과정이론

동기의 과정이론은 조직구성원들이 조직의 목표달성을 추구하면서 거치게 되는 어떤 공통적인 심리적·행동적 과정을 확인함으로써, 동기를 더 잘 이해할 수 있다고 주장한다. 과정이론의 일반적인 가정으로는 ① 조직구성원은 보상을 획득할 수 있다는 기대를 가지는 한, 목표에 관련된 보상을 얻기 위한 노력을 할 것이며, ② 조직구성원은 이용 가능한 가장 효과적인 방법을 통하여 목표를 달성하기 위한 해결방안을 독립적으로 추구하는 자율적인 존재이며, ③ 목표지향 행동이 성공적인 것으로 입증되는 동안은 그러한 노력이 계속 유지되며, ④ 목표가 달성되었거나 혹은 달성하지 않을 것이라는 깨달음이 있을 때 노력은 종결된다는 것이다.

동기의 과정이론에는 Vroom의 기대이론(expectance theory), Lawler와 Porter의 기대이론 등을 들 수 있다(Porter & Lawler, 1975; Vroom, 1984; Lunenberg & Ornstein, 2000; Hoy & Miskel, 2001; 신철순, 1995: 132~138).

(1) Vroom의 기대이론

기대이론은 1960년대 중반 이래 동기이론에 있어서 중요한 위치를 점하고 있다. Vroom(1964)에 의해서 제창된 기대이론은 유인가-수단성-기대(valence- instrumentality-expectancy)이론, 즉 VIE이론 또는 가치이론(value theory)이라고도 불리운다. 기대이론의 기본가정은 다음과 같다.

① 행동은 개인의 힘과 환경의 힘의 조합에 의해 결정된다.

② 사람들은 조직에서 자기 자신의 독특한 행동을 결정한다.

③ 사람들은 각기 다른 형태의 욕구, 포부 및 목표를 가지고 있다.

④ 사람들은 어떤 행동이 바람직한 결과를 가져올 것이라는 기대(인식)의 정도에 근거하여 행동대안을 결정한다.

Vroom의 기대이론에서 동기화의 힘은 세 요소, 즉 기대, 수단성 및 유인가[2]의

---

2) * 유인가(valence): 어떤 가능한 결과에 대하여 개인이 가지는 선호의 정도를 말하며, 그것은 긍정적일(바람직한 것) 수도 있고 또, 부정적(바람직하지 않은 것)일 수도 있다.
* 수단성(instrumentality): 일차수준의 결과와 이차수준의 결과 사이의 상관관계의 강도를 뜻한다.
* 기대(expectancy): 어떤 특정 행동이 특정 결과를 초래할 것이라는 주관적인 확률을 말한다.

곱에 의해 결정된다.

(2) Porter와 Lawler의 기대이론

Porter와 Lawler(1975)는 Vroom의 기대이론을 확대 · 발전시켜 수행-만족이론(performance-satisfaction theory)이라 불리는 기대이론을 제시하였다. Porter와 Lawler는 피고용자의 성과와 만족에 영향을 주는 요인들을 검토하기 위하여 동기에서 기대이론의 개념을 확장하였다. 이를 제시하면 [그림 3-2]와 같다.

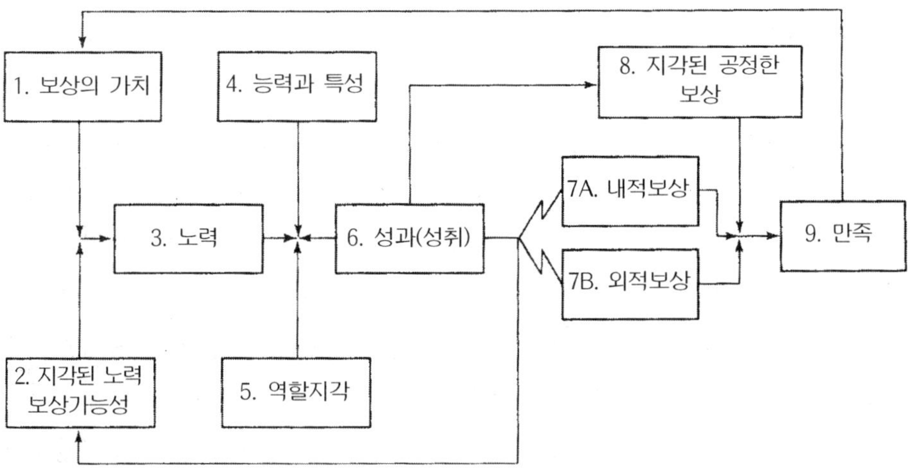

[그림 3-2] Porter와 Lawler의 기대이론

출처: Porter & Lawler(1968: 37; Lueneburg & Ornstein, 2004: 125).

1~3번은 기본적인 기대이론의 모델이다. 그들은 피고용자의 능력 및 특성(4)과 역할지각(5)이 성과(6)에 영향을 미친다고 보았다. 성과수준은 내적 보상(7A)이나 외적 보상(7B)을 가져온다. 개인은 실제로 받은 보상에 대하여 지각된 공정한 보상(8)을 측정하고, 그 결과는 피고용자가 경험하는 만족의 수준(9)으로 나타난다.

이상에서 기술한 동기이론을 내용이론과 과정이론으로 구분하여 요약 · 제시하면 〈표 3-2〉와 같다

〈표 3-2〉 동기이론의 유형

유형	특징	학자	이론	예
내용이론	구성원들의 동기를 유발시키는 특별한 요인을 찾아내는 데 초점	Maslow Herzberg McGregor Alderfer	욕구단계이론 동기-위생이론 X-Y이론 ERG이론	구성원의 욕구, 보수, 승진, 인정감, 인간관계
과정이론	동기를 유발하기 위한 동기요인들 간의 상호작용 과정에 초점	Vroom Porter-Lawler	기대이론	보상에 대한 개인의 기대

4. 교육행정에의 적용

사회정치체제 이론은 교육행정 분야에서 교육조직 구성원간의 권한의 배분문제, 구성원 개개인의 업무에 대한 직무 만족도나 사기, 그리고 학교 조직목표의 효율적 달성 측면에서 공식 조직과 비공식 조직간에 나타나는 구성원들의 역동적인 관계를 파악하는데 도움을 주었다. 즉 사회정치체제 이론으로서 인간관계론은 교육행정의 민주화를 가져오게 하였으며, 행동과학이론은 '신운동'으로 불리는 교육행정의 이론화 운동에 기여하게 되었다. 인간관계론적 관점을 교육행정 분야에 적용시킨 학자로는 Koopman, Yauch, Griffiths 등을 들 수 있으며, 이들은 교육행정에서 인간관계의 중요성, 민주적 지도성의 개념 규정, 조직운영의 민주화, 조직구성원의 의사결정에의 적극적 참여 등을 강조하였다. 그리고 행동과학적 접근은 교육행정 이론의 체계적 발전, 교육행정의 전문화, 교육행정가 양성 프로그램의 개발 등에 영향을 주었다.

제3절 개방체제 이론

과업 또는 능률을 강조하는 고전적 조직이론이나 조직구성원의 사회 · 심리적 측면을 중시하는 인간관계론, 그리고 양자간의 상호작용을 도모한 행동과학이론은

궁극적으로 조직의 내부에서 이루어지는 변인에만 초점을 두어 조직 외부의 역동적이고 변화하는 환경과의 관계를 전혀 고려하지 않은 폐쇄체제로서 파악하였다. 그러나 교육행정체제가 변화하는 주변 환경과의 상호작용 없이는 그 기능을 수행할 수 없어 조직내부, 조직 내의 상호작용은 물론 이들과 그 조직 외부의 변인과의 상호작용을 고려한 이론이 1960년대 이후 등장하기 시작하였다.

1. 체제의 개념과 속성

체제(system)란 일반적으로 상호작용하는 요소들의 복합체, 또는 경계선에 의해 둘러싸인 상호 관련된 복합체로 설명할 수 있는 바, 이는 단순한 부분들의 총합 이상을 의미한다. 그리고 체제는 기본적으로 몇 가지 속성을 가지고 있는 바, 이를 기술하면 다음과 같다(Immegart & Pilecki, 1973: 30).

① 체제는 시간과 공간 속에 존재한다. 즉, 모든 체제는 특정한 공간을 차지하며 연속적인 시간의 흐름 속에서 생성 · 진화 · 성장한다.

② 생성 · 진화 · 성장을 거쳐 종국에 가서는 소멸하려는 경향을 가지고 있다.

③ 다른 체제와 구분해 주는 한계인 경계영역이 있다. 다만 체제에 따라서는 그 경계가 다소 모호한 경우도 있다.

④ 체제 밖의 모든 것을 의미하는 환경(environment)이 있다.

⑤ 체제의 구조와 기능에 영향을 주는 요소들을 가지고 있다. 체제 안의 요소를 변인이라 하고, 체제 밖의 환경에 속하는 요소를 매개변수라고 한다.

⑥ 체제는 상위체제와 하위체제로 구성되어 있다.

한편, 체제는 그를 둘러싸고 있는 환경과 상호작용하는 방법에 따라 개방체제와 폐쇄체제로 구분된다. 생물학적 개체나 사회 내의 수많은 조직들이 개방체제에 속하며, 이러한 체제들은 외부 환경과의 동태적인 상호작용을 계속하게 된다. 상호작용 과정에서 외부 환경으로부터 다양한 형태의 투입을 받아들이게 되며, 이러한 투입은 다시 체제의 전환과정을 통하여 외부환경에 산출의 형태로 되돌아가게 된다.

학교 조직체(school as an organization)도 개방체제의 하나로서 그 기능을 수행하는데 일반적인 개방체제의 특징으로 ① 체제 환경과의 상호작용성, ② 균형을 유지하

려는 속성, ③ 자기 통제 내지 조절력, ④ 항상성의 유지, ⑤ 상하위 체제간의 역동적인 상호작용 등을 들 수 있다(Griffiths, 1964: 116~117).

개방체제의 일반적인 모형은 투입(input), 전환과정(conversion process), 산출(output), 그리고 환경(environment)이라는 개념으로 구성된다(Silver, 1983: 52~54).

여기서 투입은 상호작용하는 요소들이 체제의 목적을 달성할 수 있도록 체제 밖에서 안으로 들어가는 모든 요소를 말하며, 이는 체제에 투입되는 자원과 정보 등 체제의 유지나 산출을 가능하게 하는 요소이다. 산출은 체제가 환경이나 다른 체제로 내보내는 자원이나 정보로서 체제가 의도적 · 무의도적으로 생산해 내는 모든 것을 말한다. 이는 체제에 투입된 것이나 체제가 처리한 것을 체제가 내부의 작용을 통해 변화시켜 내보내는 것들이다.

전환과정은 체제가 목표달성을 위해 여러 자원과 정보를 활용하여 산출로 전환시키고 가치를 창조하는 과정을 말한다. 이는 흔히 암흑상자(black box)와 같이 그 구체적인 내용이 알려지지 않은 상태에서 투입과 산출의 변환과정을 기술하는 도구로 사용되며, 또한 과정 내의 구조, 방법, 절차 등을 기술하고 평가하는 개념으로 사용된다. 그리고 환경은 체제와 일정한 접촉을 유지하고 체제내부에 영향을 주는 경계 밖의 주변 조건이나 상태를 말한다. 이는 체제의 투입과 산출에 직 · 간접적인 관계성을 지니고 있으며, 피드백(feedback)을 통해 체제와 영향을 주고받는 인접체제이다. 투입-전환과정-산출 사이에는 내적 · 외적 피드백(환류)이 이루어지며, 내적 환류는 체제 내부에서 외적 환류는 체제와 환경 사이에서 이루어지게 된다. 개방체제의 일반적인 모형을 제시하면 [그림 3-3]과 같다.

2. 체제접근의 절차

체제접근의 절차는 효과적 · 능률적으로 목표를 달성하기 위하여 거쳐야 할 단계를 말한다. Kaufman(1972)은 교육의 성과를 높이기 위해서 능률적이고 효과적인 과정 도구와 문제의 발견, 그리고 문제해결을 강조하는 사고양식으로서 체제접근의 필요성을 강조하고 있다. Kaufman(1972: 20~23)은 체제접근의 모형을 [그림 3-4]에서와 같이 6단계로 구분하여 제시하고 있다.

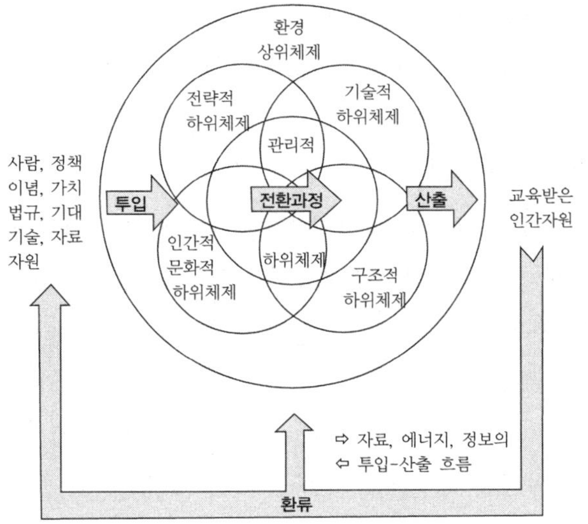

[그림 3-3] 개방체제의 일반적 모형

출처: Kast & Rosenzweig(1973).

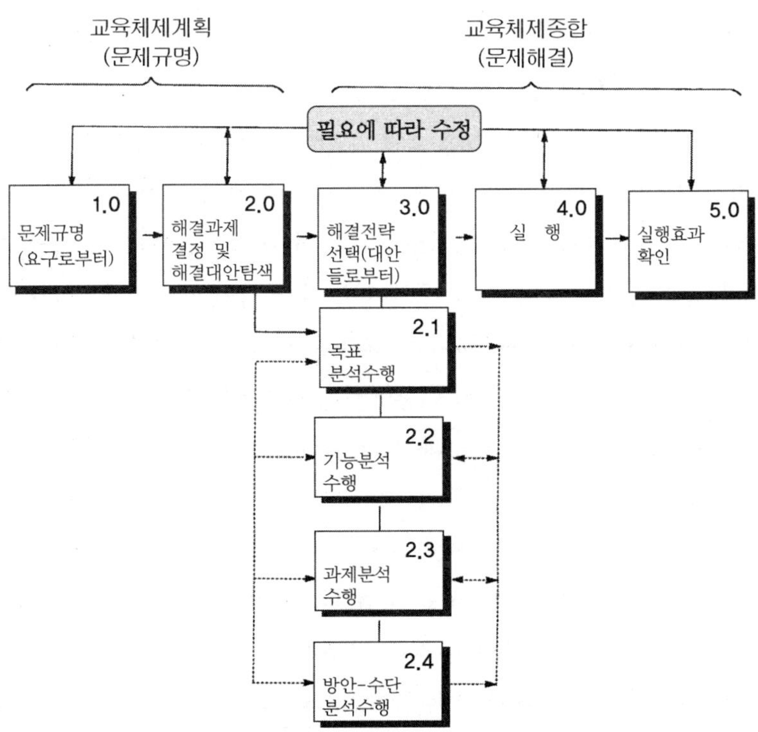

[그림 3-4] Kaufman의 교육체제 접근모형

출처: Kaufman(1972: 21).

[그림 3-4]에서 제시한 바와 같이, 체제접근은 문제의 규명단계와 문제해결 단계로 나뉘어지는데 문제규명 단계는 교육체제에서 요구를 사정하는 단계로써, 교육적 요구란 교육의 현상과 보다 바람직하다고 생각되는 이상적인 상태간의 측정가능한 격차의 산출을 의미한다.

이러한 문제규명을 위해서는 교사와 학습자, 교육행정 전문가, 학부모와 지역사회의 인사 등이 참여하는 것이 바람직하다. 특히, 학습자의 특성과 교육 실천가의 특수성, 그리고 사회적 여건을 감안한 문제의 접근이 중요하다. Kaufman은 이러한 교육문제의 규명, 즉 교육적 요구의 사정을 위해서는 현존하는 각각의 행동들을 규명한 후에 기대되는 행동유형을 수집하고 분류한 후에 구체적인 목표를 수록하여야 하는데 이러한 일련의 과정들을 방안-수단의 분석이라고 한다. 여기에서 방안이란 어떤 성취조건을 만족시키기 위한 전략을 의미하며, 수단이란 그러한 전략을 성취하기 위한 도구를 말한다. 이상의 4단계 분석이 이루어진 후에는 이들을 기초로 문제해결을 위한 전략을 선택하고, 실행하며 실행결과의 효과를 확인하는 단계를 거침으로써 하나의 교육체제 계획이 성립된다(김남순, 1991: 113~114).

한편, 개방체제 이론으로서 Lawrence와 Lorsch(1967)의 상황적응이론(contingency theory)은 조직을 환경에 의해 영향을 받을 수밖에 없는 상호 관련된 몇 개의 하위체제로 파악하고 있다. 개방체제로서의 조직은 기본적으로 체제가 점점 커지면서 여러 부분으로 나뉘어지는 분화(differentiation)와 어떤 체제라도 외부환경에 대해 적응하는 통합(integration)의 두 기능 수행 여부가 조직의 효과성을 결정한다고 보고 있다. 다만 특성에 따라 조직의 두 기능 중 어느 것을 더 강조할 것인가는 달라진다.

앞에서 살펴본 바와 같이 고전적 이론에서는 관리행위에 대한 학교조직의 보편적인 원리가 존재하는 것으로 보았으나, Lawrence와 Lorsch가 주장하는 개방체제로서의 상황적응이론에 따르면 다른 환경, 더 나아가 학교조직 내의 타 부서에서조차도 서로 다른 조직원리가 적용될 수 있다는 것이다. 또한, 사회정치체제 이론에서는 조직이 공식적, 기계적, 관료적인 모델로부터 융통성 있고 덜 구조화된 개방적 유기체적 모델로 변화해야 한다는 것을 강조하고 있지만, Lawrence와 Lorsch가 주장하는 상황적응이론에 따르면 어떤 상황하에서는 고도로 구조화된 관료적 모델이 가장 효과적일 수도 있다는 것이다. 즉, Lawrence와 Lorrh의 상황적응이론에서는 교육행정 원리의 적합성은 그 원리가 적용되는 학교조직의 상황특성에 달려

있음을 지적하고 있다. 이와 유사한 연구결과로는 Woodword(1958), Burns와 Stalker(1961), Fiedler(1967), Thomson(1967), Hall(1972), Group(1976) 등을 들 수 있다.

상황적응이론은 관리자의 측면에서 조직분석을 위한 이론적 틀을 제공해 준다. 이 이론이 가정하고 있는 존재론과 인식론에 얼마나 충실해 왔는지는 다소 의문이지만, 1960~1970년대에 수행된 학교조직을 포함한 많은 조직연구들이 상황적응이론이 제시하고 있는 요소들에 의해 이루어졌다. 이 이론은 본질적으로 개방체제의 개념에 터한 '과정' 접근이라고 할 수 있다. 따라서 '기술'이나 '관료화' 정도 등의 '구조' 특성을 통해서는 부분적이고 잠정적인 체제 '과정'만을 나타낼 수 있을 뿐이다. 그러나 대부분의 경험연구들은 체제의 '과정'적인 측면을 무시한 채 '구조'만을 다룸으로써 이론과 방법의 불일치를 보여왔다고 할 수 있다. 개방체제로서의 상황적응이론이 가정하고 있는 존재론과 인식론이 일치하는 새로운 방법론을 통해 교육조직을 보다 정확하게 이해할 수 있을 것이다.

3. 사회체제로서의 학교

체제이론이 교육조직에 응용된 대표적인 이론으로 사회체제이론을 들 수 있다. 사회체제라는 관점은 일반적으로 의도적으로 짜여진 사회적 조직에 적용될 수 있는 용어이다. 학교를 흔히 사회적 상호작용이 이루어지는 체제 혹은 조직이라고 본다. 사회체제로서의 학교는 각 부분들마다 환경과의 복잡한 사회적 관계를 가지며, 그 나름의 독특한 문화를 형성하는 특징을 지닌다.

사회체제(social system)는 폐쇄체제와 같이 조직내부의 정적인 관계의 틀이라기보다는 개방체제와 같이 환경과의 역동적인 변화를 의미하기 때문에 체제의 모든 요소들이 상호 의존적이고 서로 영향을 주고받는 관계에 있다고 할 수 있다. 사회체제는 개방체제로서 지역사회, 정치와 역사에 의해 영향을 받는다. 조직구성원의 욕구와 역할에 따라 그들은 행동하게 되며, 상호 독립적인 부분들과 특징들, 그리고 활동으로 구성된다. 사회체제는 목표지향적이므로 학교조직에서는 학생의 교수-학습과 통제가 주요 목적이 된다. 또한 학교조직은 다른 조직과 마찬가지로 관료적, 규범적이다. 그리고 정치적이어서 조직의 규모와 상관없이 목적에 있어서 한 학급이 하나의 사회적 체제가 될 수도 있고, 한 학교나 한 학교구가 사회체제가 될 수도 있다. 결론적으로, 모든 공식조직은 사회체제로서 파악될 수 있다.

앞에서 기술한 바와 같이, Getzels와 Guba(1957)는 인간의 사회적 행동이 유발되는 경로를 규범적 차원과 개인적 차원으로 제시하고, 두 차원의 구성요소인 조직 내 역할과 개인의 인성이 상호 결합되어 인간의 행동이 발생된다고 설명한다. 이후에 인간의 행동은 단순히 조직과 개인의 차원에서만 이루어지는 것이 아니라 전체 사회, 조직의 문화와 풍토, 인간의 생리적 상태 등 보다 복잡한 차원과 관련된 사회적 상호작용에 의해 이루어진다고 보았다(Getzels & Thelen, 1960). 수정된 사회체제 모형에서는 규범적 차원과 개인적 차원에 인류학적 차원, 조직풍토 차원, 생물학적 차원을 추가하여 보다 다양한 사회적 행동들이 제시되고 있다(윤정일, 1994: 86~87).

또한, Hoy와 Miskel(2001: 23~32)은 조직과 환경과의 상호작용을 강조하는 개방체제적 관점에서 기존의 연구들을 통합 · 확장한 사회체제 모형을 [그림 3-5]와 같이 제시하고 있다.

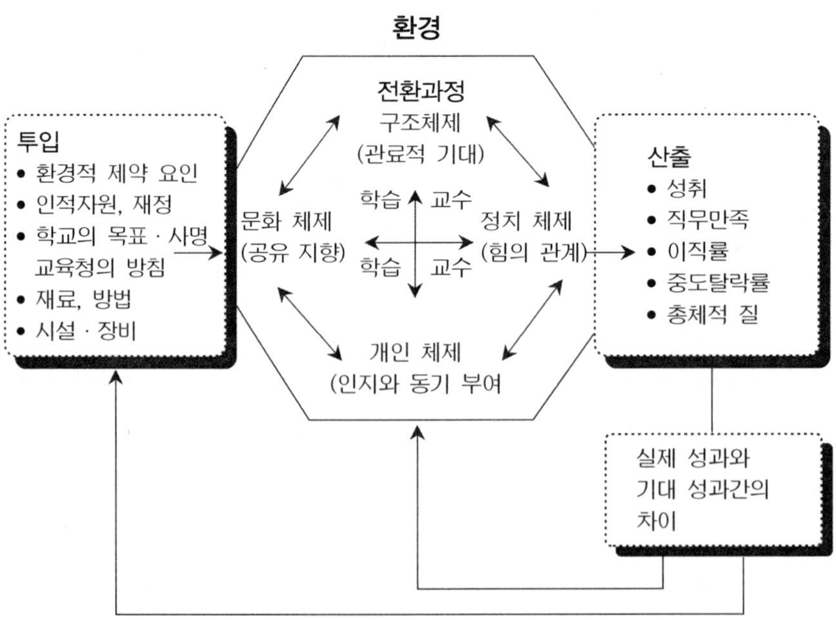

[그림 3-5] **사회체제로서의 학교**

출처: Hoy & Miskel(2001: 31, 2008: 32).

이 모형은 학교체제를 환경으로부터 여러 가지 투입 요소들을 받아들여 학교체제 내의 전환과정을 통해 산출물들을 환경으로 내보내는 과정이 순환적으로 이루어지는 개방체제로 이해하고 있다. 구체적으로 학교체제는 환경으로부터 받아들인 여러 가지 투입 요소들을 학교체제를 구성하는 네 가지 하위체제, 즉 구조체제(structural system), 문화체제(cultural system), 정치체제(political system), 그리고 개인체제(individual system)가 상호작용 과정을 통해 여러 가지 산출물들로 전환시켜 환경으로 내보내는 개방체제로 보고 있다.

이상에서 기술한 바와 같이, 학교조직을 사회체제로서 파악하는 관점은 학교를 좀 더 명확하면서도 구체적으로 사고할 수 있는 기회를 제공해 준다. 학교조직이 가지는 여러 가지 속성과 특징을 사회체제라는 시각에서 네 가지 하위체제로 나뉘어지며, 그 하위체제들간에 다양한 역동성으로 파악할 수 있다.

4. 교육행정에의 적용

교육행정에 있어서 교육체제의 투입요소는 학생, 교사, 시설, 재정, 교육내용 및 매체, 교육관련 법규 등을 들 수 있으며, 이러한 요소들은 수업활동, 장학지도, 행·재정 운영 등의 전환과정을 거쳐 산출로 변환된다. 교육체제의 산출로는 학생들의 학업성취도를 포함하여 인지적·정의적 영역에서의 변화, 졸업생 등을 들 수 있다. 그리고 환경은 교육체제에 영향을 주는 모든 외적 요인이 되며, 여기에는 학부모, 지역사회, 정치, 경제, 사회, 문화, 과학기술 체제 등이 포함된다.

교육목적을 효율적으로 달성하기 위해서 교육행정에서의 체제이론 혹은 체제접근은 상호작용하는 체제 각 요소에 대한 효율적인 관리를 통하여 교육산출의 극대화를 추구하게 된다. 이상에서 기술한 교육행정체제의 개념 모형을 제시하면 [그림 3-6]과 같다.

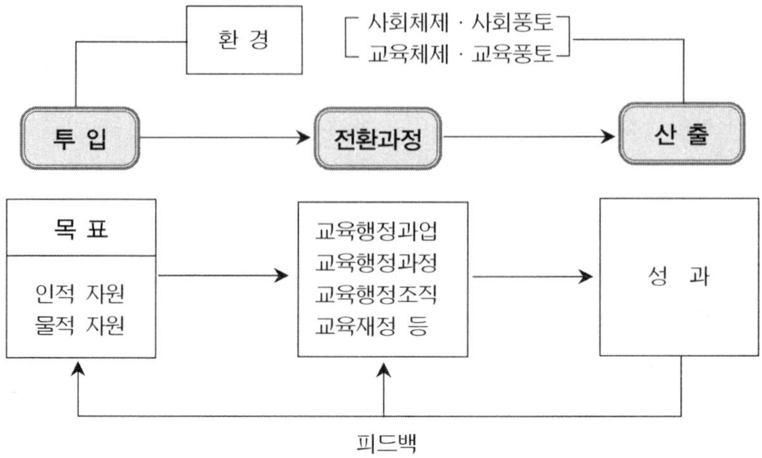

[그림 3-6] **교육행정체제의 개념모형**

이상에서 논의한 교육행정 이론의 고전적 이론, 사회정치체제 이론, 그리고 개방체제이론을 비교 · 제시하면 〈표 3-3〉과 같다.

〈표 3-3〉 교육행정 이론의 비교

고전적 이론	사회정치체제 이론	개방체제 이론
1. 조직은 구성원의 역할과 책임에 따라 위계적으로 운영된다.	1. 조직은 공식체제 외부에서 빈번히 작용하는 정치 · 사회적 집단의 연합으로 특징지워진다.	1. 조직은 하부체제 내에서와 하위체제 간에서 일어나는 활동이 상호 맞물려 일어나는 것으로 특징지워진다.
2. 권력은 최고 관리자의 역할에 집중화된다.	2. 권력은 집단 혹은 집단의 연합으로 분산된다.	2. 권력은 하위체제로 분산되며, 그들의 활동에 따라 분화되고 통합되어야 한다.
3. 공식 목표는 결과에 대해 구체적 방향을 제공해 준다.	3. 공식적, 비공식적 목표는 비공식적 목표로 나타나는 지휘의 다양성으로 인하여 자주 갈등을 야기시킨다.	3. 환경에 대한 요구와 필요는 활동의 방향을 제시해 준다.
4. 의사소통은 설정된 경로에 따라 이루어지게 된다.	4. 의사소통은 관여된 집단의 이해에 따라 이루어진다.	4. 의사소통은 하위체제의 활동을 통합하는 것으로 환경과 연계성을 확립하도록 고안된 체제 정보망에 따라 이루어지게 된다.

고전적 이론	사회정치체제 이론	개방체제 이론
5. 생산(교수-학습)에 대한 통제는 조직이 정한 규정에 의해 이루어지게 된다.	5. 생산(교수-학습)에 대한 통제는 집단의 비공식적 규범에 의해 이루어지게 된다.	5. 생산에 대한 통제는 내부하위체제와 외부 환경간에 연계된 효과성에 따라 이루어진다.
6. 상사는 부하직원을 감독한다.	6. 부하직원들은 빈번하게 상사를 감독하게 되는 경우가 있다.	6. 관리적 하위체제는 다른 하위체제의 요구에 지원을 받아 기능해야 한다.
7. 갈등은 역기능적이며 제거되어야 한다.	7. 갈등은 매우 기능적(건설적)이며 또한 필수적이다.	7. 갈등은 필수적이며, 창의적인 관리 활동을 통하여 긍정적인 변화를 선도할 수 있다.
8. 부하직원들은 경제적 욕구에 의해 동기화된다.	8. 부하직원들은 경제적 욕구를 초월하는 동기적 욕구를 가진다.	8. 동일하게 만족시키는 과업을 수행하는 다양한 방법들이 있다.
9. 조직구성원들은 일하는 것을 싫어하므로 세밀한 감독이 필요하다.	9. 어떤 구성원이 일하기를 싫어한다면 행동은 선천적인 것이 아니라 학습된 것이다.	9. 조직이 기능하는 방법적인 면에 초점을 두고 있다.
10. 인간은 필수적 기술을 갖고 있는 한 직무를 상호 변경할 수 있다.	10. 개개 구성원이 갖고 있는 독특한 사회·심리적 특성이 구성원이 지니고 있는 역할의 생산성에 영향을 준다.	10. 투입-산출 교환을 통하여 환경에 개방되어 있다.

출처: Hanson(1991: 85, 147; 2003: 73, 130).

제4절 대안적 이론

앞서 기술한 교육행정 이론들은 대체적으로 조직의 효율성이나 생산성을 추구하기 위하여 구조나 과업, 조직구성원, 또는 양자간의 상호작용, 그리고 구조, 조직구성원 및 환경간의 상호작용을 강조하는 측면에서 발달되어 왔다. 조직의 효율성이나 생산성의 가치 추구는 다분히 체제적이고 기능적인 관점이 지배적이었다.

그러나 이와 같은 교육행정 현상이나 교육조직에 대한 접근들이 일부 교육행정학자들에 의해 비판을 받으면서 그들에 의해 소위 실증주의 내지 전통적 이론으로 특징지워진다. 이들의 비판 또는 대안적 교육행정 이론은 교육행정 현상을 자세히

들여다보면 그것은 교육조직의 목표달성 측면에서 효율성이나 생산성을 위해서만 기능하는 것이 아니며, 교육조직이 추구하는 가치 또한 구성원이 추구하는 것과 반드시 일치하는 것은 아니라는 점을 지적하고 있다.

또한, 교육조직이란 소위 전통적 교육행정 이론가들이 주장하는 것처럼 체계적으로 엄격하게 구조화되어 운영되기보다는 명확하지 않는 목표하에서 유동적이고 느슨한 구조를 가지고 소용돌이치는 외부 요인에 의해 쉽게 영향을 받는 조직이라고 주장하고 있다.

이러한 입장에 있는 학자들은 Greenfield, Clark, Guba, Cohen, March, Olsen, Weick, 그리고 Meyer와 Rowan 등이다. Greenfield(1985)는 교육행정 이론의 중심 개념들이 기초하고 있는 전제들을 체계적으로 비판한 선두 주자로서 대안적 교육행정이론의 특징을 다음과 같이 들고 있다. 즉, 조직은 독립된 현상도 아니고 객관적 실체로 분류될 수도 없으며, 오히려 인간에 의해서 창조된 문화적 가공물이나 사회적 발명품이기 때문에 가설 연역적 체제나 정교한 통계적 절차는 조직을 연구하는 데 적절하지 않다는 것이다. 사회적 실재를 설명하는 두 관점을 비교 · 제시하면 〈표 3-4〉와 같다.

〈표 3-4〉 사회적 실재를 해석하는 두 관점

비교의 차원	사회적 실재	
	자연적 체제	인간의 고안물
철학적 기초	**실재론:** 세계는 존재하며 있는 그대로 파악 가능함. 조직은 그 자체의 생활을 가진 실체임	**관념론:** 세계는 존재하나 각각 다른 사람들에 의해 다르게 해석됨. 조직은 고안된 사회적 실재임
사회과학의 역할	사회와 그 안에 존재하는 인간행동의 보편적 법칙을 발견하는 것	인간이 살고 있는 세계를 어떻게 다르게 해석하는가를 탐구하는 것
사회적 실재의 기본단위	집단: 사회 또는 조직	개별적 혹은 단체적으로 행동하는 개인
이해의 방법	집단이 존재할 수 있는 조건 또는 관계의 규명. 즉 이러한 조건과 관계가 무엇인가를 인지하는 것	개인이 자신들의 행동에 부여하는 주관적 의미의 해석, 즉 그러한 행동의 주관적 법칙을 발견하는 것

비교의 차원	사회적 실재	
	자연적 체제	인간의 고안물
이론	인간행동을 설명하기 위해 과학자가 구축한 합리적인 체계	사람들이 그들의 세계와 그 안에서 자신들의 행동의 의미를 이해하기 위해 사용하는 의미체제
연구	이론의 실험적 또는 의사 실험적 검증	의미있는 관계들의 탐색과 행위에 대한 그것들의 영향을 발견
방법론	특히 수학적 모형과 양적 분석을 통한 실재의 추상	비교를 위한 실재의 표상, 언어와 의미의 분석
사회	질서있는 존재. 통일된 가치체계에 의해 통제되고 그러한 가치에 의해서만 생성 가능함	갈등하는 존재 · 권력을 가진 사람들의 가치에 의해 통제됨
조직	목표지향적, 사람과는 무관함(독립). 사회와 개인 모두에게 봉사하는 사회 내의 질서의 도구	사람과 그들의 목표에 의존. 몇 사람에 의해 통제되고 그들에게 맞는 목표를 달성하기 위한 권력의 도구
조직병리	조직이 사회적 가치와 개인적 욕구를 나쁜 상태로 만드는 것	인간의 다양한 목적 때문에 그것을 추구하는 사람들 사이에 갈등이 상존함
조직 병리의 치료를 위한 처방	사회적 가치와 개인적 욕구를 만족시켜 줄 수 있도록 조직의 구조를 변경	조직행동에 내포된 가치가 누구의 것인가를 밝힘. 가능하면 사람 또는 그들의 가치를 변화시킴

출처: Greenfield(1993: 7).

한편, Burrell과 Morgan(1980)은 조직분석을 사회학적 패러다임과 관련시켜서 보다 종합적으로 제시하였는 바, 사회를 보는 관점에 따라 급진적 변화의 사회학과 규제의 사회학으로 구분하고, 한편으로는 존재론적, 인식론적, 방법론적 등의 측면에서 주관적-객관적 기준에 따라 분류하고 있다. 이러한 기준을 종합하여 살펴보면, 네 가지 패러다임으로 구분되는 바 [그림 3-7]에서 제시한 바와 같이 급진적 휴머니즘, 급진적 구조주의, 해석학적 접근, 기능주의적 패러다임이다.

[그림 3-7] **사회이론 분석을 위한 네 가지 패러다임**
출처: Burrell & Morgan(1980: 22).

Burrell과 Morgan(1980)은 교육행정학의 지배적인 패러다임이 기능주의이나 최근에 와서는 급진적 휴머니즘(반조직이론), 급진적 구조주의(급진적 조직이론), 해석학적 접근(민속방법론, 현상학, 상징적 상호작용론)이 조직분석의 대안적인 패러다임으로 대두되고 있다고 한다. 특히, 급진적 휴머니즘 입장인 반조직이론은 기능주의 패러다임의 관점과는 반대의 입장으로써 기존의 과학과 사회 속성에 대한 가정을 거부한다. 또한, 비판적 이론이 반조직이론에 토대를 이루는 바, 조직분석을 보다 명료하게 하기 위해 총체성, 의식, 소외, 비판의 네 가지 주요한 개념에 관심을 가지고 있다.

Guba도 종래의 실증주의적 패러다임에 대한 대안으로서 자연주의적 패러다임을 제시하고 있다. 이 두 패러다임을 비교 · 제시하면 다음 〈표 3-5〉와 같다(Guba, 1979: 80; 노종희, 1994: 79). 즉, Guba(1985: 12~13)는 교육행정 탐구에 있어서 접근방법을 실증주의적 패러다임과 자연주의적 패러다임(역사적, 해석적, 민속학적, 구성주의적 연구방법을 포함)으로 분류하고 있는 바, 전자는 현실적으로 객관적인 현상이 존재하고 있으며, 이 현상은 원인과 결과라는 인과관계로 규정되는 자연법칙에 의하여 나타난다고 보고 있다. 따라서 연구자는 가치의 개입을 억제하고 객관적 · 인식론적 입장에서서 현상을 파악하여야 한다. 반면에 자연주의적 패러다임은 사회 현상에 보편적인 법칙이 존재하지 않으며, 상황에 따라 행위가 결정된다는 주관적 인식론을 기반으로 하고 있다. 따라서 연구자는 결코 가치 중립적이지 못하며, 모든 연구는 이데올

로기적이라고 보고 있다.

〈표 3-5〉 실증주의 패러다임과 자연주의적 패러다임 간의 비교

원리	실증주의적 패러다임	자연주의적 패러다임
존재론: 실재의 본질	단일의, 가시적, 부분적, 수렴적	복수의, 비가시적, 전체적, 확산적
객관성: 탐구자와 반응자의 관계	독립적	상호관계적
목적: 일반화	상황과 탈시간적 일반화 법칙 정립성 진술 유사성 강조	상황과 시간지향적 가설 개성 기술적 진술 유사성과 상이성 강조
설명: 인과성	객관적인 원인	상호작용적
가치론: 가치의 역할	탈가치적	가치지향적

Lincoln과 Guba(1985)의 자연주의적 접근방법은 실증주의에서 가정하고 있는 객관적 실체로서의 현실, 현실과 관찰자의 분리, 인과론, 가치중립성 따위를 부정한다. 이들의 주장에 따르면, 오직 만들어진 현실만이 존재할 따름이며 그 현실은 각각 개인의 마음 속에 여러 가지 전체적인 형태로 존재한다. 어떠한 현실에 대해서도 단지 특별한 시대, 특별한 장소, 특별한 상황을 특정화시켜 주는 표의적인 진술만이 가능하다. 인과관계 역시 가치중립성과 마찬가지로 거부된다. 자연주의적 접근방법에서 상정하는 '모든 실체는 동시에 복수의 형상으로 존재하기 때문에 원인을 결과로부터 구분한다는 것은 불가능하다'는 것이 이들의 입장이다.

이와 같은 자연주의적인 연구방법에서 주장하는 주요 요점들을 정리해 보면 다음과 같다(Lincoln & Guba, 1985).

① 실험적인 상황보다는 자연적인 상황 속에서 연구가 이루어져야 할 것. 왜냐하면 현실은 자연적인 상황 속에서 존재하며, 따라서 '있는 그대로의 현실'을 파악하기 위해서는 실험적 상황이 적합하지 않은 까닭이다.

② 자료수집 방법으로서 조사도구보다는 인간을 사용. 실증주의에서 발전시켜 온 것으로, 객관성을 높이기 위해 고안된 조사도구보다는 직접적인 관찰이나 면접 등에 의하여 직접 자료를 수집하는 것이 구조화된 현실을 파악하는데 적합하다.

③ 직관적이고 직접 느낀 지식의 사용

④ 양적인 방법보다는 질적인 방법의 사용

⑤ 무작위적이고 대표성있는 표본추출보다는 의도적인 표본추출

⑥ 연역적인 자료분석보다는 귀납적인 자료분석

⑦ 선험적인 이론보다는 근거가 확실한 이론(ground theory)의 사용

⑧ 우발적 혹은 응급적(emergent)인 연구설계의 사용

⑨ 분석결과와 연구대상자와의 타협. 최종보고서에 연구대상자들이 보는 현실에 대한 의미와 해석을 삽입할 것

⑩ 과학적, 기술적 보고서보다는 사례연구의 결과를 사용할 것

⑪ 자료를 법칙적으로가 아니라 표의적으로 해석할 것

⑫ 연구결과를 잠정적으로 적용하고, 연구해석 및 적용을 특정 연구의 초점에 의하여 결정된 경계선 내에 한정시킬 것

자연주의적 접근방법에 의하여 이루어지는 교육행정 연구는 교육행정 과정에서 교육정책 결정자의 의도와 수요자의 욕구를 정확히 파악할 수 있으며, 교육행정 집행과정에서 이루어지는 일선 관료들의 비공식적인, 때로는 공식적인 정책순응을 찾아 내거나 기술할 수 있으며, 평가과정에서는 수요자가 관료들과 협상을 시도할 때 부딪치는 여러 가지 문제들을 경험할 수 있도록 해 준다. 결국, 이러한 접근방법은 수요자들에게 영향을 미치는 서비스 전달체계에 관한 규범들을 변화시키는 데에도 매우 유용하다고 할 수 있다(Lincoln & Guba, 1986: 562).

이와 같은 논의를 통해서 볼 때, 자연주의적 접근방법은 행위자로서의 인간 주체에 대한 인식 및 규범적 관심에 대한 인간의 의도를 주장하였다는 데에서 그 의미를 찾을 수 있다.

Owens(1981: 2~5)는 교육행정학 연구에 있어 두 가지 패러다임, 즉 교육조직 현상을 인식하고 이해하는 데 있어서 연역적 사고와 논리 실증주의적 관점을 기초로 하는 합리주의적 패러다임과 귀납적 사고와 현상학적 관점을 기초로 하는 자연주의적 패러다임으로 구분하여 교육행정 현상을 분석 · 설명하고 있다.

교육행정학에서 합리주의적 패러다임은 ① 자료수집을 위한 범주화의 일차적 토대로서 공식적 도구나 다른 중요한 기법을 사용하고, ② 자료를 하나 또는 그 이상의 계량적 형태로 전환시키며, ③ 공식적 도구로 발견된 연구에서 제한한 그

외의 전집에 일반화시키는 제반 연구로 사용한다(Owens, 1981: 4~5). 이 연구는 1950~60년대를 지배해 오던 논리 실증주의에 대하여 1970년대 이후 현상학, 민속학적 방법론, 상징적 상호작용론 등이 대안으로 제시되고 있지만, 아직도 교육행정학은 논리 실증주의적 관점이 매우 우세하다. 그리고 Silver(1983), Hoy와 Miskel(1996, 2001) 등의 교육행정학 저서들도 논리 실증주의에 기초한 이론 운동에 그 토대를 두고 있다. 반면에 논리 실증주의의 비판으로서 1970년대부터 자연주의적 패러다임이 나타나게 되었다.

한편, 교육행정학에서 자연주의적 패러다임은 ① 자료수집의 수단으로서 상황 내의 연구자와 연구대상자간의 직접적인 접촉방법을 주로 사용하고, ② 중심적인 분류방법보다는 연수설계를 위한 가변적인 전략을 사용하며, ③ 자료수집 후 자료 자체의 검토로부터 자료유목을 개발하고, ④ 연구결과를 연구에서 제한하는 이외의 전집에 일반화하지 않는 연구에서 사용한다(Owens, 1981: 5~7).

그리고, Clark(1983)은 조직이론을 합리성에 근거를 둔 Weber의 관료제를 전통적 패러다임으로, 사회체제로서의 조직과 상황적 지도성을 신전통적 패러다임으로, 그리고 조직의 복합성, 동등성, 상호작용의 역동성, 미래에 대한 비예측성, 원인과 결과의 혼재, 조직변화의 의외성 등을 강조하는 비전통적 패러다임(대안적 패러다임)으로 분류하고 있다.

Sander와 Wiggins(1985: 104~113)도 교육행정 이론정립을 위하여 다원적 패러다임을 제시하고 있다. 이 패러다임은 교육행정에 대한 문화적, 교육적, 정치적, 그리고 경제적 영향을 규명하기 위한 것으로서, 교육행정의 문화적 적합성, 교육적 효과성, 정치적 대응성, 그리고 경제적 효율성에 초점을 두고 있다.

이 밖에도 교육조직에 대한 Bidwell(1965)의 구조적 느슨함이라든지 Cohen, March, Olsen(1972)의 조직을 갖춘 무정부 상태(organized anarchy)로서의 교육조직의 모습, Weick(1976)의 느슨하게 결합된 체제(loosely coupled system), 그리고 Meyer와 Rowan(1983)이 제시하는 학교조직의 공식적 구조와 교육활동의 느슨한 결합체제 등은 교육행정 현상이나 교육조직 분석에 대한 대안적 이론으로 들 수 있다.

한편, Hoy와 Miskel(1996: 17~20)은 대안적 관점에서 전통적인 과학의 가정(assumption)과 사회과학적 방법에 대해 의문을 제기하고 있다. 즉, 객관성, 인과성, 합리성, 물리적 실재(reality)와 사회과학적인 탐구방식의 보편적인 법칙 등을 부인하

고 주관성, 비결정성, 비합리성, 그리고 개인적인 해석 등을 강조한다. 그리고 객관주의보다 상대주의를, 통일성보다 단편성, 다양성을 추구하며, 규칙성보다 조직의 독특한 특성을 선호한다(Rosenau, 1991).

또한, 이러한 관점들은 현대 조직에서 나타나는 비합리성, 독특한 특성, 억압된 것, 외부로부터 소외되고, 무시되고, 힘없는 자들에게 초점을 둔다. 이와 관련된 세 가지 이론, 즉 포스트모더니즘, 비판이론, 그리고 페미니즘은 기존의 조직이론의 가정과 주장 등에 대한 지적인 도전이라고 볼 수 있다.

포스트모더니즘(postmodernism)은 현대 사회과학의 기본가정에 비판하고 기존의 조직과학 및 이론적 지식을 거부한다. 이는 문화적 비판에서 기인하며, 논리적인 경험주의에 반기를 들고, 고도로 지식에 대한 개인주의적, 비일반성, 감정적인 형태를 강조한다(Vaillancourt, 1986). 포스트모더니즘주의자들의 방법은 해체(deconstruction)와 해석으로써 그 목적은 모든 구조를 해체하는 것이다. 해체는 모순과 불일치를 나타냄으로 텍스트(text)를 해체하는 것이다. 어떠한 해석도 정확할 수 없으며 많은 해석이 존재하게 된다(Fish, 1898). 그러므로 이들의 주요 목적은 현대 사회과학 지식을 해체하는 것이다.

비판이론(critical theory)가들이 설정한 과업은 비판을 통해 계몽하자는 것이다. 이 접근은 반조직이론이고 일반적으로 소외된 인간의 상태와 특히 노동자를 강조하는 마르크스이론이다. 조직에 대한 비판이론은 어떻게 현대조직이 주요 경제적, 정치적 이익에 기여하는가를 나타내는 사회적 실제를 해체하고자 한다. 비판은 노동자의 소외된 상태를 조명할 뿐만 아니라 잘못된 의식을 조명함으로써 그것을 변화시키고자 한다.

그러므로 포스트모더니즘주의자처럼 비판이론가들은 현대조직이론을 공격하기 위하여 해체의 방법을 사용하고 있다. 그러나 단지 지식과 실제에 대해서 불일치와 모순을 나타내는 내용이 아니다. 오히려 그들은 소외, 억압, 그리고 불평등을 조장하는 기본적인 사회적, 조직적 구조를 변화시키고자 한다. 이들은 현대 미국사회에 대해 비판적인데, 예를 들어 비판이론가들은 교육과정에서 무시되는 주체들의 발언과 그 이유, 현대 구조의 권위, 교육과정, 그리고 교육에 의해 기여되는 이익, 가르치는 내용, 가르치는 방법과 사회의 주요 경제적, 정치적 결합간에는 어떤 관계가 있는가를 연구한다(Clark, et al., 1994).

페미니즘(feminist theory)도 또한 현대 조직사상과 이론에 영향을 끼치고 있다. 페미니스트들은 조직이 통일성, 권위에 복종, 충성, 경쟁, 호전성과 효율성을 강조하는 남성문화에 의해 지배받고 있다고 주장한다. 개인은 조직의 성공을 위해 단지 기여하는 가치가 있는 상품으로 취급된다. 여성적인 면은 관료적 조직에서 무시당해 왔다. 전통적으로 여성의 역할(지지적, 비주장적, 감정적, 의존적, 다른 이에 대한 관심을 가지고 표현적인 것 등)은 보수적인 남성적 특성(분석적, 호전적, 이성적, 독립적, 비인간적, 도구적 등)에 종속된다고 보고 있다. 사실, Calas와 Smircich(1992)를 비롯한 일부 페미니스트들은 조직의 연구와 이론이 남성중심이며 남성지향적이라고 주장한다.

페미니스트들의 비판은 두 가지 형태를 지니는 바, 자유주의적 페미니스트는 현 조직사회를 주어진 것으로 보고, 여성을 사회에 통합시켜 나가고자 하며, 급진주의적 페미니스트는 관료제를 대체함으로써 사회를 변화시켜 가고자 한다(Ferguson, 1984). 이러한 자유주의적 페미니스트와 급진주의적 페미니스트들은 여성이 조직에 의해 억압을 받고 있다는 점에서는 동일한 관점을 취한다. 그러나, 자유주의적 페미니스트는 관료조직 내에서 작용할 수 있는 전략을 수용할 것을 주장하고, 급진주의적 페미니스트는 개선이나 향상보다는 구조의 폐지를 주장한다. 이들은 현대 조직에 저항할 수 있는 페미니스트 담론(discourse)을 형성하고자 하고, 그들의 입장에서 반관료주의, 즉 집단의 분권화, 공식적인 기술보다는 인간적, 대면적 관계를 중시하는 새로운 조직의 형태를 창출하고자 한다. 즉, 이들은 위계적인 것보다는 평등을 주장하며 자원은 숨겨지는 것이 아닌 공유되어야 할 것으로 보고 있다(Ferguson, 1984: 189~190).

이처럼 대안적 교육행정 조직을 하나의 틀이나 연구관점에 국한시켜 이해하기보다는 교육조직의 다양한 특징이나 조직상황 등의 변인을 연관시킴으로써 교육조직에 대해 다양한 분석을 하고 있다.

이상에서 기술한 교육행정 이론을 체계화하면 [그림 3-8]과 같다. 교육조직 목표달성의 극대화, 즉 조직의 생산성 · 효율성 추구를 위해 고전적 교육행정이론은 교육조직의 과업이나 구조를 중시하고 있으며, 이에 대해 사회정치체제이론은 조직구성원의 사회 · 심리적 측면과 공식구조와 비공식구조와의 상호작용을 강조하고 있다. 그리고 개방체제이론은 교육조직 내부뿐만 아니라 조직외부의 역동적이고 변화하는 환경과의 상호작용에 초점을 두면서 교육목표 달성을 추구하고 있다. 반면에 대안적 교육행정 이론에서는 조직구조의 느슨함, 탐구방식의 주관성, 해석, 상대주의, 그리고 조직구성원이 추구하는 가치의 다양성 등을 강조하고 있다.

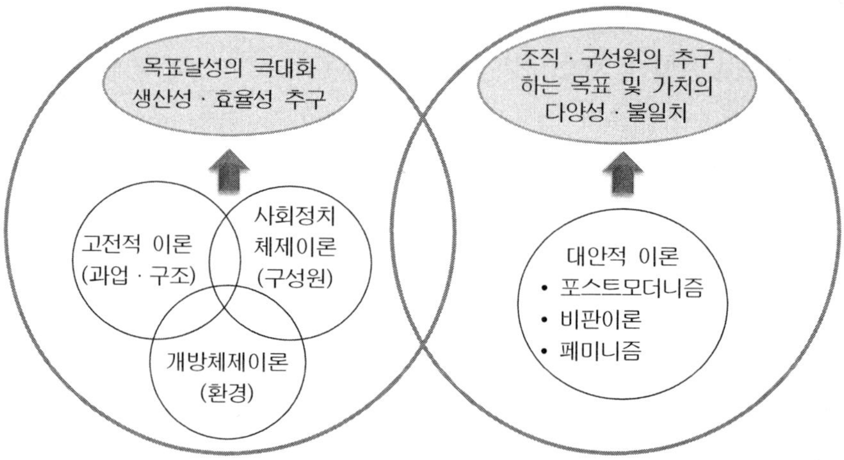

[그림 3-8] **교육행정 이론의 종합**

제 4 장
교육정책 과정과 분석

제1절 교육정책의 개념과 성격

1. 교육정책의 개념

교육정책에 대한 개념은 학자에 따라 다양하게 논의되고 있다. 먼저 백현기(1964: 30)는 교육정책을 '정치적 권력과정을 거쳐서 형성된 어떤 교육계획이 실현되는 일체의 과정'으로 정의하고 있으며, 김종철(1990)은 교육정책을 '사회적 · 공공적 · 조직적 활동으로서의 교육활동에 관하여 국민의 동의를 바탕으로 하면서 국가의 공권력을 배경으로 강행되는 기본 방침 또는 지침을 의미하며, 그것은 교육활동의 목적 · 수단 · 방법 등에 관한 최적의 대안을 의도적 · 합리적으로 선택한 것'이라고 정의 내리고 있다.

그리고 김윤태(1990)는 교육정책의 개념을 '국가나 권력에 의해 지지되는 교육이념 혹은 이를 구현하는 국가적 활동의 기본방침'으로 규정하고 있다. 또한, 이형행(1992: 339)도 교육정책을 '일정한 교육목표를 달성하기 위하여 국가가 결정한 기본적인 행동방안과 지침'으로 정의하고 있다.

이와 같이 볼 때 교육정책은 기본적으로 다음과 같은 속성을 지닌다고 할 수 있다(김종철, 1990: 680~681).

첫째, 교육정책은 교육활동을 대상으로 하며, 교육활동을 위해 봉사하는 수단적인 면을 지닌다.

둘째, 교육정책의 주체는 정치체제(political system)를 형성하는 국가 또는 지방자치단체가 된다.

셋째, 교육정책은 교육활동과 내용의 지침을 제시한다.

넷째, 교육정책은 교육문제를 해결하기 위한 합리적인 의사결정과 최적의 대안을 탐색하는 과정이다.

끝으로, 교육정책은 국가(중앙교육행정기관)나 지방자치단체(지방교육청 등)가 설정하는 교육이념을 구현하는 수단이 되며, 집행성격으로서 교육행정에 대한 기본적인 지

침이나 방향 제시가 된다.

이상의 제 학자들의 교육정책에 대한 정의와 속성을 종합하여 보면 교육정책의 개념은 '공공정책(public policy)으로서 교육활동을 위해 국가나 공공단체가 국민 또는 교육관련 집단 및 수혜집단을 대상으로 전개하는 교육의 지침'으로 정의할 수 있다.

한편, 교육정책의 유형은 국가와 개인간의 관계에 따라 무정부적 · 자유방임적 교육정책, 독재 통제주의적 교육정책, 민주주의적 교육정책으로 구분된다(Hans, 1929). 또한, 정부체제의 성격에 따라 관료주의적 교육정책, 자유주의적 교육정책, 민주주의적 교육정책, 독재주의적 교육정책으로 분류하고 있다. 정치이념에 의한 교육정책의 유형은 자유민주주의적 교육정책, 사회주의적 교육정책, 혼합형 교육정책으로(Horowits, 1966), 권한의 집중도에 따라 중앙집권적 교육정책, 지방분권적 교육정책, 중간형 교육정책으로 유형화할 수 있다.

그리고 김종철(1990: 696~697)은 교육활동의 부문별 영역에 따라 초등교육, 중등교육, 고등교육, 교원교육, 실업교육, 유아교육, 특수교육, 해외교육, 학교 외 교육(사회교육)정책 등 9가지로 구분하고 있는데 이는 교육정책 및 집행기관이 담당하고 있는 업무와 유사하게 구분하고 있다. 그리고 기능 요인별로는 교육목표, 교육과정, 교재, 교육방법, 교원, 학생, 교육시설, 교육재정, 사무관리, 연구, 홍보정책 등의 11가지로 구분하고 있다.

또한 윤정일 외(1992)는 우리 나라에서 쟁점이 되고 있는 주요 교육정책을 의무교육, 고교 평준화 개편, 사학정책, 대학입시정책 등 15가지로 나누어 각각에 대한 정책의 배경, 정책 추진경과, 현황과 문제, 주요 쟁점을 기술하고, 이들 정책에 대한 개선 방안을 제시하였다.

교육정책을 논하는 데 있어 국가의사를 실질적으로 형성하는 권력과정과 권력의 교육지배 형태를 정치과정으로 분석하는 것은 매우 중요하다. 교육정책에서 다루는 영역은 교육정책의 주체가 되는 정치권력과 그 작용, 정책의 대상 및 내용, 그리고 정책의 실현과정 등 세 가지 영역을 구조적으로 분석하여야 할 것이다. 이상에서 논의된 교육정책의 개념을 구조화하면 [그림 4-1]과 같다.

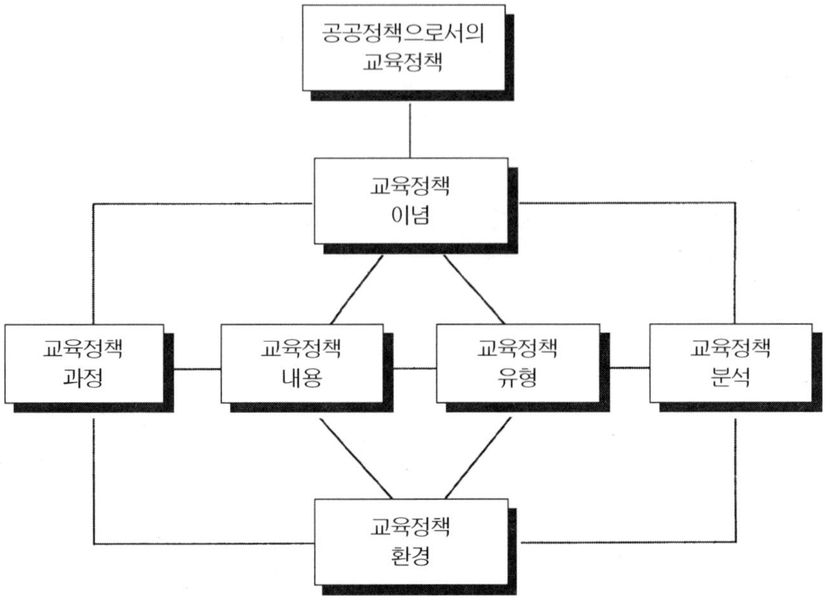

[그림 4-1] **교육정책의 개념 구조**

2. 교육정책의 성격 및 유형

1) 정책의 성격

공공정책의 성격을 허범(1991: 78~80)은 목적지향성, 행동지향성, 변동지향성, 미래지향성, 공익지향성, 정치관련성 등으로 나누어 설명하고 있다. 이러한 공공정책의 성격은 교육정책의 성격을 논의하는 데도 적용될 수 있다. 왜냐하면 교육정책의 개념정의에서도 기술한 바와 같이 교육정책은 바로 공공정책으로서의 본질적인 속성을 지니고 있기 때문이다.

일반적으로 공공정책의 유형은 관점에 따라 다양하게 논의되고 있다. 즉 정책내용, 담당기관이나 부처, 대상기간 등에 따라서 구분될 수 있다.

2) 정책의 유형

정책의 관점, 기준이나 성격 등에 파라 다양하게 유형화될 수 있다.

첫째, 정책내용(policy contents)에 따른 분류로서 교육정책, 교통정책, 물가정책, 인구정책 등이 여기에 해당된다.

둘째, 정책결정체제, 즉 정부의 담당기관에 따른 것으로 교육부 정책, 문화체육관광부 정책 등이 해당된다.

셋째, 정책실시 시기에 따라 1950년대 정책, 1960년대 정책, 1970년대 정책, 1980년대 정책, 1990년대 정책, 2000년대 정책 등으로 분류될 수 있다. 예를 들어, 1950년대는 민주교육의 방향 정립기로써 주요 교육정책으로는 초등학교 교과서 편찬 및 보급, 6-3-3-4 단선형 학제로 개편, 문맹퇴치를 위한 성인교육과 교원의 재교육, 중등 및 고등교육의 확충계획 수립과 사범대학 창설 등을 들 수 있다.

1960~1970년대는 비약적인 경제 성장에 따른 정치, 사회, 문화 분야에서의 급격한 변화와 더불어 교육부문에서도 양적 성장을 이루기 위한 주요 교육정책으로는 교원 교육제도의 개혁, 교원 현직교육을 위한 교육대학원 설립, 중학교 무시험 입학제 도입, 지방대학 확충 및 전문대학 설치, 한국방송통신대학 및 방송통신 고등학교 설립, 고등학교 평준화 정책인 고등학교 입학 선발고사 실시, 사범학교를 2년제 교육대학으로 승격하고 사범대학을 4년제로 일원화하는 등의 정책을 들 수 있다.

1980년대는 교육내실화 추구를 위한 노력의 일환으로 교육혁신을 내세워 주요 교육정책으로 교육전담 방송 실시, 대학졸업정원제 실시, 교육재원 확보를 위한 교육세 신설, 대학입학 본고사 폐지 및 고교 내신성적의 반영, 평생교육체제의 확립, 교육투자의 획기적 확대, 우수교원의 확보, 교육행정의 자율화 등을 들 수 있다.

1990년대는 교육의 본질적 가치 실현과 교육복지 구현을 통하여 교육의 선진화를 실현하기 위한 주요 교육정책으로 지방교육자치제, 대학평가인정제, 사학에 대한 재정지원 정책, 수행평가 도입, 새학교문화창조 추진, 학교운영위원회의 구성 및 운영, 유아교육의 공교육화 추진, 시 · 도교육청 평가, 교원노조 법제화, 우수인력확보를 위한 BK 21사업, 학점은행제 도입 및 운영, 독학에 의한 학위취득제 등을 들 수 있다.

2000~2010년대에는 교육복지와 학교자율화 추진, 그리고 교육경쟁력 제고를 위해 5세 누리과정, 기숙형고교, 자율형사립고, 특성화고 수업료 지원, 마이스터고, 2007 교육과정, 2009 개정교육과정, 학교자율화 조치, 수석교사제, 교원능력개발평가제, 입학사정관제, EBS 수능연계, 국가장학금제 도입, 교육역량강화지원사업,

학부교육선진화선도지원사업, 산학협력선도대학사업, 대학구조개혁, 교육 ODA 등을 들 수 있다.

넷째, 행동의 성격에 따른, 즉 정책이 문제해결에 직접적으로 관련된 행동을 포함하는가에 따라 실질정책, 절차정책, 지도정책으로 구분된다(허범, 1991: 81~82). 실질정책은 실제적인 문제를 해결 또는 개선하기 위하여 실제적인 행동을 포함하는 정책을 말하며, 절차정책은 정책형성을 위한 절차를 포함하는 것으로 행정 절차법이 좋은 예가 된다. 그리고 지도정책은 특정한 정책형성에 앞서 이루어지는 정책형성을 위한 지침을 말한다.

다섯째, 사회적 영향에 따라, 즉 정책이 참여자의 이해관계에 미치는 영향에 따라 배분정책, 규제정책, 자기 규제정책, 재분배정책, 그리고 구성정책 등으로 분류된다(Lowi, 1964: 677~715; Salisbury, 1968: 151~175). Lowi와 Salisbury 등이 문제해결과 관련시켜 정책 유형을 분류한 내용을 구체적으로 기술하면 다음과 같다.

(1) 배분정책

국민들에게 권리나 이익, 또는 서비스를 제공하는 내용을 지닌 정책을 말한다. 정부가 특수한 대상집단(개인, 집단, 조합, 지역사회 등)에게 각종 서비스, 지위, 이익, 기회 등을 분배하는 정책이다. 이 정책은 정부가 적극적으로 국민들이 필요로 하는 재화와 서비스를 산출 · 제공하는 것을 내용으로 하는 정책이다. 배분정책의 특징을 제시하면 다음과 같다.

첫째, 구체적인 내용을 보면 여러 가지 사업들로 구성되고 이 사업들은 상호 커다란 연계없이 독립적으로 집행될 수 있기 때문에 이러한 세부 사업들의 집합이 하나의 정책을 구성하게 된다. 다시 말하면, 정책의 내용이 쉽게 하부 세부단위로 분해되고 다른 단위와 별개로 또는 독립적으로 처리될 수 있다는 것이다.

둘째, 이 정책의 세부 의사결정들은 그 결정과정이 나눠 먹기식으로 특징지워진다.

셋째, 이러한 다툼이 있는데도 승자(수혜자)와 패자가 정면대결을 벌일 필요가 없음을 Lowi는 강조하고 있다.

이러한 특징을 지닌 분배적 혹은 배분적 정책은 장학금, 연구비 등 크게 사회적

문제나 물의를 야기하지 않고 여론에도 그렇게 민감하지 않기 때문에 교육정책을 결정하는 관료들이 쉽게 해결할 수 있는 것들이다. Lowi도 강조하였듯이 승자와 패자가 없는 정책이지만 분배의 공정성, 형평성은 고려하여야 할 것이다.

(2) 규제정책

개인이나 일부집단에 대해 재산권 행사나 행동의 자유를 구속 · 억제하여 반사적으로 많은 다른 사람들을 보호하려는 목적을 지닌 정책을 의미한다. 따라서 수혜자의 재량영역을 확대시켜 주는 배분정책과는 반대가 된다.

규제정책의 특징을 보면 첫째, 정책의 불응자에게 강제력을 행사하는 것이다. 둘째, 의결기구인 국회나 지방의회에서 의결된 법률에 근거하여 이루어진다는 점이다. 셋째, 정책으로부터 혜택 보는 자와 피해를 보는 자(피규제자)를 정책결정시에 선택하게 된다는 점이다(Lowi, 1964: 690~691).

교육정책에 있어서는 대개 입시정책이나 사학정책이 규제정책에 해당된다. 특히, 1993년도 대학입학시험에서 발생한 부정입학, 대리시험, 컴퓨터 조작에 의한 입학 등의 입시부정과 이와 맞물려 있는 사학의 재정부족으로 발생한 이 사건에 대해 정부가 강력히 사학에 대해 입학정원 동결 등으로 규제하는 것은 전형적인 예가 된다.

한편, 규제정책을 Ripley와 Franklin(1980: 23~24)은 다시 보호적 규제정책과 경쟁적 규제정책으로 나누어 설명하고 있다. 보호적 규제정책은 사적인 활동을 제약하는 조건을 설정함으로써 일반대중을 보호하려는 것이며, 대중에게 해로운 것은 금지하고 도움이 되는 것은 적극 지원하는 정책이 된다.

반면에 경쟁적 규제정책은 많은 수의 경쟁자들 중에서 몇몇 개인이나 집단에게 일정한 재화나 용역을 공급할 수 있도록 제한하려는 정책이나 프로그램인 바, 승리한 경쟁자에게 공급권을 부여하는 대신에 공공이익을 위해서 서비스 제공의 일정한 측면을 규제하려는 것을 말한다.

(3) 자기규제정책

이는 위에서 기술한 규제정책과 마찬가지로 특정집단에 제한과 통제를 부과하지

만, 규제를 받는 대상집단이 자기의 이익 보호나 증진을 위한 전략으로 오히려 규제를 요구하고 지지하는 정책을 말한다.

예를 들어 전문직업의 면허제도, 자격제도 등의 제한을 요구하는 경우가 많은데 이러한 제도들은 바로 여기에 해당된다. 즉 대학입학 정원정책에 있어서 법과대학이나 의과대학의 입학정원 혹은 사법고시나 의사고시에 대하여 관련 이익집단들이 교육과학기술부나 관련 부처에 대해 압력을 가하는 경우가 여기에 해당된다. 이 정책 유형의 특징은 직접적으로 다른 집단에게는 피해를 입히지 않는다는 점이며, 아울러 특정 다른 집단과 갈등을 갖지 않는다는 점이다.

(4) 재분배정책

고소득층으로부터 저소득층으로의 소득이전을 목적으로 하는 정책으로 누진세에 의하여 고소득층으로부터 보다 많은 조세를 징수하여 저소득층에게 사회보장 지출을 하여 소득의 재분배를 도모하는 정책을 말한다. 재분배정책은 다음과 같은 특징을 지니고 있다.

첫째, 계급 대립적 성격을 지니고 있다는 점이다(Lowi, 1970: 323). 둘째, 앞에서 기술한 규제정책이나 분배정책과는 달리 재산권의 행사에 관련된 것이 아니라 재산 자체를, 그리고 평등한 대우가 문제가 아니라 평등한 소유를 문제로 삼고 있다는 점을 들 수 있다.

이러한 재분배정책으로는 도 · 농간의 불균형적인 학교교육을 균형 발전시키기 위해 서울과 대도시에 집중되어 있는 문화자원과 교육기관의 지방분산을 꾀하면서 농촌 학교에 행 · 재정적 지원을 확대시키는 정책과 1972년 소위 8 · 3 긴급조치로 인한 부족하고 영세한 교육재정 확보책으로 시행된 교육세 신설정책을 들 수 있다.

(5) 구성정책

정치체제의 구조변화나 수요를 받아들이고 제도의 변화를 목표로 하는 정책을 말한다(Lowi, 1972: 300).

이러한 Lowi의 분류와는 달리 Almond와 Powell(1980: 129~131)은 정치제제의 산출에 초점을 두면서 정책의 유형을 배분, 규제, 추출, 상징정책으로 분류하고

있다. 여기서 배분정책과 규제정책은 Lowi가 제시한 것과 유사하며, 추출정책은 자원이 민간부문에서 추출되는 내용을 지닌 것을 의미한다.

그리고 상징정책은 정치 지도자들이 전통, 역사, 평등, 민주주의 등과 같은 것에 호소를 하거나 미래의 업적 또는 보상을 약속하는 것 등을 의미한다고 할 수 있다. 상징정책은 정부가 제공하는 일종의 배분적 성격을 지니고 있지만, 엘리트로서는 직접적인 비용을 지출하지 않으면서 그 성과가 국민들의 신념, 태도, 소망 등에 달려 있다는 점에서 특이한 성격을 지니는 정책이라고 할 수 있다.

이와 같이, 상징정책은 국민들 사이에 정치체제 및 정부의 정통성에 대한 인식을 좋게 하고, 다른 정책에 대한 순응을 확보하기 위해서 필요한 정책이라고 할 수 있다. 따라서 추출정책이나 상징정책은 정치체제에 대한 일반국민으로부터의 지지를 확보하기 위한 정책이다.

Sabatier(1975: 305~307)는 Lowi의 정책유형론에 기초하여 정책산출의 본질 및 비용과 편익의 의도적 혹은 권위적 분배상태에 따라 정책을 4가지 유형, 즉 자율정책, 분배정책, 규제정책, 재분배정책으로 구분하고 있다.

이상에서 기술한 정책의 유형분류에 대해 정정길(1998: 76~79)은 그 단점을 기술하면서 다음과 같이 정책유형을 분류하고 있다. 그는 정책의 유형을 크게 요구충족정책과 지지획득정책으로 분류한 뒤, 요구충족정책에는 규제정책(일부의 횡포로부터 타인의 보호)과 배분정책(서비스와 재화의 공급)을 포함하고 있다. 그리고 지지획득정책에는 추출정책(징병, 조세 등 인적·물적 자원 획득)과 순응기반 확보정책(상징정책, 구성정책, 여론조작정책 등)으로 구분하고 있다. 정정길은 정책의 유형을 이와 같이 분류하면서 소득 재분배정책은 위의 다른 여러 정책과 중복되기 때문에 정책유형 분류에서 제외시켰음을 밝히고 있다. 한편, 정책유형에서 Weber의 사회행동(social action) 유형을 적용하면 공공정책을 이해하는 데 매우 유용하다고 할 수 있다. 먼저, Weber의 사회행동 유형을 살펴본 후, 정책유형에 적용하여 기술한다. Weber의 사회행동 유형은 크게 전통적, 감정적, 가치 합리성 및 수단적 합리성으로 구분된다(Miller, 1990: 880).

(1) 전통적(traditional)

이는 습관으로부터 비롯되는 행동으로서 과거에 수행되었던 방식이 현재의 업무

를 수행하는데 전략으로 고려하는 준거가 된다는 점이다. 우리가 일상생활에서 하는 대부분의 행동은 여기에 속한다. 전통적 행동은 Weber(1968: 25)가 지적한 '모방의 반응형태'로서 습관적인 자극에 대한 자동적인 반응으로서 한계적 의미를 지니게 된다. 그러나 습관적인 형태는 의식적으로 강화될 수 있다.

(2) 감정적(affective)

이 행동은 정서지향적인 것으로 행동가의 구체적인 정서나 감정상태에 의해 결정된다. 정서적 행동은 공포감, 환희, 감정 손상, 분노, 죄책감 등에 대한 반응일 수 있다. 감정에 근거한 개인의 경험과 행위는 의식적으로 관계를 인지하지 않을 수 있다.

(3) 가치 합리성(value-rational)

여기서 행동이란 특정 가치 그 자체와 가치에 대한 확신에 의해 결정된다. 이는 행동을 지배하는 궁극적인 가치의 자의식적인 형성과 이러한 가치에 대한 명백하고 지속적인 계획 지향성에 의해 나타나게 된다. 행동이나 행위의 대상이 가치 신장이나 가치에 따른 조건 수정의 성공여부에 관계없이 가치 그 자체를 위해 행동한다는 점에서는 감정적 행동과 유사한 점이 있다. 그러나 가치 합리적 행동에는 다분히 윤리적, 심미적, 종교적 가치들이 내포 · 지향되어 있다. 개인적으로 소요되는 비용을 고려하지 않고 의무나 명예, 충성, 신의 등에 의해 요구되어지는 신념을 실행하는 사람이 이 행동을 지향하게 된다.

(4) 수단적 합리성(instrumentally rational)

이 행동 유형은 사회적 환경에 대한 공리주의적 지향성과 밀접한 연관성을 지닌다. 목표와 수단관계에서의 행동이 타인의 행동에 대한 기대에 의하여 결정되며, 여기서 타인은 자신에 의해 합리적으로 계산된 목표를 달성하는 수단으로 간주된다. 이러한 의미에서의 행동은 수단, 목적, 결과 등이 고려되며, 이 경우 사람은 '수단-목적'이라는 면에서 매우 합리적으로 행동한다는 것이다.

이러한 Weber의 사회행동 유형 범주를 앞에서 기술한 Lowi의 정책유형과 연계시켜 제시하면 [그림 4-2]와 같다.

통제방식	수단적 합리성	가치 합리성
처벌(stick)	경제적 규제	사회적 규제
수혜(carrot)	분배적	재분배적

[그림 4-2] **사회적 행동에 따른 정책유형**

Lowi가 제시한 첫 번째 정책유형인 배분정책은 Weber의 모형에서 수단적 합리성의 세계관과 자신의 이익과 물질적 축적의 가치를 지향하는 행위자에 의하여 지배받는다. 규제정책은 정책행위(담당)자가 자신의 이익을 추구하지만 그의 이익이 대립되는 다른 행위자들에게 직면할 때 발생하게 된다. 규제정책은 보다 광범위한 가치 합리성과 수단적 합리성 정향이 혼합된 논거가 표명되고 청취된다.

Lowi가 제시하고 있는 세 번째 정책유형인 재분배 공공정책은 가치(평등성, 사회정의 등)에 대한 논쟁이며, 일반적 이익과 관련된 것이라고 할 수 있다. Weber의 가치합리성, 변화추구 성향은 재분배정책에서 실행될 가능성이 높다. 그리고 Lowi가 제시한 정책유형 중 구성정책은 정부가 고려할 제도적 장치나 제재의 속성을 부분적으로 결정하는 것을 말한다. 이는 확립된 정부구조에 관한 것으로 Weber의 전통적 행동성향의 맥락에서 논의된다.

제2절 교육정책 과정과 분석

1. 교육정책 과정의 의의

정책연구는 일반적으로 정책과정과 정책분석의 두 가지 측면에서 파악 · 이해된다. 정책과정은 정책문제의 발생에서부터 정책이 종결될 때까지 일어나는 일련의 과정을 말한다. 이러한 정책과정은 일반적으로 정책문제 채택, 정책결정, 정책집행, 정책평가, 정책종결로 구분되지만, 학자에 따라서는 다소 차이가 있다.

정책과정은 정책이 이루어지는 내부체제에서만 형성되는 것이 아니라 정치적, 사회적 관련 속에서 역동적으로 이루어지고 있으며, 복잡한 관련 변인, 요소와의 상호작용 하에서 여러 단계를 형성하면서 작동하게 된다(Jones, 1979). 이와 같이 정책이 전개되는 과정에서 정책을 둘러싸고 있는 정책환경을 고려하여야 한다. 왜냐하면, 정책환경의 변화에 따라 정책과정이 달라질 수 있기 때문이다. 여기서 정책환경(policy environment)은 이를 둘러싸고 있는 모든 외생적 변수와 조건들을 의미한다. 예를 들면, 교육정책에 대한 환경은 국내적, 국제적 정치 · 경제적 여건의 변화, 정치문화, 경제체제, 인구 구조의 변화, 사회문화 구조의 변화 등이 교육정책 과정에 영향을 주는 주요한 환경적 요소들이라고 할 수 있다.

먼저 정책과정에 대한 제 학자들의 견해를 종합 · 기술하면 다음과 같다.

Dror(1968: 163~196)은 초정책 결정단계(meta-policy making stage), 정책결정 단계(policy making stage), 정책결정 이후 단계(post-policy making stage)로 나누고 이를 다시 세분화하여 18개의 하위 국면으로 나누고 있다.

Lasswell(1975: 1)은 정책과정의 국면을 정보(intelligence), 주창(promotion), 처방(prescription), 발동(invocation), 적용(application), 종결(termination), 평가(evaluation) 등의 7단계로 구분하고 있다.

Jones(1977: 9~12)는 정책과정을 문제규명(problem identification), 정책 계획개발(program development), 정책계획집행(program implementation), 정책평가(program evaluation), 정책종결(program termination)의 5단계로 나누고, 이를 다시 14개 하위과정으로 구분하여 설명하고 있다.

Anderson(1979: 23)은 정책과정을 활동의 기능적 범주와 관련된 연쇄적인 행동유형에 따라 다음과 같이 5단계로 구분하고 있다. 즉 정책문제 규명 및 의제형성(policy agenda), 정책 공식화(policy formation), 정책 채택(policy adoption), 정책 집행(policy implementation), 정책 평가(policy evaluation)로 구분하여 기술하고 있다. Nakamura와 Smallwood(1980)는 정책형성, 정책집행, 정책평가의 3단계로 나누면서 이들간의 상호 순환적 과정을 강조하고 있다.

김신복(1982: 11~37)은 정책개발의 과정을 정책의제의 선정, 정책목표의 설정, 대안 탐색 및 설계, 모형설정 및 영향분석, 그리고 정책 선택(결정)의 5단계로 구분하고 있다.

허범(1991)은 정책과정을 정책문제의 인지와 정책의제의 형성, 정책형성, 정책채택, 정책집행, 정책평가, 정책종결 등의 6단계로 구분하면서 정책과정의 동태성을 강조하고 있다. 정책과정의 동태성으로는 혼재성, 반복성, 생략성, 순환성, 가변성, 정치성, 사회 과정성, 영속성 등을 들고 있다.

정정길(1998)은 정책과정에 대한 내용을 크게 두 가지 관점, 즉 정책과정에 대한 지식과 정책과정에 필요한 규범적 · 처방적 지식으로 나누어 기술하고 있다. 그리고 정책과정은 정책문제 채택, 정책결정, 정책집행, 정책평가 및 정책종결의 5단계로 구분하여 정책과정을 분석하면서 [그림 4-3]과 같이 도식화하고 있다.

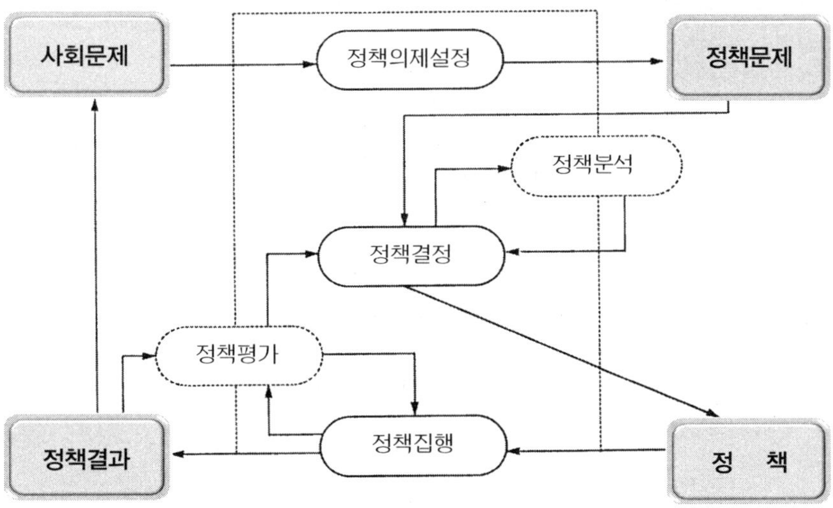

[그림 4-3] 정책이 이루어지는 과정
출처: 정정길(1998: 17).

이러한 제 학자들의 정책과정에 대한 견해를 종합하여 여기에서는 교육정책 과정을 교육정책문제 채택(정책의제설정), 교육정책결정, 교육정책집행, 교육정책평가, 그리고 교육정책종결의 다섯 단계로 구분한다. 교육정책과정을 제시하면 [그림 4-4]와 같다.

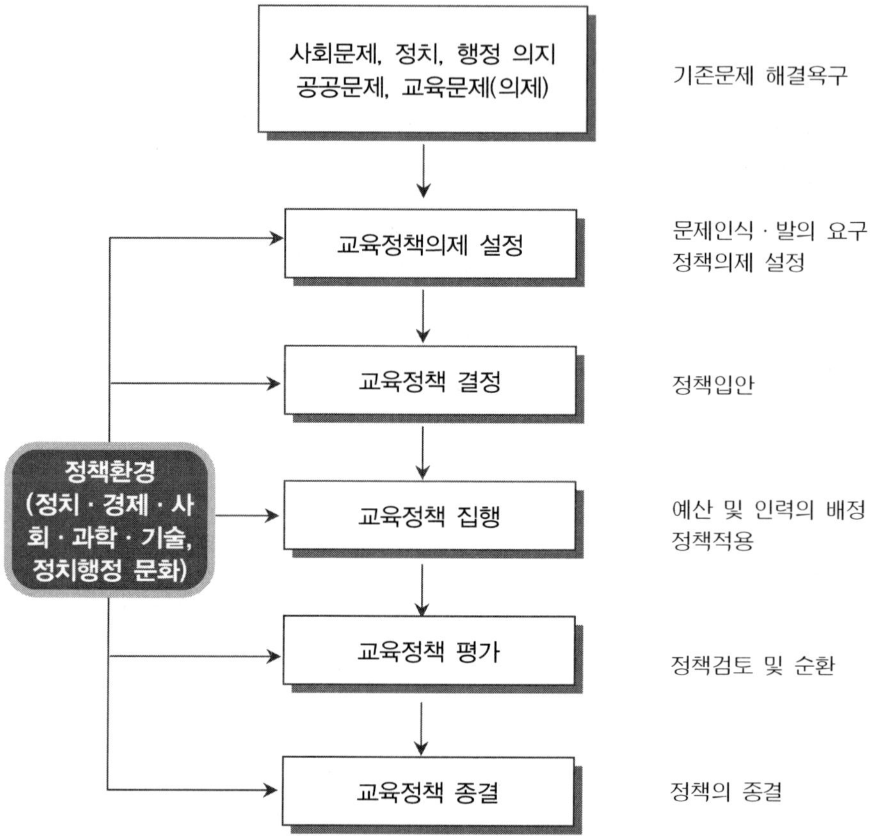

[그림 4-4] **교육정책과정과 환경**

이와 같이 교육정책과정을 구분할 때, 논리적으로 보면 뒤의 과정은 앞의 과정을 전제로 한다. 즉 교육적, 사회적, 갈등으로 교육문제, 교육쟁점이 발생하여 정부에 귀속되면 이 교육정책문제(의제)를 해결하기 위해 다양하고 합리적인 정책수단을 선택(교육정책 결정)하게 되고, 그 수단의 표현(교육정책집행)이 뒤따르게 되는 것이다. 그리고 교육정책목표 및 이를 달성하기 위한 수단과 수단의 표현에 대한 평가(교육정책평가)를 통해 교육정책의 효율성을 추구하게 된다. 이와 같은 교육정책과정은 실제

로 매 과정마다 교육정책 환경과 상호작용을 하게 되고, 순환과정을 거치면서 이루어지게 된다.

2. 교육정책 분석의 의의와 기법

1) 교육정책 분석의 의의

일반적으로 정책분석은 정책목표를 달성하기 위한 최선의 대안을 선택하는데 도움을 주는 것이라고 할 수 있다(Quade, 1975; Nagel, 1977; Lineberry, 1978; Stokey & Zeckhauser, 1978). Dunn(1983)은 정책분석을 정치적인 맥락에서 정책문제를 해결하는 데 이용할 수 있는 정책관련 정보를 생산하고 전환시키기 위해, 여러 가지의 탐구 및 진술의 방법을 사용하는 것으로 정의 내리고 있다(이대희 역, 1984: 57). 여기에는 경제학, 경영학, 사회학, 정치학 등에서 개발되고 정립된 제반 사회과학의 이론과 기법을 동원하는 종합적인 측면이라고 할 수 있다.

정정길(1998)은 정책분석의 개념을 광의와 협의로 구분하여 설명하고 있다. 즉 광의로는 합리적인 정책결정 단계(문제의 파악과 목표의 명세화, 대안의 탐색, 대안이 가져올 결과의 예측과 평가, 최선의 대안 선택)에서 대안의 결과를 예측하고 평가하는 단계에서 대안의 정치적 실현 가능성을 예측하고 평가하는 것으로 기술하고 있다. 그리고 협의의 개념으로는 시간과 분석 능력의 제약을 고려하여 대안이 가져올 결과를 평가하는 것으로 보고 있다.

노화준(1986: 37)은 정책분석을 '정책결정에 필요한 여러 가지 정보를 산출하기 위한 사전적 또는 조망적 분석'이라고 정의하면서 정책분석의 핵심은 각 정책 과정상에서 발생할 가능한 효과의 추정이나 예측에 두어진다고 기술하고 있다. Bozeman(1979)은 정책분석이 정책문제의 검토와 탐색을 위해서, 정책결정의 사전분석을 위해서, 그리고 정책의 직 · 간접적인 영향을 평가하기 위해서 그 기능을 수행하고 있다고 보고 있다. 따라서 정책과정 중에서 정책분석은 정책문제 채택과도 밀접히 연관됨을 밝히고 있다.

김종철(1990: 831~832)은 Hogwood와 Gunn(1984)이 정의한 정책분석의 개념을 교육정책에 적용하면서 교육정책 분석의 개념을 '교육정책 형성과정에서 과학적인 분석 방법을 적용함으로써 교육정책 수요의 진단, 정책대안의 선정, 또는 정책 형성 과정의 개선에 기여할 수 있는 체계적인 정보와 지식을 얻는 것'으로 정의하고 있다. 여기서 김종철은 교육정책 분석을 광의의 개념으로 정책이 이루어지는 과정에 대한, 즉 정책문제채택, 정책결정, 정책집행, 정책평가 및 정책종결에 이르는 제 과정에 도움을 주는 측면과 정책의 바람직한 대안탐색 및 분석에 도움을 주는 측면의 두 가지를 고려하고 있다.

교육정책분석의 개념도 일반적인 정책분석과 마찬가지로 교육정책 목표를 달성하기 위한 최선의 대안을 선택하는 데 도움을 주는 것으로 파악될 수 있다. 즉 교육정책 문제의 분석 및 해결할 정책 목표를 검토하고, 최선의 정책대안을 선택하기 위해 정책대안을 탐색하여 그 결과를 예측하고 예측된 결과들을 일정한 정책대안의 비교 평가기준에 따라서 평가하여 최선의 대안을 선택하는 일련의 의사결정 활동에 필요한 논리나 기법을 연구 · 개발하고 이를 현실에 적용하는 것을 의미한다. 따라서 교육정책 분석은 정책연구에서 처방적 성격을 지니게 되며, 교육정책 과정은 실증적 · 기술적 성격을 띠게 되어 교육정책 과정에서 현실적으로 어떠한 상황이 일어나고 있으며, 그 원인이 무엇인가를 규명하게 된다.

정책분석이 이루어지는 과정을 Quade(1982)는 다음과 같이 나열하고 있다. 즉 정책분석은 문제의 명확화, 목표의 설정과 기준의 결정, 대안의 탐색, 자료 및 정보 수집, 모형 설계 및 검토, 대안의 실현 가능성 평가, 비용-효과의 측정, 결과 해석, 가정에 대한 확인 및 검토, 새로운 대안의 채택 등의 순환과정을 거치면서 이루어진다는 것이다.

2) 교육정책분석의 기법

교육정책분석의 기법으로는 체제분석(system analysis), 비용-효과 분석(cost- effectiveness analysis), 비용-수익 분석(cost-benefit analysis)[1], 선형계획(linear programming), 의사결정 분석(decision analysis), 민감도 분석(sensitivity analysis), 델파이 기법(Delphi technique) 등을 들 수 있으며, 이러한 기법들은 교육정책 문제의 성격에 따라 적절히

---

1) 체제분석은 본서 제3장, 제11장을, 비용-수익분석 및 비용-효과분석에 대해서는 제9장을 참고하기 바람.

활용될 수 있다.

제3절 교육정책의제 설정

1. 교육정책의제 설정의 개념과 특징

교육정책 문제 채택 또는 교육정책의제 설정(agenda setting)은 정부가 정책적 해결을 위하여 학교교육을 중심으로 학교교육권과 학교교육권 밖에서 발생하는 제 문제를 정책문제로 채택하는 과정 또는 행위를 의미한다. 여기서 정책문제 혹은 쟁점(policy problem or issue)이란 정부가 그 해결을 위하여 심각하게 검토하고 해결하기 위하여 정부가 공식적으로 결정한 교육정책 문제를 말한다(정정길, 1990: 295). 이러한 교육정책 문제는 중앙정부 수준에서 결정할 사항도 있고, 또는 지방정부 차원에서 채택하여 해결할 수도 있다. 이러한 교육정책의제 설정은 일반적으로 다음과 같은 특징을 지니고 있다(정일환, 2000: 50~52).

첫째, 교육정책의제 설정 과정은 교육정책 과정에 작용하는 정치세력들이 처음으로 등장하는 국면이라는 점이다. 교육정책의 경우 무수히 존재하는 교육문제에 대해 어떤 해결책을 요구 혹은 강구하려는 정책과정에서 처음으로 관련 집단이나 개인이 등장하는 국면이 된다.

둘째, 교육정책의제 설정 과정은 민주적 정치참여 과정의 핵심적 성격을 지니고 있다. 교육정책 결정체제의 내외에서 어떠한 교육문제를 인지하고 그 해결책을 요구 혹은 모색할 경우 집단적인 사고과정을 통해, 그리고 합리적인 의사결정을 통해 민주적으로 이루어지는 과정과 절차의 하나라고 할 수 있다.

셋째, 교육정책의제 설정은 정부의 정책결정체제에 의해 특정화된 정책문제이며, 따라서 교육정책의제 설정은 정책문제의 우선 순위를 결정하는 성격을 지니게 된다. 즉, 교육정책의제 설정이론을 설명해 주는 다양한 이론에서 볼 수 있듯이 무수히, 그리고 다양한 문제가 존재하는 교육정책 문제에 대해 어느 것을 우선적으

로 교육정책 결정체제가 채택하여 결정할 것인가를 정하는 계기가 된다.

넷째, 교육정책의제 설정단계에서는 다음 단계인 정책결정 단계에서 찾아 내어야 할 정책대안들이 제시되는 경우가 있다. 교육정책 문제 선정에서도 암암리에 혹은 의도적으로 어떤 교육문제를 정책의제로 채택되어 가져오게 될 긍정적, 부정적 파급 효과와 정치적, 경제적, 기술적 실현 가능성을 고려하기 때문에 정책대안을 비교 · 제시하게 된다.

다섯째, 교육정책의제 설정 단계는 정책의제화의 양상에 따라 후속 정책과정에 커다란 영향을 미친다. 교육정책과정은 정책문제 채택에서 정책결정, 정책집행, 정책평가 및 정책종결의 과정을 거치게 되며, 특정 교육문제를 둘러싼 관련 제 집단들간의 세력 다툼은 정책문제 채택 단계를 제 1라운드라고 한다면 그 이후에도 계속되는 5라운드의 경기를 펼치게 된다. 따라서 교육정책의제 설정 단계에서 승부가 어떻게 진행되고, 어떤 결과를 가져왔는가에 따라 그 이후 단계에도 직접적 혹은 간접적으로 영향을 미치게 된다.

교육정책의제 설정의 중요성은 결국 어떤 정책이 결정되기 위해서는 무엇보다 관련된 요구 사항들이 정책결정권자의 관심 영역 안으로 들어가야 한다는 점에서 찾을 수 있다. 즉 교육정책 요구가 정책의제로의 전환에 실패하면 이는 정책화에 실패하게 된다는 것이다. 아무리 관련집단들이 중요하다고 생각하고 심각하게 받아들이는 교육문제라도 교육정책결정자들의 관심 영역 안에 있지 않으면 무의미하게 된다는 것이다.

2. 교육정책의제 설정의 과정과 단계

교육정책의제 설정과정은 일반적으로 사회문제, 사회적 이슈 혹은 쟁점, 논제, 공중문제, 정부의제의 단계를 거치게 된다(Cobb & Elder, 1972: 82~89). 여기서 사회적 문제란 교육정책 분야에서는 교육문제에 해당되는 바, 교육목적이나 이념과 괴리가 있는 교육실제 혹은 무시되고 간과되고 있는 것들이 해당되며, 국민이나 교육관련 집단인 수혜집단으로부터 불평이나 요구사항이 있는 것을 말한다.

사회적 이슈, 쟁점 혹은 논제(social issue)란 문제의 성격이나 문제의 해결방법에 대해서 집단들 사이에 의견의 일치를 보기 어려운 사회문제로서 집단들간에 쟁점의 대상이 되어 있는 사회문제를 의미한다(Eyestone, 1978: 72; 정정길, 1998: 248). 예를 들어 대학입학에 있어서 기여금 입학제 도입에 대한 국민들의 찬 · 반(부유층과 그렇지 않은 층), 국립대와 사립대간의 견해 차이, 그리고 세칭 일류 사립대와 그렇지 않은 사립대학간에 상반된 의견을 표출하는 경우가 여기에 해당된다.

공중의제(public agenda)는 Cobb와 Elder가 말하는 체제적 의제(systemic agenda)로서 일반국민들로부터 주목을 받을 만한 가치가 있고 필요성, 중요성이 높은 것이며, 정부가 문제해결을 하는 것이 정당한 것으로 인정되는 사회문제라고 할 수 있다. 예를 들면, 대학입시 부정사건의 경우 국민들이나 교육계에 주는 엄청난 실망감, 당혹감, 의아감 등은 바로 정부가 이에 대한 적절한 대응책(예를 들어 사학에 대한 재정 확보방안, 사학에 대한 정부의 통제, 대학입시제도의 관리방안 등)을 강구하는 것이 당연하고 정당한 것으로 받아들이게 된다.

정부의제(governmental agenda)는 제도적 의제 또는 공식의제라고 지칭되는 것으로 정부의 공식적인 의사결정에 의하여 심각하게 고려하기로 명백히 밝힌 문제들이다(Cobb & Elder, 1972: 86). 하나의 사회문제나 교육문제가 정책결정자에 의해 정책문제로 채택되기까지에는 복잡한 절차를 거치게 되며, 이 과정에서 복잡한 양상과 형태를 표출하게 된다. 즉 문제의 성격과 문제를 접하는 정책결정체제의 관점에 따라서 각 문제가 정책의제로 형성, 설정되는 과정은 다양하게 나타나기 마련이다. 이 과정은 바로 정치적 투쟁의 과정이며, 각 개인과 관련 집단간의 갈등이 고도로 표출되는 활동이기 때문이다.

정책의제 설정 과정과 단계에 대하여 제 학자들, 예를 들면, Kendrirk 외(1974) Cobb와 Ross(1976), Jones(1977: 1983), Eyestone(1978), Anderson(1984) 등에 의해 제시되고 있는 바, Cobb, Ross와 Ross(1976)는 정책의제의 형성과정과 단계를 사회문제가 어떻게 전개 · 확산되는가에 따라 사회문제의 쟁점, 논제나 정책안의 제기(initiation) 단계, 구체화(specification) 단계, 확산(expansion) 단계, 그리고 정부에의 진입(entrance) 단계로 구분하고 있다.

이를 토대로 교육정책의제 설정의 단계를 기술하면 [그림 4-5]와 같다. 이와 같은 교육정책의제 설정의 네 단계는 다음에 기술하는 정책의제 설정의 분석 모형, 즉 외부주도형, 동원형, 내부접근형과도 밀접한 연계성을 지니고 있으며, 이에 따라 각기 다른 양상과 특징을 보이게 된다.

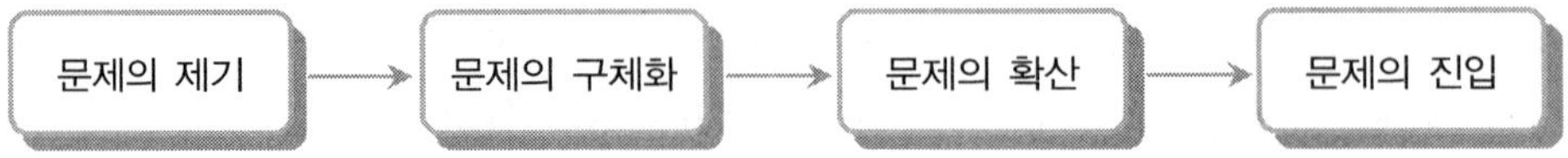

[그림 4-5] 정책의제 설정의 4단계

1) 문제의 제기단계

정책의제화된 특정 교육문제를 최초로 인지하고, 이를 정책결정체제나 집행당국(교육과학기술부 및 지방교육청)들이 해결해 주도록 주도하는 개인이나 집단, 단체들이 문제제기의 주도자가 된다. 교육문제를 심각하게 인지하고 주도하는 개인이나 집단들이 교육문제의 정책적 해결을 요구할 때 어떤 형태로 행동화할 것인가 구상하게 된다. 즉 교육문제를 제기하는 집단이 인적 · 물적 자원의 동원 능력이 어느 정도이냐에 따라 정책결정자에게 문제를 투입하는 행동이나 행태는 달라지게 된다.

이 단계는 정부의 내외를 막론하고 문제를 인지하고 이에 대한 정책적 해결을 요구함으로써 공식적 정책결정체제에 대해 교육정책 문제를 정책제안하기까지의 전과정을 말한다.

정부의 외부에서 인지되어 내부로 투입되어 온 문제를 정부 내의 사람들이 받아들이는 경우와 정부 내부의 사람들이 스스로 사회 내의 문제를 인지하거나 예측함으로써 문제를 갖게 되는 경우다(최봉기, 1988: 297). 교육정책 문제제기 단계는 수용된 교육문제를 정책적으로 해결하도록 공식적인 교육정책 결정체제에 정책을 제안하는 단계다. 최초로 교육문제의 심각성을 인지하고 제기한 것이 정부 내부인가 아니면 정부 외부인가, 그리고 정책제안자가 정책제안을 하게 된 동기 또는 상황을 고려하게 된다.

최초로 교육문제를 인지 · 예측했거나 사회로부터 문제를 받아들임으로써 정부의 공식적 정책결정체제를 향하여 정책제안을 한 정부 내 개인이나 집단이 되며, 이들이 무슨 목적으로 어떠한 과정이나 경로를 통하여 추진하였느냐를 규명하는 것이다.

2) 문제의 구체화단계

개인이나 소수에게 불만스럽거나 장기적으로 많은 사람들에게 반복적으로 발생하는 교육문제로 이들이 정책적 해결을 요구하고 앞의 문제제기 단계에서 표명된 고충이나 어려움이 특정한 정책적 요구로 전환되는 단계다. 그리고 교육 문제가 제기되고, 그 문제가 어떠한 경로를 통해 어떠한 양상을 나타내면서 일반 공중이나 관련 집단에게 확산되어 갔는가를 규명하는 단계라고 할 수 있다.

이미 정부 내부에서 제안되어 있는 다양한 교육문제에 대해 공식적인 정책결정체제 기구가 그것을 정책적으로 해결하겠다는 관심 혹은 의지의 표현을 말한다. 교육문제 쟁점의 성격, 지속성, 일회성인가, 구항목인가, 신항목인가 등에 따라 문제의 구체화는 달라진다고 할 수 있다.

3) 문제의 확산단계

사회쟁점 혹은 논제란 교육문제를 포함한 사회문제들 중에서 그 문제의 성격이나 해결방법에 대한 의견이 상반되는 쟁점적 문제를 말한다(최봉기, 1988: 271~ 272). 문제의 제기단계 및 사회 문제화의 단계에서 그 문제의 성격, 해결방법에 대한 구체화의 정도에 따라 사회쟁점화 혹은 논제화가 이루어지는 데는 달라질 수 있다. 논제 형성과정에서 둘 이상의 집단들이 관여하는 갈등상황을 측정하는 범위, 강도, 가시도 등을 고려하게 된다.

특정 교육문제에 많이 관련된 사람들의 관심이 집중되어 있으며, 당연히 정책집행당국이나 주무 부서가 해결하여야 한다고 여겨지는 사회논제가 바로 공중의제(public agenda)이다. 특히 여기에는 대중매체의 관심이나 문제와 관련된 집단 및 이익집단, 여론의 동태 등이 공중의제화 성립의 지표가 된다(Enloe, 1975). 교육문제 중에서 정부의 정책결정체제에 의해 포착된 문제, 문제 당사자간에 해결이 불가능한 문제, 문제해결을 위한 자원의 규모가 방대한 문제, 그리고 정치적 성격을 가진 문제 등에 따라 공중의제는 그 특성이 달라진다고 할 수 있다.

정부의 정책결정자들이 스스로 채택한 공식의제라 하더라도 정책결정과 집행의 효율성을 제고하기 위해 공중의 정책수용과 적극적인 추종을 위해 확산 노력이 필요하다. 공중의제란 정부가 채택한 공식의제가 정부 스스로의 확산 노력에 의해 많은 사람들의 관심을 모으고, 그것이 정부가 해결해야 할 정당한 역할범위에 포함되는 것으로 인식되는 단계를 말한다. 정부가 주도하여 채택한 공식의제는 정책결정이나 정책집행의 효율성을 높이기 위해 공중의 광범한 지지를 확보하고자 정부 스스로 확산활동(공중의제로 성립시키기 위해)을 수행하게 되는 것이다.

4) 문제의 진입단계

앞에서 기술한 바와 같이, 공식의제란 수많은 교육문제 중에서 정부의 정책결정체제나 정책결정자가 그 문제의 해결을 위해 명시적이고도 능동적으로 관심과 활동을 집중시키는 문제가 된다. 어떤 교육문제가 공식의제로 채택되었다고 해서 모두 정책결정의 대상이 되는 것은 아니다. 교육문제가 관련 집단이나 국민에 의해 제기되어 확산활동을 통해 사회논제로 부각되고, 궁극적으로 정부 내의 공식적인 결정체제 내로 진입해 가는 과정에서 어느 시점에서 정부의 공식의제로 채택되는가를 밝히는 것이 된다.

정부의 정책결정체제를 향해 그 해결을 요구해 오는 수많은 문제들은 문제 자체의 성격, 주도집단의 확산세력, 문제를 대하는 정부의 대응전략 등에 따라 각각 상이한 기관이나 부서들에 의해 공식의제로 채택되는 단계다. 정부에 의해 채택된 공식의제가 공중에의 확산과정과 공중의제화의 단계를 거쳐 다시 정부가 공식적인 정책의제로 확정하는 과정에서 처음 정부가 채택한 의제의 내용에 변화가 있었는가를 검토하게 된다.

이상에서 기술한 바와 같이 교육정책의제 설정과정은 대체적으로 문제제기단계, 구체화단계, 확산단계, 그리고 진입단계의 4단계를 거치면서 정부의 공식적인 정책의제로서 채택되게 된다. 여기서 교육정책의제 설정을 설명하는 분석모형을 기술하기 전에 각 단계별로 그 특징을 제시하였다. 다시 말하면, 사회문제나 교육 문제가 공식적으로 교육정책결정체제에서 채택하기까지 거치게 되는 단계는 분석모형에 따라 다른 양상이나 특징을 보여주고 있음을 나타내 준다.

제4절 교육정책 결정

1. 교육정책 결정의 의의와 과정

교육정책이 형성되는 과정에서 교육정책 당국은 정책목표 달성을 위해 공식적으로 채택한 교육정책 문제를 합리적으로 결정하는 것은 매우 중요하다. 교육정책 목표달성을 위한 최선의 대안을 탐색하고 선택하는 과정으로서 여기에는 다양한 변인들, 예를 들어 교육체제의 환경, 정책결정자, 국회와 정당, 이익집단, 매스컴, 연구기관과 학자, 그리고 국민이나 학부모 등에 의해 영향을 받게 된다.

교육정책 결정(educational policy-making)은 일반적인 의사결정이론을 토대로 형성되어 교육과 같은 공공분야에 적용되는 정책과정이라고 할 수 있다. 교육정책 결정에 관한 최초의 대표적인 이론으로는 Dill(1964)의 의사결정 단계설과 Griffiths(1959)의 과학적 문제해결 과정을 적용시킨 의사결정과정 이론을 들 수 있다. 특히, Griffiths의 의사결정과정이론은 교육행정학 분야에서 정책결정론 출범에 공헌한 바가 크다. 즉, 그는 정책결정이 교육조직체의 심장 역할을 하며, 교육행정의 핵심과정임을 강조하고, 그 과정은 과학적 문제해결의 과정으로서 ① 문제의 인식과 한정, ② 문제의 분석 · 평가, ③ 기준의 정립, ④ 자료의 수집, ⑤ 해결방안의 설정과 사전 검증, ⑥ 최선방안의 선택과 시행의 여섯 단계를 거친다고 제시하고 있다.

또한, Hoy와 Miskel(2001: 321~330)은 의사결정 과정으로서 ① 문제의 인지와 정의, ② 현재 주어진 상황에서의 문제분석(문제에 대한 분류, 자료수집, 문제의 구체화, 명세화), ③ 문제해결을 위한 적절한 준거의 설정 · 탐색, ④ 집행을 위한 계획 및 전략의 개발(가능한 대안 탐색, 결과에 대한 예측, 검토, 행동방침의 선택), ⑤ 활동계획에 대한 착수(프로그램의 구성, 의사소통, 감독 및 평가)를 들고 있다. 이를 제시하면 [그림 4-7]과 같다.

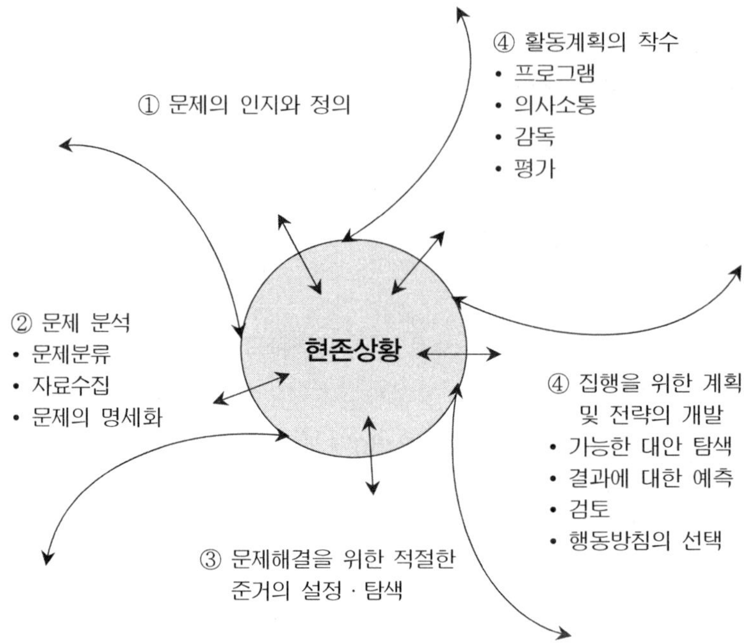

[그림 4-7] Hoy와 Miskel의 의사결정 순환과정 모형

출처: Hoy & Miskel(2001: 321).

2. 교육정책 결정의 제 모형

교육정책 결정 모형은 의사결정 모형을 공공정책 분야에 수정 · 변경하거나 독자적으로 개발 · 적용하고 있다. 의사결정 모형은 초기에는 개인적인 차원의 분석에 초점을 두다가 점차 집단적 차원의 의사결정으로 그 대상과 영역이 확대되고 있으며, 합리성(rationality)을 기준으로 의사결정이 완전한 합리성을 가진다고 가정하는 합리모형에서부터 합리성을 부인하는 쓰레기통 모형에 이르기까지 다양한 모형과 이론을 지니고 있다.

여기서는 [그림 4-8]에 제시된 바와 같이, 학교조직 및 교육행정 조직에서 적용되는 의사결정 혹은 정책결정의 이론과 실제 상황을 보다 명확히 설명해 주는 정책결정모형을 소개하고자 한다.

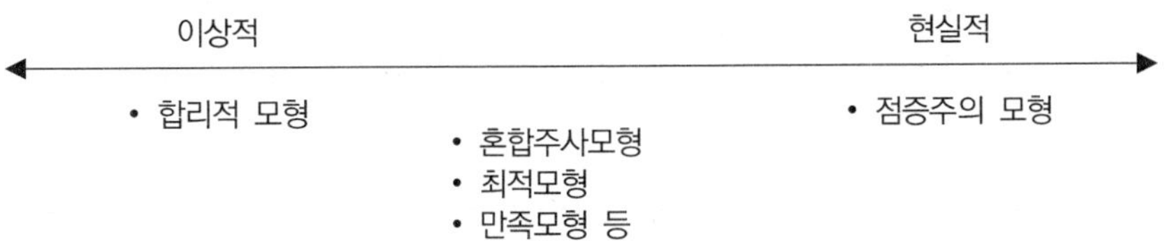

[그림 4-8] **교육정책 결정 모형의 개관**

1) 합리적 모형

합리적 모형(rational decision-making model)은 인간의 이성과 합리성에 입각하여 정책을 결정한다는 이론 모형으로서, 흔히 순수 합리성 모형, 포괄적이고 종합적인 모형, 최선의 대안선택 모형 등으로 지칭된다. 이는 정책결정 모형들의 원형으로서 대다수의 정책결정 모형들이 합리모형을 비판하거나 혹은 현실, 조직의 상황에 맞게 수정하는 과정에서 다른 정책결정 모형의 근간이 된다.

합리성은 실질적, 절차적 합리성으로 구분된다. 여기서 실질적 합리성(substantive rationality)은 적절한 행동대안이 선택되는 정도를 의미하며, 절차적 합리성(procedural rationality)은 행동대안을 선택하기 위해 사용된 절차가 인간의 인지능력과 한계에 비추어 보았을 때 얼마만큼 효과적이었는지의 정도를 의미한다.

합리모형에서는 정책결정자가 문제를 완전히 이해하고, 해결을 위한 모든 대안을 파악하고, 대안선택의 기준이 명확히 존재하며, 자원이 충분하며 합리적으로 최선의 대안을 선택하는 것을 전제로 하고 있다. 이러한 전제에 입각한 합리모형의 내용은 다음과 같다(Anderson, 1979: 9~10).

① 정책결정자는 수많은 문제에 직면하지만 완전한 정보를 가지고 상호 비교하여 분석할 수 있다.

② 정책결정자가 추구하는 가치와 목적들은 중요도 및 우선 순위도에 따라 분류되고 서열화된다.

③ 문제해결을 위한 모든 가능한 대안들이 탐색 · 제시된다.

④ 각 대안으로부터 발생하게 될 모든 결과(비용, 수익, 효과, 상황 등)가 예측된다.

⑤ 각 대안과 그 결과들이 비교된다.
⑥ 정책결정자는 목표나 가치를 극대화하는 대안을 선택하게 된다.

이러한 합리모형은 지극히 인간의 완전한 합리성을 전제로 하는 것이기 때문에 실제 교육정책결정시 적용되기에는 제약이 있는 모형이다. 즉 Griffiths(1959)는 교육정책 결정 과정을 문제의 인식, 확인 및 한정, 문제의 분석과 평가, 문제해결 방안의 판단과 평가를 위한 기준의 설정, 자료의 수집, 보다 바람직한 해결방안의 설정 및 선택, 해결방안의 집행 등의 여섯 단계로 구분하고 있다. Griffiths가 제시한 의사결정 모형은 합리적인 문제해결 방식에 의하여 의사결정이 이루어지는 것을 의미한다. 이 모형은 교육에 있어 과학적, 합리적 문제해결의 방식을 의사결정 및 정책결정 과정에 적용하고 있다고 할 수 있다.

2) 점증주의 모형

점증주의 모형(incremental model)은 Lindblom(1959, 1980)이나 Wildavski(1964)에 의해 주창된 것으로 정책결정을 하는데 있어서 현실을 긍정하고 다소 향상된 대안을 찾아 결정하게 된다는 것이다. 이는 과거의 관례나 기존의 정책을 토대로 점진적으로 개선해 나가는 방식을 의미하며, 현실의 주어진 길을 점차적으로 헤쳐 나간다(muddling through)는 의미를 지니고 있다.

이 모형은 지나치게 보수적, 소극적, 대증 요법적이라는 비판을 받지만, 실제 교육상황이나 여건을 충분히 고려하기 때문에 기존의 정책을 반영하고 더 나은 개선책을 찾는데 그 강점이 있다. 교육정책 결정에서 점증주의 모형이 갖는 적합성은 제한된 합리성, 매몰비용(sunk cost), 정치적 실현 가능성(political feasibility)을 고려한다는 점이다.

이상에서 기술한 합리적 모형과 점증주의 모형을 비교하면 〈표 4-1〉과 같다.

〈표 4-1〉 합리주의와 점증주의 모형의 비교

합리적-포괄적 접근	점증적-제한적 접근
• 가치와 정책목표를 명확히 하는 것은 정책대안의 경험적 분석과는 명확히 구분되고 분석에 선행된다.	• 가치(목표)를 선택하는 것과 필요한 행동대안을 선택하는 것은 서로 별개의 것으로 구분되는 것이 아니라 서로 밀접하게 얽혀 있다.
• 정책은 수단-목표 분석을 통해서 작성된다. 먼저 목표가 분석되고 다음에 그것을 달성할 수단이 탐색된다.	• 수단과 목표는 명백히 구분되지 않았으므로 목표-수단의 분석은 부적절하거나 제한적으로 이용되는 경우가 흔히 있다.
• 좋은 정책인지의 여부는 목표를 달성하는 가장 적절한 수단인지의 여부에 달려 있다.	• 좋은 정책인지의 여부는 다양한 분석가들이 그 정책에 얼마만큼 동의하느냐에 달려 있다.
• 분석은 포괄적이며, 모든 관련 요소가 고려된다.	• 분석은 대폭 제한되며, 발생 가능한 중요한 결과 및 정책대안과 영향받는 중요한 가치가 무시된다.
• 이론에 크게 의존한다.	• 비교가 계속되기 때문에 이론에 의존할 필요성이 크게 약화되거나 거의 없다.

출처: Stillman(1980: 205).

3) 혼합주사 모형

혼합주사 모형(mixed scanning model)은 합리적 모형과 점증주의 모형을 결합하여 양 모형이 갖고 있는 약점을 보완한 정책결정 모형으로서 Etzioni(1967: 385~392)에 의해 제창되었다. 즉 합리적 모형이 지니고 있는 이상적 요소와 점증주의 모형이 갖고 있는 현실적, 보수적, 비혁신적 특성이 적절히 혼합되어 정책결정을 해야 한다는 것이다.

Etzioni는 합리모형을 완전 분석적 의사결정으로 파악한 후, 이는 모든 대안의 모든 결과를 정확하게 예측할 것을 요구하는 등 지나치게 엄격하고, 이상적인 지적 작업을 정책결정자에게 요구하게 되어 실제로 추진이 불가능할 뿐만 아니라 논리적으로 보아 무수하게 존재할 수 있는 대안들 중에서 몇 가지를 다 검토하기도 전에 결정자의 시간, 정력, 비용 등을 모두 소모하게 될 것이므로 바람직한 의사결정 전략이 아니라는 것이다. 즉 합리모형은 비현실적이며, 바람직스럽지 않다는 것이다.

한편, 점증주의는 근시안적이고, 방향 감각이 없고, 너무 보수적이며, 반혁신적인 정책결정을 정당화시켜 주는 역할을 하는 경향이 있어서 양자 중 어느 것도 바람직한 정책결정 전략은 아니라고 주장한다. 따라서 합리모형과 점증주의 모형의 장점을 모은 것이 혼합주사 모형인 것이다.

4) 만족모형

Simon, March, Cyert 등이 제시한 만족모형(satisfying model)은 제한된 합리성(bounded rationality) 하에서 의사결정이 이루어지는 과정을 설명하는 모형이다. 즉 인간이 갖고 있는 사실 판단상의 약점을 인식하고 인간의 심리적인 측면을 고려하여 의사결정시 최적의 대안을 선택하기보다는 만족할 만한 대안을 선택한다는 것이다. 만족모형에서는 상황이 필연적으로 이용 가능한 대안을 한정하고, 따라서 목표의 달성 가능한 수준도 제한하게 된다.

이와 같은 입장에서 Simon은 의사결정 주체가 객관적 상황을 인지할 때 제한된 범위 내에서 이루어진다고 보고 이러한 인지는 다음의 네 가지에 의해서 형성될 수 있다고 하였다.

① 장래 사건에 대한 지식, 가정 또는 확률
② 행동을 위한 대안에 관한 지식
③ 대안으로부터 초래되는 결과에 대한 지식
④ 선호에 따라 대안 또는 결과간에 순위를 정하는 원칙 등

5) 최적모형

최적모형(optimal model)은 Dror(1968)가 주창한 것으로서 정책결정 과정을 하나의 체제이론적 관점에서 파악하고, 그러한 정책결정 체제의 성과를 최적화하려고 하였다. 최적화의 의미는 정책형성 체제로부터 산출이 투입보다 큰 경우를 말한다.

최적모형의 주요 특징으로는 첫째, 양적인 측면을 고려하기보다는 질적인 면을 고려한 정책결정이며, 둘째, 합리적 요소와 초합리적 요소를 동시에 고려하며, 셋째, 경제적 합리성이 기본적인 합리성이 되며, 넷째, 상위 정책결정을 중요시하며, 다섯째, 체제관점에서 환류과정을 중시하는 점을 들 수 있다(Dror, 1968: 154).

6) 쓰레기통 모형

Cohen, March, Olsen(1972: 1~25) 등이 주창한 의사결정 모형으로서 조직화된 무정부상태(organized anarchy)에서의 의사결정 형태를 다루고 있다. 이 모형은 문제, 해결책, 선택기회, 참여자의 네 가지 요소가 독자적으로 움직이다가 어떤 사건을 계기로 교차하여 만나게 될 때 결정이 이루어지는 것을 설명해 준다.

교육조직, 특히 대학조직이 갖고 있는 특성들, 즉 목표의 불명확성 및 비구체성, 사용하는 기술(technology)의 불명확성, 그리고 조직구성원의 의사결정에 대한 참여의 유동성 등을 제시하면서 여기서 이루어지는 의사결정의 모형을 쓰레기통 모형(garbage can model)이라고 지칭하고 있다. 따라서 이 조직에서는 합리적이며 체계적으로 정책결정이 이루어지는 것이 아니라 주먹구구식으로 이루어진다는 것이다.

제5절 교육정책 집행

1. 교육정책 집행의 개념과 특징

Pressman과 Wildavski(1973: 13)는 정책집행을 '정책을 수행, 달성, 충족, 생산, 완성하는 것'이라고 정의하여 정책에 포함된 목표 또는 내용을 구체적으로 달성하는 것을 정책집행이라고 보고 있다. Van Meter와 Van Horn(1975: 447)은 정책집행을 '정책결정에서 미리 설정된 목표를 성취하기 위하여 정부부문과 민간부문의 개인이나 집단이 수행하는 활동'이라고 규정하고 있다. 이들은 집행을 미리 설정된 목표를 달성하기 위한 단일 방향적인 것으로 보았으며, 과정이라기보다는 활동으로 보고 있다는 점이 특징이다. 한편, 교육정책 집행의 일반적인 특징을 기술하면 다음과 같다(김종철, 1990: 758~759).

첫째, 교육정책 집행은 교육정책 결정 이후 후속되는 일련의 행정활동을 의미한다.

둘째, 교육정책 집행은 교육정책 결정자 또는 정책결정 집단과의 상호작용 속에서 그 통제하에 이루어진다. 그러나 집행을 분담하는 조직과 교원들의 재량권이 있고, 또 집행자들의 불응(non-compliance)의 문제가 제기될 수 있다.

셋째, 교육정책 집행은 정책결정의 소산인 교육정책, 즉 산출로서의 교육정책에서 결과 또는 성과로 이어지는 중간과정을 의미한다. 즉, 정책산출 다음에 정책집행이 있고 그 결과 정책성과가 나타나면 정책성과는 장기적인 측면에서 정책효과 내지 정책영향(policy impact)을 나타내게 된다.

넷째, 교육정책 집행은 관료조직 속에서 관료제의 역동을 통하여 이루어진다.

끝으로, 교육정책 집행에 있어서 권한과 책임의 배분이 잘못되는 것은 관료제의 병리에 기인하는 것이 아니라, 행정제도, 체제, 행정문화, 더 나아가서는 정치체제와 정치문화에서 찾을 수 있다.

이상에서의 정책집행 개념과 특징을 토대로 보면, 교육정책 집행은 '교육정책 내용을 구체적으로 실현시키는 과정'이라고 정의할 수 있다. 여기서 교육정책 내용을 실현시키는 과정은 일련의 교육활동들로서 구성된다. 그리고 교육정책의 내용은 정책목표와 정책수단으로 이루어지는 바, 교육정책의 내용을 실현시킨다는 것은 정책수단을 구체적으로 실현하는 것이 된다.

그렇지만, 우리 나라 교육정책 집행이 지니고 있는 문제점으로는 첫째, 순응상태가 확보되지 않은 상태에서 강제식 집행이 많다는 점, 둘째, 종합적인 정책집행이 되지 못하고 비체계적이고 비능률적인 집행이 많다는 점, 셋째, 법규 적용에 일관성이 결여되어 있다는 점, 즉 교육관련 집단의 이해관계 또는 힘의 세력에 따라 호의적, 비호의적으로 대응한다는 점, 넷째, 정책결정에서부터 최종 집행에 이르러 정책산출이나 결과가 나타날 때까지 충분한 시간을 확보해야 되는데 지나치게 단기간에 즉각적인 효과를 기대하는 경향이 강하다는 점을 들 수 있다. 예를 들면, 일선학교 현장의 여건과 구성원을 고려하지 않고 현재 추진 중인 교육개혁안에 대한 집행에서도 볼 수 있다.

2. 교육정책 집행의 관점과 유형

정책집행에 대한 그 동안의 연구는 주로 정책집행의 실패 원인과 이러한 정책결과를 가져오는 요인들을 규명하는 데 초점이 있었다. 정책집행에 대한 몇 가지 관점들을 살펴보면 다음과 같다(주철안, 1991: 24~25).

첫째, 집행은 조직 내외에서 변화를 가져오는 과정으로 인식하고 있다. 이 관점에서는 정책목표, 집행업무, 실시계획에 대한 합의 및 명료성, 정책목표와 집행수단과의 정확한 인과설정이 집행의 중요변수로 간주된다(Pressman & Wildavsky, 1973).

둘째, 집행은 규칙이나 지침에 의해서 정부의 정책이 실제로 적용되어 가는 정치적인 과정으로 보고 있다(Bardach, 1977). 정책지침 개발과 이후의 시행과정에서 특정집단들이 시행 프로그램에 대한 견해를 표명하는 정치적인 활동에 초점을 둔다. 이 관점에서는 정책집행에 관련된 집단들의 이해, 전략, 자원을 이해하는 데 강조를 둔다.

셋째, 집행은 프로그램을 실시하는 과정에서 끊임없이 수정 또는 적용이 일어나는 지속적인 과정으로서 이해하고 있다(Mclaughlin, 1976). 집행전략은 대상집단의 필요나 요구, 그리고 기관들의 환경적 상황에 맞도록 수정되어야 한다고 보고 있다.

넷째, 집행과정에 실제로 참여하는 집단들이 가지고 있는 시각에 초점을 두는 접근방법, 소위 후방향적 접근방법(backward mapping approach)을 들 수 있다(Elmore, 1979). 이 관점에서는 집행과정의 가장 최일선단계에 참여하는 집단들의 목표, 반응과 그들의 행동에 영향을 미치는 전략 등을 이해하는 데 중점을 두고 있다.

따라서, 교육정책 집행에 대한 최근 연구는 미시적인 수준에서 서비스를 제공하는 사람 또는 집단과 관련자들과의 상호작용을 중시하게 되었다. 그리고 거시적인 수준에서는 교육정책 과정의 다른 국면, 예를 들어, 교육정책의제 설정이나 결정을 포함하여 교육정책 집행의 환경적 상황의 중요성을 강조하고 있다. 교육정책 집행에 대한 연구는 집행과정에서 참여자들간에 역동적인 상호작용을 통해서 원래 의도했던 정책 취지에서 정책내용의 변형이 이루어지기 때문에 이러한 과정을 분석·규명할 필요가 있다.

Nakamura와 Smallwood(1980)는 정책결정자와 집행자의 관계에서 재량의 위임정도를 기준으로 정책집행을 다음의 다섯 가지 유형으로 구분하고 있다(박성복·이종열, 1993; 정정길, 1998: 555~559).

1) 고전적 기술 관료형

고전적 기술 관료형(classical technocrats)은 정책결정과 정책집행의 업무성질 및 담당 주체면에서의 엄격한 분리에 입각하여 정책집행자는 정책결정자가 결정한 정책내용을 충실히 집행하는 유형을 말한다.

2) 지시적 위임형

지시적 위임형(instructed delegates)에서는 집행자가 어느 정도 정치적 재량권을 행사하게 된다. 즉 정책결정자는 집행자에게 정책의 목표 달성을 위해 규칙을 제정하거나 기타 여러 가지 행동 조치를 취할 수 있도록 일반적 권한을 위임하려고 한다. 그러나 정책결정자는 아직도 목표를 구체적으로 설정하며, 집행자들은 그러한 목표를 받아들인다. 그렇지만 집행자들은 목표 달성을 위한 수단의 선택시에 상당한 재량권을 지니게 된다. 만약 여러 집행자 집단이 정책목표의 달성에 개입하게 되면 목표 달성을 위한 수단의 선택문제에서 협상이 있을 것으로 예상해 볼 수 있다.

3) 협상형

협상형(bargainers)은 고전적 기술자형이나 지시적 위임형에서는 정책결정자와 집행자가 정책목표의 필요성에 대해 합의를 이루고 있는데 반하여 협상형의 경우에는 정책결정자와 집행자가 정책목표나 그 목표를 달성하기 위한 수단에 대해서 반드시 합의를 이루고 있는 것이 아니라는 점이 특징이다.

4) 재량적 실험가형

재량적 실험가형(discretionary experimenters)은 정책결정자가 막연하고 추상적인 정책목표를 결정하고 정책집행자에게 정책목표와 수단 등의 구체적인 내용 결정에서 광범위한 재량권을 위임하는 것으로 바로 관료적 창업가형과 유사한 형태이다.

5) 관료적 창업가형

관료적 창업가형(bureaucratic entrepreneur)은 고전적 기술관료형은 정책결정자가 가장 강력하게 집행자를 통제하는 유형인 반면에 관료적 창업가형은 그 정반대의 유형으로 제시하고 있다. 이 유형은 정책집행자가 정책결정자의 결정권을 장악하고 정책과정 전반을 완전히 통제하는 유형이다.

제6절 교육정책 평가와 종결

1. 교육정책 평가의 의의와 접근방법

1) 교육정책 평가의 개념과 목적

평가는 어떠한 합목적적 행위를 추진함에 있어 그 진도, 효율성, 성취도 등을 합리적 기준과 준거에 의하여 과학적으로 측정 · 검증하려는 일련의 과정을 의미한다. 전문적인 평가는 본질적으로 프로그램이나 서비스, 정책, 조직, 사람, 혹은 여타의 평가하고자 하는 것들에 관하여 다른 사람들이 판단하는 것을 돕는 정보를 생성하는데 초점을 두게 된다(정일환 · 하현길 역, 2012: 4).

교육정책 평가(educational policy evaluation)란 정부나 공공기관 및 그 위임을 받은 기관이 수행하고 있거나 또는 이미 수행한 정책이 처음에 의도하였던 목적을 얼마나 달성하고 있고, 또한 달성하였는지를 그 정책사업의 시행기관이나 상대방 또는 제 3자가 판단, 처방하는 양적 · 질적인 과정활동으로 정의할 수 있다. 이와 같은 교육정책 평가는 다음과 같은 특징을 지니고 있다. 첫째, 교육정책의 결정 · 집행 후의 제 과정에서 시행되며, 둘째, 어떤 준거에 의한 가치판단의 뜻을 내포하며, 셋째, 평가활동은 합리적 과정이며 과학적인 문제해결 방식과 반성적 사고방식을 본질로 하며, 끝으로 교육정책에서 순환과정의 하나로서 파악된다(김종철, 1991). 따라서 교육정책 평가는 교육정책과정에서 교육정책 집행이 일어난 이후에 집행과정이나 정책결과를 대상으로 분석 · 판단하는 지적 활동이라고 할 수 있다.

교육정책 평가의 목적으로는 ① 교육정책결정과 집행에 필요한 정보제공, 즉 교육정책의 추진 여부, 교육정책의 내용 수정, 보다 효율적인 교육집행 전략 수립,

② 교육정책 과정상의 책임성 확보, 그리고 ③ 이론 구축에 의한 학문적 기여 등을 들 수 있다.

2) 교육정책 평가의 분석적 · 정치적 측면

교육정책 평가에서 분석적 측면은 정책의 집행결과에 대한 합리적인 평가를 하기 위하여 분석절차(평가절차)와 분석기법에 관심을 기울여서 평가를 객관적 · 체계적으로 하려는 노력을 의미한다. 즉 목표의 규명, 기준의 설정, 인과모형의 설정, 적절한 연구설계의 발전, 측정, 자료의 수집, 자료의 분석 및 해석 등과 같은 절차에 따라서 정책집행의 결과에 관한 객관적 정보를 산출하려는 것으로 정책결정의 합리성과 집행의 효율성 제고에 관심을 가진다.

교육정책 평가의 정치적 측면은 평가가 이루어지는 정치적 환경에서 정책결정자와 정책집행자들과 정책평가자간의 협력, 갈등이 일어나는 현상을 교육정책 평가과정에서 강조하는 것을 말한다. 정책 평가유형 중 평가자의 전문성에 대한 행정인의 신뢰도, 객관성, 평가자의 프로그램이나 정책에 대한 이해도, 평가결과의 활용도, 그리고 독립성 등에 의해 내부평가 및 외부평가를 결정하게 된다(Weiss, 1972).

여기서 교육정책 평가의 정치적 측면은 평가의 객관성 향상에 있어 평가의뢰자인 정책결정자와 집행자들의 기대가 서로 반대인 경우다. 즉 객관성의 향상으로 자신들이 담당한 정책에 관해 불리한 정보가 산출되게 되면 그 책임이 자신들에게 부여되기 때문에, 정책결정자나 집행자들의 체계적인 평가가 왜곡되도록 정치적 압력을 가하거나 체계적인 평가의 결과를 수용하는 데 저항을 한다. 결국 교육정책평가의 정치적 측면은 정책평가가 체계적 · 객관적으로 이루어지지 않고 정책결정자와 집행자의 의도에 따라 정책평가가 진행되는 현상을 강조하게 된다.

2. 교육정책 평가의 기준과 절차

1) 교육정책 평가의 기준

교육정책이나 프로그램을 평가하는 데 사용되는 기준은 평가자에 따라서, 그리

고 강조하는 바가 무엇이냐에 따라서 다양할 수 있다. 여기서 중요한 평가기준을 제시하면 다음과 같다(Schuman, 1967; Nakamua & Smallwood, 1980; Dunn, 1981).

① 노력(effort): 여기서의 노력은 결과를 고려하지 않고 사업활동에 투자한 질적 · 양적 투입이나 에너지를 의미한다. 이러한 기준에 의한 평가는 그 동안 무엇을 했으며, 얼마나 그 일을 잘 수행하였느냐에 관한 대답을 얻기 위한 평가라고 할 수 있다.

② 능률성(efficiency): 능률성은 정책목표를 달성하는 데 또는 의도한 정책영향(policy impact)을 산출하는데 투입된 것을 산출된 비로 판단하는 것이다. 즉, 비용과 관련시켜 본 사업대안에 대한 평가로서 투입과 산출의 비율을 의미한다. 효과성이 목표성취에 초점을 두는 반면에 여기서는 수단의 극대화를 강조한다. 평가에서의 능률성은 기술적 · 양적인 방법을 중요시하는데 이의 예시적인 기준으로서 단위비용, 순수익, 비용-수익률 등을 들 수 있다. 능률성을 측정하는 경우에 교육정책 산출이 명백하지 않으면 방법론적으로 난관에 부딪친다. 공공정책의 경우 대부분 산출이 뚜렷하게 책정되지 않기 때문에 능률성을 평가하기에는 많은 어려움이 따르며, 이를 극복하기 위한 한 방법으로서 지표를 사용하기도 한다.

③ 효과성(effectiveness): 이것은 가치있는 결과가 성취되었는가, 즉 목표성취를 문제삼는 것이다. 이는 노력 그 자체보다 노력의 결과를 중요시하며 바로 한 단계 상위에 있는 목표를 달성하기 위하여 얼마만한 활동이 실제로 이루어졌는가, 그리고 이러한 변화는 원래 의도했던 것인가 등에 대답해야 하는 것이다. 이는 본 절에서 살펴보는 목표지향적 평가접근에서, 특히 강조되는 준거라고 할 수 있다.

④ 충족성(adequacy): 성과의 정도가 전체 욕구 수준에 어느 정도 부합하느냐 하는 것으로 충족성의 평가기준은 교육정책 결정자나 집행자가 그들의 목표를 얼마나 높이 설정하느냐에 따라서 달라질 수 있는 상대적인 측정이라 할 수 있다. 이는 가치있는 결과가 어느 정도 문제를 해결할 수 있는가에 초점을 맞춘다.

⑤ 형평성(equity): 이는 비용과 편익이 여러 집단 사이에 동등하게 배분되었는가를 문제삼는다. 교육정책 집행이나 운영에 있어서 남 · 여간, 지역간, 계층간에 균형이 이루어져야 하며, 기회균등의 원리가 보장되어야 한다는 것이다.

⑥ 대응성(responsiveness): 성취된 교육정책 결과가 교육과 관련된 집단의 요구, 선호, 가치 등을 어느 정도 만족시켜 주었는가를 문제삼는 대응성은 교육정책이

수혜자에게 실제로 얼마나 대응하느냐에 초점을 둔다. 즉 수혜자라는 특정집단을 대상으로 실제로, 그리고 정책적으로 어떤 혜택을 받았으며 그 혜택이 이들의 인지된 욕구에 얼마나 잘 대응할 것이냐가 평가의 핵심이다.

⑦ **체제 유지**(system maintenance): 체제유지는 정치제제와 구성원의 적응력을 높이는 합리주의에 입각하고 있다. 즉 교육정책은 사업목표, 구조, 기능 등 여러 측면에서 합리주의에 입각하여 정당화를 추구하면서 체제를 유지하려는 속성을 지니고 있다. 여기서는 체제의 안정이라는 거시적 차원과 각 교육행정기관에 있어서 집행단위의 추진력 또는 활력이라는 미시적 차원이 포함된다.

2) 교육정책 평가의 절차

교육정책 평가의 진행순서는 총괄평가, 과정평가 등 평가의 유형에 따라 달라지는데, 여기서의 논의는 양자를 종합한 통합 또는 종합평가로써 일반적으로 교육정책 평가의 절차는 다음과 같다.

첫째, 교육정책 평가의 목적을 결정한다. 이 결정에 따라서 평가대상 및 평가유형이 달라진다.

둘째, 교육정책 목표 · 수단 및 교육정책 구조를 파악하고, 평가의 대상이 구체적으로 확정된다.

셋째, 평가방법을 결정한다.

넷째, 자료 수집과 분석을 한다.

다섯째, 평가 결과를 제시한다.

특히, 첫 번째와 두 번째 절차를 '평가성 사정'이라고 부르는데 평가절차의 핵심적 내용이다. 평가성 사정은 본격적인 평가를 시작하기 전에 실시하는 평가의 소망성과 가능성을 검토하는 것을 말한다. 즉 평가성 검토는 어떤 교육정책이나 교육프로그램 또는 그 일부분을 평가해야 할 유용한 평가인지 아닌지를 결정하기 위해 행하는 사업의 개략적 방법 중의 하나다(Wholey, 1977). 평가성 사정의 절차는 첫째, 평가대상이 되는 교육 프로그램의 범위를 확정하고, 사업모형을 파악하며, 둘째, 평가가능한 모형을 작성하며, 셋째, 평가성 검토 결과와 활용방안을 제시한다(노화준, 1983: 109~123).

3. 교육정책 종결의 개념 및 유형

1) 교육정책 종결의 개념

교육정책 변동(educational policy change)의 유형에는 교육정책의 혁신, 교육정책승계, 교육정책유지, 교육정책종결 등으로 구분할 수 있으나, 실제로는 정책이 계속되는 등의 상호 유사한 면이 많아 정책승계와 정책유지의 구별이 쉽지 않으며, 그러한 구분이 혼란을 가져올 수도 있다.

이와 같이 교육정책 변동의 한 유형인 정책종결(policy termination)은 정부가 교육재정적 위기에 대처하기 위한 방안으로써 기존의 프로그램을 축소시키거나 폐지함에 따라서 학자들은 이를 감축관리 혹은 재정위기의 정치경제라고도 한다.

정책과정에서 정책종결을 주요 단계로 구분한 최초의 학자인 Lasswell(1971: 28~29)은 정책종결을 '정책처방을 취소하고 이 정책이 시행되어야 한다고 믿고 행동하거나 종결로 인해 가치를 잃게 되는 사람들의 주장을 다루는 일'이라고 정의 내리고 있다. Brewer(1978: 338)은 '정책종결이 역기능적이거나, 중복되고, 잘못 만들어지고, 불필요한 정책과 사실을 정비하는 것'으로, 그리고 DeLeon(1978: 372)은 정책종결을 '정부의 특별한 기능, 사업계획 정책, 조직을 의도적으로 종식시키거나 중지하는 것'으로 정의 내리고 있다.

Bardach(1976: 123~131)는 '정책종결을 정치적인 과정'으로 이해하고 있으며, Jones(1970: 216)는 '정책종결을 정책과정의 마지막 단계로 파악하면서 행정가들을 다른 문제로 관심을 돌리게 하는 유형적인 조직정비 과정'이라고 주장한다. 또한 허범(1979: 91)은 정책종결을 '존재하는 정책의 의도적인 종결을 결정 · 집행하는 것'이라고 하면서, 정책종결을 정책기능의 종결과 정책조직의 종결로 분류하고 있다.

위의 견해를 종합하여 보면 정책종결은 첫째, 정책의 기능적인 종식을 의미한다. 즉, 불필요하고 현실에 적응하지 못하거나 더 좋은 효과가 예상되는 정책, 사업, 활동 등을 끝내는 것과 이로 인한 효과발생의 종식을 의미한다. 둘째, 구조적인 종결의 의미로 정책에 관련된 활동을 수행하는 기관의 소멸을 의미한다. 셋째, 기능적 종결과 구조적 종결은 별개로 일어나는 것이 아니고 상호 유기적인 관계에 있다.

넷째, 정책종결은 의도적으로 일어나는 것으로 본다. 다섯째, 정책종결은 정책과정상의 한 부분이고 그 주체가 하나의 동태적인 과정이라고 할 수 있다.

다시 말해 교육정책 종결이란 정책혁신과 반대되는 개념으로, 정책 및 정책관련 조직, 그리고 예산을 폐지하는 것을 말하며, 정책혁신이 적은 것과 같이 정책종결 또한 드물게 일어난다.

2) 교육정책 종결의 유형

Bardach(1976: 124~126)는 시간의 소요에 따라 정책종결을 폭발형, 점감형, 혼합형으로 분류하고 있다.

(1) 폭발형

치명적인 타격에 의하여 일시적으로 정책이 중지되는 현상을 의미한다. 물론 이러한 치명적인 결정이 있기 이전에 정책중지론자와 유지론자 사이에 정치적 갈등과 투쟁이 계속되는 것이 일반적이다. 1960년대 말 격렬한 논쟁 끝에 정부의 결정에 의하여 중학교 입시제도가 폐지된 것은 폭발형의 좋은 예이다.

(2) 점감형

정책이 서서히 소멸되어 결국 없어지게 되는 것인데 자원의 계속적인 감소에 의해 일어나는 경우가 많다. 즉, 인력, 예산과 정치적 지지를 줄여 나감으로써 정책을 종결시키겠다는 의사를 간접적으로 표현하는 유형이다.

(3) 혼합형

폭발형과 점감형 모두가 나타나는 경우로서 정책을 의도적으로 종결시키려고 할 때 사용할 수 있는 전략이다. 폭발형을 취하면 사회에 미치는 충격이 너무 크고, 점감형을 취하면 정책종결 반대자의 저항에 부딪쳐 종결이 힘든 약점이 있기 때문에, 사회의 충격이 적다고 판단되는 시점에 가서 일시에 종결시키는 것이다.

제 5 장

교육기획 및 행정통제

제1절 교육기획

1. 교육기획의 개념과 유형

1) 교육기획의 개념

장래를 내다보고 미래를 대비하는 것은 고도의 정신능력을 가진 인간만이 할 수 있다. 기획(planning) 또는 계획(plan)*)은 인간이 조직적인 생활을 시작하면서부터 필요하게 되었다. 기획의 수립은 개인의 일상 생활에서부터 학교, 국가의 경우에 이르기까지 필수적이며, 일반적인 요건이며 과정으로 되어 있다. 계획을 수립하는 것은 개인이든 조직이든 어떤 목표를 설정하고 의도적인 활동을 전개하여 목표달성을 위한 수단을 동원하고 효율적인 방법으로 목적을 달성하는 데 그 의미를 부여할 수 있다.

계획이라는 용어를 일반적 · 개인적 차원에서 문제해결의 과정으로 파악하는 Chadwick(1971: 15)은 계획을 '인간이 장래에 관해서 미리 사고하는 과정'으로 보고 있다. 그리고 조직을 운영하는 행정기능의 입장에서 Dror(1960: 46~58)는 계획을 '최적의 수단으로 목표를 성취하도록 미래 행동에 대한 일련의 결정을 준비하는 과정'으로 정의 내리고 있다.

반면에, 계획을 과정보다는 행위의 결과론적 입장에서 Friedmann(1966)은 '인간이 공동의 장래를 설계하려고 노력하는 활동으로서 사회적 공동선(social common wealth)을 증진시키는 것'으로 계획을 정의하고 있다. 또한, Simon(1950: 423~424)은 기획이란 '장래를 위한 제안, 제안된 대안의 평가, 그리고 장래의 통제 등에 적용되는 합리적 · 적응적 사고'로 규정하고 있다.

이상을 종합해 보면, 계획이란 구체적인 목적을 효율적으로 달성하기 위한 미래 행동의 순서 또는 절차이며, 목적과 수단, 방법을 합리적으로 연결시키는 지적 준비

*) 계획하는 과정을 '기획(planning)이라고 하는 반면, 기획의 과정을 그 결과로서 얻게 되는 것을 계획(plan)이라고 할 수 있으나 여기서는 혼용하여 사용한다.

과정이라고 할 수 있다(김종철, 1982: 15).

이와 같은 일반적인 계획 또는 기획의 의미를 토대로 교육계획의 개념을 Anderson 과 Bowman(1964)은 미래의 교육활동에 대하여 일련의 결정을 준비하는 과정이라고 정의 내리고 있다. 따라서 교육계획이란 교육목표를 효율적으로 달성하기 위한 최선의 가능한 수단과 방법을 합리적으로 선택하는 사전의 준비과정이라 할 수 있다.

그리고 김종철(1982: 21)은 교육계획을 '미래의 교육활동에 관하여 교육목표의 달성을 위한 효율적 수단과 방법을 제시함으로써 교육정책 결정의 효율성과 안정성을 보장해 주는 지적 준비과정 및 그 소산'이라고 정의 내리고 있다.

교육계획에 대한 개념과 규정을 살펴보면 여기에는 다음과 같은 전제가 있음을 알 수 있다(Coombs, 1970: 33~34). 즉 ① 교육계획의 장기적인 안목성, ② 종합적인 교육체제의 포괄성, ③ 사회 · 경제발전 계획과의 통합성, ④ 의사결정과의 연계성, ⑤ 교육의 양적 성장 및 질적 발전의 고려 등을 들 수 있다. 아울러 김종철(1982: 21~22)은 사회적 · 공공적 · 조직적 활동으로서 교육활동에 대한 교육계획이 지니고 있는 기본적인 원리로서 ① 미래 지향성, ② 교육활동과의 관련성, ③ 합목적성, ④ 효율성 및 합리성, ⑤ 지적 연계성, 그리고 ⑥ 교육정책 결정과의 관련성을 들고 있다.

2) 교육기획의 유형

교육의 특수성에 비추어 교육기획은 기획의 주체, 기간, 그리고 계획의 종합성 정도에 따라 다음과 같이 유형화할 수 있다(김종철, 1982: 24~26; 안해균, 1982: 315~321; 유훈, 1982: 126~134; 김윤태, 1994: 282~284).

첫째, 교육계획을 수립하는 주체에 따라 국가 교육계획, 지역교육계획, 그리고 단위학교 교육계획으로 분류된다. 국가 교육계획은 개발도상국가나 중앙집권이 강한 국가에서 주로 국민교육제도 운영전반에 관한 정책 및 행정상의 개혁과 발전을 위하여 수립하는 것을 말한다. 지역 교육계획은 국가 전체 교육계획을 토대로 지역의 특수성을 고려하여 수립하게 된다. 특히 지방자치제, 교육자치제가 실시되고 있는 우리의 경우 지역 교육계획의 중요성은 높아지고 있다.

우리 나라의 경우 서울특별시, 광역시, 각 도 교육청 및 시 · 군 · 구 교육청이 주축이 되어 그 지역의 교육활동에 관한 종합적인 계획을 세우는 것을 뜻한다. 그리고 학교 교육계획은 단위학교가 주축이 되어 학교발전을 위한 종합적인 계획을 수립하는 것을 뜻한다. 단위학교 교육계획은 학교운영 계획으로서 국가 및 지역 교육계획을 실천하는 최하위 단위의 교육계획이다. 단위학교의 자율성이 강조되는 시점에서 학교 구성원의 참여를 통한 학교 특성에 맞는 교육계획 수립이 요청된다고 할 수 있다.

둘째, 계획기간의 장단에 따라 장기 교육계획, 중기 교육계획, 그리고 단기 교육계획으로 구분된다. 장기 교육계획은 보통 10년 이상으로 되어 있어 계획 자체가 미래의 불확실성, 정치적 요인의 작용 등으로 인하여 구체적이라기보다는 방향 제시적인 추상적인 경우가 많다. 그러나 교육사업이 장기간의 시간을 요하기 때문에 교육 전체에 대한 바람직한 방향을 설정 · 제시하는 장기 교육계획은 매우 중요한 의미를 지닌다. 우리 나라의 경우 여러 차례 장기 교육계획을 수립한 바 있으며, 대표적인 것으로 1970년에 완성한 15년간의 '장기종합 교육계획'(1972~1986년), 한국교육개발원이 교육부 위촉으로 1978년에 작성한 14년간의 장기계획인 '교육발전의 전망과 과제'(1978~1991년), 그리고 1985년에 작성 · 수립한 '2000년을 향한 장기교육발전구상' 등을 들 수 있다. 중기 교육계획은 3년 내지 5년이 보통이며, 그 동안 '의무교육시설 확충 5개년 계획'(1967~ 1971년)을 비롯하여 경제 사회발전 5개년 계획의 일환으로 실시된 교육계획(제 7차의 경우 1992~1996년), 지식기반사회의 도래에 대비하여 제시된 '교육발전 5개년 계획'(1999~2003년) 등이 여기에 해당된다. 단기계획은 주로 1년 단위로 이루어지며, 일선학교에서 수립되는 학교 교육계획서가 여기에 해당된다.

셋째, 기획범위의 종합성 정도에 따라 종합 교육계획과 부문 교육계획으로 구분할 수 있다. 부문 교육계획은 한정된 부문의 계획으로 특정한 대상만을 포함하는 교육계획을 말한다. 1954~1959년 간에 수립 · 추진된 '의무교육 완성 5개년 계획'이 그 전형적인 예로 들 수 있다. 종합 교육계획은 교육의 여러 부문과 영역을 종합적으로 다루는 것을 말한다. 이의 대표적인 것으로 1970년에 수립된 '장기 종합 교육계획'을 들 수 있다.

넷째, 시간적 단계에 따른 기획과정으로서 문제해결을 위해 정당한 전략을 세우

는 문제해결기획(problem-solving planning), 단기목표 설정, 실행기준의 세분화, 활동 계획기준 등을 주로 담당하는 운영기획(operational planning), 그리고 학교조직의 임무와 장기목표 설정, 임무수행을 위해 필요한 인적 · 물적 자원 이용관리 등을 담당하는 전략적 기획(strategic planning)으로 구분된다. 세 가지 기획에 대한 특징을 제시하면 〈표 5-1〉과 같다.

〈표 5-1〉 시간적 단계에 따른 3가지 기획유형

항목	문제해결기획	운영적 기획	전략적 기획
기 간	1~2개월	보통 1년	3~10년
위험요소	매우 높다	높다	높다
목 적	정상적인 수행으로의 복귀	정상적인 수행으로의 복귀 및 원하는 수행수준으로의 도달	학교구의 교육적인 목적과 임무에 도달하기 위한 수행 증진
구성원들의 참여	팀 참여와 실행에 대한 책임: 개인의 높은 참여	다른 유형보다 많은 사람들의 참여: 모든 임원들의 참여	학교구의 횡적인 면으로 구성된 기획위원회들의 참여: 중간행정가들의 많은 참여
연 계	운영적 기획	전략적 기획	학교구의 교육목적과 업무
비 용	하	중	상
예산과정	품목별 예산제도	영기준예산제도	기획예산제도

출처: Lewis, Jr.(1983: 9).

2. 교육기획의 접근방법

교육기획의 접근방법은 강조점과 적용 방법에 따라 다양하지만 일반적으로 사회수요에 의한 접근법(social demand approach), 수익률에 의한 접근법(rate of return approach), 인력수요에 의한 접근법(manpower, approach), 국제비교에 의한 접근법(international comparison approach) 등 네 가지로 구분할 수 있다(김윤태, 1994: 271~ 280;

신중식 · 강영삼, 1994: 217~220; 윤정일 외, 1994: 291~224).

1) 사회수요에 의한 접근법

이 접근방법은 교육을 받고자 원하는 모든 사람들에게 교육의 기회를 부여해야 한다는 원칙하에서 이루어지는 교육기획 방법이다. 이와 같은 방법은 자유롭고 허용된 사회 분위기에 적합하며 사회적 여론이 교육의 진로와 정책을 결정하는 데 결정적인 역할을 하는 자유주의 국가에서 주로 초 · 중등교육 단계에서 도입되고 있다.

우리의 경우 국민의 강한 교육열에 부응하여 고등교육 취학률이 이미 대중화 단계를 넘어서 보편화 추세에 있다. 이는 고등교육을 받을 수 있는 자격을 갖추고 있고, 고등교육을 받기 원하는 모든 사람에게 그 기회를 제공한다는 측면이 강하다고 할 수 있다. 결국 사회수요에 의한 접근법은 교육의 목적을 경제적 측면보다는 개인적 욕구의 충족기회 등 정치적, 사회적, 문화적 측면에 두고 있는 것이다. 따라서 사회의 교육적 필요에 부응함으로써 적어도 단기적으로는 사회적 · 정치적 안정에 기여할 수 있으며, 기획의 과정도 비교적 단순하여 교육계획을 수립하는 데 용이하다는 장점이 있다(김종철, 1985: 306).

사회수요에 의한 접근법이 갖고 있는 단점은 사회적 수요가 사회적 필요(social needs)와 반드시 일치하지 않으며, 개인의 소망과 욕구 및 경제적 수요공급의 원칙에 의해 민감하게 움직이는 노동시장 추세가 교육수요를 결정하게 됨으로써 사회적으로 필요치 않은 부분에 인력이 과잉되거나, 또는 오히려 사회적으로 필요한 부분에 인력이 부족한 경우가 생기게 마련이라는 것이다. 또한, 사회수요에 의한 접근법으로는 교육투자 우선 순위를 제시하지 못하기 때문에 재원이 충분치 못한 경우 기획에 따른 합리적인 정책결정을 하기가 쉽지 않다.

2) 수익률에 의한 접근법

이 접근방법은 교육투자에 대한 경제적 효과를 분석하는 것으로 학교급별, 또는 교육 프로그램별에 따라 그 비용과 수익성을 측정하여 수익률이 높은 분야에 재정

투자를 하는 것을 말한다. 즉 교육에 투입된 경비와 산출효과를 계산하여 교육활동의 경제적 효과를 산출하는 수익률 또는 비용-효과분석으로 이를 기준으로 교육투자의 중점과 우선 순위를 결정하는 방법이다.

수익률을 계산할 때에는 교육비용과 기회비용을 고려하여 계산하여야 한다. 수익률에는 개인적 수익률과 사회적 수익률이 있으며, 개인적 수익률은 개인이 부담한 비용과 이로 인해 발생한 수익만으로 계산되는 반면에, 사회적 수익률은 교육을 받기 위해 투자된 모든 비용과 수익이 포함된다. 수익률 분석에서는 비교적 측정이 쉬운 소득에만 의존하고 있기 때문에 교육의 효과를 나타내는 교육의 정치적 · 사회적 기여도는 무시하고 있다.

따라서 이 접근법은 교육기획의 독자적인 방법으로 사용되기보다는 사회수요에 의한 접근법이나 인력수요에 의한 접근법의 보완적 기법으로 사용된다. 구체적인 측정방법은 본 서 제 9장을 참고하기 바란다.

3) 인력수요에 의한 접근법

이 접근방법은 경제성장에 필요한 인적자본(human capital)의 중요성에 대한 인식을 전제로 경제발전을 위해 산업분야에 기여할 수 있는 인력수요를 예측하고, 이에 기초하여 인력수요를 충족시킬 수 있도록 교육면의 공급을 조절해 나가는 것을 말한다(김종철, 1985: 3~6).

교육분야에서 교원양성을 계획하는 경우 취학 연령인구, 학급당 학생수, 교원 1인당 학생수 등을 고려하여 장 · 단기적으로 필요한 교원 인력수요를 예측하여 이에 맞게 양성 · 공급하게 된다. 아울러 산업 구조의 변화 추세에 맞춰 산업체에서 필요한 기능, 기술, 고급두뇌 인력 등을 양성 · 공급하게 되는 직업 및 전문 교육분야에 적용하여 학교설립이나 정원책정을 하게 되는 경우에 이 접근방법은 매우 유용하게 적용될 수 있다.

따라서, 인력수요에 의한 접근법에서는 계획기간 중에 예측되는 산업 부문별, 직업별 인력의 소요와 직무 수행상 요구되는 자격에 따라 교육의 양과 질을 계획하려는 것으로 사회 · 경제적 목적의 충족을 전제로 하고 있다.

4) 국제비교에 의한 접근법

이 접근방법은 선진국이나 경제 및 교육발전이 유사한 국가의 경험을 비교 · 연구하여 자국의 교육발전을 위한 전략을 수립하려는 것을 말한다. 즉 국가의 발전단계를 국제적으로 비교함으로써 보다 발전된 나라의 발전모형과 교육계획을 적용하려는 방법으로서 개발도상국가에서 활용하는 방법이다.

그러나 교육계획 수립에서 이 접근방법의 적용시 유의해야 할 점은 국가마다 정치적 · 사회적 · 문화적 배경이 다르고, 특히 교육제도나 운영방식에서 차이가 있기 때문에 선진국의 발전모형을 토대로 모방 · 적용하는 데는 한계가 있다는 것이다.

제2절 장 학

교육에서의 경쟁력, 수월성 제고와 더불어 교육의 분권화 · 자율화의 진전은 학교 경영 및 관리에 있어서 새로운 변화를 가져오고 있다. 특히, 교단중심, 단위학교 중심의 학교경영이라는 측면에서 학교교육의 효과성과 학교교육의 질 제고가 어느 때보다 강조되고 있다. 또한, 학교교육의 생산성과 관련해서 교육목표를 달성하기 위해 학교교육의 핵심적인 활동인 수업개선을 위해 교사들에게 전문적인 지도 · 조언 기능이 부각되고 있다.

장학의 본질적인 목적이 학교교육 활동의 개선, 궁극적으로는 수업개선을 위한 지도 · 조언활동이라는 측면에서 최근 장학의 기능과 지도방법이 행정기관 중심의 장학에서 단위학교 중심의 장학, 교내자율 장학으로 변화되고 있다. 즉, 과거의 지시 · 감독 확인의 비민주적 장학에서 보고 듣는 장학, 자율 및 민주장학으로 이동하는 추이에 있으며, 장학협의회 등으로 명칭을 변경하여 이른바 수업장학 및 자율장학을 강조하고 있다. 이와 같이 장학활동이 학교현장의 교육개선을 강조하는 중요한 수단 중의 하나로서 기존의 장학에 대한 인식전환과 더불어 재평가가 요구

되고 있다.

여기에서는 지금까지 다양하게 논의되고 있는 장학에 대한 개념을 정의하고, 아울러 장학지도의 유형, 장학담당자의 역할, 장학지도 방법 등을 기술한다.

1. 장학의 개념

장학에 대한 개념은 교수-학습개선에 초점을 두면서 장학이 포괄하는 영역에 대해 강조점을 달리하면서 논의되고 있다. 지금까지의 장학에 대한 정의들은 행정의 측면을 강조하는 입장, 교육과정의 측면을 강조하는 입장, 교수개선에 초점을 두는 입장, 경영의 측면을 강조하는 입장, 인간관계의 측면을 강조하는 입장, 그리고 지도성을 강조하는 입장 등으로 구분할 수 있다(Wiles & Bondi, 1980: 8~11; 윤정일 외, 1982: 18~31).

1) 행정 측면에서 보는 입장

장학을 교육행정의 일부, 또는 행정의 연장으로 보는 입장이다. Eye, Netzer, Krey(1971: 31)는 '장학이란 교육체제의 적정 교수기대의 달성에 주로 초점을 둔 학교행정의 국면'이라고 하여 장학을 학교행정의 일면으로 보고 있다. 그리고 Harris와 Waliand(1969: 11)도 장학이란 '학교체제의 구성원이 학교의 주요 교육목적 달성을 위하여, 그리고 학교 운영 유지 · 변화를 주기 위하여 직접적으로 성인과 사물을 다루는 것'이라 하여 장학을 행정활동으로 보고 있다.

이와 같이 장학과 행정은 분명한 선을 그어 구분하기는 어려우나 개념상으로 구분하기도 한다. 즉, 행정은 학교시설 제공과 일반적 운영에 흔히 관련되는 반면, 장학은 특별히 학습환경 개선과 관련된다. 그리고 Sergiovanni와 Starratt(1979: 15)는 행정과 장학과의 관계를 '역할과 과정 사이의 딜레마'라고 표현하고 있다. 즉, 학교목적 달성 추구에 있어서 사람과 함께 일하지 않고 물건이나 아이디어를 가지고 행정가나 장학 담당자가 업무를 수행할 경우, 이는 장학적 방법이라기보다는 행정적 방법이다. 다시 말하면,사람을 통해서 학교 목적을 달성하면 장학적 방법이고, 직접적으로 수행하면 이는 행정 행위라 하여 구별하고 있다. 관료지향적 학교에서는 행정적 방법이 많이 쓰이고, 전문지향적 학교에서는 장학적 방법에 더 비중을 두어 학교 목적을 달성한다고 하여 장학행위와 행정행위를 구분하고 있다.

우리 나라에서는 장학을 교육행정의 연장으로 보는 입장이 많은데 '장학론'의 강의가 교육행정 전공에서 개설되고, 교육행정학 책에서 '장학행정' 또는 '지도행정'으로 하나의 장으로 다루어지고 있다. 그리고 김종철(1985)의 법규적 측면에서의 정의인 '계선조직의 행정활동에 대한 전문적 · 기술적 조언을 통한 참모활동'도 행정적 측면에서의 정의라고 볼 수 있다.

이상에서 본 바와 같이 행정 측면에 초점을 두는 입장은 장학을 학교행정의 한 국면으로서 학습환경 개선을 포함하는 교육체제 운영의 조정 · 개선을 돕기 위한 활동으로 보고 있다.

2) 교육과정의 측면에서 보는 입장

이는 장학의 강조점을 교육과정의 측면에 두는 입장인데 Curtin(1964: 162)은 '장학은 교육과정에서 그 의미를 발견해야 한다. 그렇지 못하면 의미가 없다'고 하여 장학의 의미 자체를 교육과정에서 찾고 있다. 그리고 Cogan(1973: 9)도 '일반장학은 교육과정의 제정과 개정, 교수단원과 교수자료의 준비, 교육프로그램의 평가 등 광범위한 것을 뜻한다'고 하여 교육과정에 초점을 두고 장학의 정의를 내리고 있다.

우리 나라에서는 '장학론'이 교육행정 전공에서 다루어지고 있으나 미국의 일부 대학(예를 들면 University of Connecticut, The Pennsylvania State University 등)에서는 장학이 교육과정 전공에서 다루어지고 있다. 현재 우리 나라의 장학사(관)의 업무 중 교육과정 운영지도가 상당한 비중을 차지하고 있으며, 오늘날의 장학에서는 교육과정 운영과 교수-학습개선에 중점이 두어지고 있는 경향이다.

3) 교수개선 측면에서 보는 입장

Wiles(1967: 8)는 장학이란 교수-학습사태의 개선 · 향상을 위해 교사들에게 조력해 주는 것이라고 하였으며, Harris(1975: 10~11)도 학교에서 교수-학습과정을 용이하게 하기 위하여 인적 · 물적 자원을 조정하는 것으로 정의하여 장학의 궁극적 목적을 교수-학습의 효율화에 두고 있다. 또한, Dull(1981: 5)도 '교수개선의 목적으로 행하는 전문 교육자의 행동'을 장학으로 보아 교수개선에 초점을 두고 있다. 그리고 김종철(1985)의 이념적 측면에서의 장학에 대한 정의도 교수적 측면의 강조라고 할 수 있다. 이와 같이 장학의 궁극적 목적으로 교수-학습개선이 여러 학자들에 의해 논의되고 있다.

4) 인간관계 측면에서 보는 입장

학교 현장에서 근무하는 교직원과 장학담당자 사이의 인간관계 측면에서 장학활동을 보고 이에 초점을 두는 입장이다. Blumberg(1980: 2)는 '장학사와 교사'에서 장학담당자와 교사와의 관계를 다루면서 '생산적인 직무 관계성의 조성이 장학담당자에게 가장 결정적인 것'이라고 하여 인간관계와 상호작용을 강조하고 있다. 그리고 Sergiovanni와 Starratt(1979: 13)는 인간관계에서 더 나아가 인간자원적 접근(hunan resources approach)을 제시하면서 개인의 욕구와 학교의 목적과 과업간의 통합을 강조하였다.

5) 경영 측면에서 보는 입장

이는 장학을 경영의 한 형태로 보는 입장인데 Alfonso, Firth, Neville(1981: 4)은 장학 담당자는 교직원의 업무를 제시하고 지도하는 책임이 있다고 하면서 기술적 생산체제이든 인간봉사 체제이든 조직업무의 체제는 '장학담당자의 역할을 결정하는 가장 의미있는 결정인자'라고 하였다. 따라서 학교를 일종의 생산체제로 보고 조직경영의 측면에서 장학을 다루고 있다.

6) 지도성 측면에서 보는 입장

Mosher와 Purpel(1972: 4)은 '장학의 과업은 교사들에게 가르치는 방법을 설명해주는 것이며, 교육과정, 교수, 조직형태 등에 있어서 전문적 지도성을 발휘하는 것'으로 생각하여 장학을 하나의 지도성 기능으로 정의하고 있다. Wiles와 Bondi(1980: 11)도 장학담당자는 행정, 교육과정, 교수의 굴레에서 벗어나도록 해야

하고 장학을 독특한 지도성 역할로 정의해야 한다고 주장하고 있다. 이는 장학을 행정, 교육과정, 교수를 연결하는, 그리고 학교활동을 조정하는 지도성 기능으로 보는 것이다.

이상에서 기술한 장학에 대한 제 학자들의 견해를 종합하면, 장학이란 '교수-학습의 효율화를 목적으로 교사의 전문성 신장, 교육과정 운영 및 학교경영의 합리화를 위해 제공되는 지도, 조언, 조정, 정보제공, 자원봉사 등 일련의 전문적 · 기술적 활동'이라고 할 수 있다

2. 장학지도의 유형

Sergiovanni와 Starratt(1993: 3~21)는 장학을 교육행정 이론의 발달에 따라 다음과 같이 네 가지 유형으로 구분하고 있다. 첫째, 과학적 관리론에 기초를 둔 장학유형으로 교사를 관리의 부속물이나 관리자가 바라는 대로 규정된 업무를 수행하기 위해 고용된 존재로 보는 고전적 · 전제적 철학을 대표한다. 따라서 장학은 교수활동을 보다 잘하기 위해 교사를 훈련시키는데 중점을 둔다.

둘째, 인간관계론에 중점을 둔 것으로 이 관점에서는 '만족', '감정'을 중시한다. 이 유형의 장학에서 장학담당자들은 교사들에게 만족감을 주기 위해 노력을 한다. 참여는 중요한 장학의 방법이며 교사들로 하여금 학교에 유용하고 중요한 존재라고 교사들이 느끼게 하는 것이 그 목적이다. 장학담당자들은 의사결정과정에 교사를 참여시킴으로써 교사의 만족감을 향상시키고자 한다. '사적 감정'과 '만족한 관계'는 인간관계 장학이 강조하는 것들이다.

셋째, 인간자원이론에 기초하는 장학유형으로 McGregor가 제시하고 있는 Y이론의 입장에서 교사들을 파악한다. 이 이론은 교사들의 만족감과 자기 존경의 욕구를 고려함으로써 성공적 업무조건을 창출할 수 있다고 보고 있다. 교사들에게 업무처리 방법과 동기부여에 대한 그들의 책임에 대해 의사결정하는데 권위와 책임을 갖게 한다. 최선의 전략은 수업개선을 위한 전체적인 방향을 제시해 주고 교사로 하여금 스스로 그것을 실행하는 방법을 가르쳐 주는 데 장학의 초점을 둔다.

넷째, 신과학적 관리의 관점으로 이는 인간관계 장학의 관점과 반대되는 입장으로 나타났으며, 통제, 책무성, 효율성에 관심을 두는 점에서 전통적 관리와 유사하

다고 할 수 있다. 이 관점에서는 학교환경을 역동적—학교는 복합적이고 경쟁적 목표, 비구조화된 과업, 결과 측정의 곤란, 운영과정 불명확, 권위서열의 불명확, 교사와 학생들의 다양한 유형의 요구를 가진다—으로 파악하고, 학교조직의 특성을 '느슨한 관리와 엄격한 문화'로 표현하고 있다. 이들은 비정적, 기술적, 합리적 통제는 엄격한 대면적 감독을 대신하고, 여기에 업무수행 목표, 능력에 대한 표준화된 준거가 도입된다면 교사들로 하여금 이 표준에 대해 책임을 지게 함으로써 교사의 업무를 통제하고 보다 나은 수업을 보장할 수 있다고 가정하고 있다.

3. 장학담당자의 역할

행정 수준별 기관의 장학담당자에 따라 그 역할의 차이가 있으나 학교 현장의 장학지도를 담당하는 장학담당자의 역할 중 가장 중요한 것은 수업개선을 위해 교사를 도와 주는 것인데 수업 프로그램과 직접적으로 연관되는 역할을 Burch와 Danley(1980: 5)는 정보제공, 자원배분, 훈련, 개발, 관찰 및 평가, 동기화 등으로 나누어 설명하고 있다.

여기서는 장학의 지도기능과 관리기능의 영역에서 장학담당자의 역할을 조정자(coordinator), 자문가(consultant), 집단지도자(group leader), 평가(evaluator) 등으로 나누어 기술하면 다음과 같다.

1) 조정자로서의 역할

교과 영역 조정, 교육프로그램의 조정, 교수자료 및 각종 장학관련 공문서 조정, 교사 집단 내의 업무 조정, 지역사회와의 관계에서 대민 조정, 신임 교사지도 및 현직교육 계획 실시, 학부모의 협의 등에서 인적 자원과 물적 자원을 적절히 배치 · 배분하는 역할이 이에 해당한다고 할 수 있다.

2) 자문가로서의 역할

장학담당자는 자원인사로서 교사 및 학교행정가에게 교수와 교육과정에 필요한

조언을 하는 교수 전문가로서의 역할을 해야 한다. 즉, 교육과정, 교수개선, 교사의 발전에 있어서 전문가로서 자문을 하며, 개별적으로 혹은 집단적으로 봉사하는 역할을 한다. 또한, 교수지침, 교수방법의 개발을 통하여 새로운 수업 방법, 교수이론과 정보 등을 현장 교사에게 제공하고 자문하는 역할을 한다.

3) 집단지도자로서의 역할

집단지도자로서 장학담당자는 장학의 영역인 교수개선, 교육과정 개발, 교사발전 등의 어느 영역이든 이를 개선 · 향상을 가져오기 위해서 교사와 집단적으로 계속해서 함께 일한다.

4) 평가자로서의 역할

평가자로서 장학담당자의 역할은 교수방법과 교육과정에 대한 평가에 있어서 교사들에게 도움을 주는 것인데, 장학담당자들은 교사들에게 그들의 장 · 단점을 지적하여 교과지도와 교육과정에 대해서 실제적으로 도움을 준다.

4. 장학지도 방법

교수-학습의 개선에 주된 목표를 두고 있는 장학은 교육과정의 내용이 사회 변화와 더불어 다양하게 변화함에 따라 그 중요성이 더욱 강조되고 있다. 여러 가지 장학지도 방법 중에서 근래에 점차 부각되고 있는 임상장학, 동료장학, 마이크로티칭, 교내 자율장학, 교과장학 등의 방법에 대하여 기술한다.

1) 임상장학

임상장학은 Cogan과 Havard대학 MAT프로그램의 동료들에 의해서 개발되었는데, Goldhammer의 'Clinical Supervision'(1969)과 Cogan의 'Clinical Supervision'(1973) 등의 발간으로 활발해졌다. 그리고 우리 나라에서도 최근에 교육행정학자들에 의해서 임상장학의 개념이 소개되고 있다.

Snyder(1981: 521)는 임상장학을 '일반적인 장학의 중요한 한 분야로서 학급에서 관찰된 일들을 분석하고 피드백을 통해서 교사들의 성취를 향상시키는데 초점을 두는 것'으로 Acheson과 Gall(1980: 11)은 합리적인 수정에 관심을 두고 계획, 관찰, 실제수업에 대한 전략분석의 체계적 순환방법으로 수업개선에 초점을 두는 것이 임상장학이라 하여 학급 내에서 실제 교수개선을 위한 과정으로 개념을 규정하고 있다. 따라서 임상장학이란 수업개선에 초점을 두고 수업의 실제를 계획, 참관, 분석 및 재투입 등 일련의 순환과정을 통하여 이루어지는 활동이라고 할 수 있다.

Snyder가 제시하고 있는 임상장학의 개념적 모형에 의하면 임상장학의 연계체제는 크게 기획, 실행, 평가의 3단계로 나누어진다.

(1) 단계 1: 기획(planning)

1년 동안의 교사성취를 결정해 주는 기획과정으로서 학교목표, 교사성취 기준, 교사성취 계획 및 수업전달 체계가 그 내용이 된다.

① 학교목표: 교사의 성취는 학교의 사회 체제 내에서 이루어지는데 오늘날 학교가 발전하기 위해서는 학교 주위의 환경을 잘 이해해야 함은 물론 발전 우선 순위를 결정해야 한다. 학교장의 리더십, 학교 내의 건전한 풍토, 신축성 있는 학교 경영은 교수-학습에 상당한 영향을 미친다. 결과적으로 매년 학교개선을 위해 노력을 해야 되는 바, 학교개선의 영역에는 의사소통 체제, 학습수행, 교수기법, 학습 프로그램 개발, 학급참여 등이 포함된다고 할 수 있다.

② 교사성취 기준: 교사의 일반적 직무내용은 상당히 포괄적이다. 만족스러운 교사성취는 학생을 가르치고, 학습 프로그램을 개발하고, 교수기법을 향상시키는데 있다고 할 수 있다. 이를 위해서 장학담당자들로부터 효율적인 장학지도를 받아야 하며, 또한 그것이 즐거워야 할 것이다.

③ 교사성취 계획: 학교목표가 교사의 성취 기준을 설정하고 이것이 효과적으로 달성되기 위한 전제조건으로 교사의 성취 계획 수립은 필수적이라 할 수 있다. 학교의 목표에 의한 관리(MBO)가 도입될 때 교사가 학교 목표 우선 순위 결정에 참여하게 되면 교사의 성취기대는 높아지게 될 것이다.

④ 수업전달 체제: 교사와 장학담당자들에게 수업기술을 향상시키도록 해 주는

수업전달 체계를 Snyder는 Link 1(교육과정 선택)에서 Link 6(임상장학을 통한 피드백)으로 제시했는데 이를 나타내면 [그림 5-1]과 같다.

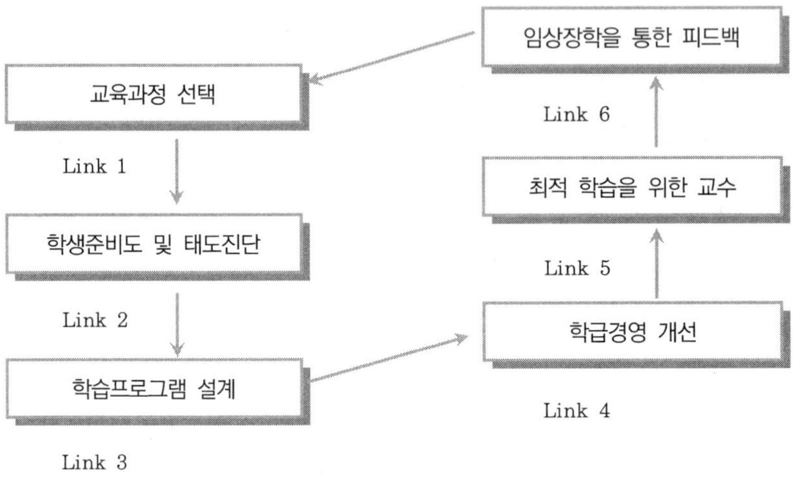

[그림 5-1] **수업전달 체계**

[그림 5-1]에서 임상장학을 통한 피드백(Link 6)을 중심으로 간략히 설명하면, 임상장학은 교수-학습개선을 위해서, 그리고 학생의 준비도, 태도진단과 학습 프로그램 설계 및 학급경영 계획의 효과성을 제고하기 위해서 피드백과 시정 메커니즘으로써 작용하게 된다. 또한, 교사들에게 최적 학습을 달성하도록 교수방법을 제공해 주는 기능을 하게 된다.

(2) 단계 2: 실행(developing)

교사들의 능력을 개발하기 위한 기회는 현직훈련, 대학원 과정, 새로운 기술과 지식을 제공해 주는 각종 교육관련 논문 등을 통하여 광범위하게 제공되고 있다. 또한, 교사가 교육과정 개발의 참여나 교과서 편찬에 집필진으로서의 참여 등 극히 제한적이지만 이런 경우도 포함된다. 그리고 교사 발전을 위한 또 하나의 메커니즘인 임상장학은 교사들에게 교수에 대한 유용한 방법과 피드백, 시정 조치를 제공해 준다고 할 수 있다.

교사의 전문적 성장과 교수기술 개선에 초점을 두고 교사와 장학담당자가 함께 노력하고 결과에 대해 책임지는 임상장학은 학자들에 따라 그 실행 방법을 조금씩 달리하고 있다. 즉, Cogan(1973: 10~12)은 교사와 장학담당자의 관계 확립, 교사와 공동으로 수업기획, 수업관찰, 전략기획, 교수-학습과정 분석, 협의회 전략기획, 협의회, 재계획의 8단계로, Acheson과 Gall(1980: 9~11)은 계획협의회, 수업관찰, 피드백협의회의 3단계로 임상장학의 실행 절차를 설명하고 있다. 한편 Reavis(1978)는 참관전 협의회, 참관, 분석과 전략탐색, 협의회, 참관 후 평가의 5단계로 나누어 설명하고 있는데 여기서는 Reavis의 5단계를 기본으로 하여 각 단계의 내용 및 방법을 제시한다.

① 참관전 협의회(pre-observation conference): 이 협의회에서 장학담당자는 학급 상황, 수업 진도 및 수업 목표, 그리고 교사로부터 학습지도와 관련된 것에 대해 일차적으로 오리엔테이션을 받는다.

② 참관(observation): 장학담당자는 실제 수업에 참관하여 학급에서 일어난 모든 상황을 여러 측면에서 관찰 · 기록하여 필요한 자료를 수집한다.

③ 분석과 전략 탐색(analysis and strategy session): 이 단계에서 장학담당자는 학급내에서 얻은 자료들을 분석하여 관찰된 교사의 학력, 경력 및 당시 교사의 자신감, 성취감에 따라 협의회를 다시 갖기 위한 전략을 세운다. 이 단계는 교육 이론과 연구에 관련하여 수집된 자료를 검토하고 해석하는 단계이다.

④ 협의회(conference): 이 단계는 다음의 수업준비를 위해 교사들에게 피드백시키는 단계이다.

⑤ 참관 후 평가(post-observation critique): 전체 수업참관 후 교사 활동의 모든 장 · 단점을 분석하여 앞으로의 수업개선에 도움이 되도록 비판 및 시정조치를 해 준다. 장학의 효율성을 높이기 위해서는 교사와 장학담당자 사이에 참다운 동료적 분위기와 친숙한 관계가 형성되어야 할 것이다.

이상에서 기술한 임상장학의 연계 체제와 그 실행 절차를 제시하면 [그림 5-2]와 같다.

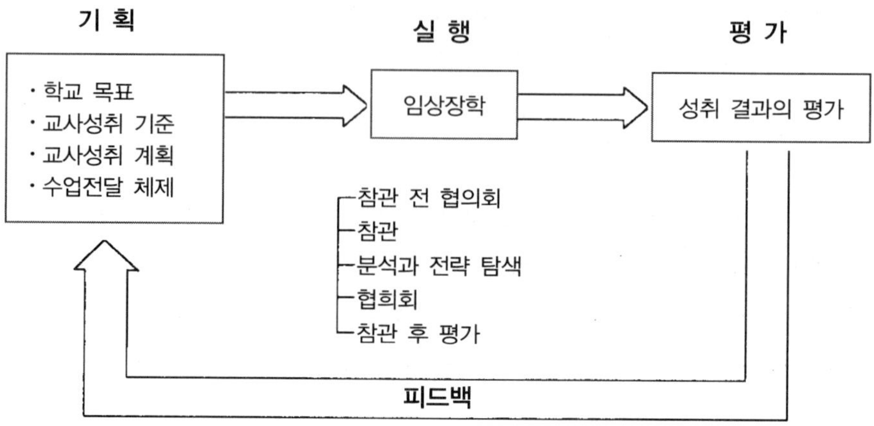

[그림 5-2] 임상장학의 연계체계

2) 동료장학

동료장학(peer supervision)이란 협력장학(cooperative supervision), 협동적 전문성 개발(cooperative professional development) 등으로 표현되기도 한다. 동료장학이란 일반적으로 둘 이상의 교사가 서로 수업을 관찰하고, 관찰사항에 관하여 상호 조언하며, 서로의 전문적 관심사에 대하여 토의함으로써 자신의 전문적 성장을 위해 함께 연구하는 공식화된 과정이라고 할 수 있다(Glatthorn, 1984: 39).

공식적인 개념으로서 동료장학에 대한 연구는 많지 않지만 교사가 수업개선을 위해 많은 노력을 하고 참여했다는 교육자료는 많다. 전문적으로 동료 간에 타인을 도와 준다는 것은 조직생활에서 대단히 바람직한 일이다. 동료장학으로 표현되지는 않았지만, 교사들은 과거부터 항상 그들 동료들의 행동에 영향을 주려고 노력해 왔다 특히, 신임 교사가 부임했을 때 더욱 그러하다. 즉, 나이가 많고 경력이 많은 교사는 신임 교사들에게 그들이 어떻게 행동해야 되고 기대되는 것은 무엇이며, 장학사(관)나 행정가들에게 기대할 것 등 여러 가지를 가르쳐 준다. 그렇지만 이러한 것을 가리켜 동료장학이라고는 하지 않는다. 과거에 교사들은 동료 교사들의 학급 내이서의 활동에 대해서는 거의 신경을 쓰지 않았지만, 최근에 팀 교수법의 개발, 학급 상호간의 분석, 교사 센터 및 장학팀에 교사의 참여 등으로 교사들이 그들 동료교사들에게 담당 교과목에 대한 전문적인 지도 · 조언을 해 줄 수 있는 기회가

상당히 증대되었다.

한편, 동료장학은 심리적, 기술적 기법으로 교사들에게 전문성과 창의성을 확장시켜 주게 된다. 그리고 일반적으로 장학사(관)와의 사이에서 감독자, 피감독자 관계로 인식되는 위압감을 감소시켜 주며, 다른 동료 교사들에게 도움을 주고받는 과정이므로 교사들에게 성취감을 느끼게 할 수도 있고, 또한 자신들의 업무에서 만족과 동기를 얻을 수 있게 된다.

3) 마이크로 티칭

마이크로 티칭(Micro-teaching)은 시카고 대학의 교사교육센터에서 개발한 것으로 교사들로 하여금 즉각적인 피드백을 제공해 주면서 실제 수업사태에 참여하게 하는 것이다 즉, 마이크로 티칭이란 장학담당자와 교사들이게 실제적인 수업 사태를 기술하고 분석하여 교수 기술을 제공해 주는 기회를 가지는 절차라고 할 수 있다. 다시 말하면, 한 교사가 수업을 한 것을 필름으로 영상화하여 수업절차, 교수방법 및 학습내용을 장학담당자와 함께 그 필름을 보면서 장학담당자로부터 피드백을 받는 것이다.

이러한 절차가 끝난 후 장학담당자가 직접 모범 수업을 실시할 수도 있고, 동료 교사들에게 피드백한 것을 참고로 하여 수업을 행하게 하는 것이다. 따라서 마이크로 티칭은 '수업-장학지도-재수업'으로 연결되는 순환 과정에서 교수방법, 수업절차 등을 수정해 나가는 것이라고 할 수 있다.

4) 교내 자율장학

교내 자율장학은 단위학교에서 교육활동의 개선을 위하여 자율적으로 교장, 교감을 중심으로 하여 전체 교직원들이 공동으로 노력하는 과정이라고 볼 수 있다. 이러한 교내 자율장학은 다음과 같은 개념적 특징을 갖는다(이윤식, 1990: 72~ 73).

① 학교 중심성: 교내 자율장학은 단위학교가 주체가 되며, 학교의 인적 · 물적 조건 및 조직적 · 사회 심리적 특성을 기초로 하여 이루어진다.

② 자율성: 교내 자율장학은 외부로부터 통제를 받지 않고 단위학교 구성원들이

스스로 학교의 교육활동 개선을 위하여 장학활동을 해 나가며, 그 결과에 대해서도 스스로 책임을 지는 것을 중요시한다.

③ 협력성: 교내 자율장학은 단위학교 내에서 교장, 교감, 수석교사를 중심으로 하여 모든 교직원들이 협력적이고 참여적인 공동 노력을 통하여 이루어지며, 경우에 따라서는 학교 외부로부터 필요한 협력을 받을 수도 있다.

④ 다양성: 교내 자율장학은 단위학교의 조건, 그리고 교직원들의 필요와 요구에 기초하여 다양한 형태로 운영된다.

⑤ 계속성: 교내 자율장학은 그 목적상 단위학교의 기관으로서 자기 발전을 추구할 뿐만 아니라 단위학교의 조직원으로서 교장, 교감, 부장교사, 교사, 그리고 관계 직원 등 모두 자기발전을 도모할 수 있는 과정이다.

이러한 개념적 특징을 갖는 교내 자율장학에서 다루어질 수 있는 영역은 크게 ① 교사의 전문적 발달 영역(professional development), ② 교사의 개인적 발달 영역(personal development), ③ 학교의 조직적 발달 영역(organizational development)으로 구분되는 바, 이를 제시하면 〈표 5-2〉와 같다.

〈표 5-2〉 교내 자율장학의 영역

영 역	교사의 전문적 발달	교사의 개인적 발달	학교의 조직적 발달
초 점	교육과정운영	교사 개인	학교 조직
내 용	교사들이 교과 지도와 교과 외 지도를 포함하는 교육 활동 전반에 있어서 안정·숙달·성장을 도모하도록 도와 주는 것	교사들이 개인의 심리적·정서적·신체적·가정적·사회적 영역에서 안정·만족·성장을 도모하도록 도와 주는 것	학교의 조직 환경 및 풍토를 긍정적으로 변화시켜 학교 내에서 교사들의 삶의 질을 높이고, 학교 조직의 목표를 효과적으로 달성하도록 하는 것
관 련 이 론	· 교육과정 이론 · 아동발달 이론 · 학습심리 이론 · 교수-학습 이론	· 성인발달 이론 · 성인심리 이론 · 정신의학 이론 · 사회심리 이론	· 학교조직 이론 · 조직발달 이론 · 인간관계 이론 · 집단역학 이론

출처: 이윤식(1990: 73).

이 중에서도 학교의 핵심적인 교육활동인 교수-학습 개선을 포함하는 교사의 전문적 발달영역이 가장 중요하다고 할 수 있다.

5) 교과장학

교과장학은 학교 내 특정 교과의 교수-학습활동에서 관련 집단들의 다양한 요구를 수렴하여 교육내용을 교육목적에 따라 재조직하고, 적절한 교수방법이나 매체를 적용·활용할 수 있도록 지도, 조언, 정보제공, 평가하는 일련의 전문적·기술적 활동이라 할 수 있다. 교과장학은 교과의 목표설정, 교과의 내용의 선정과 조직, 교수-학습활동 조직, 교수방법의 적용, 수업모형의 개발, 수업매체의 활용, 평가, 그리고 피드백 체제로 이루어지는 일련의 활동이라고 볼 수 있다.

따라서 단위학교 중심의 교과장학은 학교행정가에게 교과장학에 대한 자율성과 장학결과에 대한 책무성의 강화, 교과장학 체제의 조직 및 활성화, 학교의 특성과 교사들의 다양한 요구를 반영하여 교육환경 변화에 맞는 적절한 장학의 선택과 교육현장 및 수업에의 적용, 교육과정 운영에 대한 전문성의 발휘와 새로운 교수 및 평가모형과 방법의 도입, 단위학교간의 교류 활성화, 교사들의 교과장학에 적극적 참여를 위한 각종 유인체제의 마련, 그리고 학교조직 구조에 대한 전반적인 재구조화에 따른 교과의 재구조화 방향으로 나아가야 할 것이다. 특히, 일선 학교에서 교과장학담당자로서 요구되는 학교행정가의 자질과 역할을 제시하면 다음과 같다.

첫째, 수업 개선을 위하여 교과장학의 필요성, 이론 및 실제 활용 방법에 대한 이해 및 교과장학을 실시하려는 학교행정가의 강한 의욕이 선행되어야 할 것이다. 이를 토대로 학교행정가는 교과장학에 필요한 교수-학습자료, 도구 및 프로그램 등을 개발·활용할 수 있도록 교사들을 지도하여야 할 것이다. 따라서 교과장학 담당자로서 학교행정가는 우수한 개별교과 교사들과 함께 계획적·체계적인 절차에 따라 교과의 특성을 고려한 교과장학 프로그램을 개발·운영하여야 할 것이다. 예를 들어 소집단 학습기술, 컴퓨터 보조 프로그램, 탐구학습 방법, 고차적인 발문기법 등의 시청각 기자재를 개발·비치하여 활용할 수 있도록 해야 할 것이다.

둘째, 교과목에 대한 전문적인 지식은 물론, 효과적인 수업운영을 위한 수업내용, 수업방법 및 평가의 개선이나 모형개발에 주력하여 지도·조언할 수 있는 능력을 갖추어야 할 것이다. 이를 위해 교과장학담당자로서 학교행정가는 교사들을 중심으로 교과별 운영위원회를 구성하여 교과운영 전반에 대한 협의는 물론, 교과전문가를 초빙하여 교사의 전문성 신장을 위한 교과장학 운영을 활성화해야 할 것이다. 즉, 교과장학담당자로서 학교행정가는 각 교과 수업 모형에 따라 개별 수업에 대한 지도 · 조언을 할 수 있는 능력을 갖추어야 할 것이다. 특히, 학교실정에 맞는 교육과정의 개발 · 편성 · 운영 · 교과지도 기술의 개발 및 보급 등을 중심으로 지도할 능력을 갖추어야 할 것이다.

셋째, 교과목에서 설정된 목표를 효과적으로 달성하기 위하여 직접적으로 교사의 수업기술과 방법을 개선하기 위해 제공되는 체계적인 장학활동인 교과장학을 통하여 학교행정가는 교사의 전문적 발달을 위하여 임상장학, 수업연구, 마이크로티칭 등의 방법으로 초임교사나 수업기능 향상의 필요성을 느끼는 교사들을 대상으로 집중적인 장학활동이 이루어져야 할 것이다. 교사의 수업 기술 및 교수- 학습방법을 개선하기 위하여 교과장학 담당자로서 학교행정가는 학교 교육과정의 편성 · 운영, 수업을 위한 조직, 시설확보, 교육교재 확보, 수업평가, 교내연수 등을 체계적 · 효과적으로 실시 · 운영하는데 전문적 능력을 발휘해야 할 것이다.

넷째, 교과장학 지도자로서 학교행정가의 전문성 제고를 위한 제도적 장치가 마련되어야 할 것이다. 이미 미국에서는 교육행정가와 장학사 양성체제를 통해 능력향상 교육프로그램(C/PBAE, CBSE)을 개발 · 운영하고 있으나, 우리의 경우 교과장학 연수기회의 확대 및 프로그램의 내실화, 지속적인 자기연찬 등을 통하여 교과장학 담당자로서 학교행정가의 자질을 함양하여야 할 것이다.

다섯째, 학교행정가는 효과적인 교과운영을 통하여 수업의 질을 개선하기 위해서 컴퓨터를 포함한 각종 공학매체 및 관련 교수기자재 등을 구비할 수 있도록 충분한 예산확보와 이의 활용도를 제고하기 위한 여건 조성에 주력해야 할 것이다.

6) 컨설팅 장학

최근에는 단위학교에서 교원들의 자발적 요구에 의해 교수 · 학습개선을 위한 수업컨설팅과 학교경영 개선을 위한 학교경영컨설팅이 이루어지고 있다. 학교컨설팅은 학교 구성원들의 자발적인 변화 노력을 자극하고 지원함으로써 일선 학교의 자생적 활력을 함양할 수 있는 방법으로 제안되었다.

학교경영컨설팅은 학교컨설팅의 한 유형으로 학교경영의 실제를 개선하기 위한 전문적 자문활동이다. 학교경영컨설팅은 "학교교육을 개선하기 위해서 일정한 전문성을 갖춘 사람들이 학교와 학교 구성원들의 요청에 따라 제공되는 독립적인 자문활동으로서 경영과 교육의 문제를 진단하고, 대안을 마련하며, 문제해결 과정을 지원하고, 교육 훈련을 실시하며, 문제해결에 필요한 인적 · 물적 자원들을 발굴하여 조직하는 일"로 정의하고 있다(진동섭 · 홍창남, 김도기, 2011).

제3절 교육행정 통제

1. 교육행정 통제의 개념

통제란 용어는 학자들의 견해에 따라 상이하게 정의되는 바, David(1951)는 '목표를 달성하기 위해서 계획에 따라 행동을 규제하는 것'이라고 정의 내리고 있는데 일반적으로 행정통제에서의 통제란 이미 설정된 목표, 기획, 기준에 비추어 성과를 비교하고 빗나가는 것(deviation)이 있으면 시정조치를 취하는 것을 의미한다(Koontz & O'Donnell, 1976: 635). 따라서 그 기본 내용은 ① 기준의 설정, ② 성과의 관찰 및 기준과의 비교, ③ 시정조치 등으로 구분할 수 있다. 이를 제시하면 [그림 5-3]과 같다.

따라서 교육행정 통제는 교육활동에 대하여 그 목표, 기획, 기준에 비추어 성과를 비교하고 빗나가는 것이 있으면 시정조치를 취하는 것이라고 할 수 있다.

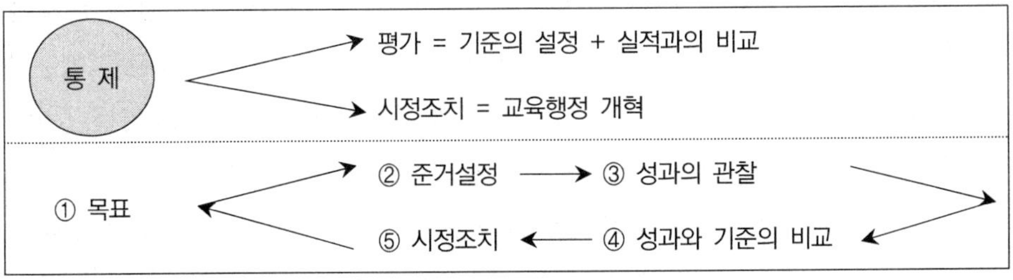

[그림 5-3〉 **교육행정 통제**

출처: 박동서(1995: 626).

2. 교육행정 통제의 유형

교육행정 통제는 그 통제의 주체와 통제의 사용 방향이 어떤 것이냐에 따라서 행정부(교육부나 교육청)의 밖에서 가해지는 외부통제(external control)와 행정부 내에서 책임 있는 기관이 행정주체에 가하는 내부통제(internal control)로 구분한다. 이 양 통제유형에는 공식적, 비공식적 통제방법이 각각 포함된다. 외부통제 방법으로는 사법통제, 민중통제(선거, 이익단체, 여론과 매스컴, 지식인, 주민참여), 입법통제, 옴부즈만 제도 등을 들 수 있으며, 내부통제의 방법으로는 우리 나라의 경우 감사원, 국무총리, 기획예산처, 기획재정부에 의한 통제와 중앙행정 부처의 자체 통제 및 중앙정부에 의한 지방통제 등을 들 수 있다. 교육행정 통제의 경우는 중앙부서인 교육부와 지방의 시 · 도 교육청, 시 · 군 · 구 교육지원청, 그리고 학교 등이 해당된다(정일환, 1983).

1) 의회에 의한 통제

민주주의 정치제도에 있어서 의회는 국민들의 가치를 창설하는 기관으로 간주되고 있다. 법이론적으로 볼 때 국민에 대하여 부과하거나 강요하는 모든 행정행위에는 입법적인 승인을 요하도록 되어 있으며, 그 밖의 제 행정행위도 의회의 예산심의권에 의하여 통제되고 있음은 주지의 사실이다. 법률을 제정하거나 정부 예산안을 심의하는 가운데 의회는 행정목표를 수립하고 혹은 그 목표를 달성하기 위한 방법을 규정하거나 또는 특정방법을 금지하기도 한다(Simon, 1950: 522).

한편, 의회에 의한 행정통제의 수단 방법을 Presthus(1975: 373)는 ① 세출예산권, ② 회계감사, ③ 위원회의 청문, ④ 특별조사 위원회, ⑤ 상원의 공무원 임명 승인권, ⑥ 입법 거부권 등을 들고 있으며, Nigro와 Nigro(1977: 455)는 의회의 행정통제 수단으로서 ① 입법, ② 예산심의, ③ 조사권, ④ 의사결정에의 직접적 참여, ⑤ 선거구민을 위한 사업 수행, ⑥ 공무원 임명 동의권 등을 들고 있다.

그리고 White(1965: 497~509)에 의하면 미국에 있어 의회의 행정통제 수단으로 ① 공공정책, ② 세출, ③ 조직, ④ 인사, ⑤ 의회의 분과위원회, ⑥ 의회의 제 조사, ⑦ 행정적 절차 등이 있다고 설명하고 있으며, Harris(1964: 13~14)는 의회통제의

방법을 공식적 방법과 비공식적 방법으로 구분한다. 공식적 방법에는 ① 입법권, ② 세출 예산권과 회계감사, ③ 고급관료 임명 동의권, ④ 질문권, ⑤ 국정감사권, ⑥ 조약 동의권, ⑦ 기타 각종 건의 등이 있으며, 비공식적 방법은 위원회와 개별 의회에 의하여 행정 공무원들과의 협조를 통해서 행하여진다고 한다. 이러한 방법은 암시, 충고, 구두, 서류 열람 등의 다양한 형태를 취하지만 불명확하고 그 파악이 어렵다.

또한, 박동서(1995: 638)는 행정통제론에서 입법부의 통제방법으로서 ① 입법권, ② 예산심의, ③ 조사 · 질문권, ④ 인사권으로서 임명에 있어서의 동의 및 해임 건의 또는 탄핵권 등을 들고 있다.

2) 사법부에 의한 행정통제

사법 통제는 행정업무 수행상 위법 또는 부당하게 시민의 권익이 침해된 것에 대한 구제와 다른 하나는 행정명령의 위헌 · 위법여부를 심사함으로써 통제하는 것이다(박동서, 1995: 632). 사법부에 의한 행정통제는 행정기관의 부당한 처리에 대한 행정소송 제도가 그 주류를 이루고 있다. 행정소송에는 재판의 형식을 취하는 행정소송과 이의신청 또는 소원을 통하는 방법 등이 있다. 그러나 사법부가 보유하고 있는 법령심사권의 행사가 사후조치라는 점과 소송에 소요되는 비용과 시간이 과다하게 든다는 점을 들어 진정한 행정통제의 방법이 될 수 있느냐 하는 문제에 대해서는 학설이 일치되지 않고 있는 실정이다.

3) 국민에 의한 행정통제(민중통제)

(1) 선거에 의한 통제

선거는 대통령, 국회 및 지방의회 의원, 지방자치단체장 선거를 비롯하여 넓은 의미의 국민투표, 국민발안, 국민소환까지 포함된다. 선거에 의한 행정통제는 정책결정과 집행과정에서 일어나는 구체적인 사실에 대한 직접적인 통제는 되지 못하고 간접적인 성격을 띠고 있다. 그러나 최근 주민에 의하여 지방의원은 물론 지방자치단체장까지 선출하게 됨에 따라 선거에 의한 행정 통제방법은 매우 중요하다고 할 수 있다.

(2) 언론에 의한 통제

언론에 의한 행정통제는 국민여론을 통로로 한 것으로서 언론은 매스 미디어(신문, 비디오, TV, 잡지 등)를 이용하여 국민여론을 형성하고 이를 정부기관에 투입하여 정책의 방향을 결정하거나 수정시키며, 또한 행정활동을 정치 · 행정목표에 적합하도록 비판 · 감시한다. 매스 미디어를 통한 효과적인 행정통제가 가능하기 위해서는 우선 중립적이고 비판적인 미디어가 존재하여야 하며, 언론의 자유가 보장되어야 하고, 미디어의 보급과 국민의 정치의식과 행정의식이 강하게 작용되는 것을 전제로 한다(안해균, 1982: 392).

(3) 이익집단에 의한 통제

이익집단에 의한 행정통제는 일반국민이 각종 단체에 가입하여 자기의 이익을 표명하고 집단의사로 통합함으로써 행정을 견제하는 통제방법이다. 이러한 방식은 산업이 발달하여 사회분화가 고도화되고 이익집단이 자주성과 독립성을 가지고 있을 때에만 그 실효를 기대할 수 있다. 교육의 경우 교원의 이익을 대표하는 집단으로 한국교원단체총연합회, 전국교직원노동조합, 한국교원노동조합 등이 있다.

(4) 정당에 의한 통제

정당은 행정부의 활동을 감시하고 국민의 입장에서 행정부의 잘못을 탐지하여 행정부에 시정조치를 요구함으로써 국민과 행정부간의 항상성을 유지하는 기능을 하는 것인데, 정당이 국민의 행정체제 메카니즘으로서의 기능을 원활히 하기 위해서는 ① 정당간에 세력의 균형, ② 국민의 지지에 기초한 정당, ③ 복수 정당제 확립 및 이념 정당의 성장, ④ 정당의 제도화가 선행되어야 한다.

(5) 옴부즈만(ombudsman)제도

입법부나 사법부가 교육행정 통제의 기능을 수행하는 데 한계가 있으므로 이를

보완함으로써 보다 쉽게 적극적으로 교육관련 및 수혜집단의 이익을 보호하려는 조치라고 할 수 있다.

이 제도의 특징은 첫째, 당파성이 없는 입법부에서 강한 신분보장을 받고 임명된 행정 전문인이 공정 공평하게 시민의 불평을 처리하는 데 있다. 둘째, 시민의 불평내용은 반드시 합법성에 한정하지 않고, 합목적적인 것도 처리의 대상이 된다. 셋째, 조사는 공개적으로 하나 공식적인 절차를 거치지 않고 비공식적인 방법을 이용한다. 끝으로 비판이 목적이므로 행정결정을 무효로 하거나 취소하는 권한을 갖지 않는다(박동서, 1995: 642). 결국 이 제도는 주로 교육행정에서 부정의와 잘못된 부문에 대해 관련 공무원의 설명을 요구하고, 필요한 사항을 조사해 민원인에게 그 결과를 알려 주며, 언론을 통해 공포하기도 한다. 이 제도의 기본 성격은 청원이나 진정제도와 유사하다고 할 수 있다.

3. 지방의회에 의한 교육행정 통제

1) 의회에 의한 행정통제

의회에 의한 행정통제의 수단 방법으로서 입법, 예산심의, 국정감사, 조사, 질의, 청원, 진정서 처리, 건의, 동의권 행사 등을 앞 절에서 제시하였는데 이를 좀 더 구체적으로 설명하면 다음과 같다.

첫째, 입법을 통한 행정통제는 법률 제정, 개정과 법률안을 제안하고 심의 · 처리하는 과정에서 행정부에 대한 통제를 가한다.

둘째, 예산심의를 통한 행정통제에서 의회는 국가의 예산안을 심의 · 확정하는 권한을 가지는데 이러한 재정에 관한 권한은 강력한 행정통제의 수단이다. 즉, 재정권 부여의 형식을 통하여 재정통제 및 행정통제의 도구로 사용하는 것이다.

셋째, 국정감사 및 질의를 통한 행정통제에서, 국정감사는 국정운영의 내용을 감사하여 그 결과에 대해 시정 건의를 할 뿐만 아니라 예산면에 있어서 신년도 예산안 심의에 반영하는데 그 목적이 있다. 그리고 국정질문을 통한 행정부 비판 기능은 본의회, 특히 상임위원회는 심의과정에서 국무위원 또는 정부 각료에게 할 수 있으므로 행정통제의 실효를 거둘 가능성이 높으며, 또한 국정에 대한 질의는 국민의 궁금증을 풀어 주고 정치적 불만을 토론해서 여과하는 기능을 수행하게 된다.

넷째, 동의권 행사를 통한 행정통제에서, 동의권은 의회제도의 발전 초기부터 국민대표 기관의 중요한 권한이었으며, 이것은 오늘날 과세에 대한 동의로부터 정부의 주요 공무원의 임명에 이르기까지 확대되어 행정통제의 유효한 수단이 된다.

다섯째, 진정서 처리를 통한 행정통제는 진정서가 접수되면 소관위원회에 회부하며, 해당 소관 위원회에서는 이를 정부측에 문의하여 필요조치를 요청하든지 혹은 각종 의안 심의시에 반영함으로써 행정부에 대한 통제를 가한다고 할 수 있다.

2) 지방의회에 의한 교육행정 통제

지방화 시대를 맞이하여 의회의 통제방법들이 지방의회에서도 그대로 적용될 것이라는 논리하에서 지방의회의 교육 집행당국에 대한 통제방법을 살펴보면 다음과 같다(정일환, 1995).

첫째, 조례안 심의를 통한 교육행정 통제인데 이는 의회의 입법심의(법률안 심의)에 해당하는 것으로 지방자치단체의 조례제정 및 개정에서 나타난다. 교육에 관한 조례제정 및 개정은 주로 지방의회의 교육위원회에서 담당하고 있다. 교육에 관련된 주요 조례안 내용을 제시하면 ① 교육위원회 행정사무 감사 및 조사에 관한 조례, ② 교육위원회에 출석 답변할 수 있는 관계 공무원 범위에 관한 조례, ③ 사립학교 설치 조례, ④ 교육 · 학예에 관한 제 증명 등 수수료 징수 조례, ⑤ 교육위원 선출방법에 관한 결의안, ⑥ 교육위원회 의사국 정수에 관한 조례, ⑦ 저소득 주민 자녀 장학금 지급 조례 등을 들 수 있다.

둘째, 예산심의 및 결산 승인을 통한 행정통제인데 예산 · 결산 특별위원회의 구성을 통하여 위원회에서 심의한 안건이 본 회의에서 의결될 때까지만 운영된다. 교육청 및 산하기관의 교육활동에 관한 예산심의는 교육 · 학예에 관한 심의 · 의결기구인 교육위원회에서 확정된 사항이고, 사전에 교육위원회와 어느 정도 조정이 이루어지게 된다.

셋째, 시정 또는 교육행정 감사 및 질의를 통한 행정통제인데 이는 의회의 국정감사 및 질의에 해당하는 것으로 시 또는 도의회는 집행당국에 대해 감사 질의를

통해 통제하게 된다. 지방의회에서 교육활동 및 교육행정 업무에 대한 의원의 질의는 두 가지 측면에서 이루어지고 있다. 즉, 해당 교육청의 전체 주요 업무 보고 및 주요 시책에 대한 업무의 타당성, 효과성, 실현가능성 등 교육발전이나 교육환경의 개선 등의 측면에서 이루어지는 경우와 교육분야에서 행해지는 비리, 학교 주변 환경의 소음 등의 문제에 시정조치하는 경우로 나눌 수 있다. 이러한 교육활동은 본 회의와 교육사회위원회에서 교육청 관계공무원을 출석시켜 시정 질의하는 형태와 교육기관을 직접 또는 관련 서류를 통한 감사의 형태로서 행정 통제를 하는 경우로 나누어진다. 이러한 시정 질의와 감사는 후술하는 학부모나 지역주민, 사학법인 등이 제출하는 진정서나 청원서에 근거하여 행해지는 경우가 많다.

넷째, 진정서 및 청원서 처리를 통한 행정통제인데 의회에서는 소관 위원회에 회부되어 해당 소관 위원회에서 처리하는 바, 교육 부문에 대해서는 지방의회의 교육위원회가 담당하게 된다. 의회를 상대로 한 주민들의 진정은 여러 가지 측면에서 중요하다. 무엇보다 4년마다 실시되는 지방의회 의원의 선거를 통한 주민 요구의 투입이 완전하지 못하므로, 주민의 직접적이고 계속적인 요구 투입경로로서 그 중요성을 지니게 된다. 이익집단이나 개인이 자기 선거구 출신의 시 또는 도의원을 상대로 이익 보호를 위해 활동하는 것도 중요하지만 정치적, 경제적 자원이 부족한 계층은 진정이나 청원의 통로가 쉬운 방법이라고 할 수 있다.

다섯째, 중요사항 의결을 통한 교육행정 통제는 교육 · 학예에 관한 사항 중에서 교육개선에 초점을 두어 중요사항을 의결하게 된다.

제 6 장

조 직 화

제1절 조직의 개념과 유형

1. 조직의 개념

현대인은 어떤 형태로든 조직을 통하여 생활하고, 조직 목적을 달성하기 위해 조직 내에서 역할을 담당하게 된다. 조직을 떠나서는 생활할 수 없는 존재이므로 현대인을 조직인(organizationman)이라고 한다. 교육에 종사하는 구성원들도 교육조직을 통하여 과업을 수행하고, 구성원 상호간의 협동적 노력을 통하여 교육조직 목적을 달성하기 때문에 조직에 대한 이해는 매우 중요하다고 할 수 있다.

조직에 대한 개념은 학자들에 따라 다양하게 정의되고 있는 바, Gaus(1936: 66~67)는 조직을 '여러 가지 기능과 책임의 분담을 통하여 합의된 목적을 수행하기 위한 인원의 배치이다. 아울러 과업에 종사하고 있는 개인이나 집단으로 하여금 목적을 달성할 수 있도록 그들의 노력과 능력을 연결시키는 것'으로 보고 있으며, Etzioni(1964: 4)는 '일정한 환경하에서 특정한 목표를 추구하며, 이를 위한 일정한 구조를 지닌 사회단위 또는 인간의 집합체'로 조직을 정의 내리고 있다. 그리고 Barnard(1938: 73)는 조직이란 '두 사람 이상의 의도적으로 조정된 활동 또는 힘의 체제'라고 정의함으로써 조직의 구조보다는 구성원의 적극적 참여 정신을 강조하였다. Blau와 Scott(1962: 11~23)는 조직을 특정한 목표를 추구하기 위해 신중하게 구조되는 사회적 단위로 보고 있다.

이와 같이 조직에 대한 정의는 학자들에 따라 다양하게 정의되고 있으나 일정한 환경하에서 집단의 공동 목표달성을 위해 구성된 구조적 사회단위로서 구성원간의 힘의 체제라고 할 수 있다.

현대 행정조직의 개념을 이해하는 데 중요한 것은 공식적 조직(formal organization)과 비공식적 조직(informal organization)이다. 공식적 조직이란 일정한 목적을 달성하기 위해서 의도적이고, 인위적으로 구성된 조직으로서 공식적 · 제도적으로 형성되며 구조에 초점을 둔다. 공식적인 조직 도표, 또는 명문화된 기구표에 나타나 있는 조직을 말한다. 권위의 위계, 명료한 책임분담, 표준화된 업무수행, 비정적 인간관계 등을 특징으로 한다.

한편, 비공식적 조직이란 공식조직 속에서 생활하는 가운데 개인적 접촉이나 상호작용의 결과 자연 발생적으로 형성된 집단이다. 이런 의미에서 흔히 자생집단 또는 자생조직이라고 한다. 조직 내에서 감정적 논리에 의거한 행동방식을 특색으로 하며, 성별, 연령, 혈연관계, 동향관계, 출신학교 관계, 클럽 등에 의해 구성된다.

또한 행정조직의 개념을 파악하는데 고려되어야 할 조직 형태로서 계선조직(line organization), 막료조직(staff organization), 보조조직(auxiliary organization)을 들 수 있다. 계선조직은 행정의 지휘계통이 명확히 정립되어 있고 업무를 직접 담당 · 수행하는 제 1차적 조직을 의미한다. 행정조직에서 국장-과장-계장-계원 등으로 연결되는 집행부서와 군대의 지휘, 명령 계통이 분명한 조직이 대표적이다.

참모조직은 막료조직이라고도 하며, 행정조직이나 교육조직을 막론하고 주로 계선조직의 상층부에 위치하여 계획, 자문, 조언 등의 역할을 담당하는 조직이다.

보조조직은 계선조직의 기능을 보조하기 위하여 계선조직과는 별개로 외곽에 설치되어 있는 기관을 말한다.

2. 조직의 원리

조직의 원리란 조직을 경영하는데 있어서 능률성과 합리성을 제고시키는 데 직접적으로 도움이 되는 유형화된 조직 활동의 원리를 말한다. 지금까지 조직이론에서 제 학자들이 제시하였던 조직의 원리를 종합 · 정리하면 다음과 같다(Mooney & Reiley, 1939; Morphet, et al., 1974: 96~102; 남정걸, 2012: 38~47; 김윤태, 1994: 309~315; 김종철 · 이종재, 1994: 65~68).

1) 계층제의 원리

이 원리는 조직의 구조와 형태에 관한 원리로서 조직은 피라미드형의 계층제를 이루고 있다. 계층(hierarchy)이란 조직체의 공동 목표달성을 위한 업무수행에 관한 권한과 책임의 정도에 따라 직위의 서열과 등급을 매기는 일, 즉 조직구조의 상하관계를 의미한다.

2) 분업의 원리

분업이란 한 사람에게 가능한 한 가지 주된 업무만을 수행하도록 일을 분담하는 것으로 분업의 원리는 표준화, 단순화, 전문화를 목표로 조직 구성원의 기능이나 직능에 따라 각각 상이한 업무를 담당하여 조직의 효과성을 높이는 데 있다. 분업의 형태는 크게 수평적 분업과 수직적 분업으로 나누며, 수평적 분업은 동일 계층 내에서 기능의 성질에 따라 직무를 배분하는 것이며, 수직적 분업은 계층의 원리와 같이 계층과 계층 사이에 업무가 분담되도록 권한과 책임을 위임하는 것을 말한다.

3) 통솔범위의 원리

이 원리는 인간이 지니고 있는 능력의 한계로 한 사람의 지도자가 직접 통솔할 수 있는 부하의 수는 한정될 수밖에 없다는 원리로 군대나 경영조직에서 일반적으로 활용되는 원리이다. Fayol은 5~6명, Urwick은 상위 책임자의 경우 4명, 하위 책임자의 경우 8~12명이 적절하다고 보고 있다. 가장 효과적인 통솔의 범위는 조직의 형태와 조직 내의 과업의 유형, 지도자의 능력, 조직 구성원의 특성, 조직의 상황 등에 따라 다르다고 할 수 있다.

4) 명령통일의 원리

조직의 구성원은 누구나 오직 한 사람의 상사에게만 책임을 지며 명령을 받아야 한다는 원리로서, Fayol이나 고전적 조직이론가들은 이 원칙을 가장 기본적인 것으로 보고 있다.

5) 조정의 원리

조정의 원리는 조직의 목표를 달성하기 위해 조직 내에서 볼 수 있는 할거주의 내지 분립주의의 경향을 경계하고 조직체 내의 업무를 원활히 수행할 수 있도록

업무배분의 조정과 조화있는 인간관계를 유지하여야 한다는 원리를 말한다.

Mooney(1947: 5)는 조정의 원리를 조직에서 최고의 원리로 규정하는데, 행정가가 조직에서 조정의 원리를 구현하기 위해서 유의해야 할 사항을 다음과 같이 제시하고 있다.

① 조직상 권한과 책임의 한계가 명확해야 한다.
② 조직체의 운영은 합리적이고 균형적인 계획에 의거해야 한다.
③ 조직체 내 구성원간에 공식적 · 비공식적 의사소통의 길이 열려 있어야 한다.
④ 조직체 내 구성원간에 인화와 자발적인 협조의식이 조장되어야 한다.
⑤ 업무 수행상 준거가 될 수 있는 규칙과 가급적 성문화된 규정이 필요하다.
⑥ 규율의 확립과 감독자에 의한 통제의 방법도 마련되어 있어야 한다.

6) 적도집권의 원리

적도집권의 원리는 중앙집권제(centralization)와 분권제(decentralization) 사이에서 적절한 균형을 취하는 것을 말한다. 중앙집권제는 행정조직상 권한을 중앙부처 또는 조직의 상층부에 집중시킴으로써 효율적인 기획, 강력한 집행, 획일적 통제 등을 가능하게 하여 행정의 효율화를 기하는데 유리하나 획일주의와 전제주의를 초래할 위험성을 내포하고 있다.

반면에 분권제는 지방관서나 또는 조직의 하위부서에 행정의 권한을 이양하고 분산시킴으로써 지방 또는 하위부서의 특수성을 살릴 수 있고 자주성과 창의성을 구현할 수 있으므로 행정의 민주화를 기할 수 있다는 장점을 가지고 있다. 그러나 기획의 합리화를 기하기 어렵고 행정 집행에 있어서 비능률을 초래할 가능성도 있다. 따라서 중앙집권제나 분권제 모두가 한계가 있으므로 양극을 피하고 양자의 적절한 균형을 유지해야 한다.

이상에서 기술한 조직의 기본원리는 조직의 특성, 규모, 지도자의 능력, 조직구성원의 태도, 조직을 둘러싸고 있는 환경 등에 따라 신축성 있게 적용될 때 조직의 목표를 달성하는 데 효과적일 것이다.

3. 조직의 유형

학교조직이 어떠한 특성을 지니고 있는가를 파악하기 위해서는 다양한 분류기준이나 변인에 따라 조직의 유형을 구분할 필요가 있다. 먼저, Parsons(1960: 16~58)는 조직이 사회를 위하여 수행하는 사회적 기능에 따라 조직을 생산조직(production organization), 정치적 목표지향 조직(political-goal oriented organization), 통합적 조직(integrative organization), 유형유지 조직(pattern maintenance organization)으로 구분하고 있는 바, 공립학교 및 대학조직을 여기에 포함시키고 있다.

Katz와 Kahn(1978: 144~183)은 조직의 기능면에서 조직이 상호 의존적이라고 보고, 이들의 연관성에 따라 조직유형을 생산적 조직(productive or economic organization), 유지적 조직(maintenance organization), 적응적 조직(adaptive organization), 그리고 관리적 조직(managerial or political organization)으로 구분하고 있는데, 초 · 중등학교 조직은 유지적 조직으로, 그리고 대학조직은 적응적 조직으로 분류하고 있다.

Blau와 Scott(1962: 42 ~58)는 조직으로부터 혜택을 받는 주요 수혜자가 누구냐에 따라 조직의 유형을 호혜적 조직(mutual benefit organization), 영리조직(business organization), 공공조직(common wealth organization), 그리고 봉사조직(service organization)으로 나누고 있으며, 학교조직을 봉사조직에 분류시키고 있다.

한편, Carlson(1964: 262~278)은 고객과 조직이 구성원을 선택할 수 있는 정도에 따라 조직을 순치조직(보호된 조직, domesticated organization)과 야생조직(wild organization)으로 구분하고 있다. 그에 따르면 순치조직은 조직체나 고객이 선택권을 갖지 못하는 조직으로서 의무 공립학교가 여기에 속하며, 야생조직은 조직과 고객이 독립적으로 선택권을 갖는 조직체로서, 이 조직은 살아남기 위하여 경쟁을 해야 하는 조직으로서 사립대학이 여기에 속한다고 할 수 있다.

Etzioni(1961)는 조직에의 복종면에서 순응(compliance)의 개념을 가지고 조직의 유형을 강제적 조직(coercive organization), 공리적 조직(utilitarian organization), 규범적 조직(normative organization)의 세 가지로 분류하였는 바, 학교조직은 규범적 조직에 속한다고 할 수 있다.

제2절 교육행정 조직의 실제와 운영

1. 중앙교육행정 조직 및 운영

1) 중앙교육행정체제

중앙교육행정 조직은 교육부 조직에 국한시키지만 넓은 의미에서는 대통령과 국무회의까지를 포함한다. 즉 교육행정에 관한 행정권은 대통령-국무회의-교육부의 체계를 이루게 된다.

대통령은 행정부의 수반으로서 중앙교육행정조직의 정점을 이룬다. 교육행정에 관한 대통령의 기능은 대통령령의 공포, 주요 교육공무원의 임명, 국무회의 의장으로서 교육정책 수립에 대한 영향력 행사 등을 들 수 있다. 국무회의는 합의제기관으로서 정부의 권한에 속하는 중요한 정책을 심의하는 기관이며, 교육정책에 관한 사항도 심의하도록 되어 있다.

정부조직법 제30조(시행 2014. 11. 19, 법률 제12844호)에 의하면, "교육부 장관은 인적자원개발정책, 학교교육·평생교육, 학술에 관한 사무를 관장한다"고 되어 있어 중앙교육행정 조직의 핵심적 위치가 된다. 교육부 장관은 국무위원으로서 국가의 최고 정책결정에 참여하고, 교육정책의 수립과 의사결정을 하며, 교육관계 법령을 입안하고, 교육부령을 발표하며, 소속 공무원과 산하 기관에 대해 지휘·감독권을 행사한다.

중앙교육행정기관의 구성은 행정 관리면에서 ① 수반 관리 또는 최고 관리층, ② 중간 관리층, ③ 하급 관리층의 3계층으로 되어 있다. 최고 관리층은 조직의 정상에서 최고 의사결정을 하는 관리자들로서 대통령, 국무총리, 장관, 차관, 실장, 서울특별시장, 광역시장, 도지사, 부지사 등과 이에 준하는 관리층, 대통령 정책참모기관 등이 여기에 속한다.

그리고 중간 관리층은 최고 관리층의 바로 아래에서 부분적 업무를 운영·집행하는 책임자들로서, 확립된 정책, 법률, 규칙의 범위 내에서 일상적이고 구체적인 행정업무를 감독·지시하고 통제하는 기술적 기능을 수행하는 관리층으로 국장·

과장 · 계장 · 일선 감독자급으로 구성된다. 이 계층은 관리층에서 이루어진 정책이나 계획에 따라 부분계획을 작성 · 지도하며 업무 수행에 필요한 기준을 설정하며, 업무 활동을 조정하고 근무 조건을 개선하고 지시 · 감독을 한다.

끝으로 하급 관리층은 사무를 직접 담당하는 계원들로 구성되며, 상부의 지시와 소정의 규정에 따라 행정업무를 효과적으로 수행함으로써 실제적으로는 행정 목적을 달성하게 된다.

2) 교육부

교육부는 교육 · 사회 · 문화 분야 정부정책을 총괄 · 조정하며, 인적자원개발정책, 학교교육 · 평생교육 및 학술에 관한 사무를 관장한다. 교육부소속기관으로 대한민국학술원, 국사편찬위원회 · 국립특수교육원, 중앙교육연수원, 교원소청심사위원회, 국립국제교육원을 두고 있고, 하부 조직으로 기획조정실 · 학교정책실 · 대학정책실 · 지방교육지원국 · 평생직업교육국 및 교육안전정보국을 두고 있다.

또한, 지역의 특성을 살릴 수 있는 정책입안 및 집행기능은 시 · 도 교육청에 이양하거나 민간에 위탁함으로써 중앙교육행정기관인 교육부는 국가차원에서 수행하여야 할 정책기능에 초점을 두고 있다.

2. 지방교육행정 조직 및 운영

1) 지방교육행정체제

지방교육행정체제는 지방의 교육행정조직을 위한 전반적인 조직과 구조를 말하며, 교육의 자주성, 전문성, 지역교육의 특수성을 구현하기 위하여 교육자치제도를 그 특징으로 하고 있다. 지방자치제와 교육자치제의 실시는 그 동안의 '교육과 국가발전'이라는 논리에서 '교육과 지방발전'이라는 패러다임의 변화로 교육활동에 있어서 지역단위에서의 합리적인 계획수립과 이의 실천을 요구하는 지방교육행정체제의 변화를 가져오고 있다.

교육부 조직도 (2015. 1. 7)

조직			정원
실	국·관	과(담당관)	
3	3·11	49	565명

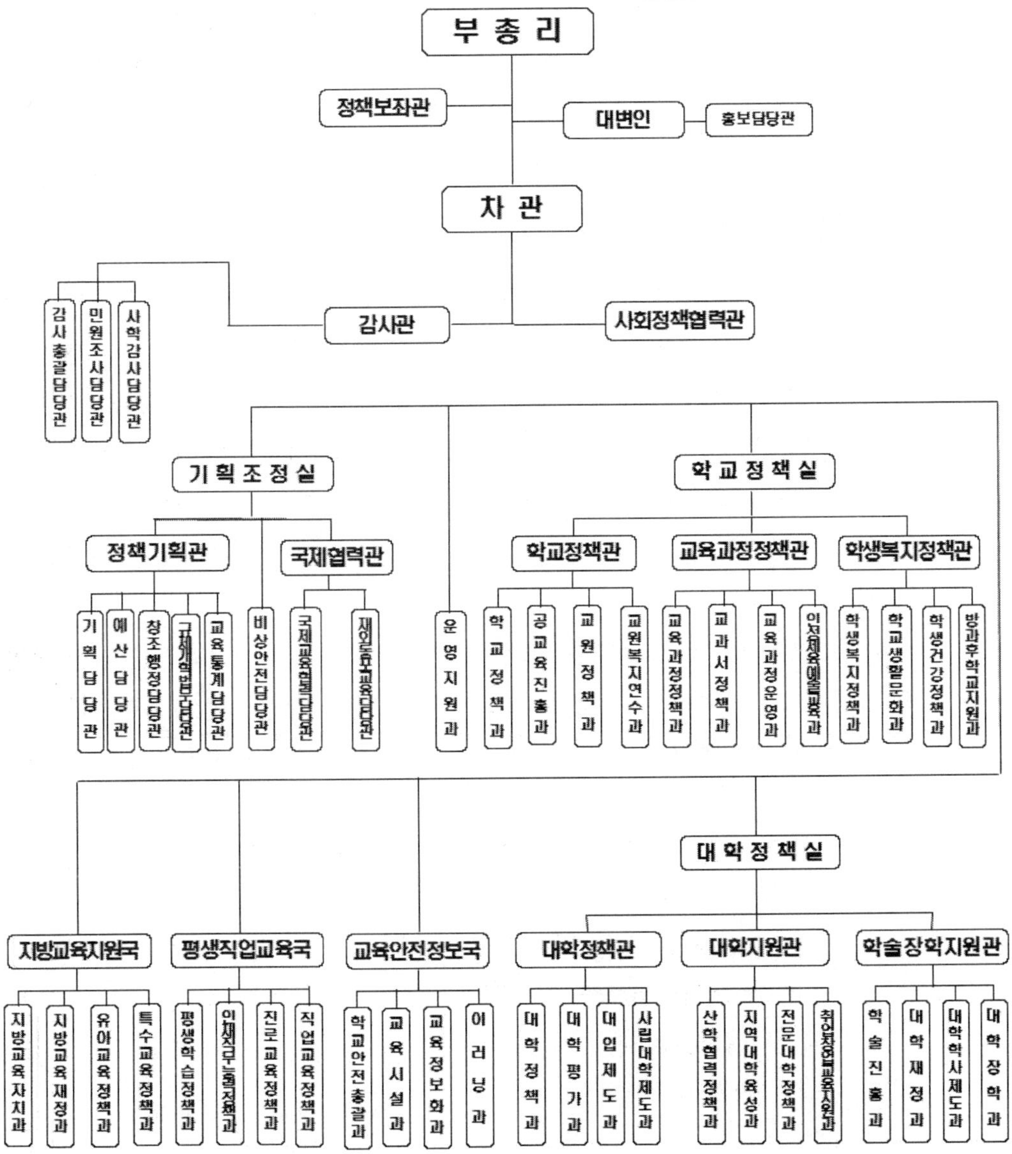

[그림 6-1] 교육부 조직기구표

교육자치제도하에서 지방교육행정기관은 특별시 · 광역시 및 도(이하 시 · 도)의 교육 · 학예에 관한 사무를 담당하기 위하여 설치된 행정기관으로서 그 관할권이 미치는 범위가 일정지역에 한정되는 기관을 의미한다. 현재 지방교육행정체제는 17개 시 · 도교육청과 176개 지역교육청으로 구성되어 있다. 지방분권화의 추진은 교육사무도 국가사무에서 지방자치 사무로 바뀌게 되며, 조직, 인사, 재정 등의 면에서 많은 변화가 뒤따르고 있다. 지방자치단체의 교육에 대한 책임이 증가하게 됨에 따라 지방자치단체와 교육자치기구 간의 기능과 역할, 책임의 정립이 새롭게 요청되고 있다.

(1) 시 · 도교육청

교육부는 국립학교와 고등교육기관을, 시 · 도교육청은 고등학교, 지역교육청은 유치원, 초등학교, 중학교, 각종학교 등을 직접 관장하고 있다. 시 · 도 단위의 교육청은 지역교육에 대한 요구를 수렴하여 지역교육의 특수성을 살려 지역교육 계획을 수립 · 실천하고, 해당 지역의 초 · 중등교육기관을 총괄하도록 한다. 시 · 도교육청은 교육에 관한 지역적 요구를 수렴하기 위하여 교육감을 정점으로 부교육감, 국장, 과장, 계장 등으로 이어지며, 당해 지방자치단체의 교육 · 학예에 관한 사무를 관장한다.

시 · 도교육청의 설치 현황을 살펴보면, 전국 17개 시 · 도교육청은 일반 광역자치단체 수와 동일하며, 시 · 도교육청의 내부 설치 기준은 지방교육행정기관의 기구와 정원기준 등에 관한 규정에 명시되어 있다. 구체적인 내용은 〈표 6-1〉과 같다.

〈표 6-1〉 시 · 도교육청 실 · 국 설치 기준

구 분		실 · 국의 수
서울특별시 교육청		4실 · 국 이내
부산광역시 교육청		2실 · 국 이내
경기도 교육청		5실 · 국 이내
그 밖의 특별자치시 · 광역시 교육청	인구: 400만명 이상 학생: 80만명 이상	3실 · 국 이내
	그 밖의 경우	2실 · 국 이내

그 밖의 도교육청	인구: 300만명 이상 학생: 60만명 이상	3실 · 국 이내
	그 밖의 경우	2실 · 국 이내

〈비고〉 1. 실 · 국 수를 산정할 때 해당 보조기관의 직급에 상응하는 정원을 실 · 국의 명칭이 아닌 기구의 정원으로 유지하고 있는 경우에는 이 표의 수에 포함하여 산정한다.
2. 학생 수는 각급 학교의 해당 연도 4월 1일 기준 학생 수를 말하고, 인구 수는 주민등록표상의 연도 4월 1일 기준 인구 수를 말하며, 학생 수와 인구 수를 모두 충족하여야 한다.

(2) 교육지원청

기초단위의 하급 교육행정기관인 교육지원청은 시 · 도의 교육 · 학예에 관한 사무를 분장하기 위하여 1개 또는 2개 이상의 시 · 군 · 자치구를 관할구역으로 하여 설치된 하급 교육행정기관이다. 지역교육청의 관할구역과 명칭은 대통령령으로 정하며, 교육청에는 교육장을 두되 장학관으로 보하고 그 임용에 관하여 필요한 사항은 대통령령으로 정한다. 지역교육청의 교육장은 시 · 도의 교육 · 학예에 관한 사무 중 공 · 사립의 유치원, 초등학교, 중학교, 공민학교, 고등공민학교 및 이에 준하는 각종 학교의 운영 · 관리에 관한 지도 · 감독 등에 관한 사무를 위임받아 분장한다.

현재 전국 176개(세종시 제외) 지역교육청의 설치 현황을 살펴보면, 서울 11개 교육지원청, 부산 5개 교육지원청, 대구 4개 교육지원청, 인천 5개 교육지원청, 광주 2개 교육지원청, 대전 2개 교육지원청, 울산 2개 교육지원청, 경기 25개 교육지원청, 강원 17개 교육지원청, 충북 10개 교육지원청, 충남 14개 교육지원청, 전북 14개 교육지원청, 전남 22개 교육지원청, 경북 23개 교육지원청, 경남 18개 교육지원청, 제주 2개 교육지원청으로 되어 있다.

지방교육행정기관의 기구와 정원기준 등에 관한 규정(2014. 6. 11. 대통령령 제 25375호) 제11조에 의하면, 교육지원청은 인구수와 학생수를 기준으로 조직구조를 달리 편성하고 있다. 학생수는 각급학교의 당해연도 4월 1일 기준으로 산정하고, 인구수는 주민등록표상의 당해연도 4월 1일 기준 인구수로 산정한다. 이는 학생 수 · 인구 수를 모두 충족하여야 한다. 현행 교육지원청은 인구 50만 이상, 학생 수 5만 이상은 2국, 인구 50만 미만 30만 이상, 학생 5만 미만 3만 이상은 4과(담당관) 2센터를, 인구

30만 미만 15만 이상, 학생 3만 미만 1.5만 이상은 3과(담당관) 2센터를, 인구 15만 미만, 10만 이상, 학생 1.5만 미만 1만 이상은 2과(담당관) 2센터를, 인구 10만 미만, 학생 1만 미만은 2과(담당관) 1센터로 조직하도록 규정하고 있다.

단, 창원시 교육청은 2020년 6월 30일까지 2과 · 담당관을 별도의 한시기구로 설치할 수 있다.

이상에서 살펴본 바와 같이, 그 동안의 지방교육행정체제는 감독 · 관리 · 지시위주의 운영체제로 인하여 학교와 교육관련 구성원들에게 신뢰와 만족을 주지 못하고 효과적으로 지원하는 데 부족하였다는 것으로 볼 수 있을 것이다. 따라서, 지방교육행정체제는 과도한 중앙집권체제를 지양하고, 권한 배분을 적정화하여 지역 및 단위학교의 특수성과 독자성이 충분히 반영되도록 지원체제로 변화해야 할 것이다. 궁극적으로 지방교육행정체제는 단위학교의 교육활동을 지원 · 조장하는 데 초점을 두어야 할 것이다.

〈표 6-2〉 교육지원청 기구 설치 기준

구분		국	과 · 담당관 · 센터
인구 50만 명 이상	학생 5만 명 이상	2국	
인구 50만 명 미만 30만 명 이상	학생 5만 명 미만 3만 명 이상		4과(담당관) 2센터
인구 30만 명 미만 15만 명 이상	학생 3만 명 미만 1.5만 명 이상		3과(담당관) 2센터
인구 15만 명 미만 10만 명 이상	학생 1.5만 명 미만 1만 명 이상		2과(담당관) 2센터
인구 10만 명 미만	학생 1만 명 미만		2과(담당관) 1센터

〈비고〉 1. 학생 수는 각급 학교의 해당 연도 4월 1일 기준 학생 수를 말하고, 인구 수는 주민등록표상의 해당 연도 4월 1일 기준 인구 수를 말하며, 학생 수와 인구 수를 모두 충족하여야 한다.

2. 위 표의 설치기준에도 불구하고 「경상남도 창원시 설치 및 지원특례에 관한 법률」에 따라 설치되는 경상남도 창원시를 관할하는 지역교육청은 2020년 6월 30일까지 2과 · 담당관을 별도의 한시기구로 설치할 수 있다.

3. 「지방교육자치에 관한 법률」 제5조에 따라 다른 지역교육청 관할구역의 사무 일부를 통합하여 처리하는 지역교육청은 2과(담당관) 이내의 기구를 추가로 설치할 수 있으며, 그 설치에 관한 세부사항은 교육부장관이 정하는 바에 따른다.

2) 교육자치기구

(1) 교육감

① 지위 : 시 · 도교육감은 각 시 · 도의 교육 · 학예에 관한 사무의 집행기관으로서 교육 · 학예에 관한 소관사무에 인한 소송이나 재산의 등기 등에 대하여 당해 시 · 도를 대표한다. 또한 국가행정사무 중 시 · 도에 위임하여 시행하는 사무로서 교육 · 학예에 관한 사무를 집행한다.

② 자격 및 선출 : 교육감후보자는 시 · 도의회의 의원과 피선거권이 있는 자로서 후보자 등록신청개시일 기준 1년 동안 정당의 당원이 아닌 자이어야 하며, 교육경력 또는 교육공무원으로서의 교육행정 경력이 3년 이상 있거나 양 경력을 합하여 3년 이상 있는 자이어야 한다.

③ 임기 : 교육감의 임기는 4년으로 계속 재임은 3기에 한한다.

④ 관장사무 : 교육감은 교육 · 학예에 관한 다음 사항에 관한 사무를 관장한다.

- 조례안의 작성 및 제출에 관한 사항
- 예산안의 편성 및 제출에 관한 사항
- 결산서의 작성 및 제출에 관한 사항
- 교육규칙의 제정에 관한 사항
- 학교, 그 밖의 교육기관의 설치 · 이전 및 폐지에 관한 사항
- 교육과정의 운영에 관한 사항
- 과학 · 기술교육의 진흥에 관한 사항
- 평생교육, 그 밖의 교육 · 학예진흥에 관한 사항
- 학교체육 · 보건 및 학교환경정화에 관한 사항
- 학생통학구역에 관한 사항
- 교육 · 학예의 시설 · 설비 및 교구(敎具)에 관한 사항
- 재산의 취득 · 처분에 관한 사항
- 특별부과금 · 사용료 · 수수료 · 분담금 및 가입금에 관한 사항
- 기채(起債) · 차입금 또는 예산 외의 의무부담에 관한 사항
- 기금의 설치 · 운용에 관한 사항
- 소속 국가공무원 및 지방공무원의 인사관리에 관한 사항

· 그 밖에 당해 시 · 도의 교육 · 학예에 관한 사항과 위임된 사항

지방교육자치에 관한 법률 제20조에 의하면 교육감의 관장사무는 교육 · 학예에 관한 조례안의 작성, 예산안의 편성, 결산서의 작성, 교육규칙의 제정, 학교 기타 교육기관의 설치 · 이전 및 폐지에 관한 사항 등 17가지다(특히, 조례안, 예산안, 결산서 작성 및 제출에 관한 사항은 시 · 도의회를 통과해야 한다). 그러나 동법에서 열거된 사무는 예시적인 것으로서 교육 · 학예에 관한 모든 사무를 관장하는 것으로 보아야 한다.

⑤ 권한 : 교육감의 권한은 크게 다음과 같이 일곱 가지를 들 수 있다.

· 사무집행권 : 교육 및 학예에 관한 모든 사무를 관장 · 집행한다.

· 교육규칙 제정권 : 법령 또는 조례의 범위 안에서 그 권한에 속하는 사무에 관하여 교육규칙을 제정 · 공포할 수 있다.

· 대표권: 교육 · 학예에 관하여 당해 지방자치단체를 대표한다.

· 지휘 · 감독권 : 소속 공무원을 지휘 · 감독하고 법령과 조례 · 교육 규칙이 정하는 바에 의하여 임용 · 교육훈련 · 복무 · 징계 등에 관한 사항을 처리한다.

· 재의 요구권 : 교육 · 학예에 관한 시 · 도의회의 의결이 법령에 위반되거나 공익에 저해된다고 판단할 때에는 그 의결사항을 송부받은 날로부터 20일 이내에 이유를 붙여 재의를 요구할 수 있다. 교육감이 교육부 장관으로부터 재의 요구를 하도록 요청받은 경우에는 그 시 · 도의회에 재의를 요구하여야 한다.

· 제소권 : 교육감은 시 · 도의회 재의결한 사항이 여전히 법령에 위반된다고 판단될 때에는 이를 교육부 장관에게 보고하고 재의결된 날로부터 20일 이내에 대법원에 제소할 수 있다.

· 선결처분권 : 시 · 도의회 의결사항 중 시 · 도의회가 성립되지 아니한 때(시 · 도의회의원의 구속 등을 사유로 의결정족수에 미달한 경우를 뜻한다), 학생의 안전과 교육기관 등의 재산보호를 위하여 긴급하게 필요한 사항으로서 시 · 도의회가 소집될 시간적 여유가 없거나 의결이 지체되는 때에는 선결 처분할 수 있다. 이 선결처분은 지체 없이 시 · 도의회에 보고하여 승인을 얻어야 한다.

(2) 학교운영위원회

1995년 5 · 31 교육개혁을 통하여 초 · 중등교육의 자율적인 운용을 위한 '학교공

동체 구축'과 '단위학교 책임경영제 확립' 방안으로 설치된 학교운영위원회는 학부모, 교사, 지역사회 인사 등을 학교운영에 참여하게 함으로써 단위학교운영의 자율성을 높이고 지역의 실정과 특성에 맞는 다양한 교육을 창의적으로 실시하기 위하여 설치되었다. 국 · 공립학교에 시범실시 이후 1999년 8월 법률 개정을 통해 2000년부터 국 · 공립학교 뿐만 아니라 사립학교에도 의무적으로 구성 · 운영되고 있다.

학교운영위원회는 다음 각호의 사항을 심의(사립의 경우 자문)한다.

- 학교헌장 및 학칙의 제정 또는 개정에 관한 사항
- 학교의 예산안 및 결산에 관한 사항
- 학교교육과정의 운영방법에 관한 사항
- 교과용도서 및 교육자료의 선정에 관한 사항
- 정규학습 시간 종료 후 또는 방학기간 중의 교육활동 및 수련활동에 관한 사항
- 초빙교원의 추천에 관한 사항
- 학교운영지원비의 조성 · 운용 및 사용에 관한 사항
- 학교급식에 관한 사항
- 대학입학 특별전형 중 학교장 추천에 관한 사항
- 학교운동부의 구성 · 운영에 관한 사항
- 학교운영에 대한 제안 및 건의 사항
- 기타 대통령령, 시 · 도의 조례로 정하는 사항

사립학교의 경우는 학교헌장 및 학칙의 제정 또는 개정에 관한 사항은 학교법인의 요청이 있는 경우에 한하며, 초빙교원에 관한 사항 역시 자문에서 제외된다. 학교운영위원회는 학교발전기금의 조성 · 운용 및 사용에 관한 사항에 대하여는 심의 · 의결권을 가진다(초 · 중등교육법 제32조).

학교운영위원회 위원의 정수는 재학생수를 기준으로 5인 이상 15인 이내로 구성되며, 위원의 구성은 학부모위원(40~50%), 교원위원(30~40%), 지역위원(10~30%)으로 이루어진다. 국 · 공립전문계 고등학교의 경우 학부모위원 30~40%, 교원위원 20~40%, 지역위원 30~50%의 비율로 구성되며, 지역위원 중 2분의 1 이상은 사업자로 선출되어야 한다. 이들에 대한 선출방법은 초 · 중등교육법 시행령 제59조에 규정하고 있다. 국 · 공립학교의 장은 운영위원회의 당연직 교원위원이 된다. 학부모위원은 학부모가 민주적 대의절차에 따라 학부모 전체회의에서 직접 선출한다.

당연직 교원위원을 제외한 교원위원은 교원 중에서 선출하되, 교원 전체 회의에서 무기명 투표로 선출한다. 지역위원은 학부모위원 또는 교원위원의 추천을 받아 학부모위원 및 교원위원의 무기명 투표 방식으로 선출한다.

제3절 학교조직의 특성

1. 학교조직의 특성

일반적으로 우리는 학교를 관료적 구조개념으로 기술하는 경우가 많다. 즉 학교 통제와 지휘가 최고 행정가에게 집중되는 계층 관계를 중시하는 피라미드형의 조직으로 파악한다. 그러나 최근에 오면서 학교가 핵심적인 교수기능을 단지 최소한으로 통제하고 있음을 시사하며 교육조직의 구조적 느슨함을 강조하고 있다(Bidwell, 1965). 교사들이 학생들의 성장발달과 관련된 문제를 다루고 있기 때문에 전문적 판단을 할 수 있는 자유가 주어져야 한다는 것이다. 이것이 학교조직의 구조적 느슨함을 말해 주는 것이다.

구조적 느슨함은 학교 내에서 교사의 수업 및 학생지도와 관련해서만 사용되는 개념이 아니라 교육청과 학교와의 관계에서도 적용될 수 있다. 각 학교들이 교육과정 운영과 학교경영 전반에 있어서 광범위하게 재량권을 행사하여 독자적이고 창의적인 학교운영을 할 수 있게 된다.

따라서 학교조직의 특성을 분석하면 합리적 관료제(rational bureaucracy)와 조직화된 무정부 혹은 느슨한 조직(organized anarchy or loosely coupled system)의 두 가지로 유형화할 수 있다.

일반조직과는 달리 학교조직은 목표의 추상성, 투자효과의 장기성, 구성원의 이질성 등을 그 특징으로 하고 있다. 또한 Weber가 제시하는 관료제의 성격을 지니면서 동시에 전문적 관료제와 느슨한 체제의 속성을 복합적으로 갖고 있다. 학교조직을 조직 유형론에서 보면, 유지조직, 서비스조직, 규범조직, 야생조직, 순치조직 등으로 범주화될 수 있다.

이러한 학교조직은 교도성과 발전지향성을 그 특징으로 학교장을 중심으로 교직원과 학생들을 비롯하여 여러 구성원들을 가지는 사회적 조직, 전문성 지향의 교사들과 미성숙성을 지닌 학생들 사이에서 교권의 확립이 요청되는 특수조직, 교수-학습활동과 학생지도 활동을 중핵으로 하여 교육사업을 핵심으로 하는 집단, 외부환경과 계속되는 교호작용을 필요로 하는 개방체제의 특성을 가지고 있어 일반 여타 조직과 구분된다(김종철 외, 1990: 26~27).

학교조직의 특성에 관한 내용을 기술하면 다음과 같다(Campbell, et al., 1983: 42~51; 문낙진, 1993: 221~230; 남정걸, 2012: 177-122).

1) 전문적 관료제

학교조직은 규모가 커지고 업무가 복잡화되어 관료제의 많은 특징을 가지는 공식적 조직으로 되어 있다. Weber의 관료제 모형의 특징은 ① 분업과 전문화, ② 몰인정성, ③ 권한의 위계, ④ 규칙과 규정, ⑤ 경력지향성 등을 들 수 있다. 그러나 여기서 다른 관료조직과 구별되어야 하는 것을 Campbell 등에 의해 설명하면 첫째, 권한의 계층상 하위에 있는 교사들은 고도의 교육을 받았고 그 자신들은 전문가라고 생각한다. 둘째, 교사들의 책임은 각종 자극으로부터 상이한 속도로 배우는 서로 다른 배경을 가진 아동을 가르치는 것이다. 셋째, 교사들은 그들의 책임상 독립된 교실에서 아동을 가르치기 때문에 많은 재량권을 갖고 있다. 즉 학교의 관료제를 어느 정도 인정하면서도 Weber모형과는 차이가 있다는 것이다.

2) 조직화된 무질서

학교의 교육목적은 학교 조직체에 방향을 제시해 주고 학교의 존재 이유가 된다. 그러나 학교의 교육 목적이 너무 일반적이고 추상적이어서 불분명하고, 목적 수행을 위한 방법이나 기술도 불확실하다. 또한 유동적인 참여로 인해 Cohen과 March(1972: 1)는 '조직화된 무질서'라고 기술하고 있다. 또한 Campbell 등은 목적과 방법의 불확실한 조직에서는 행정적 성공도 애매모호하다고 지적하고 있다. 즉 조직이 언제 그 목적을 달성하고 또 언제 가장 능률적으로 운영되고 있는지를 알기 어렵다는 것이다.

3) 보호된 조직(순치조직)

Carlson(1964)은 조직의 고객선택과 고객의 조직선택을 기초로 하여 봉사조직에 대한 새로운 유형을 구성하였다. 더욱이 그는 조직과 고객의 경우 선택의 변인을 종합하여 봉사조직과 고객의 관계를 4가지 유형으로 제시하고 있다. 순치조직에서 조직과 개인은 선택권이 없고 참여만 하게 된다. 순치조직은 조직의 안정성이 보장되나 공립학교가 순치조직이기 때문에 변화에는 느리다고 지적하고 있다. 순치조직에 있어서 가장 어려운 문제는 고객들의 동기 유발에 있다. 고객들은 조직의 봉사에 관여할 필요가 없다고 하더라도 참여하도록 강요당하고 있다.

4) 이완결합체제

Weick(1976: 3)는 결합된 사건들(events)이 반응적이지만 각 사건은 그 자신의 주체성과 그것이 물리적 또는 논리적으로 분리되어 있다는 증거를 보전한다는 모습을 전하기 위하여 이완결합이라는 말을 사용한다. 이완결합이란 구조와 활동 사이에 결합의 이완을 의미하는 것으로 교육조직은 기술적 활동에 대한 조정과 통제를 결여하고 있다. 예를 들면, 교육조직에서 상담교사의 직무가 교장의 직무와는 느슨하게 연결되고 있다고 하는데 이는 교장과 상담교사는 어느 정도 연계되어 있으며, 각자는 어느 정도 주체성과 분리성을 보유하고 그들의 연계는 제한되어 있으며 상호 영향은 약하고 중요하지 않다.

2. 학교조직에 대한 두 가지 모습

합리적 관료제와 느슨한 조직은 매우 다른 역사적 배경을 근거로 형성되었다. 여기서 느슨한 조직은 학교의 모습이나 상에 대한 설명을 관료제로서만 다할 수 없음을 전제로 하고 있다.

1) 합리적 관료제 조직

Merton(1968: 122~125)에 의한 합리적 관료조직의 네 가지 특성은 첫째, 목표에 대한 합의도가 높은 단순구조로서, 이러한 조직은 정해진 목표 달성을 최고의 가치로 여긴다. 둘째, 합법적 규정에 의해 행동이 요구되며 통제된다. 따라서 책임자의 권위는 법규에 의해서 형성된다. 셋째, 정책추진 부서가 피라미드로 계층화되어 있다. 의사 결정이 최고 상위층에서 이루어지므로 중앙집권화가 형성된다. 넷째, 폐쇄적인 체제로서 정책결정이나 추진이 조직 내부에서만 이루어진다.

2) 느슨한 조직

느슨한 조직은 학교를 합리적 관료조직으로 보는 견해에 반론을 제기하는 이론이다. 이 조직의 특징은 첫째, 조직의 목적이 구체적이지 않으며 분명하지도 않다는 점이다. 비교적 일관성이 없을 뿐만 아니라 많은 시행착오를 바탕으로 해서 운영되는 경우가 많다. 아이디어가 의도적으로 체계있게 수집되는 것이 아니라 주먹구구식으로 수집되며 문제와 해결책이 뒤범벅되어 있다가 우연히 하나의 해결책을 선택하는 경우가 많아 Cohen, Olsen, March(1972: 1~25) 등은 이를 쓰레기통(garbage can) 모형이라고 부르기도 한다. 둘째, Weick(1976)과 Aldrich(1979) 등은 조직을 구성하고 있는 각 요인 및 하위체제들이 이완된 형태로 조직의 구조가 느슨하게 결합(loosely coupled)되어 있다는 것이다. 셋째, 다소 개방적인 성격을 가지고 있다는 것이다. 교사는 학생들을 통하여 학부모와 직접적인 관계가 형성된다. 따라서 그들의 요구를 받아들여야만 하는 경우가 있다. 이러한 요구들이 모여 학교 전체의 정책으로 결정되기도 한다. 이런 점에서 느슨한 조직은 개방체제의 이미지를 보여준다.

이상에서 기술한 학교조직의 특성을 설명하는 두 가지 모습, 즉 합리적 관료제와 느슨한 조직은 학교조직의 복잡한 면을 이해하는데 도움을 주며, 학교에서 특히 개인의 활동과 전체적인 계획에 있어서 매우 다른 형태를 보여주게 된다. 관료제 조직은 합리적 리더십에 의해 운영되며 학교행정가는 목표에 대한 해석자로서 조직성과를 위한 정보의 수령자로서의 역할을 맡아 수행하게 된다. 기대와 업무수행 간의 규명이 명확하고 새로운 방향제시 및 필요한 자원을 제공하며, 도구적인 측면의 설계와 집행을 담당한다.

반면에 느슨한 조직은 행정적 리더십에 대해 수동적인 면을 보이는 개인의 활동을 중심으로 전개된다. 적은 기대와 아울러 개인의 능력을 최대한 살려 주며 조직의 효과성 향상에 초점을 두고 있다. 따라서 학교행정가들의 혁신이 요구되며 변화를 추구하는 경우 목표의 불분명으로 인하여 좌절되기도 한다.

이러한 학교조직이 지니고 있는 두 가지 모습의 특징을 제시하면 〈표 6-3〉과 같다.

〈표 6-3〉 학교조직에 대한 두 가지 모습

합리적 관료제 조직	느슨한 조직
목표에 대한 합의의 단순	목적의 불분명
합법적 규정	비일관성, 시행착오가 바탕
피라미드형의 계층화, 중앙집권화	주먹구구식 해결
폐쇄체제	조직구조의 느슨함
수직적 의사소통	개방적인 성격
높은 행정력의 정당성	낮은 행정력의 정당성
교사의 낮은 자율성	교사의 높은 자율성

Herriott와 Firestone(1982: 39~59; 1984: 41~57)은 조직으로서의 학교모습에 대해 실증적으로 조사하였다. 그들은 합리적인 관료제와 느슨한 체제의 학교조직 모습을 측정하는 준거로서 ① 목표의 합의성, ② 영향력의 집중성, ③ 학교규칙의 집행정도, ④ 학교장과의 의사소통, ⑤ 행정력의 합법성, ⑥ 교사의 자율성, 그리고 ⑦ 환경에 대한 개방성의 일곱 가지를 설정하였다. 일곱 가지 준거 중 합리적인 관료제는 ①~⑤의 특징이 높으며, 느슨한 체제는 ⑥, ⑦의 특성이 높다고 가정하고 있다.

이러한 준거를 토대로 학교조직의 특성을 실증적으로 측정한 바, 초등학교는 합리적 관료제의 특성이, 상대적으로 중등학교는 느슨한 체제의 특성이 더 높은 것으로 나타났다.

제4절 학교조직문화

1980년대 이후 미국을 중심으로 선진국들은 경제침체의 원인과 처방을 교육에 두고 만병통치약으로써 교육개혁을 추진함과 동시에 교육의 수월성 제고를 위하여 학교조직 문화를 어떻게 창출할 것인가에 초점을 두고 있다. 이는 학교조직문화를 변화시키는 것이 교육의 질을 제고하고, 교육개혁의 성패를 좌우하는 데 중요한 요인으로 작용한다는 것을 보여주고 있다. 우리 나라도 1980년대 이후 교육의 경쟁력 제고를 위한 교육개혁을 꾸준히 추진하고 있으며, 국민의 정부에서는 초·중등 교육을 정상화하고, 인성과 창의성을 갖춘 인재양성의 기반을 확립하기 위해 새학교문화창조를 주요 정책과제로 추진하였다.

학교조직문화는 조직 구성원들이 공유하고 있는 가치, 신념, 기대, 규범, 가정, 행동, 의식, 상징, 의미 체제 및 구조를 말한다. 이러한 학교조직문화에 대한 선행연구 결과를 보면, 강한 문화를 가진 학교일수록 학생들의 학교생활에 대한 만족도와 교원들의 사기가 높은 것으로 밝혀지고 있다. 학교조직문화에 대한 의도적인 변화를 통하여 교사들이 학교조직에 대해 긍정적인 태도를 가지고 학생들의 학습동기를 유발하고 강화시키는 학교의 모습으로 만들 수 있다. 이러한 변화는 학교행정가의 지도성, 교사의 헌신, 학생의 동기, 학업성취 등에서 학교조직문화의 중요성이 실증적으로 입증되고 있다.

그 동안 학교조직풍토에 대한 연구는 국내·외적으로 활발히 이루어져 왔으나, 학교조직문화에 대한 연구가 시작된 것은 비교적 최근이라고 할 수 있다. 학교조직문화는 학교조직풍토를 포괄하는 개념이므로 학교행정가에게 실질적인 정보를 제공하기 위해서는 학교조직문화를 정확히 파악할 수 있는 실증적인 자료가 필요하다고 할 수 있다. 성공적인 교육개혁과 효과적인 학교조직의 구축은 학교조직문화에 대한 올바른 이해를 통해서 가능하다고 할 수 있다.

학교조직문화를 이해하기 위해서는 학교행정가, 교사들의 이에 대한 질적·양적 측정연구를 통해 학교조직문화에 대한 폭넓은 이해가 가능하다. 흔히, 학교조직문화는 상징체계로 간주되며, 그 분석은 의미를 파악하는 데 있어서 추상적이고 해석학적으로 학교조직문화의 특성을 연구하기 위해 인류학과 사회학의 민속학적 기법을 활용하여 관찰이나 심층면담 등의 질적인 방법이 사용되었다. 그러나 최근에 와서 학교조직문화의 특성이나 유형을 양적으로 규명하려는 시도가 국내 · 외에서 활발히 이루어지고 있다(김준기, 1991; 김두성, 1993; 김용식, 1993; 이석열, 1997; 주삼환 외, 1999; Schein, 1985, 1992; Cooke, 1989; Cooke & Szumal, 1993; Leithwood & Aitken, 1995; Gruenert, 1998).

이러한 학교조직문화의 특성, 요소, 유형을 실증적으로 파악 · 구분하는 연구들은 학자들에 따라 달리 논의되고 있으며, 다양한 접근이 가능하다. 본 절에서는 선행연구를 토대로 초 · 중등학교의 조직문화 특성을 반영할 수 있는 강도, 형태 및 내용으로 구분하여 살펴보고자 한다. 즉, 초 · 중등학교의 교원들이 당연시하는 규범, 가치, 신념, 가정들을 공유하는 정도에 따른 학교조직문화의 '강도(strength)', 학교조직에서 일상업무를 수행하는 데 있어서 교원들간의 혹은 부서간의 협력정도를 제시해 주는 학교조직 문화의 '형태(form)', 그리고 이러한 학교조직문화의 속성들, 즉 강도와 형태를 구체적으로 나타내 주는 '내용(content)'으로 파악할 수 있다.

이와 같은 학교조직문화에 대한 양적인 측정을 통하여 학교행정가는 학교조직문화의 역동성을 이해할 수 있으며, 학교변화, 개선, 개혁을 위한 정보를 수집 · 활용할 수 있게 된다. 학교조직문화에 대한 이해는 학교개선을 위한 것으로, 효과적인 유형으로 최근에 많은 연구들은 협동적 학교조직문화를 지향할 것을 지지하고 있다(Hargreaves, 1991; Schein, 1992: Wagner, 1994; Newmann & Wehlage, 1995; Chance, Cummins & Wood, 1996; Kain, 1996; Sarason, 1996; Schlechty, 1997; Gruenert, 1998; Owens & Valesky, 2012).

1. 학교조직문화의 개념

학교조직문화를 이해하기 위해서는 먼저 문화, 조직문화의 개념을 파악하는 것이 필요하다. 일반적으로 문화(culture)의 용어를 과학적으로 사용하기 시작한 것은 인류학 분야이다. 인류학자들은 문화를 자연적으로 경계지워진 사회집단 구성원들이 학습하고 공유하는 명시적 · 묵시적 내용을 가진 일상적 의미와 상징들의 체계로서 규정하고 있다(Schein, 1985; Deal & Bolman, 1991; Bates, 1992).

조직문화(organizational culture)란 개념은 예컨대, 기업, 공장, 병원, 학교와 같은 다양한 조직체들에 적용된다. 조직문화의 개념 안에는 구성원 자격(membership)이란 요소가 포함되는 데 있다. 학교조직의 경우 행정가, 교사, 직원, 학생들이 그 구성원이 되며, 이밖에 준회원들로서 학부모, 사립학교의 재단이사, 동창생, 지역사회 인사 등을 들 수 있다.

조직문화에 대하여 Ouchi(1981: 41)는 그 구성원에 대한 조직의 기본 가치와 신념을 의사소통하는 상징, 의식이나 신화라고 규정하고 있다. Schwartz와 Davis(1981: 33)는 조직의 개인과 집단의 행동을 강력하게 형성하는 규범을 만들어 내어 조직 구성원에 의해 공유되는 신념이나 기대의 형태라고 보고 있으며, Lorsch(1985: 84)는 최고 경영자들이 회사에서 그 자신과 다른 회사원들을 어떻게 다룰 것인가와 그들의 사업을 어떻게 수행해야 할 것인가에 대한 그들의 신념을 의미한다고 보았다.

한편, Schein(1985: 6)은 조직문화를 무의식적으로 작용하는 조직 구성원에 의해 공유되는 깊은 수준의 기본 가정이나 신념으로 규정하고 있으며, Minzberg(1989: 98)는 조직문화를 다른 조직과 구별되는 조직의 이념, 전통과 신념으로 그 구조의 부분에 어떤 삶을 투입시키는 것이라고 정의하고 있다. 그리고 Robbins(1991: 572)는 조직 구성원들이 가지는 공통적인 인식, 공유된 의미들의 체제로써 조직문화를 보고 있다.

또한 Hoy와 Miskel(2008; 175~197)은 조직문화는 전형적으로 그 조직에 정체성을 부여하고, 하나로 묶어줄 수 있는 공유된 지향성으로 정의하면서 조직문화의 수준으로 공유된 규범으로서의 문화, 공유된 가치로서의 문화, 그리고 묵시적 가정으로서의 문화 등 세 가지를 들고 있다. 특히, Schein(1992: 8~10)은 조직문화 분야의 선도적인 연구를 수행한 학자로서 ① 조직 구성원들이 상호작용할 때 관찰되는 행동 규칙들, ② 집단 규범, ③ 중시되는 가치, ④ 공식적 철학, ⑤ 조직운영 규정, ⑥ 풍토, ⑦ 업무수행 기술, ⑧ 공유하는 인지구조, ⑨ 공유된 의미, ⑩ 통합적 상징 등을 조직문화의 주요 범주로 들고 있다.

이러한 문화, 조직문화의 개념을 토대로 학교조직문화(school organizational culture)에 대해서 김준기(1991)는 학교라는 조직체의 구성원들에 의해 의심없이 당연한 것으로 받아들여지며, 학교의 고유한 특성을 나타내는 공유 가정인 가치, 신념,

이념, 목표가 학교조직 구성원들에게 작용되어 표출되는 상징적 행위의 복합체라고 규정하고 있다. 그리고 Dalin(1993)은 학교조직문화란 새로운 변화나 혁신을 수용하는데 형성되어야 하는 것으로 보았다. 그는 만약 일부 학교가 다른 학교보다 그 학생의 성취도 면에서 보다 나은 효과성을 가질 경우, 그리고 조직문화가 변화에 민감할 경우 학교행정가는 이러한 변화를 효율적으로 다룰 수 있는 과정으로 간주하고 있다. 또한, Fullan과 Hargreaves(1996)는 학교조직문화란 학교의 운영 방식에서 나타나는 구성원들의 주요 신념과 기대로 보면서, 이는 학교 구성원들간에 상호관계하는 측면에서 나타나는 것이라고 주장하고 있다.

이석열(1997)은 학교조직문화란 학교조직의 목적을 달성하기 위한 집단 활동과정에서 구성원들이 공유하는 이념, 가정, 신념, 가치, 규범 등으로써 구성원들의 사고방식을 지배하며, 그들의 태도나 행동을 이해하고 예측하는 데 유용한 것으로 보고 있다.

이상의 제 학자들의 견해를 종합해 보면, 학교조직문화는 조직 구성원들이 공유하고 있는 가치, 신념, 기대, 규범, 가정, 행동, 의식, 상징, 의미 체계 및 구조를 의미하는 것으로 규정할 수 있다. 이러한 학교조직문화를 학교조직의 구성원인 학생, 교사, 학교행정가(교장, 교감), 그리고 학부모들이 지니고 있는 가치관, 신념, 규범, 이념, 전통, 경영방식, 행동, 지도성 등 학교조직문화를 형성하고 있는 주요 요소들의 규명을 통하여 학교조직의 효과성 제고나 학교개선에 기여할 수 있다.

2. 학교조직문화의 특성 및 요소

학교조직문화의 요소는 단위학교의 고유한 특성을 나타내는 가치, 신념, 가정, 그리고 규범 등이 학교조직 구성원에게 내재되어 표출되면서 학교조직문화를 창출하게 된다. 즉, 학교조직문화의 특성은 바로 학교조직문화의 요소가 어떻게 나타나는가에 따라 결정된다고 할 수 있다.

Schein(1985)은 조직문화의 요소로 인공물, 조형물, 규범, 가치, 가정 등을 제시하고 있으며, Firestone과 Wilson(1985)은 학교조직문화의 내용을 나타내 주는 상징체계는 이야기, 신화, 전설, 의식 등을 들고 있다. 그리고 김준기(1991: 40~47)는 조직문화의 개념에 내포된 문화요소를 핵심적 문화와 표현적 문화로 나누고, 표현적 문화는 상징적 문화와 실천적 문화로 구분하였다. 핵심적 문화요소는 조직성원의 공유 가정으로써 가치, 신념, 이념, 목표 등으로 구체화된다.

상징적 문화요소로는 일화, 언어, 영웅, 전설, 규범, 관습, 문화망, 의식, 의례, 의미, 행동양식, 상징, 태도, 관념, 신화, 전통, 신앙, 감정, 인공물 등을 들고 있으며, 그리고 실천적 문화요소는 경영전략, 조직구조, 경영과정, 제도, 경영방침, 경영방식, 일상업무 등을 포함시키고 있다. 또한, 이석열(1997)도 학교조직문화의 요소로 일컫는 가치, 규범, 가정, 신념, 이념 등은 학교조직의 집단활동 과정에서 학교조직의 특성으로 나타난다고 기술하고 있다.

이상에서 살펴본 학교조직문화의 요소는 결국 학교조직문화의 특성을 반영하게 되는 바, 이러한 요소들을 범주화하면 강도, 형태 및 내용으로 구분할 수 있다. 여기서, 학교조직문화의 강도와 형태는 학교의 일상업무 수행에 대한 의사결정, 학교변화의 추진 및 학교조직 문제의 해결 등에 있어서 교원들의 학교조직 분위기의 긍정도, 학생중심적인 학교 및 학급경영, 학생의 학습신장 촉진, 교원의 전문성 개발과 신장을 위한 근무환경 형성 등을 포함한다.

이와 같은 학교조직문화의 강도, 형태 및 내용은 학교조직 구성원이나 조직이 지니고 있는 규범, 가치, 신념 가정 등을 반영하고 있으며, 학교교육 활동은 물론 학교 방과 후 학생지도까지 포함하는 학교운영 구조 및 전략까지를 내포하고 있다.

3. 학교조직문화의 수준 및 유형

학교조직문화의 특성을 탐색하는 방법 중의 하나는 다양한 수준에서 문화를 보는 것이다. Hoy와 Miskel(2008: 175~197)은 학교조직문화를 공유된 규범, 공유된 가치, 그리고 묵시적 가정으로서 제시하였는 바, 이는 [그림 6-2]와 같이 학교조직문화의 수준을 추상적인 것에서부터 구체적인 것의 세 가지 수준으로 구분된다.

첫째, 공유된 규범은 흔히 학교조직 구성원들의 경험 표면 아래에서 일어나는 문서화되지 않은 비공식적인 기대이며, 직접적으로 조직 구성원들의 행동에 영향을 미친다. 가치나 묵시적 가정보다 더 가시적이며 결론적으로 조직 구성원들의 조직 생활에 있어서 문화적인 측면을 이해하는 데 도움이 되는 명확한 수단을 제공한다.

둘째, 공유된 가치는 학교조직 구성원들에 의해 바람직하다고 생각되는 것을 말한다. 이는 학교조직문화의 기저가 되는 가정의 표현으로써 학교 구성원이 성공적으로 교육활동이나 업무를 수행하기 위해 어떤 것을 해야 하는지 규명하게 된다.

Deal과 Kennedy(1982), 그리고 Peters와 Waterman(1982)은 학교조직의 효과성을 제고시키기 위해 강한 조직문화를 제안하고 있으며, 강한 문화는 조직 구성원들의 신념이나 가치가 확고하면서 구성원간에 폭넓게 공유되고 있으며, 전체 구성원들의 조직행동을 유도한다는 것이다. 이런 문화의 공유된 가치는 고객(구성원)지향적, 혁신지향적(자율성과 전문성 존중), 인간지향적, 성취지향적인 특징을 지니게 된다.

셋째, 묵시적 가정은 인간관계, 인간본성, 진리, 실재 및 환경의 본질과 속성에 대한 추상적인 가정을 의미한다. 학교조직이 일관되고 명료한 기본 가정의 유형을 개발시킬 경우 강한 문화를 형성하게 된다.

이와 같은 공유된 규범, 가치, 묵시적 가정으로써 문화는 앞서 기술한 학교조직문화의 특성을 나타내는 강도, 형태, 내용을 반영하고 있다. 특히, 공유된 가치로서의 학교조직문화는 그 강도를 나타내 주게 되며, 학교구성원이 공유하는 신념이나 가치가 확고할수록, 그리고 구성원 전체에 포괄적으로 내포할수록 강한 학교조직문화를 형성하게 된다.

한편, 학교조직문화는 학교구성원들이 환경과 상호작용하면서 나타내는 특정한 양식, 특징이나 양상들에 따라 유형화될 수 있다(Little, 1981; Cooke, 1989; Rosenholtz, 1989; Fullan & Hargreaves, 1991; Ancona & Caldwell, 1992; Dalin, 1993; Nicotera, 1993).

Dennison(1990)은 조직전략의 중점과 환경변화의 요구간의 관계를 중심으로 학교조직문화를 적응문화, 임무문화, 관여문화, 일관성 문화로 유형화하고 있다. 그리고 Cooke(1989)는 학교조직문화 유형을 구성원들간에 상호작용하는 방식을 토대로 수동적-방어적 문화와 공격적-방어적 문화로 구분하고 있다. 또한, Fullan과 Hargreaves(1996)는 학교조직에서 대비되는 문화의 유형으로 분파된 개인주의, 분열적 문화, 동료적 · 집단적 문화, 편안한 협동성 문화, 그리고 협동적인 문화로 범주화하고 있다.

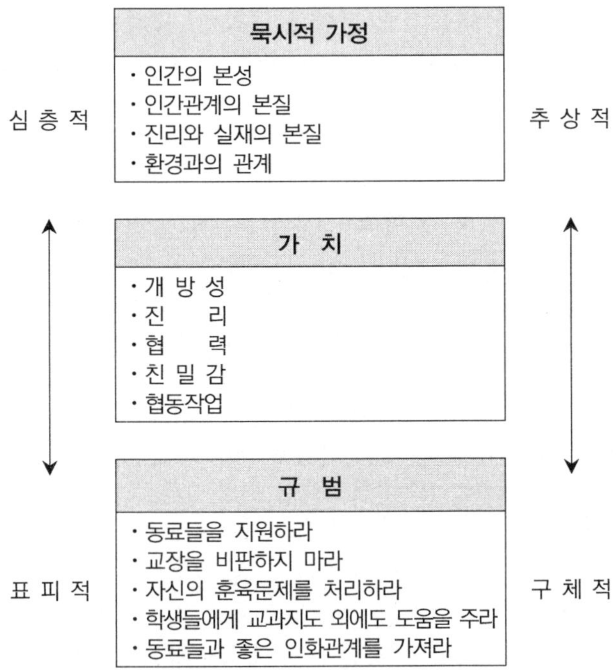

[그림 6-2] **학교조직문화의 수준**

출처: Hoy & Miskel(2008: 178).

이석열(1997)은 학교조직문화의 유형화를 외부환경에 대한 행동 차원을 적극적-소극적으로, 내부문제를 해결하는 과정 차원을 유연성-경직성으로 구분 · 제시하고 있다. 즉, 적극적-소극적, 유연성-경직성 차원에 따라 학교조직문화 유형을 혁신문화, 합리문화, 집단문화, 위계문화로 나누고 있다. 이러한 학교조직문화 유형을 일선 학교현장에 적용한 주삼환 외(1999)의 연구에서는 이러한 문화유형을 토대로 학교 문화와 교장의 수업지도성이 학생의 학업성취도에 미치는 영향을 분석하였다. 분석 결과, 중학생의 학업성취는 위계문화에 의해서, 고등학생의 학업성취는 합리문화에 의해 영향을 받는 것으로 밝히고 있다.

이와 같은 학교조직문화의 특성을 유형화하는 것은 학교조직을 보다 심층적으로 이해할 수 있는 틀을 제공해 주게 된다. 아울러 학교행정가가 바람직한 학교조직문화의 유형을 형성할 수 있도록 리더십을 발휘하는 데 필요한 정보를 제공해 주게 된다.

한편, 학교조직문화의 특성을 올바르게 파악하기 위해서는 학교조직문화의 강도, 형태, 학교조직문화 내용의 안전성과 규칙성, 긍정도, 학생중심도, 학생들의 학습신장 촉진정도, 그리고 교원의 전문적 근무 환경 제공정도 등의 7개 영역과 각 영역별 하위내용을 제시하면 〈표 6-4〉와 같다.

〈표 6-4〉 학교조직문화의 특성 분석(예시)

영 역	내 용
학교조직 문화의 강도	교수-학습활동에서 교사들간의 유사한 가치, 신념, 태도 공유 정도 업무 수행에 있어서 동료교사들과의 친밀성 정도 교사들간의 지속적이고 협동적인 업무 수행 정도 학교행정가가 교사들의 가치, 신념, 태도를 존중하고 공유하는 정도 교사들과 학생들간의 강한 신뢰감 형성 정도 교사들이 학생들의 교육적 성취에 대해 인정하는 정도
학교조직 문화의 형태	동료교사들과 수업내용 및 방법에 관한 협의 정도 수업자료나 교수매체 준비시 동료교사와 공동 작업하는 정도 새로운 교수방법이나 매체 활용시 동료교사와 전문성 공유 정도 교사들간에 효과적인 수업전략 모색을 위한 논의 정도 동료교사와 협의하여 결정된 학교수준의 교육과정을 따르는 정도
학교조직 문화내용: 안전성과 규칙성	교사의 행정위주보다는 학생위주의 업무처리 정도 학교에서 교사가 안전감을 느끼는 정도 학생들이 학교에서 안전감을 느끼는 정도 학교에서의 기물파손 정도 교사의 학생행동에 대한 철저한 감독 정도 학교에서 교사가 학생들과 같이 지낼 때 편안함을 느끼는 정도 학생들의 생활지도에 문제가 발생하는 정도 학생들의 잘못된 행동에 대해 효과적으로 지도 · 개선하는 정도 학생들의 비행이 발생할 시, 즉각적이고 일관성있는 조치 정도
긍정도	학생들을 위하여 희망적이고 긍정적인 분위기 조성 강조 학생들의 모범적인 행동에 대한 칭찬 정도
학생 중심도	학생들이 교사들의 기대를 충족시키는 정도 방과후의 학생지도에 대한 충실성 정도 학생 개개인의 학습과 행동에 대한 기대 정도 학생들에게 모범이 되는 학구적 태도 정도 모범적인 교사에 대해 인정하는 정도 학교행정가들이 학생 개개인에 대해 갖는 관심 정도

영 역	내 용
학생의 학습신장 촉진정도	학생들의 학습을 위해 계획하고 돕는 정도 학교행정가가 학교업무로 교사들의 수업시간을 방해하지 않는 정도 동료교사들이 수업시간을 효율적으로 사용하고 있는 정도
교원의 전문적 근무환경 제공정도	새로운 교육프로그램의 실천을 위한 교사와 학교행정가간의 협력 정도 새로운 교육프로그램이나 교수전략을 실행하는 정도 스스로 전문적 신장을 위해 지속적으로 노력하는 정도 새로운 교육프로그램을 실행하기를 선호하는 정도 직무에 만족하는 정도 전문적인 업무수행에 있어서 학교행정가의 모험심과 실험정신 정도 전문적 교육활동을 실천하는 교사들에 대한 학교행정가의 지원 정도

4. 협동적 학교조직문화

1) 협동적 학교조직문화의 특성

협동(collaboration)이란 많은 분야에 시사된 용어이다. 경제학자들은 협동을 결탁(collusion)으로, 변호사들은 계약과정(contracting process)으로, 심리학자들은 협상(negotiation)으로, 과학자들과 엔지니어들은 기술이전(technology transfer)으로, 석유관련 기업들은 카르텔로, 그리고 사회학자들은 협동을 네트워킹(networking)이라고 지칭하고 있다(Mintzberg, 1996).

협동은 어느 이해 당사자도 해결할 수 없는 일련의 문제를 해경하기 위하여 둘 이상의 이해 당사자가 이해와 가시적인 자원(정보, 자금, 노동 등)을 모으는 것을 의미한다(Gray, 1985). 협동은 다양한 의미와 차원을 가진다. 다양한 동의어와 유사어를 살펴볼 수 있는데 조직간 영역(interorganizational domain)(Trist, 1983), 공동국가(hollow state)(Milward, 1996), 협동 설계(collaborative designs)(Gray, 1989), 사회 문제해결(social problem solving interventions)(McCann, 1983), 공생 파트너십(symsbiotic partnerships)(Perlmutter and Trist, 1986)라고 지칭하고 있다(김홍희, 2002, 재인용).

성격상 교수활동이란 본질적으로 개인적인 일이다. 따라서 "다른 사람이 하는 일의 중요한 부분에 대한 불간섭은 전문인 존중의 표시가 된다"는 Evans(1996: 29)의 지적처럼 도움을 요청하는 일은 약함을 드러내는 표시로 해석될 수도 있고 원하지 않은 도움을 제공하는 것이 무례함으로 이해될 수도 있다(Barth, 1990). 그러나 진정한 협동이란 무능함을 드러나게 하는 것과 같은 난처한 일이 생기게 하지 않으면서 조력과 조언을 구하는 수단이며 또한, 무례하지 않게 전문적 조력을 제공하는 수단이 되는 것을 의미한다. Rosenholtz(1989: 41)는 협동적 학교조직을 "교사들 서로간의 조언 및 조력의 요청 및 제공"이 활발히 이루어지는 것이라 규정하고 있으며, Donaldson과 Sanderson(1996: 21)은 "학교구성원간에 고립을 감소시키고, 원만한 동료관계를 형성하면서 학교의 업무를 보다 더 창조적이며 만족스럽게 만드는 것"으로 정의하고 있다.

학교조직에서 협동의 예로는 팀 티칭, 공유 의사결정, 현장연구, 동료평가, 상담 혹은 공동의 시간계획 등이 있으며, 아울러 쉬는 시간, 점심시간, 혹은 학교 업무를 수행하는 동안에서와 같이 비공식적으로 이루어지기도 한다. 흔히, 협동과 관련된 논의에서 공통으로 지적하는 사항은 학업성적, 교수활동, 학교조직의 현안 문제 및 연구 활동과 관련한 대화들이 많이 있다는 것이다(Little, 1981; Rosenholtz, 1989; Fullen & Hargreaves, 1991, 1996; Wagner, 1994). Donaldson과 Sanderson(1996)은 학교조직에서 협동적 작업의 두 가지 기본요소를 ① 교사들 사이의 상호존중과, ② 그 과정을 촉진하는 적절한 구조를 들고 있다. 그들은 나아가 협동해야 될 교사들은 협동에 필요한 훈련이 필요하다고 주장하고 있다.

협동적 학교조직은 교사들을 고립시키는 것이 아니라 상호 조언 및 조력이 필요한 것으로 강조하고(Rosenholtz, 1989), 교수-학습 과정을 지원하는 문화를 제공한다(Nias, Southworth, & Yeomans, 1989; Rosenholtz, 1989; McCombs & Whistler, 1997). 또한, 교사들의 전문적 대화와 협동을 장려하고, 상호 지원과 공동 작업, 교육적 가치에 대한 광범한 동의를 통해 교사 개발이 촉진되는 문화를 가진다는 것이다(Little, 1981; Nias, Southworth, & Yeomans, 1989; Fullen & Hargreaves, 1991). 아울러 협동적 학교조직문화를 구축한 학교조직에서는 교사 개인뿐만 아니라 학교조직 내의 다양한 공식적 집단 모두를 동시에 고려한다는 점을 강조하고 있다(Nias, 1989; Nias, Southworth, & Yeomans, 1989; Hargreaves, 1993).

Little(1990)은 가장 효과적인 협동적 문화는 학교조직에서 교사들이 과업 수행을 위해 함께 일하는 "공동(joint)" 작업에서 찾아진다고 결론짓고 있다. 이는 강한 상호 의존, 공동 책임 및 헌신을 의미한다. Hargreaves(1991, 1993)는 학교개선을 위한 핵심적 기본원칙으로서의 협동적 학교조직문화의 개념을 강력히 지지한다.

Joyce(1991)는 학교개선 과정으로서 협동적 학교조직문화를 제시하고 있는 바, ① 학교 교직원들 내에 그리고 지역사회들 간에 협동적 관계, ② 현장 연구에 참여하는 교사들, ③ 새로운 교육과정 제안의 도입, ④ 새로운 교수전략의 실험 등이 포함된다. 그는 이 모든 강조점들이 점차 학교문화를 실질적으로 변화시키게 된다고 주장하고 있다. Hookins 외(1994)는 협동적 학교조직문화란 우연히 생겨나는 것은 아니라, 교사와 학생들의 교수-학습을 지원하는 조건들에 대한 이해에 기초한 의도적 활동의 결과물이라고 규정하고 있다.

이상에서 제시한 바와 같이 협동적 학교조직문화에 대한 많은 연구자들은 학교장이 우선 교직원회의 계획 수립 시 교직원들을 보다 많이 참여시키고, 교육과정 및 수업활동에 각각 중요한 역할을 부여하며, 교사들이 자신들의 계획을 조정하고 서로를 관찰할 수 있는 시간을 갖게 하여 자신들의 관찰에 대한 객관적 피드백을 제공하게 함으로써 협동을 촉진할 수 있다는 것이다(Ashton & Webb, 1986; Scott & Smith, 1988; Rosenholtz, 1989; Little, 1990; Squires & Kranyik, 1996). 아울러, 학교활동에 대한 지역사회의 참여, 사회적 동반자 관계의 중요성을 언급하고 있는데, 이러한 관계에서는 지역사회 구성원들이 다양한 학교활동에 참여함으로써 협동적 학교조직문화의 구축을 촉진할 수 있다는 것이다(정일환, 2003: 307-309).

2) 협동적 학교조직문화의 요소

일반적으로 협동적 학교조직문화 조사지에서 사용되는 이론적 구성은 Saphier과 King(1985)이 고안한 12가지 준거를 활용하고 있다. 즉 동료의식, 실험정신, 높은 기대, 신뢰와 자신감, 유형의 지지, 지식기반에로의 도약, 인정, 보호 · 축하 · 유머, 의사결정에 관여, 중요한 것은 지키는 것, 전통, 정직과 개방적 의사소통 등이다.

이러한 준거는 조사연구에서 사용된 이론적 구성의 설정을 위한 초기 개념적 틀을 제시하였으며, 협동적 학교조직문화에 대한 문헌과 연구의 검토가 지속됨에 따라 초기 항목들이 수정 · 보완되었다. 협동적 학교조직문화에 관한 관련 선행연구에서 일반적으로 지지되는 최종적인 이론적 구성으로써, 학부모-교사-학생 관계, 지도성, 동료의식, 학교의 사명, 외부의 지원, 전문성 개발, 가치와 신념, 의사결정 등을 들 수 있다(Saphier & King, 1985; Rosenholtz, 1989; Cooke & Szumal, 1993; Leithwood & Aitken, 1995; Gruenert, 1998).

학교조직문화에 대한 관련 문헌을 조사함으로써 비효과적인 것에서부터 효과적인 다양한 학교조직문화의 분류를 도출할 수 있다. 최적의 학교조직문화 분류가 협동적 조직으로서의 학교에 대한 기술이 된다. 관련 문헌은 학생의 성취도에 긍정적으로 영향을 주는 문화유형으로써 협동적 학교조직문화를 확실하게 지지하고 있으며(Rosenholtz, 1989; Nias, Southwood, & Yeomans, 1989), 변화와 학교의 개선 노력을 좀더 수용적이게 받아들이고 있다(Fullan & Hargreaves, 1996). 따라서 학교행정가는 협동적 학교조직문화를 조성하는 여건을 마련하는 데 중점을 두어야 할 것이다.

협동적 학교조직문화의 요인을 규명하기 위해서는 학교조직문화의 협동적 특성을 평가하기 위한 타당하고 신뢰성 있는 도구의 개발이 필요하다. 이러한 도구는 학교조직문화, 효과적인 학교조직문화, 그리고 협동적 학교조직문화에 대한 관련 문헌과 관련 집단(학교행정가, 교사, 학부모 등)이 공유하는 가치나 신념 등의 분석을 통하여 개발할 수 있다.

협동적 학교조직문화의 요인으로는 협동적 지도성, 교사협동, 전문성 개발, 목적의 일치성, 동료적 지원, 학습동반자 등이며, 이를 구체적으로 제시하면 다음과 같다(정일환, 2003: 310-312).

첫째, 협동적 지도성(collaborative leadership)은 학교행정가들이 교직원과 협동적 관계를 형성 · 유지하는 정도를 말한다. 이에 학교행정가는 교사들의 의견을 존중하고, 그들의 요구를 반영하고, 의사결정에 참여시키고, 전문적 판단을 신뢰한다. 또한, 학교행정가는 교사들의 모험심, 혁신, 교사들의 아이디어와 실험의 공유 등에 대해 지원하고, 이에 대해 보상한다.

둘째, 교사협동(teacher collaboration)은 학교의 교육적 비전을 추구하는 데 교사들이 어느 정도(얼마나) 건설적인 대화를 나누고, 실천하는가의 정도를 말한다. 교사들은 학교교육 계획을 공동으로 수립하고, 동료교사들의 수업활동을 관찰하고, 토의하고, 교육프로그램을 평가한다. 아울러 동료교사들의 수업이나 프로그램을 통해 개발한다. 교사들은 동료교사들의 교육활동에 대해 교육계획을 공동으로 수립한다든지, 중요한 안건(사안)에 대한 의사결정에 참여함으로써 파악하게 된다.

셋째, 전문성 개발(professional development)은 교사들이 지속적으로 개인적 성장과

학교개선에 가치를 부여하는 정도를 말한다. 교사들은 협의회, 세미나, 교사단체, 모임 등을 통해, 그리고 수업행위나 실제에 관한 주요 지식을 위한 전문적 원천을 통해 전문성을 개발한다. 협동적 학교조직문화에서 교사들은 학습에 관심이 집중되며, 수업효과성을 증진할 기회를 추구한다. 또한, 협동적 학교조직문화에서 교사들간에 나타나는 동료에 대한 압력은 학교조직이 보다 더 학습에 전념하는 데 기여한다.

넷째, 목적의 일치성(unity of purpose)은 학교에 대한 공통의 사명감, 이념을 지향하는 교사들의 업무수행 정도를 말한다. 교사들은 학교의 이념, 목적, 사명과 일치하여 이해하고, 지지하고, 수행한다. 강하고 협동적 학교조직문화는 학교구성원의 다수에 의해 공유된 목적의식을 가지게 될 것이다. 이런 유형의 문화에서 교사들은 학교의 핵심가치로서 추구하는 학교의 사명감, 이념을 형성하는 데 참여할 기회를 갖게 된다.

다섯째, 동료적 지원(collegial support)은 교사들은 효과적으로 공동으로 업무를 수행하는 정도를 의미한다. 교사들은 상호 신뢰하고, 다른 동료 교사들의 아이디어를 존중하고, 학교조직의 주요 과업을 달성하기 위하여 서로 도와 준다. 협동적 학교조직문화의 핵심은 교사들간에 상호의존성으로부터 나오는 깊은 신뢰이다.

여섯째, 학습동반자(learning partnership)는 교사-학생-학부모가 학생들에 대한 공동선을 위해 함께 업무를 수행하는 정도를 말한다. 학부모와 교사들은 학생의 수행(성취)에 관하여 공통의 기대를 가지고 있으며, 자주 의사소통을 한다. 학부모들은 교사를 신뢰한다. 학생들은 일반적으로 그들의 학교교육에 대한 책임을 수용하고 성실히 이행한다. 협동적 학교조직문화는 학부모와의 관계에 가치를 부여하며, 학부모와의 유대관계를 통해 학생의 학업성취도를 높이는 데 관심을 두게 된다.

이상을 종합해 보면, 교육행정가나 학교행정가는 협동적 학교조직문화의 여섯 가지 요인들에 대한 이해를 통하여 학교개선을 위한 학교경영 전략을 모색할 수 있을 것이다. 협동적 학교조직문화는 교사들로 하여금 스스로 전문적인 대화 모임을 자주 가질 필요가 있다는 신념을 지지하고 있다.

구체적으로 살펴보면, 협동적 지도성은 교사들의 전문적 대화나 교류를 보다 촉진 할 수 있도록 도와주는 데 기여하게 된다. 일반교사들에게 지도적 역할을 수행하는 학교행정가나 부장교사들은 협동적 행위를 보일 수 있도록 모범을 보이

고, 이러한 행위에 대해 적절한 보상을 해 주어야 할 것이다.

교사협동성은 교사들로 하여금 학교의 전체 교육과정 운영에 몰두할 수 있는 규범을 제시해 준다. 교사들이 학생들의 학업성취도를 개선하는 과정에 함께 토의하는 데 시간을 보낼 때 교사들의 유사성과 차이점이 논의의 초점이 될 것이다.

전문성 개발은 교사들에게 지식기반을 형성하는 기회를 제공해 준다. 새로운 지식을 축적하는 데 시간과 자원을 제공받는 교사들은 그들의 동료들과 공유하도록 요청받는다. 학생들의 학업성취를 개선하는 데 소수의 교사에 의해서 독점되는 직관적인 관점이 되어서는 안 된다.

목적의 일치성은 학교행정가들이 교사들로 하여금 학교의 목적에 초점을 두도록 도와주는 사명의식을 협동적으로 형성하는 데 노력하게 된다. 교사들도 학교의 이념이나 목적, 사명감을 개발하는 데 한 부분으로서 기여할 것이 필요하다. 왜냐하면, 학교사명감 개발이 교사들의 인식 이해, 수업배정을 촉진시키기 때문이다. 보다 많은 교사들이 학교의 사명감을 지지할수록 새로운 규범은 구성원들 사이에 개발될 것이다.

동료적 · 집단적(collegial: 동료 각자가 평등하게 책임을 지는 합의제의, 단체조직의 = collegiate) 지원은 학교행정가의 리더십에 의해 규정될 수 없거나 또는 규제될 수 없는 학교조직문화의 차원을 나타내 준다. 교사들간의 상호관계에 관해 교사들이 지니고 있는 고유한 신념을 나타내 준다. 신뢰와 도움은 규정화될 수 없으며, 학교행정가들이 교사들을 통제하려고 시도해서는 안 된다.

학습동반자 요인은 학생들의 교육에 있어서 학부모들의 관여의 중요성에 대하여 학교행정가 및 교사들에게 제공해 준다. 가정과 학교로부터의 상호 관심과 격려는 학생들로 하여금 학업 수행이나 성취에 대해 보다 책임감을 가지게 된다. 더 많은 교사들이 학부모들과 대화를 나눌수록 학부모와 교사 간에는 더 깊은 신뢰가 생기게 될 것이다. 교육은 공동의 과제이며, 교사들은 학부모의 후원을 필요로 한다.

〈표 6-5〉 협동적 학교조직문화의 내용

협동적 지도성	학교행정가가 모범적인 교사에 대해 높이 인정하는 정도 학교행정가가 학생 개개인에 대해 높은 관심을 가지는 정도 학교행정가가 학교업무로 교사들의 수업시간을 방해하지 않는 정도

	학교행정가는 전문적인 업무수행에 있어서 모험심과 실험정신 강조 학교행정가가 전문적 교육활동을 실천하는 교사들에게 지원하는 정도 학교행정가가 교사들의 의견을 존중하는 정도 학교행정가가 교사들의 전문적인 판단을 신뢰하는 정도 학교행정가가 교사들의 업무수행에 대해 칭찬하는 정도 학교의 주요 업무의 의사결정 과정에 참여하는 정도 학교행정가가 협력적으로 업무수행할 것을 권장하는 정도 학교행정가가 주요한 방침결정에 교사를 관여시키는 정도 학교행장가가 실험적인 수업기법시 인센티브 지원 정도 학교행정가가 혁신적인 수업방법시 전적으로 지원하는 정도 학교행정가가 수업 및 학급계획을 수립·실행시 지원 정도 학교행정가가 교육활동시 아이디어를 공유하도록 권장하는 정도
교사의 협동성	동료교사들과 학생관리 및 계획수립 시 시간을 갖는 정도 학교교육 계획을 수립하는 데 보내는 시간 정도 동료교사들의 수업을 관찰하는 시간을 갖는 정도 동료교사들이 가르치는 교육내용 및 방법에 대한 인식 정도 공동으로 교육프로그램이나 프로젝트를 개발·평가하는 정도 교육활동에 있어서 견해 차이가 있을시 공개적으로 논의하는 정도 수업활동에 필요한 아이디어를 직접 구하는 정도
전문성 개발	새로운 교육프로그램이나 교육전략을 실행하는 정도 스스로 전문적 신장을 위해 지속적으로 노력하는 정도 새로운 교육프로그램을 실행하기를 선호하는 정도 전문성 개발에 높은 가치를 두는 정도 교육활동에 있어서 최신의 지식에 근거하여 가르치는 정도 학교개선을 지속적이고 종합적인 과정으로 보는 정도
목적의 일치성	학교가 설정한 교육이념이나 교육목적을 지지하는 정도 학교의 교육이념 및 목적이 명확한 행동지침을 제공해 주는 정도 학교의 교육이념 및 목적을 명확히 이해하는 정도 학교의 교육이념 및 목적이 지역사회의 가치를 반영하는 정도 학교의 교육목적을 교수활동에 대한 성취도에 반영하는 정도
동료 지원	교사들 상호간에 신뢰하는 정도 문제가 발생했을 때마다 서로 돕는 정도 교사들의 의견이 동료교사들로부터 가치적으로 받아들여지는 정도 팀을 구성하여 협동적으로 업무를 수행하는 정도
학습 동반자	학생들의 학업수행에 대해 교사와 학부모의 공통된 기대 정도 학부모들이 교사의 전문적 판단을 신뢰하는 정도 학생들의 학업수행에 대해 교사와 학부모간에 대화 정도 학생들이 학교교육의 활동에 대해 성실히 이행하는 정도

제5절 학교조직의 풍토와 갈등관리

개인이 각기 고유한 인성을 지니고 있는 것과 마찬가지로 조직도 그 나름대로의 특성을 지니게 된다. 개별 조직이 갖고 있는 고유한 특성을 흔히 조직풍토 (organizational climate)라고 한다. 조직풍토는 각 조직의 목표, 조직 구성원의 인적 배경, 조직의 환경 등에 의해 달라지게 되며, 같은 유형의 조직이라고 하더라도 개별 조직의 구성배경과 환경에 의해 독특한 특성을 표출하게 된다. 학교조직(school as an organizational)의 경우도 학교급별, 학교 주변의 환경 등에 따라 다른 풍토는 학교교육의 목표 달성도, 조직 구성원의 만족도에 영향을 준다는 것이 많은 국내외 연구에서 밝혀져 왔다.

한편, 학교교육 활동을 직접적으로 수행하는 구성원으로는 교장, 교감의 학교행정가, 교사, 학생 및 행정직원을 들 수 있다. 그리고 학교는 교육목표를 달성하기 위해 투입, 전환, 산출과정을 거쳐 이루어지는 하나의 체제로 파악할 수 있다. 학교의 교육 활동은 학교체제 내의 요인(교육목표, 교수-학습과정, 인적·물적 자원 등)과 외부요인(정치, 사회, 경제체제, 교육행정기관, 지역사회, 학부모 등)의 상호작용에 의해 이루어지게 되며, 이 과정에서 학교조직 구성원들은 공식적인 업무 수행과 비공식적인 인간관계에서 갈등을 경험하게 된다.

그 동안 학교조직 구성원들이 겪게 되는 갈등에 대해 소극적, 부정적으로 인식하던 것과는 달리 최근에는 갈등을 긍정적, 적극적으로 학교조직의 목표를 효율적으로 달성하는 데 활용하려는 경향이 높아지고 있다.

1. 학교조직 풍토의 개념과 유형

그 동안 학교조직 풍토에 대한 논의는 조직풍토의 사회적 요소, 즉 교장과 교사 간의 사회적 상호작용을 다루고 있는 Halpin과 Croft(1963)가 개발한 조직풍토기술지(OCDQ: Organizational Climate Description Questionnaire)에 근거하여 여러 학자들에 의해

이루어져 왔다. 즉, 학교조직 풍토의 차원을 교사의 행동과 교장의 행동으로 구분하여 이러한 행동들의 조합이 어떠하냐에 따라 학교조직의 풍토가 결정되며, 아울러 조직 구성원의 갈등 정도가 드러나게 된다는 것이다.

먼저 Halpin과 Croft는 교장의 행동 특징으로는 원리원칙, 실적 중시, 솔선수범, 인화 등을, 교사의 행동 특징으로는 방관, 방해, 사기, 친밀성을 제시하고 있다. 이를 기술하면 〈표 6-6〉과 같다.

〈표 6-6〉 조직풍토기술지(OCDQ) 구성요소

특 징	강 도	
	개방적	폐쇄적
교사의 행동		
방 관	−	++
방 해	−	+
사 기	++	−−
친 밀 성	+	+
교장의 행동		
원리원칙	−	+
실적중시	−	+
솔선수범	++	−
인 화	+	−

++ 매우 높은 강조, + 높은 강조, − 낮은 강조, −− 매우 낮은 강조
출처: Halpin(1966).

1) 교사의 행동

(1) 방관(disengagement)

교사들이 주어진 직무에 충실하지 않으며 대충 일을 처리한다.

(2) 방해(hindrance)

교사들이 생각하기에 불필요한 잡무라고 여겨지는 일상적인 일이나 회의 등을 교장이 자신들에게 부과하고 있다고 지각하며 느낀다.

(3) 사기(esprit)

교사들이 자신들의 사회적 욕구가 충족되고 있을 뿐만 아니라 직무수행에 있어서도 성취감을 느낀다.

(4) 친밀성(intimacy)

교사들 상호간에 친밀한 사회적 관계를 유지함으로써 즐거움을 얻는다. 이 차원은 성공적인 직무수행과 반드시 관련을 가지지 않는 사회적 요구 충족만을 의미한다.

2) 교장의 행동

(1) 원리원칙(aloofness)

공식적이고 몰인간적인 것으로 특징지워지는 교장의 행동이다. 원칙에 의해서 행동하고, 비공식적인 대면관계에서 교사를 대하기보다는 정해진 규칙과 방침을 따르는 것을 더 선호한다. 교사들과 적어도 '감정적인' 측면에서 일정한 거리를 유지한다.

(2) 실적중시(production emphasis)

교사들을 철저하게 감독하는 교장의 행동이다. 매우 지시적이고 최고책임자로서의 역할을 강조한다. 주로 하향적 의사소통에 의존하는 경향이 있고 또 교사들로부터의 피드백에 민감하지 못하다.

(3) 솔선수범(thrust)

조직을 이끌어 나가기 위하여 전력투구하는 역동적인 교장의 행동이다. 이는 철저한 감독에 의해서가 아니라 교장이 솔선하여 모범을 보임으로써 교사들을 동기화시킨다.

(4) 인화(consideration)

교사들을 '인간적'으로 대하고 또 인간적인 측면에서 그들을 위하여 무엇인가를 도와 주려고 하는 교장의 행동이다.

Hoy와 Clover(1986: 101)는 초등학교 조직풍토의 차원(OCDQ-RE)에서 교장의 행동특징으로 지원적 행동, 지시적 행동, 제한적 행동특징으로, 교사의 행동특징으로는 전문적 행동, 친교적 행동, 방관적 행동으로, 그리고 Kottkamp, Mulher와 Hoy(1987: 42)는 중등학교 조직풍토(OCDQ-RS)에서 교장의 행동특징으로 지원적 행동, 지시적 행동, 친교적 행동으로 구분하고 있다. 노종희(1990)는 한국판 학교조직풍토(OCDQ-KOR) 연구에서 교장의 행동특징으로 인간 지향적 행동. 목표지향적 행동, 관료 지향적 행동으로, 교사의 행동특징으로 친교적, 헌신적, 방관적 행동으로 구분하고 있다.

Halpin과 Croft는 네 가지 교장행동과 네 가지 교사행동의 결합을 토대로 여섯 가지 조직풍토 유형을 제시하고 있다. 즉 [그림 6-3]에서 보는 바와 같이, 개방성에 근거한 학교조직 풍토의 계열은 교사들의 사기에 중점을 두어 점수에 따라 개방적 풍토(open climate), 자율적 풍토(autonomous climate), 통제적 풍토(controlled climate), 친교적 풍토(familiar climate), 간섭적 풍토(paternal climate), 폐쇄적 풍토(closed climate)의 여섯 가지 유형으로 분류하고 있다.

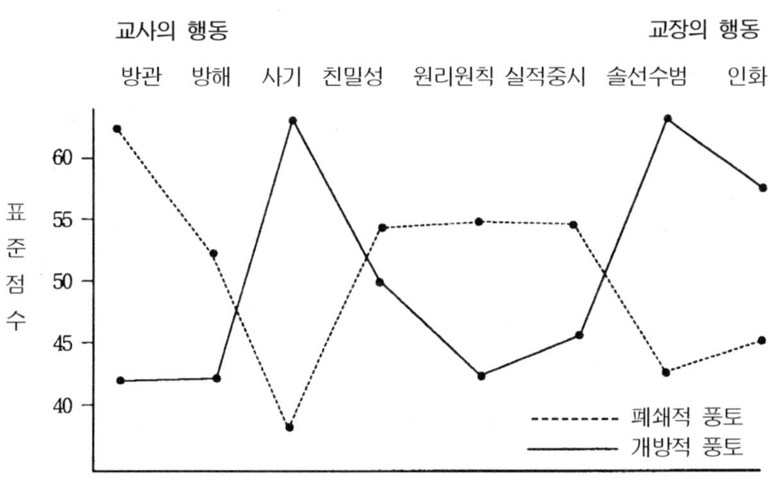

[그림 6-3] 개방적 조직풍토와 폐쇄적 조직풍토의 비교

개방적 풍토(open climate)는 교사들의 사기와 교장의 솔선수범 점수가 높고, 방관, 방해, 원리원칙, 실적중시 등은 낮으며, 친밀성, 인화는 보통수준을 유지하는 것으로서 학교장이 매사에 융통성을 가지고 일하며, 교사들로 하여금 스스로 협동하며 일할 수 있게 함으로써 만족감을 갖고 곤란과 좌절감을 극복하도록 자극해 주는 풍토이다.

반면에 폐쇄적 풍토(closed climate)는 방관요인이 가장 높고, 사기점수는 가장 낮으며, 솔선수범과 인화가 낮은 것을 제외하고는 그 밖의 요인들은 보통수준을 유지하고 있는데, 과업성취와 욕구 양면에서 만족감을 얻지 못하는 풍토이다. 따라서 학교장은 교사들을 지도하는데 비효과적이며 교사들의 과업을 선도할 능력을 가지고 있지 못하며, 자신의 권익만을 보호하기 위하여 교사들 상호간에 자유로운 의사소통의 길이 단절되어 있는 풍토이다.

개방성 지수(openness index)를 산출하는 공식은 학자들에 따라 다소 차이가 있는데 Halpin과 Croft가 제시한 것은 교장의 솔선수범 행동점수와 교사의 사기점수의 합에서 교사의 방관 행동점수를 뺀 점수가 되며, 이 지수가 높을수록 학교의 조직풍토는 개방적이 된다. 그리고 Hoy와 Clover가 산출한 학교조직의 개방성 지수는 교장의 지원적 행동점수와 교사의 헌신적 행동점수를 합한 점수에서 교장의 지시적 행동점수와 교사의 간섭적 행동점수를 뺀 점수가 되며, 마찬가지로 이 점수가 높을수록 개방적 조직풍토를 지니게 된다.

한편, 노종희(1994: 228~229)가 제시하고 있는 학교조직풍토의 개방적 지수는 교장의 목표지향적 행동점수와 교사의 친교적, 헌신적 행동점수를 합하여 교사의 방관적 행동점수를 뺀 점수가 되며, 점수가 높을수록 학교조직은 개방적인 것으로 해석하고 있다.

그러나 대부분의 일선학교의 조직풍토는 개별학교에 따라 다소 차이가 있으나 개방성 지수가 낮은 폐쇄적인 풍토를 갖고 있는 것으로 나타나고 있다. 최근 다소 달라지고 있기는 하지만 지식편중위주의 교육과정 운영과 과열된 입시경쟁 체제에서 진학위주의 학교풍토 속에서 학교조직 구성원들, 즉 교장과 교감, 교감과 교사, 동료 교사간, 교원과 학생, 교사와 행정직 직원들 상호간에 관심이 낮으며, 아울러 타부서나 타학년, 타학급에 대해서도 관심이 매우 낮다고 할 수 있다. 따라서 조직 구성원들이 사회적 욕구충족을 얻지 못하면서 동시에 과업성취를 통한 만족감도 얻지 못하기 때문에 대체적으로 직무 만족도와 사기가 낮다고 할 수 있다. 또한, 학교조직 구성원의 행동은 진실성이 약하며, 학교조직 자체가 다소 정체되어 있는 분위기를 주는 경우가 많다. 교장은 교사들에게 관료적 권리를 우선시하며, 교사들을 감정적으로 대한다. 교장과 교사간에도 공식적인 업무 수행과정에서 쌍방적인 의사소통이라기보다는 상의하달식의 일방적인 지시, 명령, 통제로 이루어지고 있다고 할 수 있다.

2. 학교조직에서의 갈등관리

1) 갈등의 의의 및 기능

갈등은 모든 조직에서 다른 수준으로 현존하는 현상 중의 하나이다. Dewey(1938)는 '모든 사회활동에는 갈등이 내포되어 있다. 교육과 같은 중요한 사회적 이해(social interest)가 실제적으로, 이론적으로 투쟁 영역으로 되어 있지 않다면 이는 건강한 신호가 아니다'라고 하여 학교에서 서로 다른 욕망과 기대를 지니고 있는 행정가, 교사, 학부모, 그리고 학생 상호간에 갈등은 정상적인 것이며, 환경적인 변인(environmental variable)으로 수용될 필요가 있음을 강조하고 있다.

그리고 March와 Simon(1958)은 조직에서 발생하는 갈등을 다루기 위하여 공동적 의사결정이나 구성원들 간에 목표나 인식에 있어 차이가 있음을 인정해야 한다고 지적하고 있다. 또한, Tjosvold(1985)는 '조직 구성원들은 필연적으로 그들이 문제를 해결하고, 결정을 하고, 업무를 완성시키는 데 있어서 상반되는 아이디어와 견해를 지니고 있다'고 기술하고 있어 조직활동에서의 구성원간의 갈등은 당연한 것으로 받아들이고 있다. 이와 같이 제 학자들은 학교조직을 포함한 모든 조직에서 갈등의 발생은 당연하며, 이를 적극적으로 수용할 필요가 있음을 시사하고 있다.

한편, 갈등에 대한 개념은 학자들에 따라 다양하게 정의되고 있는 바, 이를 살펴보면 다음과 같다. Coser(1956: 8)는 갈등을 한정된 자원, 권력, 지위 등을 획득하기 위해 경쟁자인 상대방을 무력화 또는 제거시키는 것을 목표로 이루어지는 가치나 요구에 대한 투쟁으로 보고 있다. Thomas(1976: 891)는 갈등을 어떤 사람이 자기의 관심사를 좌절시켰거나 좌절시키려고 한다는 것을 지각하면 나타나는 과정이라고

하여 당사자의 존재와 지각을 강조하고 있다. Likert(1976: 7~8)는 갈등을 자신들이 선호하는 결과를 얻기 위하여 상대방이 그것을 얻지 못하도록 방해하는 노력을 의미하는 것으로 정의 내리고 있다. 그리고 Pondy(1982)는 갈등을 행동으로 표출될 때만 있는 것이 아니라 표면화되지 않고, 잠재적으로 존재할 수도 있으며 때로는 행동화되지 않을 수도 있다고 보고 있다. 또한, Hampton(1987)은 갈등이란 경쟁, 반대, 모순, 비타협, 불화, 충돌, 투쟁 등과 같은 다양한 의미로 사용되는 것으로 정의하고 있다.

이와 같은 제 학자들의 갈등에 대한 정의는 몇 가지 공통점을 지니고 있는 바, 이를 살펴보면 다음과 같다(Boulding, 1964; Pondy, 1967; Owens, 1982; 유종해, 1989; 김병섭 외, 1994).

첫째, 갈등은 양편 모두에 의해 지각되어야 한다. 갈등의 존재 여부는 지각(perception)의 문제로 귀착된다. 만일 어느 한편이 갈등을 인지하고 있지 않다면 갈등은 없는 것으로 간주된다. 갈등이 존재하려면 양편에 의해서 그것이 지각되어야 한다. 갈등은 외부로 나타나는, 즉 표면화되는 대립적 행동만이 아니라 잠재적인 것도 포함한다. 대립적 행동이 외부로 표출되지 않더라도 당사자들이 갈등상황을 지각하고, 긴장, 불안, 적개심 등을 느끼기 시작하면 벌써 갈등이 있다고 보아야 한다. 그러나 당사자들이 지각하지 못하는 갈등상황의 존재는 갈등이라고 말할 수 없다. 학교조직에서 갈등에 관한 선행연구들도 교사나 학교행정가, 또는 교육행정가들이 지각하는 갈등의 정도를 규명하는 데 초점을 두게 된다.

둘째, 갈등은 대립, 결핍, 그리고 방해의 개념을 포함하며, 쌍방간에 양립할 수 없는 목표와 이해관계가 존재한다고 가정한다. 갈등은 당사자간의 심리적 대립감과 적대적 행동을 내포하는 동태적 과정이다. 갈등관계는 상호 관련된 일련의 진행단계에 의하여 형성된다. 이러한 갈등이 발생하는 단계 혹은 과정은 ① 갈등을 야기할 수 있는 상황이 형성되는 단계, ② 갈등을 야기할 수 있는 상황을 지각하는 단계, ③ 당사자가 갈등상황을 지각하고 긴장, 불안, 적개심 등을 느끼는 단계, ④ 대립적 내지 적대적 행동을 표면화하는 단계, ⑤ 갈등의 결과가 나타나는 단계 등이다. 이러한 각 단계는 언제나 끝까지 진행되는 것은 물론 아니며, 어느 한 단계에서 중단될 수도 있다. 갈등의 진행과정에서 표면화되는 대립적 행동에는 싸움이나 파괴와 같은 폭력적 행동만 있는 것이 아니라 그 양태가 매우 다양하다. 가벼운

의문이나 이견을 말하는 것과 같은 최저의 수준에서부터 상대방을 파멸시키려는 극단적인 수준에 이르기까지 강약의 정도가 다양할 수 있다.

셋째, 갈등은 조직 내의 수준과 관련하여 논의된다. 개인내, 개인간, 집단간, 조직간 갈등이 있을 수 있다. 즉, 갈등은 항상 둘 이상의 당사자간에 일어나는 현상이다. 최소한 행동 주체가 둘이 있어야 갈등이라는 상호작용의 한 양태가 생겨날 수 있다. 행동주체는 개인이나 집단일 수도 있고, 조직일 수도 있다. 개인과 개인, 개인과 집단, 집단과 집단, 집단과 조직, 개인과 조직은 서로 갈등을 야기시킬 수 있는 위치에 있다.

끝으로, 갈등에는 조직을 위해 유익한 것도 있고 해로운 것도 있다. 여기서의 일차적인 기준은 조직이 추구하는 목표인데, 조직이 추구하는 목표나 가치를 지원하는 것은 조직을 위해 순기능적이며, 건설적인 갈등이다. 반면에 조직이 추구하는 목표나 가치를 해치는 것은 역기능적이며, 파괴적인 갈등이다. 그러나 구체적인 경우에 순기능적 갈등과 역기능적인 갈등이 항상 뚜렷하게 구별될 수 있는 것은 아니다. 그리고 양자의 한계는 시간이 흐름에 따라 변동될 수 있다.

이상에서 기술한 갈등에 대한 개념과 일반적인 속성들을 토대로 조직에서의 갈등 유형, 갈등관리 양식 등을 체계적으로 이론을 정립하고 실제 학교조직을 포함한 다양한 조직에 활용할 수 있는 측정도구 및 지침서를 개발한 학자들로는 Deutsch(1973), Thomas(1976), Rahim(1983, 1992), Gray(1989), Caldwell(1990), Girard와 Koch(1996) 등을 들 수 있다.

2) 갈등 발생원인

갈등의 원인은 학교조직이 직면한 상황과 구성원들의 이해관계의 양태에 따라 매우 다양한데 그 요인으로는 의사전달의 장애, 조직의 규모, 분화, 공식화, 조직 참여자의 이질성, 감독의 유형, 의사결정에 대한 참여의 정도, 보상체계, 권력 구조, 조직단위간의 구조적 연관관계, 조직 참여자의 성격, 역할, 지위 및 목적, 사회적인 상호작용 등을 들 수 있다. 이밖에도 Tausky(1964)는 개인 목표와 조직목표의 상충, 불확실하고 불공평한 보수, 기술적 제약, 조직의 변화 등을 갈등의 원인으로 들고 있으며, Fink(1968)는 갈등상황으로 상충되는 목표, 상호 배타적 이해관계, 적대

감정, 상이한 갈등체계 등을 제시하고 있다.

이와 같은 조직에서 갈등을 유발하는 원인으로서 Litterer(1974)는 상충되는 목표 추구로 인한 승패의 상황(win-lose situation), 제한된 자원의 획득과 이용에 관한 경쟁(competition over means or resource utilization), 지위 부조화(status incongruity), 그리고 구성원간의 지각 차이(perceptual difference) 등의 네 가지를 들고 있다.

한편, 학교조직에서 발생하는 갈등에 대해 고전적 행정이론(과학적 관리론, 행정관리론, 관료제론)이나 인간관계론(human relation theory)에서는 조직발전이나 목표달성을 저해하는 부정적인 요인으로 보았지만, 행동과학이론에서는 갈등은 역기능적인 것만이 아니라 조직의 성과에 이로움을 주는 순기능과 역기능을 동시에 지니고 있음을 지적하고 있다.

학교조직에서 발생하는 갈등은 근본적으로 수행하는 업무의 성격이나 구성원의 특성에서 표출되는 전문적 가치(professional values)와 관료적 기대(bureaucratic expectation)에서 발생하게 된다. 전문적 및 관료적 원리간에는 많은 유사점이 있지만 이 양자간에는 차이점이 있기 때문에 갈등의 잠재력은 상존하게 된다. 전문적 및 관료적 간에 발생하는 갈등의 근본원천은 관료제와 전문성에서 사용하는 사회통제 체제에서 발생하게 된다. 이 양자간의 유사점과 차이점을 제시하면 〈표 6-7〉과 같다.

〈표 6-7〉 전문적 및 관료적 지향성간의 유사점과 차이점

전문적 지향성		관료적 지향성
기술적 전문가 객관적 관점 비정적 무사공평 접근 수혜자에 대한 봉사		기술적 전문가 객관적 관점 비정적 무사공평 접근 수혜자에 대한 봉사
	갈등의 주요 원천	
동료 지향적 준거집단 의사결정에서의 자율성 자율적인 통제 기준		위계적 관계 규율화된 복종 조직에 대한 순응

출처: Hoy & Miskel(2001: 117).

학교조직에서 교사가 지니고 있는 갈등의 과반수 이상은 행정가와의 관계에서

발생하는 것으로 밝혀지고 있다(Corwin, 1965). 학교조직에서 전문적 지향성이 높을수록 갈등의 정도는 커지게 된다. 유사하게 DiPaola와 Hoy(1994)의 연구에서도 교사의 전문적 지향성은 교사의 호전성과 상당히 관계가 높음을 밝히고 있어 학교조직에서 교사의 전문적 지향성과 학교행정가의 관료지향성은 구성원간의 갈등을 유발시키는 근본원천임을 알 수 있다.

3. 학교조직에서의 갈등관리 양식 유형

1) 갈등관리 유형

Thomas(1976, 1992)는 Blake와 Mouton의 갈등관리 유형을 재해석하여 협동(collaboration), 적응(accommodation), 타협(sharing), 경쟁(competition), 회피(avoidance)의 다섯 가지 갈등관리 유형을 제시하였다. 이 다섯 가지 유형 중에서 협동이 가장 긍정적인 결과를 가져오는 유형이라고 하였으며, 이러한 결과의 대부분은 사회적인 바람직함의 산물이라고 하였다. Rahim(1983, 1986)은 Thomas의 갈등관리 유형을 재해석하여 통합, 배려, 타협, 지배, 회피의 다섯 가지 갈등관리 유형을 제시하였으며, 다섯 가지 갈등관리 유형의 효과는 상황에 따라 다르다고 하였다.

Luthans(1981)는 갈등관리 유형을 개인간의 이기고 지는(win-lose) 양태에 따라 승자-승자 접근(win-win approach), 패자-패자 접근(lose-lose approach), 승자-패자 접근(win-lose approach)으로 나누고 있다. Jamieson과 Thomas(1974)는 두 가지 서로 다른 차원, 즉 협조적 차원(cooperative dimension)과 자기 주장적 차원(assertiveness dimension)의 조합에 따라 경쟁한(competing style), 동조형(accommodation style), 타협형(comprising style), 협조형(collaborating style), 그리고 회피형(avoiding style)으로 구분하고 있다.

또한, Rahim(1983)은 갈등관리 유형을 자신에 대한 관심(concern for self)의 정도와 타인에 대한 관심(concern for other)의 정도에 따라 통합형(integrating), 배려형(obliging), 지배형(dominating), 회피형(avoiding), 그리고 타협형(compromising)으로 제시하고 있다. 각 유형은 나름대로 장점과 한계를 지니고 있다.

첫째, 통합형(또는 협조형)은 자신과 상대방의 관심과 이해를 정확히 알려고 하기 때문에 문제의 본질을 집중적이고 정확하게 파악하고 문제해결을 위한 통합적 대안을 도출해 내는 유형으로 문제의 취지가 불명확하거나 복잡할 경우에 매우 적절하다. 그러나 상반된 가치관으로 인해 발생하는 갈등에 대한 관리방법으로는 부적합하다. 통합형의 큰 장점은 단편적 측면에서 문제들을 다루기보다는 총체적으로 문제들을 다루기 때문에 장기적인 안목에서의 효력이 발생한다. 반면에 단점으로는 시간이 오래 걸린다는 점이다. 이 갈등관리 방식은 갈등을 빚는 자신과 타인이 모두 이익을 보게 되는 소위 win-win의 경우가 된다. 즉, 양측의 의견을 공동선의 입장에서 통합할 수 있는 것으로 양측의 관심사를 모두 만족시켜 줌으로써 갈등을 해소하려는 유형이다.

둘째, 배려 혹은 순응형은 타인의 관심 부분이나 이해, 이익을 충족시켜 주기 위하여 자신의 관심부분을 양보 또는 포기하는 유형을 말한다. 배려를 해준 후 무엇인가를 보답받을 수 있을 때에는 매우 적절하다. 그러나 복잡하거나 악화된 문제에 있어서는 부적합하다. 배려형의 장점은 협동을 가능하게 해 준다는 점이다. 약점으로는 중요한 문제점을 소홀히 다룰 가능성이 있기 때문에 일시적인 대안이라고 할 수 있다. 즉, 원만한 인간관계를 유지하기 위해서 자신의 관심사는 버려두고 상대방의 관심사를 충족시켜 주기 위해서 상대방의 주장에 따름으로써 갈등을 해결하는 유형이다.

셋째, 지배형의 유형은 자신에 대한 관심은 지나친 반면에 타인에 대해서 무관심한 사람으로 자기 중심적인 행동을 선호하고 상대방의 입장은 전혀 고려하지 않는다. 지배형은 공적인 권위를 사용하여 복종을 유도하기 때문에 강압형이라고도 한다. 이 유형의 장점은 신속성이며, 약점은 종종 상대방의 분노와 원망을 초래한다는 것이다. 이것은 win-lose(일방승리)의 경우다. 즉, 경쟁적 관계에서 자신의 관심사를 충족시키기 위해 상대방을 압도해 버림으로써 갈등을 해결하는 유형이다.

넷째, 회피형은 갈등상태에서 얻게 되는 장점을 전혀 보지 못하고 개인적으로 이와 같은 갈등 상태에서 대처하려 들지도 않는다. 이와 같은 유형은 규칙이나 선례에 따라 몰정적인 방법으로 갈등상태를 다루어 나가지 못하고 단지 그 상황을 회피함으로써 벗어나려 한다. 즉, 갈등 문제로부터 물러나거나 이를 피함으로써 자신뿐만 아니라 상대방의 관심사마저 무시하는 유형이다.

다섯째, 타협형은 자신과 타인의 공통된 관심분야를 서로 주고받기 위한 대안이다. 서로의 입장을 양보하고 외부나 제삼자의 개입, 협상 또는 표결의 방법을 동원한다. 타협이란 쌍방이 다른 목표를 갖고 있거나 비슷한 힘을 갖고 있을 때 가능하다. 그러나 잦은 타협은 오히려 우유부단한 결과를 낳기도 한다. 타협은 민주적인 방법이라고 할 수 있지만 때로는 문제해결의 창조적인 방안을 도출하는 데 방해가 된다. 즉, 다수의 이익을 우선하기 위해 양측이 상호교환과 희생을 통해 부분적 만족을 취함으로써 갈등을 관리하는 유형이다.

2) 학교조직에서의 갈등관리 양식

학교조직에서 발생하는 갈등은 조직 내에서와 조직간에 일어나는 경우로 나눌 수 있다. 조직 내에서의 갈등은 조직성원간, 즉 교사와 교장, 교장과 교감, 부장교사와 교사, 부장교사간, 동료 교사간, 그리고 교원과 행정직원간에 생기며, 업무수행 과정에서 하위 부서간에, 예를 들어 교무과와 학생과간에도 생길 수 있다. 조직간의 갈등은 학교조직과 상부 교육행정기관 간의 갈등이 주종을 이루며, 이 외에도 학교와 지역사회 학부모회, 유관기관과 같은 타 조직과 교육활동 수행과정에서 직접적으로 혹은 간접적으로 발생하고 있다. 즉, 대부분의 교사들은 교실에서의 수업 그 자체에서 느끼는 갈등보다는 본질적인 수업 이외의 업무라 인간관계에서 보다 많은 갈등을 보이고 있다.

한편, 교육기능의 다양화와 복잡화에 따라 학교조직의 합리적 경영과 능률화에 대한 요구로 학교조직은 점점 더 관료화되고 있는 반면, 그 조직에서 업무를 수행하고 있는 교사들은 자율성을 보다 더 요구하고 있다. 따라서 학교조직에서 학교장의 지도성은 학교조직 환경의 변화에 따라 소위 상황론적 지도성이 요구되는 시점이다. 특히, 최근에 학교장의 변혁지향적 지도성과 더불어 윤리적 지도성이 강조되고 있어 학교조직 구성원에 대한 합리적인 관리가 요구된다고 할 수 있다.

특히, 교육자치제의 실시 및 학교자율화 정책에 따른 교육의 자율화, 민주화, 분권화에 대한 요구의 증대로 학교교육 개선에 대한 다양한 제도적 장치들이 마련되고 있다. 아울러 치열해져 가는 국제 경쟁력에서 우위를 점하기 위해 교육의 수월성 추구로 전문성, 책무성에 대한 압력도 점증하고 있다. 이러한 학교조직에 대한 사회적 책무성의 증가와 조직 구성원의 자율화에 대한 요구는 필연적으로 조직과 구성원간의 목표와 수단간에 괴리가 발생하게 되며, 이로 인하여 갈등은 생겨나게 된다. 앞에서 기술한 바와 같이, 전문적 자율성의 요구와 관료적 기대간의 괴리로 인하여 학교조직 구성원간 및 조직간에 갈등양상이 더욱 두드러지게 나타나고 있다. 따라서 학교조직 목표와 구성원의 목표를 명확히 인식하고, 공식적인 업무수행에서 제도와 절차면에서의 재조정과 비공식적인 인간관계면에서의 개선이 요구된다.

학교조직에서 발생하는 갈등은 조직발전(organizational development)에 있어서 건설적일 수도 있고 부정적인 영향을 가져올 수 있으나, 이를 학교행정가가 어떻게 관리하느냐에 따라 달라질 수 있다. 학교조직에서 갈등관리를 위한 두 가지 모형은 크게 과정모형과 구조모형으로 구분할 수 있다(Thomas, 1976: 889~935).

과정모형(process model)은 갈등의 에피소드 내에서 일련의 사태에 초점을 두고 있으며, 계속적으로 진행되는 에피소드의 흐름에 직접적으로 중재하여 개인이 위기에 적응하는 데 도움을 주는 모형이다. 그리고 구조모형(structural model)은 조직 구성원들의 관계에서 갈등형태를 형성하는 조건과 여러 가지 행동 유형을 촉진시키기 위하여 상황을 재구조화하는데 초점을 두고 있으며, 이는 장기적인 관계개선에 도움을 주는 모형이다.

이 두 모형은 갈등을 관리하는 양식에 초점을 두어 두 가지 차원, 즉 타인이나 타 부서의 관심이 만족을 주는 것에 대해 협조성 정도가, 그리고 자신이나 자기 부서의 관심에 만족을 주는 것에 대해 적극성(공격성) 정도에 따라 다섯 가지 갈등관리 방식을 제시하고 있다. 다섯 가지 갈등관리 방식으로는 경쟁적, 협력적, 회피적, 적응적, 그리고 타협적인 양태를 가지게 되며, 조직의 상황, 조직 구성원 간의 관계, 영향력, 결정사항의 중요성, 조직에서의 지위, 부서의 위상 등에 따라 하나의 혹은 복합적인 갈등관리 양식을 취하게 된다.

① **경쟁적**(competitive, domination): 자신의 관심사나 자기 부서의 관심사를 충족시키기 위하여 상대방이나 다른 부서를 압도해 버림으로써 갈등을 관리 · 처리하는 방식

② **적응적, 동조적**(accommodative): 자신이나 자기 부서의 관심사를 양보하고 타인이나 타 부서의 관심사에 충족시켜 줌으로써 갈등을 해결하는 방식

③ **타협적**(sharing, compromising): 다수의 이익을 우선하기 위하여 양측이 상호교환과 희생을 통하여 부분적 만족을 취함으로써 갈등을 해소하는 방식

④ **협동적**(collaborative): 양측의 의견을 공동선의 입장에서 통합할 수 있는 것으로

양측의 관심사를 모두 만족시켜 줌으로써 갈등을 해결하는 방식

⑤ 회피적(avoiding): 갈등문제로부터 물러나거나 피함으로써 자신과 상대방의 관심사를 무시하는 방식

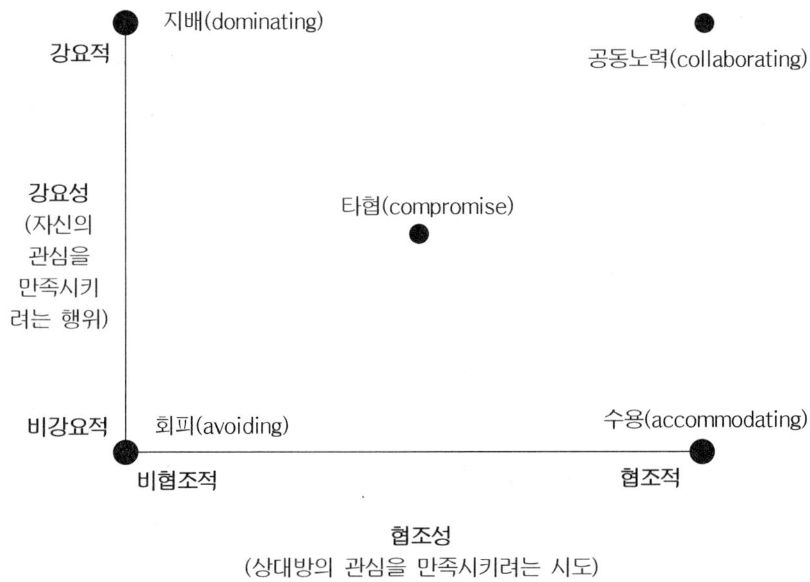

[그림 6-4] **갈등관리유형**

출처: Blake & Mouton(1964), Thomas(1976).

앞서 기술한 학교조직에서의 갈등관리 양식을 제시하면 [그림 6-4]와 같다. 이러한 다섯 가지 갈등관리 방식들은 학교조직에서 공식적, 비공식적 업무수행 과정과 인간관계에 조직 구성원간 혹은 하위 부서간에 나타나는 갈등을 해결할 때 적절히 상황에 따라 사용함으로써 효과를 높일 수 있다. 특히, 학교조직에서 갈등관리에 대한 책임은 학교 경영자이므로 학교장은 민주적 지도성, 의사소통의 개방, 의사결정에서의 참여 증진을 통하여 관리할 수 있을 것이다.

이상에서 학교조직 내외에서 발생하는 다양한 형태의 갈등을 효과적으로 관리하기 위한 조직 구성원의 행동양식을 제시하였다. 그리고 학교조직에서 공식적 · 비공식적 업무수행에서 발생하는 갈등을 처리하는 갈등관리 유형을 기술하였다. 바람직한 학교조직풍토를 조성하고, 학교조직에서 발생하는 갈등을 효과적으로 관리

함으로써 학교조직의 생산성을 높일 수 있는 바, 이를 위하여 몇 가지 방안을 제시하면 다음과 같다(정일환, 1994: 31).

첫째, 개방적인 학교조직 풍토를 조성하기 위해서는 학교활동에 있어서 거시적으로는 학교체제의 개방화와 미시적으로는 교장의 리더십과 교사의 행동변수가 수반되어야 할 것이다. 급변하는 사회환경 체제에서 상호작용을 통하여 수용능력과 대응능력이 큰 학교체제로 변모시켜야 할 것이다. 그리고 학교체제 내부로는 학교경영의 최고책임자로서 교장은 학교경영과 교사들에 대하여 솔선수범하는 행동, 지원적인 행동, 목표 지향적인 행동이 요구되며, 또한 효율적인 학교조직 목표를 달성하기 위해서 교사는 조직과 구성원에 대하여 헌신적 행동, 친교적 행동이 요구된다고 할 것이다.

둘째, 학교조직에서 공식적 · 비공식적 업무수행 과정과 인간관계에서 조직 구성원간 혹은 하위 부서간에 나타나는 갈등을 해결할 때 갈등 유형과 상황에 따라 앞에서 제시한 갈등관리 방식을 적절히 택하여 효과적으로 대처해야 할 것이다. 특히, 학교조직에서 갈등관리에 대한 책임을 가지는 학교 경영자로서 학교장은 교사들의 의견을 공동선의 입장에서 통합하여 그들의 관심사를 모두 만족시켜 갈등을 해결하는 방식들, 예를 들어 민주적인 리더십, 의사소통의 개방, 의사결정에서의 참여증진 등을 통하여 갈등을 관리할 수 있을 것이다. 그리고 학교조직 구성원들이 보다 본질적인 교육업무에 전념할 수 있도록 교육행정관이 정립되어야 할 것이다.

끝으로, 개방적인 학교조직 풍토의 조성과 효과적인 갈등관리가 가능하기 위해서는 교원들의 자율성 신장, 전문성 함양, 그리고 사회적 책무성의 제고가 전제되어야 할 것이다. 교원들의 자율성을 증진하기 위해서는 교육계획 수립, 교육과정 편성 및 운영, 학교시설, 재정 등 제반 학교 교육활동에 대한 광범위한 참여와 권한이 있어야 할 것이다. 그리고 교원들의 전문적 능력을 함양하기 위해서는 자기연수 및 현직교육의 강화, 교내 자율장학의 활성화 등이 이루어져야 하며, 교원들은 치열해져 가는 국제경쟁에서 교육의 수월성과 경쟁력을 제고시켜야 한다는 인식하에 양질의 교육이 이루어질 수 있도록 노력하여야 할 것이다.

제6절 학교조직 발전론

1. 조직발전의 개념

조직발전(OD: organizational development)은 1960년대 미국의 사기업들이 그들의 당면과제를 효과적으로 해결하기 위해 개발 · 적용한 기법이라고 할 수 있다. 조직발전의 배경은 조직을 둘러싸고 있는 외부 환경이 급속히 변화하고 있어, 각 조직도 그에 따라 알맞게 추종, 적응, 변화되어야 하며 어느 조직에서나 구성원의 관심도가 높아지면서 등장하게 되었다. 따라서 조직발전이란 문제 발견 및 해결 능력을 증진시키고 변화에 잘 적응하는 관리능력을 증진시키는 계획적이며 체계적인 과정이라고 할 수 있다.

이와 같이 볼 때 학교 조직발전은 학교조직과 교육행정 조직 내의 문제해결 및 자아갱신 능력을 신장시키기 위해 행동 과학적 개념을 사용하여 공식적 · 비공식적 절차, 과정, 규범 또는 구조상의 변화에 중점을 두면서 체계적 · 계획적 · 지속적 · 장기적으로 이루어지는 일련의 노력이며, 과정이라고 할 수 있다(노종희, 1994: 395~396).

또한, 학교 조직발전은 학교조직 내의 구조, 과업, 기술 측면보다는 조직 구성원에 대해 보다 많은 관심을 두고 있다(Owens & Steinhoff, 1976: 142~148). 즉, 조직구조 변인간 상호작용 관계를 제시하면 [그림 6-5]와 같다.

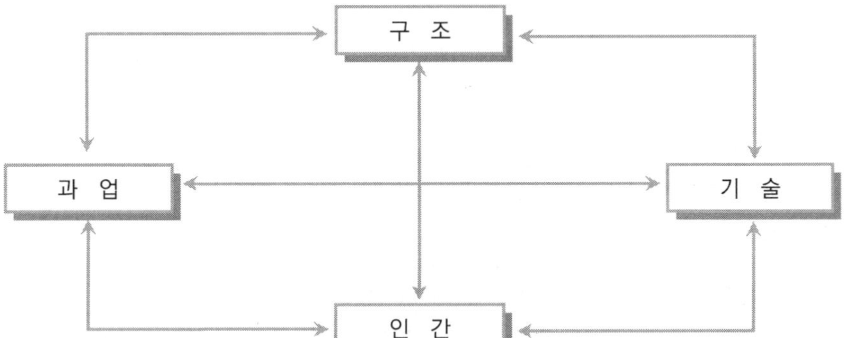

[그림 6-5] 조직구조 변인간 상호작용 관계

즉 학교조직 구성원들의 행동에 영향을 미치는 학교조직 문화가 중점적으로 다루어지는데, 즉 태도, 가치, 감정, 그리고 의사소통의 개방성에 초점을 두게 된다.

2. 조직발전의 절차

조직발전에서는 외부의 기술적인 전문가나 조직 구성원으로부터 조직이 갖고 있는 문제에 대한 진단 · 처방을 단순히 수용하기 보다는 그 원인을 분석하고 목표를 재구성하게 된다. 그리고 목표달성을 위한 구조와 과정을 재구안하여 조직의 과업 구조 및 환경의 변화를 시도하고 그 결과를 평가하여 피드백시키는 등의 절차를 거치게 된다. 조직발전의 절차 모형을 제시하면 [그림 6-6]과 같다.

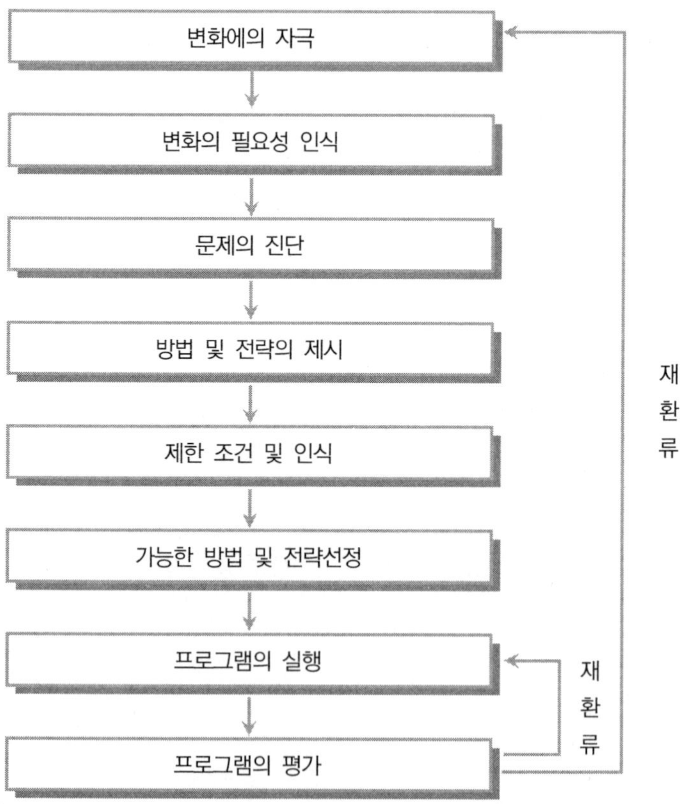

[그림 6-6] **조직발전 절차 모형**

출처: 신중식 · 강영삼(1994: 158).

조직발전 과정의 주요 내용을 기술하면 다음과 같다.

1) 변화에의 자극

변화에 대한 자극은 조직의 내부로부터 오게 되며, 관리자(학교의 경우 학교장)는 조직 내외 환경을 지각하게 해 주는 기능만 수행하게 된다. 일반적으로 조직구성원의 낮은 사기, 원활하지 못한 의사소통, 비효과적인 지도성 등이 문제점으로 제기되고 있다.

2) 변화의 필요성 인식

관리자가 변화의 필요성을 인식하고 이를 시도할 결심을 하는 단계라고 할 수 있다.

3) 문제의 진단

진단단계에서는 조직 문제의 확인, 변화의 시도, 변화에 따른 결과의 기대, 결과의 측정 등을 고려하여야 한다. 이때 관리자는 조직의 효과성이나 효율성의 측면에서 그 기준을 정하게 된다. 즉, 문제해결에 필요한 기술, 태도, 행동 및 변화 등과 연계시켜 고려해야 한다.

4) 방법 및 전략의 제시

관리자를 중심으로 한 조직발전팀은 진단된 문제의 해결을 위해서 가능한 방법 및 전략을 광범위하게 제시하여야 한다. 감수성 훈련(sensitivity training), 정보관리체제(management information system), 실험실 훈련(laboratory training), 관리격자 훈련(managerial grid training) 등의 조직발전 기법을 고려하여야 할 것이다.

5) 제한 조건 및 인식

조직이 지니고 있는 고유의 조직풍토, 환경 등의 제한 조건을 고려하여 조직발전의 변화를 시도해야 할 것이다.

6) 가능한 방법 및 전략 선정

조직이 갖고 있는 문제해결이나 조직발전을 위한 여러 제한 조건이나 상황을 분석한 후 그 중에서 최적의 방법 및 전략을 선정하게 된다. 여기에는 비용, 기대되는 효과, 조직 구성원의 만족도 등을 고려하여야 할 것이다.

7) 프로그램의 실행

선정된 방법 및 전략을 프로그램에 투입하여 실천하는 단계로서 시간(방법의 최적시기)과 범위(참여 규모)가 고려되어야 한다.

8) 프로그램의 평가

조직발전을 위해 시도되었던 프로그램 전반에 대한 타당성, 객관성, 실용성 등에 대한 보완 및 피드백 과정을 얻기 위해서 실시되는 단계이다.

이상에서 조직발전 절차를 종합해 보면, 조직발전의 목표는 구성원의 태도, 가치관의 변화, 조직구조 및 정책의 변화, 환경에의 순응 및 활용 등과 더불어 조직 구성원들을 적재적소에 배치하는 것까지 포함하게 된다.

3. 조직발전 과정의 특징

조직발전 과정의 주요 특징을 기술하면 다음과 같다(Fronch & Bell, 1990: 79~ 94; 노종희, 1994: 396~400).

① 조직발전은 앞에서 제시한 절차 모형에서와 같이 지속적이며, 상호작용하는 과정이라고 할 수 있다. ② 조직발전은 행동과학의 여러 분야로부터 과학적이며, 실제적인 원리를 받아들여 적용하는 응용행동과학의 한 형태이다. ③ 조직발전은 조직효과를 개선하기 위한 과정이기 때문에 조직의 과정과 문화에 있어서 어떠한 변화를 필수적으로 수반하는 규범적-재교육적 변화전략이다. ④ 조직발전은 조직

의 제 현상과 역동성을 구성원간의 상호관련성, 상호의존성, 상호작용성의 측면에서 파악하는 체제접근(system approach)을 활용한다. ⑤ 조직발전은 계획된 변화를 유도하는 데 있어 실증적 자료를 활용한다. ⑥ 조직발전은 조직구성원과 집단의 실제 행동을 대상으로 삼아 실제 문제를 해결하려는 측면에서 경험을 통해 귀납적인 방법으로 어떠한 보편적 원리를 도출하려고 한다. ⑦ 조직발전은 목표설정과 계획을 강조한다. ⑧ 조직발전은 작업팀을 중시한다. ⑨ 조직발전은 조직 내의 전 구성원이 공동으로 참여하며, 권한의 위임을 강조한다. 권한의 위임은 성과를 증대시키고 조직 구성원의 만족감을 높여 준다.

제7절 의사소통

1. 의사소통의 의의

의사소통 또는 의사전달(communication)이란 일반적으로 유기체로서 개인이나 조직이 어떤 기호를 사용하여 다른 유기체인 개인이나 조직에게 정보와 메시지를 전달하고 그것을 그 개인이나 조직이 수신하여 전달자와 피전달자간에 상호 공통된 이해에 도달하며, 나아가서는 상호간의 행동에 영향을 미치거나 계획적인 변화를 가져오게 하는 교육행정 과정 및 기능이라고 할 수 있다.

학교조직 및 교육행정조직은 각 단위를 구성하고 있는 개인 및 집단으로 구성되어 있다. 개인과 집단의 활동은 교육조직의 목적을 달성하기 위하여 어디까지나 교육조직 내의 개인, 하위 부서간에는 물론, 외부 교육관련 조직간에 이루어지며, 주로 다양한 의사소통을 통하여 교육 및 교육행정 활동이 이루어지게 된다.

Simon(1976: 154)이 의사소통을 '조직의 한 구성원으로부터 다른 구성원에게 결정의 전제, 즉 결정에 있어서 중요한 요소들에 전달되는 과정'으로 정의한 것은 바로 조직 구성원간의 결정전제가 전달됨으로써 조직 구성원(인간)이 바람직한 방향으로 행동의 변화를 일으키도록 하는 것이 의사소통의 목표임을 나타내 준다고 할 수 있다.

이와 같이 의사소통은 교육조직에서 조직 구성원의 노력을 조직 목적 달성에 공헌하도록 행동의 통일과 질서를 확보하기 위한 조정의 수단, 합리적 의사결정의 수단, 그리고 조직 구성원을 통솔하고 사기를 앙양하며, 그들에게 동기유발을 촉진시켜 주는 수단으로서 그 기능을 수행한다고 할 수 있다. 또한 의사소통은 Scanlan과 Keyo(1979: 329)는 Katz가 제시한 행정가의 기술, 즉 실무적 기술, 인간 관계적 기술, 통합적 기술에 의사소통 기술을 포함시키고 있다. 한편, 의사소통의 내용이 전달자가 의도한 대로 수신자에게 효과적으로 전달되기 위한 원칙을 제시하면 다음과 같다(박동서, 1995: 578).

첫째, 우선 전달되는 내용의 정보원이 권위가 있고, 신뢰성이 있어야 수신자가 전달된 내용을 쉽게 받아들이게 된다.

둘째, 전달자가 전달하는 내용을 명료하게, 일관성이 있어야 하며, 또한 내용의 양이 적정하여야 하며, 적시에 전달하여야 한다.

셋째, 전달하는 수단으로서 구두, 문서, 행동 그림 등을 다양하게 사용하되 시청각적 효과가 높은 것이 효율적이다.

끝으로, 수신자가 전달자의 내용을 받아들이는 태도가 호의성을 갖도록 해야 할 것이다.

2. 의사소통의 유형

교육조직에서 이루어지는 의사소통 유형은 분류방식에 따라 다양하게 분류된다(노종희, 1991: 327~330; 윤재풍, 1991: 194~196; 이군현, 1991: 1~13; 김윤태, 1994: 398~405; 박동서, 1995: 578~583; 진동섭 · 이윤식 · 김재웅, 2011: 256~263; 남정걸, 2012: 289~294).

1) 공식적 의사소통과 비공식적 의사소통

공식적 의사소통은 공식조직 내에서 공식적 통로와 수단에 의하여 공식적으로 의사가 전달되는 것을 말한다. 따라서 공식적 의사소통은 특정의 요건을 갖추어 '누가', '누구에게', '무엇을', '어떻게' 전달할 것인가를 공식적으로 성문화하고 이에 근거하여 의사를 전달하는 것이다.

공식적 의사소통의 목적은 조직의 구성원들에게 조직의 목표 · 방침 및 지시 사항 등을 알리고 구성원들의 의견과 보고 내용을 관리자와 모든 구성원들에게 알리는 데 있다. 공식적 의사소통은 송신자의 감정이나 의도를 충분히 전달할 수 없는 제한점을 가지며, 조직의 상황 변화에 신속하게 대응할 수 있는 융통성이 부족하다고 할 수 있다.

한편, 비공식적 의사소통은 비공식적 조직을 통하여 자생적으로 이루어지는 의사소통을 말한다. 비공식적 의사소통은 공식적 의사소통의 결함을 보완해 주는 기능을 수행하면서 동시에 허위, 또는 왜곡된 정보를 유통시키기도 한다. 비공식적 의사소통을 '그레이프바인(grapevine)'이라고도 하는데, 이는 비공식적 의사소통이 마치 포도넝쿨처럼 여러 갈래로 확산 · 유포되기 때문이다.

2) 하향적, 상향적, 수평적 의사소통

하향적 의사소통은 조직 내의 지휘, 명령계통에 따라 상사가 부하에게 메시지를 전달하는 상의하달식 의사소통으로서, 여기에는 명령과 일반정보가 있다. 명령에는 지시 · 훈령 · 각서 · 규칙 · 규정 · 고시 등이 포함되며, 구두명령과 문서명령으로 구분된다. 그리고, 일반정보에는 조직 또는 조직의 업무에 관한 지식을 구성원들에게 알려주기 위한 편람, 핸드북 등이 있다.

상향적 의사소통은 앞의 하향식 의사소통과는 반대로 계층의 하부에서 상부로 정보와 의사가 전달되는 것을 말한다. 하의상달의 방법으로서 보고, 제안제도, 의견조사, 면접 등이 있다.

수평적 의사소통은 계층제에 있어서 동일한 수준에 있는 개인 또는 집단(집단단위) 간에 행해지는 것을 말한다. 수평적 의사소통은 각 구성원 또는 부서간의 활동을 조정하거나 갈등을 해소하는 데 있어서 매우 중요한 기능을 한다. 여기에는 사전 심사제도, 회람, 공지, 회의, 위원회 제도 등이 포함된다.

3. 의사소통의 모형

의사소통은 하나의 흐름 또는 과정으로 정보원 또는 송신(source or sender), 메시지(message), 통로(channel), 그리고 수신자(receiver)로 구성되어 있다(Hanson, 1991:

251~254, 2003: 218~221). 즉, [그림 6-7]에서 제시한 바와 같이 소위 S-M-C-R 모형은 다음과 같이 구성되어 있다.

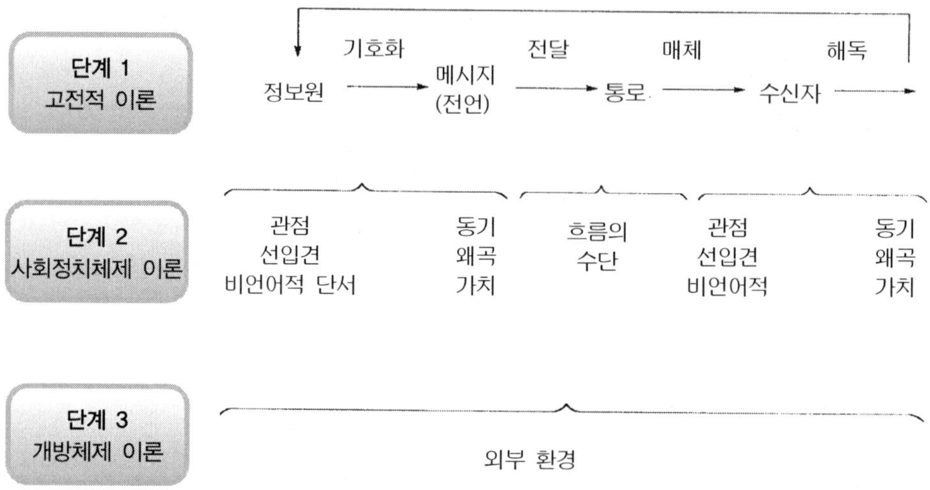

[그림 6-7] S-M-C-R 의사소통 모형

출처: Hanson(2003: 219).

① 서면, 구두 혹은 어떤 다른 형태로 기호화한 메시지의 정보원(혹은 제공자): S

② 전달될 아이디어들을 나타내는 메시지: M

③ 메시지의 전달 경로(매개물): C

④ 메시지를 해독하는 수신자: R

이와 같은 의사소통 모형을 제3장에서 기술한 교육행정이론과 연계시켜 기술하면 다음과 같다.

고전적 조직 이론가들은 의사소통 과정이 어떻게 이루어지는지 혹은 누가, 무엇을, 누구에게, 어떤 경로를 통하여, 어떤 효과를 가지는가에 관심을 가졌다. 그러나 과학적 관리론에서 의사소통은 수직적, 공식적 경로를 통해 조직에서 지도자의 명령을 촉진하고 통제하기 위해 존재한다고 하였다. Rogers(1976: 34)는 의사소통은 공식적, 계층적, 계획에 의한 것이며, 의사소통의 목적도 조직의 생산성과 효율성을 증대시키기 위해 과업을 수행하는데 있다고 기술하고 있다. 요약하면, Taylor를 위시한 과학적 관리론자들은 의사소통을 일방적, 수직적(상부-하부), 그리고 과업 지

향적으로 보고 있다.

의사소통에 있어 근대적 접근은 1930년대의 소위 Hawthorne 연구에서 비롯된 인간관계론에서 찾을 수 있다. 특히, 사회정치체제이론을 토대로 인간관계론에서는 S- M-C-R모형의 비공식적 측면에 초점을 두고 분석하였다. 수신자와 송신자의 특성들, 예를 들어 동기화, 관점, 비언어적 단서, 선입견 뿐만 아니라 송신자와 수신자의 행동에 영향을 주는 비공식적 특성도 연구하였다.

의미의 교환으로서 의사소통은 송신자로서 수신자의 사회심리적인 면에 관해 어느 정도 알고 있어야 함을 요구한다. 수신자는(송신자도) 소망, 기대, 편견, 가치, 경향, 선입견으로 복잡하게 얽힌 존재이다. 교환된 단어란 다른 무엇인가를 나타내 주는 상징이라고 볼 수 있다. 의사소통을 하기 위해서는 조직 구성원은 어떤 정신적 모습, 명칭의 부여, 어떤 것에 대한 느낌을 개발할 필요가 있다. Goldhaber(1979: 16~17)는 의사소통이 효과적으로 이루어지기 위해서는 조직 구성원들이 명칭, 개념, 느낌들을 알아야만 한다고 하였다. 다시 말해서, 우리가 함께 이야기할 때 같은 내용과 의미를 언급해야 한다는 것이다. 즉, 이해를 공유해야 한다는 것이다.

끝으로, 개방체제이론은 불확실성에 대처하기 위해 조직의 환경과 상호 교환하는 정보의 복잡한 기제(예를 들어, 분석, 사용, 송출)를 포함하는 데 초점을 두고 있다. 개방체제의 맥락 내에서 의사소통은 조직과 환경간 뿐만 아니라 상호 의존적인 하위체제망 사이의 메시지와 의미의 교환을 의미한다. 즉, 의사소통은 조직을 통합하고 부분이나 요소들 간에 조화를 이루게 하는 가교역할을 하게 된다는 것이다. Katz와 Kahn(1978: 429)은 개방체제적 접근에서 의사소통은 수신자와 송신자 사이의 메시지를 단지 전달하는 과정만으로는 이해할 수 없으며, 그것이 일어난 사회체제와 관련지어 이해하여야 한다는 것이다.

요약하면, 조직에서 의사소통 과정은 다음의 3단계, 즉 ① 구체적 경로를 통한 메시지의 송신과 수신의 과정, ② 의사소통 과정에서 공식적 · 비공식적인 방해물과 촉진제, ③ 의사소통 과정의 모든 측면을 둘러싸고 영향을 미치는 다양한 사회, 정치, 문화, 경제적 환경들을 포함하여 S-M-C-R 모형에서 언급한 3가지 단계의 맥락에서 검토되고 이해되어야 할 것이다.

제7장

인적자원의 충원과 관리

제1절 교육인사행정의 의의와 영역

1. 교육인사행정의 개념과 목표

교육행정 분야에서 교육인사행정 영역은 교육행정 활동이 이루어지는 과정 중의 하나이다. 교육목표 달성을 위한 측면에서 교육활동이 원활히 수행되기 위해서는 행정요소들 중에서 인적자원을 관리하는 교육인사 행정이 합리적으로 이루어져야 한다. 제1장에서 기술한 다양한 교육행정에 대한 개념 정의 중에서 어느 입장을 취하든 설정된 교육목적이나 교육행정 목표를 효율적으로 달성하는 데는 결국 교육조직 구성원의 능력, 태도 등에 따라 그 결과가 달라지기 때문이다.

최근 정치 · 사회환경의 변화와 더불어 교육 부문에서의 변화가 강력히 요구되고 있다. 즉 교육의 경쟁력과 수월성을 제고하기 위해서 조직, 인사, 제도, 프로그램, 정책 등에 다양한 변혁과 쇄신이 이루어지고 있다. 정부의 조직개편과 맞물려 교육조직의 개편도 이루어지고 있으며, 아울러 국제화, 정보화, 민주화, 분권화 등의 사회변화에 대응하고 선도하는 교육체제가 구축되기 위해서는 교육조직 구성원의 전문성 제고와 인식 변화가 수반되어야 할 것이다. 궁극적으로 교육활동에 관한 계획을 수립하고 교육목표를 설정하고 이를 위한 제반 조건의 정비 · 확립 등은 교육조직 구성원의 자질과 태도에 달려 있기 때문이다.

교육인사행정은 교육활동의 주체가 되는 교원과 이들이 교육활동에 전념할 수 있도록 지원 · 감독하고 제반 행정업무를 수행할 수 있는 유능한 교육 전문직과 일반직을 확보하고, 그들의 자질을 향상시키며 근무의욕을 높여 주는 일련의 행정지원 활동이라고 할 수 있다(서정화, 1994: 32). Castetter(1992)는 인사행정의 목표를 ① 조직의 목표달성, ② 조직 구성원 개개인에게 기대되는 지위와 과업수행 수준 달성 지원, ③ 인적 자원의 지위 상승 극대화, 그리고 ④ 개인목표와 조직목표의 조절에 두고 있다.

교육인사행정의 목표는 조직의 목표를 보다 효과적으로 달성하게 하고 구성원

개개인으로 하여금 자신들에게 기대되는 과업을 성취하게 된다. 또한, 이들이 설정한 최고의 지위에 도달하도록 도와 주고, 개인의 목표와 교육조직의 목표간에 조화를 이루도록 하는데 있다는 것이다.

2. 교육인사행정의 영역

이러한 교육인사행정은 첫째, 교육조직의 목표를 효과적으로 달성하는 데 필요한 유능한 교육직원의 채용, 둘째, 그들의 계속적인 능력발전, 그리고 교육직원의 사기 진작을 도모하는 영역의 세 가지로 구분할 수 있다. 채용 과정에는 인력계획, 모집, 시험, 임용 등이 포함되며, 능력발전에는 현직교육은 물론 근무성적 평정, 승진 및 전직, 전보 등이 포함된다. 그리고 사기에는 보수 및 근무환경을 포함하는 물리적 조건과 사회 · 심리적 요인이 포함된다.

이상에서 기술한 교육인사행정의 주요 영역은 교직에 종사하기를 희망하는 학생들을 수급 계획에 따라 선발하는 일로부터, 교원의 양성, 채용, 연수, 승진, 전보, 퇴직을 포함하여 근무조건, 복지후생, 사기진작에 이르기까지의 전 과정을 포함하게 된다. 이를 제시하면 [그림 7-1]과 같다.

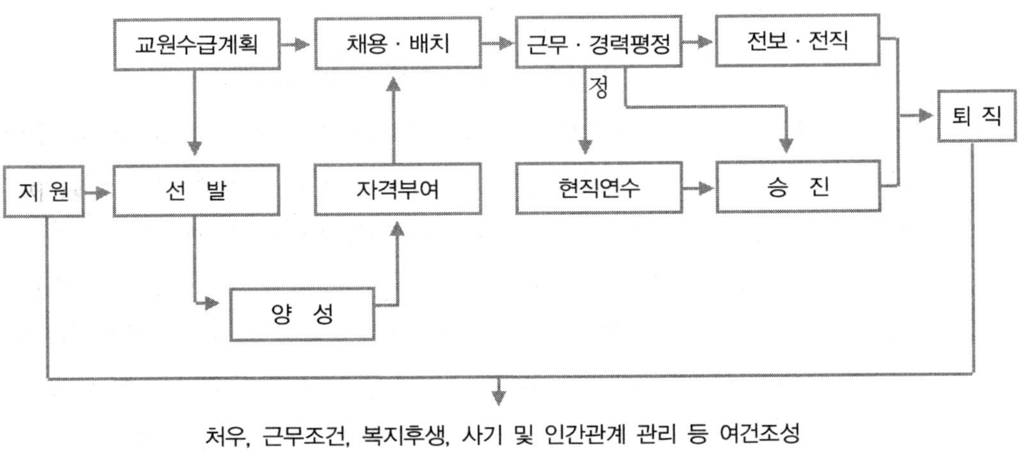

[그림 7-1] 교육인사행정의 주요 영역

출처: 서정화(1994: 39).

따라서 교육활동의 성패 여부는 이를 담당하고 있는 교원들에게 달려 있으며, 교육의 경쟁력은 결국 유능한 교사를 확보하고, 그들의 능력을 발전시켜 만족한 가운데 교직 생활이 가능하도록 제도적 · 정책적 조치를 마련하는 것이 교육인사행정이 작용해야 할 영역이라고 할 수 있다.

이와 같은 교육인사행정이 합리적으로 작용하기 위해서는 성장지향적이며, 자기실현적 · 자기규제적 속성을 중시하는 인간관을 바탕으로 조직 구성원을 존중하고 조장하며 활용해야 한다는 성장모형(growth model)과 조직과 개인의 목표를 접근 · 조화시키는 통합모형(integration model)의 인사행정체제가 마련되어야 할 것이다. 그리고 이를 운영하는 기본 원리로서 전문성 확립의 원리, 실적주의(merit system)와 연공서열주의(seniority system)간 조화의 원리, 공정성의 원리, 적재적소 배치의 원리, 적정수급의 원리 등을 들 수 있다(서정화, 1994: 34~36; 오석홍, 1995: 77~83).

제2절 교육공무원의 분류 및 관계법령

1. 교육공무원의 분류 및 성격

교육직원은 크게 국 · 공립학교 및 국 · 공립 계통의 교육행정기관(교육과학기술부와 서울특별시 · 광역시 · 시 · 도 · 군의 교육관서)과 교육연구기관에서 교육 또는 교육행정 활동에 종사하고 있는 직원과 사립교육기관의 직원으로 나눌 수 있다. 국 · 공립 계통의 교육직원은 [그림 7-2]에서 보는 바와 같이 단계적으로 세분된다.

일반적으로 공직의 분류는 직위(position)나 직무(job)를 핵심으로 한다. 직위를 중심으로 분류하는 것은 직위분류제이며, 사람을 중심으로 분류하는 것은 계급제이다. 직위분류제란 모든 직위를 직무의 종류와 곤란성 및 책임도에 따라 계급 및 직급별로 분류하는 것을 말하며, 계급제란 공무원이 지니고 있는 자격과 능력을 기준으로 하여 계급으로 분류하는 것을 말한다. 우리나라는 전통적으로 계급제를 채택해 왔으나, 지난 1981년 이후부터 개정된 국가공무원법과 동 시행령에서 직위분류제를 확대 · 실시하고 있다(김윤태, 1994: 355).

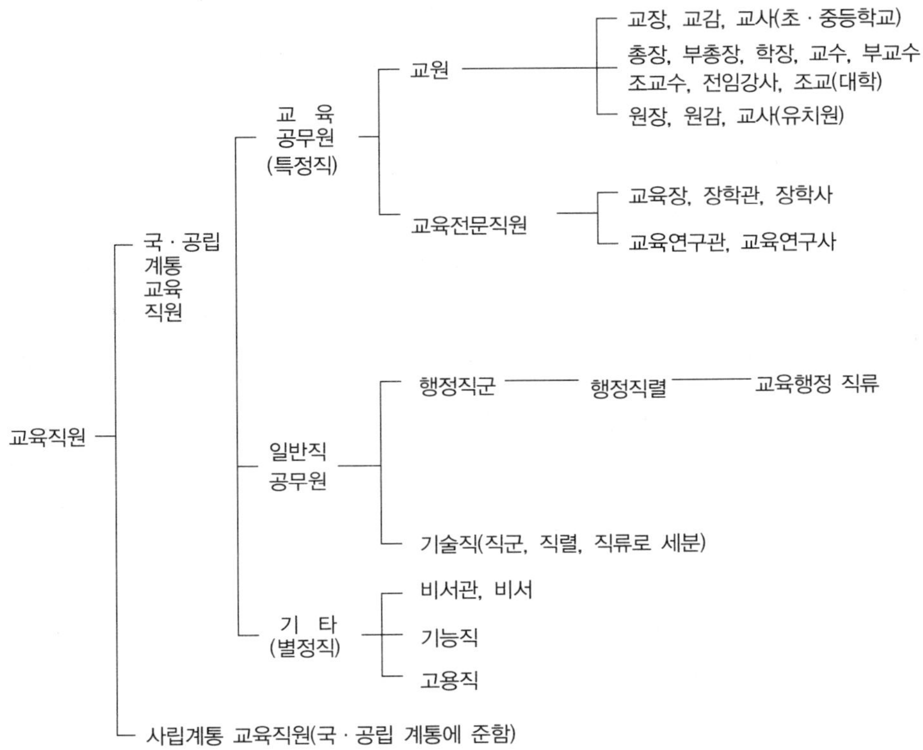

* 정무직공무원(장관 · 차관)은 이 그림에 포함시키지 않았음.

[그림 7-2] **교육직원의 분류**

[그림 7-2]에서 보는 바와 같이, 국 · 공립 계통의 교육직원은 교육공무원(특정직)과 일반직 공무원, 기타 별정직 공무원으로 구분된다. 교육공무원은 교원과 교육전문직으로 나누어지며, 교원에는 초 · 중등학교의 교장, 교감, 교사, 대학의 총장, 부총장, 학장, 교수, 부교수, 조교수, 전임강사, 조교, 유치원의 원장, 원감, 교사 등이 포함되며, 교육전문직에는 장학사, 장학관, 교육연구관, 교육연구사 등이 포함된다. 그리고 일반직 공무원은 교육행정직 공무원과 기술직 공무원을 포함하며, 기타 공무원은 별정직의 비서관, 기능직, 고용직 등을 포함한다. 위의 분류에서 교원과 교육전문직은 서로 다른 직렬(series)로 되어 있다. 여기서 직렬은 직무의 종류가 유사하고 그 책임과 곤란성의 정도가 상이한 직급의 군을 말한다. 그리고 직급(class)은 직무의 종류, 곤란성과 책임도가 상당히 유사한 직위의 군을 말하며, 직위(position)는 1인의 공무원에게 부여할 수 있는 직무와 책임을 말한다.

한편, 교육공무원법 제2조에 의하면 교육공무원이란 교육기관(교육기본법 제14조, 제15조, 초 · 중등교육법 제19조, 제20조, 제21조, 제22조, 고등교육법 제14조, 제15조, 제16조, 제17조)에 근무하는 교원, 교육행정기관에 근무하는 교육연구관, 교육연구사 등을 포함한다. 교육공무원이 국가의 공무원 체계상에서 어떤 성격을 가지고 있는가는 국가공무원법 제2조(공무원의 구분)에 제시되어 있다. 교육공무원은 국가공무원이면서 경력직 공무원, 특정경력직 공무원이다. 경력직 공무원이란 실적과 자격에 의하여 임용되고 그 신분이 보장되며, 평생토록 공무원으로 근무할 것이 예정되는 공무원이다. 여기에는 일반직 공무원, 특정직 공무원, 기능직 공무원이 포함된다. 특수경력직 공무원은 경력직 공무원 이외의 국가공무원을 말하며, 정무직 공무원, 별정직 공무원, 계약직 공무원, 고용직 공무원 등이 포함된다. 또한, 사립학교의 초 · 중등 교원의 법적 지위도 국가 공무원에 준하도록 되어 있다.

2. 교육인사행정의 관계법령

교육인사행정의 기본이 되는 관계 법령으로는 교원에 관계된 법령과 일반직에 관계된 법령으로 구분할 수 있으나 공통으로 적용되는 경우가 많아 이러한 구분은 임의적이라고 할 수 있다. 일반직 공무원 인사관련 법령으로는 국가공무원법, 지방공무원법 등의 기본 법령과 공무원 임용령, 공무원 보수규정, 공무원 수당 등에 관한 규정, 공무원교육훈련법, 공무원연금법, 상훈법, 공무원 징계령, 공직자윤리법, 공무원 평정규칙, 공무원 인사기록 및 인사사무 처리규칙 등이 있다. 그리고 교원 및 교육전문직 인사관련 법령으로는 기본 법령이 되는 교육공무원법과 교육공무원 임용령, 사립학교법, 교원지위 향상을 위한 특별법, 교육공무원 승진규정, 교원자격 검정령, 교원연수에 관한 규정 등이 있다.

특히, 교육공무원법은 교육을 통하여 국민 전체에 봉사하는 교육공무원의 직무와 책임의 특수성에 비추어 자격, 임용, 보수, 연수 및 신분보장 등에 관하여 교육공무원에 적용할 국가공무원법에 대한 특례를 규정함을 목적으로 제정되었다.

이상에서 기술한 교육인사행정 관련 주요 법령을 교육인사행정의 영역별로 제시하면 〈표 7-1〉과 같다(윤정일 외, 2008: 286~287).

〈표 7-1〉 교육인사행정 관련 법령

내용영역	주요관련 법령
자 격	교육기본법 및 초 · 중등교육법 동 시행령, 교원자격검정령 및 동 시행규칙, 교수자격기준 등에 관한 규정
임 용	교육공무원법, 교육공무원 임용령 교육공무원 임용후보자 선정 경쟁시험 규칙 교육공무원 인사관리규정, 교육공무원 인사위원회 규정 교육공무원 인사기록 및 인사사무 처리 규칙 교육공무원 승진규정 국립의 각급학교에 두는 공무원의 정원에 관한 규정 공무원 평정 규칙, 사립학교법 및 동 시행령 등
연 수	교육공무원법, 공무원 교육훈련법 및 동 시행령 교원연수에 관한 규정 및 동 시행규칙, 국가공무원법
복 무	국가공무원 복무규정, 교육공무원법; 사립학교법 및 동 시행령 공직자 윤리법 및 동 시행규칙 등
복지후생	공무원연금법 및 동 시행령, 시행규칙 사립학교법, 사립학교 교직원연금법 및 동 시행령
신분보장 및 징계	교육기본법 및 초 · 중등교육법, 교육공무원법, 교원지위 향상을 위한 특별법 교육공무원 징계령, 교원 징계처분 등의 재심에 관한 규정 사립학교법 및 동 시행령, 공무원 징계령, 상훈법 및 동 시행령 교육공무원 징계 양정 등에 관한 규칙 및 동 시행지침 등
보 수	공무원 보수 규정, 공무원 수당 등에 관한 규정, 교원예우에 과한 규정 등
단체활동	교육기본법, 국가공무원법 교원지위 향상을 위한 교섭 · 협의에 관한 규정 교원의 노동조합 설립 및 운영 등에 관한 법률

제3절 채 용

앞에서 기술한 바와 같이 교육인사행정에서 중요한 것은 우수한 자격과 능력을 고루 갖춘 교육직원을 확보하는 일이다. 교육공무원을 채용하는 일반적 과정은 교원 수급계획, 모집, 시험, 임명 등의 순서를 거쳐 이루어지게 된다.

우선, 교원을 충원하기 위해 일선 초 · 중등학교에 필요한 교원의 수요와 공급을 계획하게 된다. 즉, 교육부와 각 시 · 도 교육청은 초 · 중등교육법 시행령 제3장 제2절 '교원에 관한 규정'을 기준으로 하여 교원수급계획을 수립한다.

현행 교원양성의 경우 유치원 교원의 양성은 전문대학 및 대학에 설치된 유아교육과, 아동학과에서 이루어진다. 초등교원은 국립의 교육대학에서 주로 양성되고 있으며, 목적제의 성격이 강하다고 할 수 있다. 그리고 중등교원 양성은 크게 사범대학 과정과 비사범대학 교직과정으로 구분되어 이루어지고 있다.

교원 모집에 필요한 응시자의 자격 요건이 되는 교원자격 검정은 무시험 검정과 시험검정으로 구분된다. 무시험 검정은 초 · 중등교육법 별표 2에서 규정하는 각급 학교의 교사자격 기준에 합당한 대학, 즉 교원양성기관을 졸업한 자에게 해당된다. 시험검증은 주로 초 · 중학교 준교사의 일부에 대해서 실시하며, 교육부 차관을 위원장으로 하는 교육부 내의 교원자격검정위원회가 주관하도록 규정되어 있다. 자격을 갖춘자를 대상으로 각 시 · 도 교육청은 국 · 공 · 사립 대학의 출신에 구분 없이 공개 전형에 의해 필기시험, 실기시험 및 면접시험 등으로 선발하고 있다.

제4절 능력발전과 사기

유능한 인적 자원을 확보한 후에도 그들이 더욱 전문적인 자질과 능력을 구비하여 주어진 임무를 효율적으로 수행할 수 있도록 계속적으로 능력을 발전시켜야 한다. 아울러 그들이 만족한 가운데 교육조직 생활을 할 수 있는 제도적 장치를 마련해 주어야 한다. 교원의 능력발전을 위한 방법으로서 현직연수, 근무성적평정, 승진, 그리고 전보 등을 들 수 있다. 그리고 교원의 사기에서는 보수와 제안제도를 중심으로 기술한다.

1. 능력발전

1) 현직연수

(1) 현직연수의 개념 및 의의

교원의 현직연수는 교원들이 교직에 종사하면서 직업적 성장을 위하여 자율적으로 또는 의무적으로 하는 교육 및 제반 활동의 총칭이다. 교원의 자질 및 전문성 향상을 위한 노력의 필요성은 국제적으로도 강조되고 있다. 1966년 유네스코와 세계 노동기구는 세계각국에서의 교원의 지위에 관하여 일련의 공통적인 기준과 척도를 설정하기 위한 목적으로 '교원의 지위에 관한 권고'를 선포하였다. 이러한 권고의 기본으로 제6항에 교직은 전문직으로 간주되어야 한다(teaching should be regarded as profession)고 규정하고 있다. 또한, 제44항에 교원의 승진은 엄밀한 전문직적 기준에 비추어 새로운 직위에 대한 교원의 자격을 객관적으로 평가한 결과에 근거를 두어야 한다고 규정하여 전문직적 기준을 강조하고 있다.

이와 같은 규정들은 교직이 전문적인 지식과 기술을 습득하기 위한 장기적이고 계속적인 교육과 연찬이 필요하고, 엄격한 자격기준이 요구될 뿐만 아니라, 교육공급자인 교원들의 권익보다 수요자인 학생들의 권익이 우선하는 사회 공공적 및 윤리적 책임이 수반되는 직종임을 시사해 주고 있다. 따라서 전문직 종사자로서의 교원은 전 교직기간을 통해 계속 교육차원에서 전문성을 유지 · 발전시킬 필요가 있다.

교원은 교육기본법 제 14조 제2항에 교육자로서 갖추어야 할 품성과 자질을 향상시키기 위하여 노력해야 한다고 규정되어 있으며, 교원의 전문성 신장과 관련된 연수관련 법규는 교육공무원법 제37조에서부터 제42조에 제시되어 있다. 즉, 교육공무원법 제 6장 연수 제37조 연수의 기회균등, 제38조 연수와 교재비, 제39조 연수기관의 설치, 제40조 특별연수, 제41조 연수기관 및 근무장소 이외에서의 연수, 제42조 연수 및 근무성적의 평정으로 규정되어 있다.

구체적으로 살펴보면, 교원(교육공무원)에게 연수기관에서 재교육을 받거나 연수할

기회가 균등히 부여되며, 직책을 수행하기 위하여 부단히 연구와 수양에 노력해야 한다. 이에 필요한 교재비를 국가 또는 지방자치단체가 보조할 수 있다. 교원의 재교육과 연수를 위하여 연수기관을 두며, 국가 또는 지방자치단체는 특별연수계획을 수립하여 국내·외의 교육기관·연수기관에서 일정한 기간연수를 받게 할 수 있다. 수업에 지장이 없는 한 소속기관의 장의 승인을 얻어 연수기관 및 근무장소 이외의 시설 또는 장소에서 연수할 수 있다. 그리고 교원의 재교육 및 연수의 실적과 근무성적을 평정하여 인사관리에 반영시켜야 한다고 규정하고 있다.

교원연수의 개념은 현직교육(in-service education), 현직교육·훈련(in-service education and training of teachers), 교직원 개발(staff development), 전문적 개발(professional development), 교원계속교육(continuing education) 등의 여러 용어로 사용되고 있다. 현직연수에 대한 협의의 개념으로는 '특정한 교육프로그램의 수행이나 임용과 직접적으로 관련하여 제공되는 공식적인 교육·훈련'을 의미한다. 그리고 광의의 개념으로는 '교직생활 전 기간 중에 다양한 형태로 제공되는 모든 교육·훈련'을 의미한다.

OECD(1982)는 광의의 입장에서 현직연수의 개념을 초·중등학교의 교사 및 학교행정가(교장, 교감)들이 자격증을 취득하고 난 후 학생들을 보다 효과적으로 교육하기 위하여 주로 자신들의 전문적 지식, 기능 및 태도 등을 증진·발전시킬 목적으로 제공되는 교육·훈련 활동으로 정의를 내리고 있다.

Orlich(1989)는 현직연수를 교원의 직접적인 직무관련 기술, 기능, 혹은 지식을 확대·개선하기 위해 교원의 연수요구에 대한 파악을 토대로 하여 협동적으로 계획되고 설계된 구체적인 일련의 학습목표 및 활동체계로써 임용권자가 비용을 부담하여 시행하는 프로그램이나 활동이라고 보고 있다.

Castetter(1992: 222~224; 2000: 177~179)는 [그림 7-3]에서 제시한 바와 같이, 현직연수의 본질을 교원의 직무수행 능력의 향상을 위해 교원들에게 계획된 학습프로그램의 제공에 두고 있으며, 여기에는 공식적, 비공식 접근을 포함하고 있다.

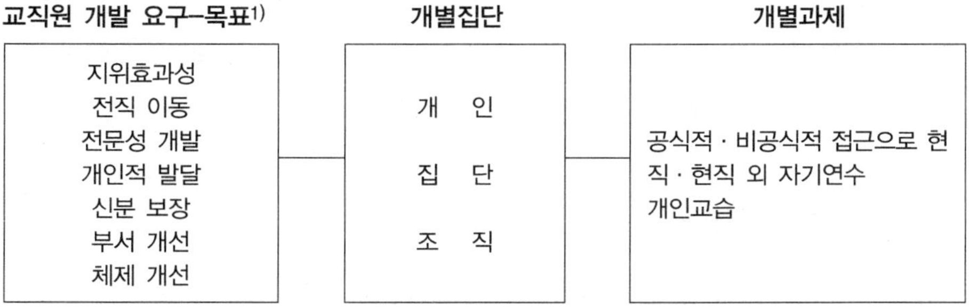

[그림 7-3] 현직연수를 통한 교원의 능력개발 모형

출처: Castetter(2000: 177).

현직연수를 통한 교원개발은 장 · 단기 활동을 포함하는 데, 대상에 따라 상이한 목표를 가지고 있으며, 교원개발 기능을 개념화하고 조직화하는 다양한 방법을 제시하고 있다. 따라서 현직연수를 통한 교원개발은 자아실현, 자기성장, 그리고 자기개발 강조의 접근을 통한 교원의 전문성 향상과정으로 볼 수 있다. 교원개발은 체제 구성원들의 능력, 태도, 기술 및 지식 등의 개선과 향상을 목표로 하는 활동을 포함한다고 규정하고 있다.

한편, 이윤식 등(1993: 26~27)은 교원연수의 개념을 현직에 임용된 교육직원을 대상으로 그들의 전문적 능력과 일반적 자질을 배양하기 위해 다양한 장소에서 다양한 방법을 통해 공식적 또는 비공식적으로, 의무적 또는 자발적으로 이루어지는 각종 교육 · 훈련 활동으로 규정하고 있어서 현직연수에 있어 대상, 교육내용, 실시방법, 주관자, 실시 장소 등을 고려하고 있다. 그리고 서정화 외(1995: 196)는 교원들이 그들의 개인적 자질, 업무와 관련이 있는 전문지식, 기능, 태도 등을 증진시키기 위하여 참여하는 교육과 훈련 활동과정으로 현직연수를 규정하고 있다.

이상의 현직연수에 대한 제 학자들의 개념을 종합해 보면, 현직연수란 교원들의 일반적인 소양과 능력의 개발, 직무수행에 필요한 지식과 기술의 향상 및 태도 또는 가치관의 변화를 위해 제공되는 다양한 형태의 교육활동이라고 할 수 있다. 즉 교원들이 현재 수행하고 있는 직무 또는 향후 담당할 직무를 수행하는 데 요구되는 적절한 근무태도, 기술, 지식, 가치관을 발전시키려는 체계적 · 계속적 과정을

1) 교직원 개발 요구는 실제 상태와 바라는 상태간의 불일치로 규정된다. 목표는 욕구의 대응개념으로써 문제점을 프로그램으로 전환시키는데 사용된다.

의미한다. 이러한 현직연수는 교원의 직무수행 능력 개선, 승진 및 승급을 위한 교원의 사전경험 확대, 교원의 전문적 지식 및 이해 증진, 그리고 교원의 개인적 욕구 충족과 일반교양의 증진 등을 그 목적으로 하고 있다.

(2) 현직연수의 유형

교원 현직연수의 유형은 교원연수의 목적, 대상, 성격, 실시주체 등에 따라 다양하게 유형화될 수 있다. OECD(1982)는 현직연수의 목적을 기준으로 하여 교직원 전체 또는 일부의 직무능력 개선을 위한 연수, 교사 개인의 직무 능력 개선을 위한 연수, 승진 · 승급 준비를 위한 연수, 교사 개인의 전문적 지식 및 이해의 증진을 위한 연수, 교사의 개인적 욕구충족을 위한 연수 등으로 구분하여 다섯 가지 유형을 제시하였다.

그리고 Edelfelt(1987)도 현직연수를 그 목적을 토대로 학위 · 자격 취득을 위한 연수, 학교개선을 위한 연수, 승진 · 승급을 위한 연수, 직무 재배치를 위한 연수, 개인의 성장 · 발달을 위한 연수 등 다섯 가지 유형으로 구분하고 있다. 또한, Orlich (1989)도 연수목적을 중심으로 조직중심 모형(AAIM, 학교중심, 조직개발, 사회체제 모형), 개인중심 모형(행동주의, 인본주의, 관심중심, 발달모형), 역할중심 모형(자기학습, 능력중심, 교원센터 모형), 및 요원중심 모형(요원교환, 연결기관, 옹호, 동료지도요원) 등으로 유형화하였다.

우리나라의 현직연수는 교원 및 교육전문직을 대상으로 다양하게 운영되고 있으며, 주관하는 주체에 따라 기관중심(center-based), 학교중심(school-based), 그리고 개인중심(individual-based) 연수로 구분할 수 있다. 또한 교원들이 받는 연수성격에 따라 자격연수, 직무연수, 특별연수 등의 다양한 유형으로 구분할 수 있다. 현직교육의 유형을 기초로 하여 현재 시행되고 있는 현직연수를 유형화하면 〈표 7-2〉와 같다.

〈표 7-2〉 현직연수의 유형

종류 / 형태	기관중심연수	학교중심연수	개인중심연수
자격연수	V		
직무연수	V		

특별연수	V		
자체연수		V	
자율연수			V

한편, 현직연수의 체계적인 틀을 제공하기 위하여 Castetter(2000: 176~196)는 교원 현직연수를 통한 교사능력개발을 과정모형(process model)으로써 [그림 7-4]에 제시하고 있는 바, 이는 교원 능력개발을 위한 활동을 체계적으로 촉진시키고, 나아가 교사의 전문적 능력개발 활동과 관련된 문제해결에 필요한 틀을 제공하고 있다.

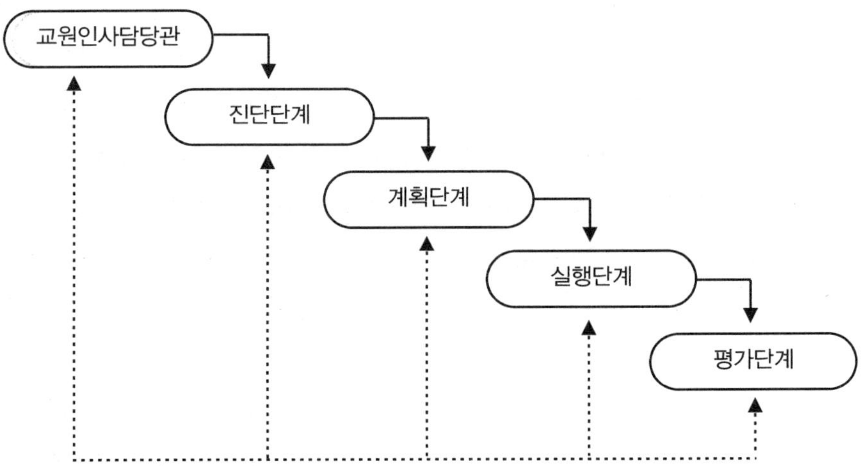

[그림 7-4] **현직연수를 통한 교사능력 개발과정모형**

출처: Castetter(2000: 183).

첫 번째 단계는 교원들의 능력개발에 대한 요구를 진단하는 단계이다. 이 단계에서 교원능력 개발에 대한 요구는 개인, 집단, 조직 등에 따라 다양하며, 또한 능력개발에 대한 다양한 시기, 환경에 의해 차이가 생기게 된다. 이와 같은 교원능력 개발에 대한 요구는 실제 기능수준과 바라는 수준간에 불일치로서 정의할 수 있으며, 주된 초점은 이와 같은 불일치를 줄이는 방법을 모색하는 것이라고 할 수 있다.

두 번째 단계는 교원능력개발 계획의 단계이다. 능력개발의 요구가 진단되고, 우선 순위가 결정되고 난 후에 구체적 행동계획이 마련되어야 한다. 만약 적절한

계획이 없다면, 개발되어야 할 요구 프로그래밍은 무계획적이고, 전략목표와 무관하며, 비용산출이 이루어지지 못하게 된다. 이러한 점을 고려하여 최소한 구체적 행동계획은 능력개발 문제 혹은 요구의 진술, 산출근거로서 선정될 구체적 목적과 목표의 진술, 연구 참여자들과 목적 및 목표에 대한 관련성을 진술해야 한다. 또한, 중요한 직위의 후임자에 대한 능력 개발을 위한 계획, 목표와 참여자들간에 관계를 보여주는 주요 업무 일정과 설정된 임무에 대해 책임있는 개인의 임명 및 부서의 결정과 이에 따른 조정, 계획을 평가하고 적시에 피드백을 주는 절차의 진술 등이 고려되어야 할 것이다.

세 번째 단계는 현직연수에 대한 능력개발 프로그램의 실행단계이다. 이 단계는 프로그램 설계가 운영 · 구체화되는 단계로써 계획이 활동으로 실현되게 된다. 이때 첫 번째 단계와 두 번째 단계에서는 개인, 부서, 조직의 목적 설정과 함께 학교행정가들은 연수를 통한 능력개발 활동의 시기와 순서를 결정하게 된다.

네 번째 단계는 연수에 대한 연수 프로그램의 평가단계이다. 그 동안 교원들의 능력개발에서 중요한 개인 혹은 조직의 요구에 초점을 맞추지 못하고, 부적절한 교수기법에 대한 문제를 해결하려는 노력이 미흡하다는 지적이 많았다. 이러한 사실은 일부 학교에서 교원에 대한 평가가 모든 교육장면에서 일어나지 못했다는 것을 보여주는 것이라 할 수 있다. 평가는 계획담당자들이 교원 능력개발에 대해 다시 한번 심사숙고하게 되는 계기를 마련하게 되는 것으로 현직연수에 대한 평가단계를 철저히 실행하지 않는다면, 프로그램의 결함을 확인 · 수정 · 보완하는 피드백과 합리적인 의사결정을 위한 유용한 정보가 감소될 가능성이 많아지게 된다. 이는 결국 현직연수의 프로그램개발 노력을 개선하기 위한 토대가 없어질 수 있게 된다.

이상에서 제시한 현직연수를 통한 교원의 능력개발 과정모형은 진단단계, 계획단계, 실행단계, 평가단계의 네 단계로 구분되며, 각 단계에서는 지역수준의 교사능력개발 활동을 수립 · 집행하게 되며, 아울러 학교수준에서 교원들이 수행해야 할 과업에 대한 결정과 활동을 제시함으로써 체계적인 현직연수의 틀을 제공하고 있다.

(3) 현직연수의 종류 및 대상

각급 교원연수기관에서 실시하는 교원 현직연수의 종류로는 자격연수, 직무연

수, 특별연수, 그리고 자율연수로 구분된다.

① 자격연수의 종류 및 대상 : 1, 2급 정교사, 교감, 교장 등 상위자격 취득을 위한 연수와 교도교사, 사서교사와 같은 특수자격을 취득하기 위한 연수가 있다. 자격연수는 다른 연수에 비해 경비와 시간이 많이 소요될 뿐만 아니라 상위의 연수기간은 30일 이상으로 하되, 그 이수기간은 180시간 이상이어야 한다. 유치원의 원장, 원감, 그리고 초·중등학교의 교장, 교감의 자격연수 대상자 자격기준을 제시하면 〈표 7-3〉과 같다.

〈표 7-3〉 교(원)장·교(원)감 자격연수 대상자 자격 기준

자격 \ 학교	유치원	초등학교	중등학교	고등기술학교	특수학교
교장 (원장)	1. 유치원의 원감 자격증을가지고 3년 이상의 교육경력과 소정의 재교육을 받은 자 2. 학식·덕망이 높은 자로서 대통령령이 정하는 기준에 해당한다고 교육과학기술부장관의 인정을 받은자	1. 초등학교의 교감 자격증을 가지고 3년 이상의 교육경력과 소정의 재교육을 받은 자 2. 학식·덕망이 높은 자로서 대통령령이 정하는 기 준에 해당한다고 교육과학기술부장관의 인정을 받은 자 3. 특수학교의 교장 자격증을 가진 자	1. 중등학교의 교감 자격증을 가지고 3 년 이상의 교육경력과 소정의 재교육을 받은 자 2. 학식·덕망이 높은 자로서 대통령령이 정하는 기준에 해당한다고 교육과학기술부장관의 인정을 받은 자 3. 교육대학·전문대학의 학장으로 근무한 경력이 있는 자 4. 특수학교의 교장 자격증을 가진 자	1. 중등학교의 교장자격증을 가진 자 2. 실기교사 자격증을 가지고 9년 이상의 교육경력과 소정의 재 교육을 받은 자	1. 특수학교의 교감자격증을가지고 3년 이상의 교육경력이 있는 자로서 소정의 재교육을 받은 자 2. 초등학교 또는 중등학교의 교장자격증을 가지고 필요한 보수교육을 받은 자. 이 경우 특수학교 교원자격증을 가졌거나 특수학교(특수학급을 포함한다)에서 교원으로 근무한 경력이 있는 때에는 보수교육을 면제한다 3. 학식·덕망이 높은 자로서 대통령령이 정하는 기준에 해당한다고 인정을 받은 자
교감 (원감)	1. 유치원 정교사(1급) 자격증을 가지고 3년 이상의 교육 경력과 소정의 재교육을 받은 자 2. 유치원 정교사(2급) 자격증을	1. 초등학교 정교사(1급) 자격증을 가지고 3년 이상의 교육경력과 소정의 재교육을 받은 자 2. 초등학교 정교사(2급) 자격증을	1. 중등학교 정교사(1급) 자격증을 가지고 3년 이상의 교육경력과 소정의 재교육을 받은 자 2. 중등학교 정교사(2급) 자격증을 가지고 6년 이상의 교육경력과	1. 중등학교 교감 자격증을 가진 자 2. 실기교사 자격증을 가지고 6년 이상의 교육경력과 소정의 재교육을 받은	1. 특수학교 정교사(1급) 자격증을 가지고 3년 이상의 교육경력이 있는 자로서 소정의 재교육을 받은 자 2. 초등학교 또는 중등학교의 교감자격증을 가지고 필요한 보수

	가지고 6년 이상의 교육경력과 소정의 재교육을 받은 자	가지고 6년 이상의 교육경력과 소정의 재교육을 받은 자 3. 특수학교의 교감 자격증을 가진 자	소정의 재교육을 받은 자 3. 교육대학의 교수·부교수로서 6년 이상의 교육경력이 있는 자 4. 특수학교의 교감 자격증을 가진 자	자	교육을 받은 자. 이 경우 특수학교 교원자격증을 가졌거나 특수학교(특수학급을 포함한다)에서 교원으로 근무한 경력이 있는 때에는 보수교육을 면제한다

비고: 1. 이 표 중 초등학교는 공민학교 및 이와 동등정도의 각종학교를, 중등학교는 중학교·고등학교·고등공민학교 및 이들과 동등정도의 각종학교를 포함한다.
2. 교장·교감·원장·원감·교육장·장학관·장학사·교육연구관·교육연구사의 경력연수는 교육 경력 연수로 볼 수 있다.
3. 이 표 중 전문대학의 학장에는 종전의 전문학교·실업고등전문학교의 교장과 교감을 포함한다.
출처: 초 · 중등교육법.

② 직무연수 : 직무연수는 교육의 이론·방법 및 직무수행과 직장 적응에 필요한 능력과 자질배양을 위한 연수를 말한다. 직무연수의 연수과정은 직무수행 능력의 향상을 위하여 교육과학기술부 장관이 필요하다고 인정하는 자로, 교육과정의 개편·개정에 따른 연수, 교육정보화연수, 장기 휴직 후 복직을 위한 연수 등이 그 예이다. 그리고 직무연수기간은 당해 연수원장이 정한다.

③ 특별연수 : 특별연수는 국가 또는 지방자치단체가 계획을 수립하여 교육공무원을 국내·외의 교육기관 또는 연구기관에서 일정 기간 동안 연수를 받게 하는 것을 의미한다. 교원을 대상으로 한 국외연수가 그 대표적인 예이다.

④ 자율연수 : 교원 스스로 전문적 지식을 습득하기 위해 교육을 받는 것을 의미한다. 학교 내에서 또는 학교간에 자율적으로 실시하는 자율연수로 구분할 수 있다. 자율연수는 강의, 연구발표, 그리고 협의회 등으로 구성되는 자체연수와 수업개선을 위한 수업연구로 나누어진다. 자체연수는 일반적 교육발전을 위한 자체연수와 교과 수업 발전을 위한 교과 협의회로 구분된다. 대학이나 교육대학원에 등록하여 다닌다거나 개인연구를 수행하는 것 등을 예로 들 수 있다.

2) 승진

(1) 승진의 개념과 의의

승진이란 한 조직체 내에서 특정한 구성원이 책임과 권한의 증가, 위신의 증대,

직무수행에 소요되는 기능의 증대, 임금의 증가 내지 근무 조건의 개선이 따르는 새로운 직무에 수직으로 이동되는 것을 의미한다. 이러한 측면에서 볼 때 교원의 승진은 교사가 교감으로, 교감이 교장으로 또는 연구사 · 장학사가 연구관 · 장학관으로 임용되는 경우를 말한다(정일환, 1986: 40~41).

인사행정에 있어서 승진제도가 지니는 의의는 첫째, 보상수단, 즉 욕구충족 수단이 된다는 점이다. 개인적인 측면에서 볼 때, 조직이 제공해 주어야 할 욕구충족 수단으로서는 보상수단, 안전, 근무 환경 등의 생리적 욕구와 관련된 내용과 조직의 단체 정신, 사회적 위신, 직장 분위기, 상벌 등 사회적 욕구와 관련된 것, 그리고 호기심, 탐구심 등의 탐구적 욕구와 관련된 것과 도덕, 교화, 교훈, 급훈 등 자기실현과 관련된 내용 등을 들 수 있다. 이러한 인간의 기본적 욕구들 가운데 승진 제도는 교원들의 욕구를 충족시켜 나갈 수 있는 구체적인 보상수단이라고 볼 수 있다.

둘째, 승진은 조직충원 수단, 즉 조직 목표달성을 위한 효율적 수단이라는 점에서 의의가 있다. 조직 측면에서 볼 때, 승진은 인적자원을 효율적으로 배치하고 활용하는 수단이며, 결원을 메우는 충원 수단이 된다. 말하자면 조직의 계층과 분업의 원리 및 적재적소의 원리에 의한 종적 이동의 일종으로서, 적절한 인적자원을 적절한 직무나 작업장소에 근무하도록 하여 개인의 제 욕구, 즉 힘, 권위, 지위, 보수 등을 보상받을 수 있게 할 뿐만 아니라 결과적으로 조직 목표달성에 효율성을 기할 수 있다는 점에서 의의가 있다.

셋째, 승진은 능력개발의 수단이 된다는 점이다. 승진제도를 효율적으로 활용하게 되면 상급직위로 오르는 경우 직무수행에 필요한 능력개발이 선행되어야 하므로 조직 구성원의 자발적인 자기능력 발전을 유도할 수 있게 된다. 능력개발이란 직무수행상 필요한 지식 및 기술적 능력을 향상시키고 발전적인 가치관 및 태도를 확립하는 과정으로 해석할 수 있다. 능력개발을 위한 제도적 장치로는 교육훈련, 근무평정, 승진, 전직, 전보 등의 제 방안을 들 수 있는데 이 중 승진은 교육훈련과 근무평정 결과에 따라 결정된다고 볼 수 있으므로 능력개발을 유도하는 수단이 된다는데 의의가 있다.

이러한 승진제도는 인사행정의 핵심이 되며, 또한 어렵고도 미묘한 문제라고 할 수 있다. 이러한 현실 조건들을 Castetter(2000: 287~288)는 ① 행정가의 수가 적기 때문에 승진의 기회가 극히 제한되어 있고, ② 행정적 지위 향상에 따른 경쟁과

대우 마련으로 인하여 유능한 교사가 줄어들게 되고, ③ 교사들로 하여금 수업성취 또는 교육 프로그램의 개선보다도 행정적인 지위획득에 관심을 기울이도록 유도하며, 그리고 ④ 우수한 교수요원을 유지하는데 좋지 못한 영향을 미치게 된다고 보면서, 행정적인 지위 향상보다도 훌륭한 교사를 보유하기 위한 보상과 근무조건을 개선하는데 주력해야 할 것이라고 강조하고 있다.

한편, 교원의 임용은 교육공무원법 제 10조에 나타나 있는 바와 같이 자격, 재교육성적, 기타 능력의 실증에 의해서 행하도록 규정하고 있다. 이는 현행 교원 임용제도는 실적주의 원칙과 자격자 임용의 원칙을 취하고 있다. 승진도 임용의 한 형태이므로 앞서 기술한 교육인사행정의 원리를 적용받게 된다.

(2) 교원 승진의 기준

일반적으로 교원 승진은 경력(seniority)과 실적(merit)을 기준으로 교육공무원 승진규정과 기타 관계법령에 의거하여 이루어지고 있다. 경력에는 학력, 근무연한, 경험 등이 포함되며, 실적에는 근무성적, 연수성적, 승진시험 등이 포함된다. 즉 경력평정, 근무성적 평정, 연수성적 평정, 가산점 등을 포함하여 승진 후보자 명부를 작성하고, 이에 등재된 순위에 의거하여 승진이 이루어지도록 되어 있다.

① 경력평정 : 경력평정은 당해 교육공무원의 경력이 직위별로 담당직무수행과 관계되는 정도를 기준으로 당해 교육공무원의 인사기록카드에 의하여 평정한다. 경력평정은 매년 12월 31일을 기준으로 하여 정기적으로 실시한다. 다만, 신규채용 · 승진 · 전직 또는 강임된 자가 있거나 상위자격을 취득한자가 있는 때에는 그 때부터 2개월 이내에 정기평정일 현재를 기준으로 하여 평정한다.

경력은 기본경력과 초과경력으로 나눈다. 기본경력은 평정대상 경력의 종별과 등급에 의한 평정대상 경력으로서 평정시기로부터 15년을 평정기간으로 하고, 초과경력은 기본경력 전 5년을 평정기간으로 한다.

평정대상 경력은 교육경력 · 교육행정경력 · 교육연구경력 및 기타 경력으로 다음 〈표 7-4〉와 같다.

그리고 기본경력 및 초과경력 등급별 평정점은 〈표 7-5〉와 같다.

경력평정점을 계산함에 있어서 소수점 이하는 넷째 자리에서 반올림하여 셋째 자리까지 계산한다. 그러나 경력평정의 평정기간 중에 휴직 · 직무해제 또는 정직 기간이 있을 때에는 그 기간을 평정에서 제외한다. 경력평정에 있어서 평정경력 기간은 월수를 단위로 하여 계산하되, 1개월 미만은 일단위로 계산한다.

〈표 7-4〉 경력의 등급 및 종별

평정대상자의 직위	등급	경력 종별
교 감	가 경력	1. 각급학교 교장 또는 교감의 경력 2. 장학관 · 교육연구관 · 장학사 또는 교육연구사의 경력
	나 경력	1. 각급학교 교사(전임강사 이상의 대학교원 및 중학교 또는 고등학교 졸업학력이 인정되는 사회교육시설에서 동등급 교원자격증을 가지고 학생을 지도한 경력을 포함한다)의 경력 2. 교육과학기술부장관이 지정하는 법인인 교육연구기관에서 당해 직위와 상응한 직무를 담당한 경력 3. 교육공무원으로 임용되기 전에 병역법 그 밖의 법률에 의한 의무를 수행하기 위하여 징집 또는 소집되거나 근무한 경력
	다 경력	1. 임용권자가 임용하여 전임으로 근무한 강사(대학의 전임강사를 제외한다) 또는 기간제교원(임시교원의 경력을 포함한다)의 경력 다만, 「교육공무원임용령」 제13조 제2항에 따라 교원의 통상적인 근무시간보다 짧게 근무하는 시간제근무 기간제교원은 해당 교원이 근무한 시간을 합산하여 1일 단위(근무한 시간을 8로 나누어 산정하되, 8시간 미만의 나머지는 버린다)로 경력을 평정한다
교 사	가 경력	1. 각급학교 교장 · 교감 또는 교사(전임강사 이상의 대학교원 및 중학교 또는 고등학교 졸업학력이 인정되는 사회교육시설에서 동등급 교원자격증을 가지고 학생을 지도한 경력을 포함한다)의 경력 2. 장학관 · 교육연구관 · 장학사 또는 교육연구사의 경력 3. 교육공무원으로 임용되기 전에 병역법 그 밖의 법률에 의한 의무를 수행하기 위하여 징집 또는 소집되거나 근무한 경력
	나 경력	1. 임용권자가 임용하여 전임으로 근무한 강사 또는 기간제 교원(임시교원의 경력을 포함한다)의 경력
장학사 · 교육연구사	가 경력	1. 장학관 · 교육연구관 · 장학사 또는 교육연구사의 경력 2. 각급학교의 교장 또는 교감의 경력

장학사·교육연구사	나 경력	1. 각급학교 교사(전임강사 이상의 대학교원 및 중학교 또는 고등학교 졸업학력이 인정되는 사회교육시설에서 동등급 교원 자격증을 가지고 학생을 지도한 경력을 포함한다)의 경력 2. 5급 이상의 일반직 국가공무원 또는 지방공무원으로서의 교육행정 경력 3. 교육과학기술부장관이 지정하는 법인인 교육연구기관에서 당해 직위와 상응한 직무를 담당한 경력 4. 교육공무원으로 임용되기 전에 병역법 그 밖의 법률에 의한 의무를 수행하기 위하여 징집 또는 소집되거나 근무한 경력
	다 경력	1. 임용권자가 임용하여 전임으로 근무한 강사(대학의 전임강사를 제외한다) 및 기간제 교원(임시교원의 경력을 포함한다)의 경력, 다만, 「교육공무원임용령」 제13조 제2항에 따라 교원의 통상적인 근무시간보다 짧게 근무하는 시간제근무 기간제교원은 해당 교원이 근무한 시간을 합산하여 1일 단위(근무한 시간을 8로 나누어 산정하되, 8시간 미만의 나머지는 버린다)로 경력을 평정한다. 2. 5급 이하의 일반직 국가공무원 또는 지방공무원으로서의 경력(나경력 제2호를 제외한다) 3. 고등교육법 제 14조의 규정에 의한 조교의 경력

〈표 7-5〉 경력의 등급별 평정점

구 분	등 급	평정만점	근무기간 1월에 대한 평정점	근무기간 1일에 대한 평정점
기본경력	가 경 력	64.00	0.3555	0.0118
	나 경 력	60.00	0.3333	0.0111
	다 경 력	56.00	0.3111	0.0103
초과경력	가 경 력	6.00	0.1000	0.0033
	나 경 력	5.00	0.0833	0.0027
	다 경 력	4.00	0.0666	0.0022

비고: 교육공무원의 경력이 기본경력 15년, 초과경력 5년인 경우에는 그 경력평정 점수는 각각 평정만점으로 평정한다.

② 근무성적평정 : 근무성적평정(performance evaluation or appraisal, merit rating)이란 조직구성원들에 대한 의사결정 판단의 과정으로 규정된다. 즉, 조직구성원의 능력, 태도 및 근무하고 있는 조직체에의 가치를 판정하고 기록하는 활동으로써, 이는 조직구성원의 과거 및 현재에 있어서의 성취를 그의 환경에 비추어 평가하고 조직

을 위한 장래의 잠재력을 판정하는 활동으로 볼 수 있다. 모든 조직에서 인간행위에 대한 평가는 필수적이기 때문에 조직구성원 모두가 이를 피해가지는 못한다. 예를 들어 야구주자는 타율로써 평가를 받고 도루능력은 도루 성공의 횟수로 평가받으며, 세일즈맨은 제품 판매량으로 평가받는다고 볼 수 있다. 교육조직에서 예외없이 이러한 교사평가가 공식적 · 비공식적 루트를 통해 진행된다. 결국 이러한 교사평가의 목적은 대부분 보상결정, 채용여부 결정, 전문적 능력의 결정 등 세 가지 용도로 사용되고 있다(Castetter, 2000: 205~209).

Castetter(2000: 209~210)는 모든 조직에는 공식적 · 비공식적 근무성적평정제도가 존재하며, 비공식적 근무성적평정은 조직적인 평가체제의 법규를 떠나 평정자들로 하여금 평가받는 사례가 해당되며, 공식적 근무성적평정은 교육조직에 의해 수립된 평가체제를 말한다고 하였다. 공식적 근무성적평정체제는 [그림 8-3]에서 보는 바와 같이 다양한 목적을 위하여 사용되어 왔다.

[그림 7-5]에서 보는 바와 같이 인적자원개발에서 근무성적평정의 주요활용은 세 가지로 압축시켜 설명하고 있다. 첫째는 조직구성원의 보상결정, 둘째는 교직원의 채용여부에 대한 판단자료로 활용되며, 셋째는 직무수행에 대한 개선의 자료로 활용하는 것이 주요 목적이라고 설명하고 있다. 그러나 우리 나라의 근무성적평정은 개별교사의 직무수행에 대한 개선의 자료라고 보기에는 부족한 면이 있다. 교사의 근무성적평정 자체를 통하여 직무수행을 개선하고 교육활동의 효율성을 높이는 방안이 강구되어야 할 것이다.

근무성적평정은 교감 · 장학사 및 교육연구사의 경우 근무실적 · 근무수행 능력 및 근무수행 태도를 평가한다. 평정대상 기간 동안의 업무수행 실적에 대하여 매년 12월 31일을 기준으로 자기실적평가서를 작성하여 제출하게 된다. 교육공무원 승진규정에서는 평정자는 직위별로 타당한 요소의 기준에 의하여 평정, 평정자의 주관을 배제하고 객관적 근거에 의한 평정, 신뢰성과 타당성을 보장, 평정대상자의 근무성적을 종합적으로 분석 · 평가할 것을 규정하고 있다.

근무성적평정 과정 → 인사결정을 위한 피드백

- 근무평정과정의 결함, 직원능력개발
- 보상, 상담, 강등
- 특별한 재능개발, 훈련 채용여부 결정, 외부요인 판별
- 인적자원 기능에 대한 정보 수집
- 불만요인에 대한 정보수집
- 인적자원 기획, 인적자원조사
- 해고, 법률적 승낙
- 동기부여, 직무수행 개선
- 인사정보체제, 배치
- 승진, 재임용
- 파면/해직, 인정, 보상체제
- 교장-교사간에 의사소통
- 재직, 전보
- 직원능력 개발(전문성), 선발절차의 타당성

[그림 7-5] 인적자원 기능에서 근무평정의 활용

출처: Castetter(2000: 209).

교사에 대하여는 매년 12월 31일을 기준으로 하여 해당 교사의 근무실적 · 근무수행능력 및 근무수행 태도에 관하여 근무성적평정과 다면평가를 정기적으로 실시하고, 각각의 결과를 합산한다.

근무성적평정점과 다면평가점을 합산한 결과는 수(95점 이상) 30퍼센트, 우(90점 이상 95점 미만) 40퍼센트, 미(85점 이상) 20퍼센트, 양(85점 미만) 10퍼센트의 분포비율에 맞도록 해야 하며, 평정대상의 합산점은 특별한 사정이 없는 한 동일하지 아니하도록 하여야 한다.

근무성적의 평정점은 평정자가 100점 만점으로 평정한 점수를 30퍼센트로, 확인자가 100점 만점으로 평정한 점수를 40퍼센트로 환산한 후 그 환산된 점수를 합산하여 70점 만점으로 산출하며, 다면평가점은 다면평가자가 100점 만점으로 평정한 점수를 30퍼센트로 환산하여 30점 만점으로 산출한다. 합산점은 근무성적평정점과 다면평가점을 합산하여 100점 만점으로 산출한다.

현행 우리 나라의 교원 근무성적 평정은 당해 교육공무원의 근무실적·근무수행 능력 및 근무수행 태도를 평가한다. 근무성적 평정자는 평정대상자로 하여금 평정 대상 기간 동안의 업무수행 실적에 대하여 매년 12월 31일을 기준으로 교육공무원 자기실적 평가서를 작성하여 제출하게 하여야 하며, 직위별로 타당한 요소의 기준에 의한 평정, 평정자의 주관을 배제하고 객관적 근거에 의하여 평정, 신뢰성과 타당성을 보장, 평정대상자의 근무성적을 종합적으로 분석·평가의 기준 등을 참작하여 평가하여야 한다고 규정하고 있다.

또한, 공무원 수당 등에 관한 규정 제 7조 제 2호의 규정에 의한 성과상여금을 지급하기 위하여 제 16조의 규정에 의한 근무성적평정 결과 근무성적이 우수한 자에 대하여 특별근무성적 평정을 실시할 수 있다. 특별근무성적평정 실시의 방법·시기 및 횟수 등에 관하여 필요한 사항은 교육과학기술부장관이 정하는 것으로 규정하고 있다.

평정방법으로는 전통적으로 ① 서열법, ② 강제 배분법, ③ 평정척도법, ④ 대조법 등이 있으며, 최근에 이에 더하여 ⑤ 목표관리법, ⑥ 행동과학적 기준에 의한 평가법, ⑦ 평가 센터법, ⑧ 중요사실 서술법, ⑨ 자기 평정법, ⑩ 동료 평정법 등이 제시되고 있다.

우리나라의 교사 근무성적평정제도의 변천 내용을 요약·제시하면 〈표 7-6〉과 같다. 2008년부터 근무성적평정 및 다면평가를 실시하며, 각각의 결과를 합산한다. 근무성적평정 배점은 자질 및 태도 20점, 근무실적 및 근무수행 능력 80점으로 총점 100점 만점으로 평정한 점수를 30%로, 확인자가 100점 만점으로 평정한 점수를 40%로 환산한 후 합산하여 70점 만점으로 산출하고 다면평가점은 다면평가자가 100점 만점으로 평정한 점수를 30%로 환산하여 30점 만점으로 산출하며 두 점수를 합산하여 100점 만점으로 하고 있다.

③ **연수성적평정** : 연수성적평정은 교육성적평정과 연구실적평정으로 나눈다. 연수성적의 평정은 매년 12월 31일을 기준으로 하여 실시하거나 또는 승진후보자 명부의 조정시기에 실시한다.

교육성적평정은 직무연수 성적과 자격연수성적(방송통신대학교 초등교육과를 졸업하거나 교육대학원 또는 교육과학기술부장관이 지정하는 대학원 교육과에서 석사학위를 받고 상위자격을 취득한 경우에는 그 성적을 말한다)으로 나누어 평정한 후 이를 합산한 성적으로 한다.

〈표 7-6〉 교사근무평정체제의 변천 내용

<table>
<tr><th>구 분</th><th>1964년 최초 법 제정</th><th>1972년 개정</th><th>1986년 개정</th><th>1990년 개정</th><th>2001년</th><th>2002년</th><th>2007년 5월 27일</th></tr>
<tr><td>평가 목적</td><td colspan="6">승진임용에 있어서 인사행정의 객관성과 공정성을 기함</td><td></td></tr>
<tr><td>평가 기준</td><td colspan="5">· 직위별로 타당한 요소의 기준에 의하여 평가할 것
· 평가자의 주관을 배제하고 객관적 근거에 의해서 평가할 것
· 신뢰성과 타당성을 보장하도록 할 것
· 평가대상자의 근무성적을 종합적으로 분석 · 평가할 것</td><td></td><td></td></tr>
<tr><td rowspan="3">평가 준거 및 배점</td><td>근무실적
(30점)
학급운영 8점
학습지도 8점
생활지도 8점
교육연구 6점</td><td>40점</td><td rowspan="3">평가요소별 배점을 일률적으로 8점</td><td>자질 및 태도
교육자로서의 품성 및 사명의식</td><td>자질 및 태도
(24점)
(교육자로서의 품성 및 사명의식)</td><td>자질 및 태도
(24점)
· 교육자로서의 품성(12점)
· 공직자로서의 자세(12점)</td><td>자질 및 태도
(20점)
· 교육자로서의 품성(10점)
· 공직자로서의 자세(10점)</td></tr>
<tr><td>직무수행 (15점)
기본실력 5점
지도력 5점
창의력 5점</td><td>20점</td><td rowspan="2">근무실적
(66점)
학습지도
생활지도
학급경영
으로 개정</td><td rowspan="2">근무실적 및 근무수행능력
(56점)
학습지도
생활지도
학급경영
교육연구 및
담당업무</td><td rowspan="2">근무실적 및
근무수행능력
(56점)
· 학습지도
(24점)
· 생활지도
(16점)
· 교육연구 및
담당업무
(16점)</td><td rowspan="2">근무실적 및
근무수행능력
(80점)
· 학습지도
(40점)
· 생활지도
(20점)
· 교육연구 및 담당 업무(20점)</td></tr>
<tr><td>직무수행
태도(15점)
책임감 5점
협조성 5점
준법성 5점</td><td>20점</td></tr>
<tr><td>평가 분포 비율</td><td>우 20%
양 70%
가 10%</td><td>수 10%
우 30%
양 50%
가 10%</td><td>수 20%
우 30%
미 40%
양 10%</td><td>수 20%
우 40%
미 30%
양 10%</td><td>수 20%
우 40%
미 30%
양 10%</td><td>수 20%
우 40%
미 30%
양 10%</td><td>수 30%
우 40%
미 20%
양 10%</td></tr>
<tr><td>평가 시기</td><td>매년 6월과 12월 2회(1965년 3월 5일 법개정으로 매년 12월로 개정)</td><td colspan="3">년 1회 12월 말</td><td></td><td></td><td></td></tr>
<tr><td>승진 적용</td><td colspan="2">1년</td><td>3년</td><td>2년</td><td>2년</td><td>2년</td><td>2년</td></tr>
<tr><td>평가 결과의 공개</td><td colspan="7">비공개원칙</td></tr>
</table>

직무연수성적의 평정은 당해 직위에서「교원 등의 연수에 관한 규정」에 의한 연수기관 또는 교육과학기술부장관이 지정한 연수기관에서 10년 이내에 이수한 60시간 이상의 직무연수성적을 제33조 제1항 제1호에 따라 환산한 직무연수환산성적 및 직무연수이수실적(교장 · 장학관 · 교육연구관 승진후보자 명부작성대상자는 제외한다)을 대상으로 평정한다.

직무연수성적은 교장 · 장학관 · 교육연구관승진후보자 명부작성대상자의 경우 6점, 교감승진후보자 명부작성대상자의 경우 18점(60시간 이상의 직무연수 1회에 대한 연수성적의 평정점은 6점으로 한다), 자격연수성적 9점으로 각각 15점, 27점이다.

교육성적은 다음 계산방식에 의하여 평정하되, 교육성적이 만점의 8할 미만(교육성적이 없는 경우를 포함한다)일 때에는 그 성적을 만점의 8할로 하여 평정한다. 다만, 교육성적이 만점의 6할 미만일 때에는 평정하지 아니한다.

· **직무연수성적평정점**

가. 교장 · 장학관 · 교육연구관승진후보자 명부작성대상자 : 6점×직무연수환산성적/직무연수성적 만점

나. 교감승진후보자 명부작성대상자 : 6점×직무연수환산성적/직무연수성적 만점+6점×직무연수횟수(2회에 한한다)

다. 직무연수성적은 다음 표에 따라 환산한다.

〈표 7-7〉 직무연수성적

직무연수 성적	직무연수환산 성적
95점 초과	100점
90점 초과 ~ 95점 이하	95점
85점 초과 ~ 90점 이하	90점
85점 이하	85점

· **자격연수성적평정점**

자격연수성적평정점 = 9점 - (연수성적만점 - 연수성적) × 0.05

자격연수성적을 평정함에 있어서 하나의 자격연수가 분할 실시되어 그 성적이 2 이상인 때에는 이들 성적을 합산 평균하여 자격연수성적으로 평정한다.

직무연수성적 및 자격연수성적을 평정함에 있어서 그 성적이 평어로 평가되어 있는 때에는 다음의 성적으로 평정한다.

1. 최상위 등급의 평어(A학점) : 만점의 90퍼센트
2. 차상위 등급의 평어(B학점) : 만점의 85퍼센트
3. 제3등급 이하의 평어(D학점 이상) : 만점의 80퍼센트

연구실적평정은 연구대회입상실적과 학위취득실적으로 나누어 평정한 후 이를 합산한 성적으로 한다. 연구대회입상실적평정은 국가 · 공공기관 또는 공공단체가 개최하는 교육에 관한 연구대회로서 교육과학기술부장관이 인정하는 전국규모의 연구대회에서 입상한 연구실적, 특별시 · 광역시 또는 도의 교육청 · 지방공공기관 및 공공단체 등이 개최하는 교육에 관한 연구대회로서 시 · 도교육감이 인정하는 시 · 도 규모의 연구대회에서 입상한 연구실적을 대상으로 하되, 전직된 경우에는 전직 이전의 직위 중의 입상실적(교육전문직원 경력이 있는 교감의 입상실적은 교감자격증을 받은 후의 연구실적에 한하고, 교육전문직원은 교감 등의 직위에서 입상한 실적에 한한다)을 포함하여 평정한다.

연구대회입상실적이 2인 공동작인 경우에는 각각 입상실적의 7할로 평정하고, 3인공동작인 경우에는 각각 그 입상실적의 5할로 평정하며, 4인 이상 공동작인 경우에는 그 입상실적의 3할로 평정한다.

학위취득실적평정은 교육공무원이 당해 직위에서 석사 또는 박사학위를 취득하였을 경우 그 취득학위 중 하나를 평정의 대상으로 하고, 교육공무원이 전직된 경우에는 전직 이전의 직위 중의 학위취득실적을 포함하여 평정한다.

〈표 7-8〉 연구실적평정점

입상등급	전국 규모연구대회	시 · 도 규모연구대회
1등급	1.50점	1.00점
2등급	1.25점	0.75점
3등급	1.00점	0.50점

〈표 7-9〉 석사 및 박사학위 취득 실적

구분	학위	점수
박 사	직무와 관련 있는 학위	3점
	그 밖의 학위	1.5점
석 사	직무와 관련 있는 학위	1.5점
	그 밖의 학위	1점

④ 가산점 평정 : 교육공무원으로서 당해 직위에서 제3항 및 제4항의 규정에 의하여 가산점이 산정된 자에 대하여는 명부작성권자가 제40조의 규정에 의한 각 평정점의 합산점수에 이를 가산하되, 전직된 경우에는 전직 이전의 직위에서 취득한 가산점(교육전문직원 경력이 있는 교감의 자격증을 받은 후의 가산점, 교육전문직원은 교감 등의 직위에서 취득한 가산점에 한한다)을 포함한다. 가산점은 공통가산점과 선택가산점으로 구분한다.

〈공통가산점〉

1. 교육부장관이 지정한 연구학교(시범 · 실험학교를 포함한다. 이하 같다)의 교원으로 근무한 경력은 월 0.021점(1개월 미만인 경우에는 일 0.0007점). 이 경우 가산점의 총합계는 1.25점을 초과할 수 없다.
2. 교육공무원으로 재외국민교육기관에 파견 근무한 경력은 월 0.021점(1개월 미만인 경우에는 일 0.0007점). 이 경우 가산점의 총합계는 0.75점을 초과할 수 없다.
3. 「교원 등의 연수에 관한 규정」 제6조 제1항의 규정에 의한 직무연수 중 동 규정 제8조의 2의 규정에 의하여 연수이수실적이 학점으로 기록 · 관리되는 경우에는 1학점당 0.02점. 이 경우 명부작성권자는 0.12점의 범위 안에서 연도별 상한점을 정할 수 있고, 1점의 범위 안에서 가산점의 총합계를 정할 수 있다.

〈선택가산점〉

선택가산점은 다음 각 호의 어느 하나에 해당하는 사유가 있는 자에게 명부작성권자가 항목 및 점수의 기준을 정하여 산정할 수 있다. 이 경우 선택가산점의 총합계는 10점을 초과할 수 없고, 그 기준은 평정기간이 시작되기 6개월 전에 공개하여야 한다.

1. 「도서 · 벽지교육진흥법」 제2조에 따른 도서벽지에 있는 교육기관 또는 교육행

정기관에 근무한 경력이 있는 경우

2. 읍 · 면 · 동지역의 농어촌 중 명부작성권자가 농어촌교육의 진흥을 위하여 특별히 지정한 지역의 학교에 근무한 경력이 있는 경우
3. 그 밖의 교육발전 또는 교육공무원의 전문성 신장 등을 위해 명부작성권자가 필요하다고 인정하는 경력이나 실적이 있는 경우

명부작성권자는 가산점을 산정함에 있어서 동일한 평정기간 중 둘 이상의 가산점 경력 또는 실적이 중복되는 경우에는 그 중 유리한 경력 하나만을 인정하는 기준을 정할 수 있다. 다만, 공통가산점의 경우에는 제3항 제1호에 따른 연구학교에 근무한 경력이 중복되는 경우에 한하고, 공통가산점과 선택가산점간 경력 또는 실적이 중복되어 그 중 하나만을 인정하는 경우에는 공통가산점이 우선한다. 가산점의 평정경력 기간은 월수를 단위로 계산하되, 1개월 미만은 일 단위로 계산한다. 가산점의 평정은 매년 12월 31일을 기준으로 실시하거나 명부조정시기에 실시한다.

〈표 7-10〉 중등 교육공무원 승진가산점 평정 규정

(예시: 대구광역시 교육청)

〈공통가산점〉

평정 항목	월 평정점	일 평정점	상한점	특기 사항
교육부장관 지정 연구·시범·실험학교 근무 경력	0.021점	0.0007점	1.25점	· 교육감 지정 연구학교 근무 경력, 교육실습지도 대용학교 또는 협력학교 근무 경력과 통합하여 산정 · 통합 상한점 1.7점 (적용시기 : 2014. 3. 1.자)
재외국민교육기관 파견 근무 경력	0.021점	0.0007점	0.75점	
직무연수 이수실적	· 1학점당(15시간) : 0.02점 · 연평정점 : 0.08점	·	1.00점	· 1998. 1. 1. 이후 실적부터 인정 · 연수성적으로 평정한 직무연수는 제외
학교폭력의 예방 및 대응관련 실적	· 연평정점 : 0.1점		2.00점	· 2013. 1. 1. 이후 실적부터 인정

〈선택가산점〉

<table>
<tr><th>평정 항목</th><th>월 평정점</th><th>일 평정점</th><th colspan="2">상한점</th><th>특기 사항</th></tr>
<tr><td>1급 정교사의 보직교사 근무 경력</td><td>0.015점</td><td>0.0005점</td><td colspan="2">1.17점</td><td>· 중복 금지 : 한센병환자 자녀 학급담당 경력, 특수학급담당 경력, 교육행정(파견, 순회, 발명) 근무 경력, 청소년 단체 활동 경력, 학교 교육력제고 근무 경력, 담임교사 근무 경력</td></tr>
<tr><td>장학사·교육연구사 근무 경력</td><td>0.015점</td><td>0.0005점</td><td colspan="2">0.84점</td><td>· 중복 금지 : 도서벽지 근무 경력</td></tr>
<tr><td>도서·벽지지역 교육기관 및 교육행정기관 근무 경력</td><td>· '가' 지역 : 0.0250점
· '나' 지역 : 0.0205점
· '다' 지역 : 0.0150점
· '라' 지역 : 0.0102점</td><td>· '가' 지역 : 0.00083점
· '나' 지역 : 0.00068점
· '다' 지역 : 0.00050점
· '라' 지역 : 0.00034점</td><td colspan="2">1.20점</td><td>· 1997. 12. 31. 이전 경력에 한함
· 대구교육해양수련원 근무 경력은 2007. 9. 1부터 인정
· 중복 금지 : 장학(연구)사, 한센병환자 자녀학교(학급), 농어촌지역, 특수학교(학급), 교육특구지역(학교), 교육행정(파견, 순회, 발명) 근무 경력</td></tr>
<tr><td>한센병환자 자녀학교 근무·학급담당 경력</td><td>0.01점</td><td>0.00033점</td><td colspan="2">0.65점</td><td>· 중복 금지 : 한센병환자 자녀학급과 보직교사, 도서벽지, 농어촌지역, 특수학교(학급), 교육특구지역(학교), 교육행정(파견, 순회, 발명) 근무 경력, 마이스터고 근무 경력</td></tr>
<tr><td>농어촌교육진흥지역 학교 근무 경력</td><td>· '가' 지역 : 0.016점
· '나' 지역 : 0.025점
· '다' 지역 : 0.034점</td><td>· '가' 지역 : 0.00053점
· '나' 지역 : 0.00083점
· '다' 지역 : 0.00113점</td><td>1.46점</td><td rowspan="3">1.46점 (적용 시기: 2017. 1.31.을 기준으로 작성되는 승진, 자격연수 대상자 순위명부부터) · (이전은 1.7점 적용)</td><td>· 1996. 1. 1부터 인정
· 1996. 1. 1부터 1997. 12. 31까지는 농어촌교육진흥지역 지정학교가 소재한 지역에 주민등록이 되어 있는 자에 한함
· 2008. 12. 31 이전 경력은 '가'지역으로 인정
· 중복 금지 : 도서벽지, 한센병환자 자녀학교(학급), 특수학교(학급), 교육행정(파견, 순회, 발명) 근무 경력</td></tr>
<tr><td>교육감지정 교육특구지역(학교) 근무 경력</td><td>0.011점</td><td>0.00036점</td><td>1.46점 (1.26점)</td><td>· 2010. 3. 1부터 인정
· 중복 금지 : 도서벽지, 한센병환자 자녀학교(학급), 특수학교(학급), 교육행정(파견, 순회, 발명) 근무 경력
*2012. 2. 29 이전 경력 상한점은 0.84점까지 인정</td></tr>
<tr><td>마이스터고 근무 경력</td><td>0.011점</td><td>0.00036점</td><td>0.264점</td><td>· 마이스터고 교사 정원의 10% 이내 인정
· 지정운영일로부터 2년간 부여(단, 경북기계공고는 2012. 3. 1부터 2년간 인정)
· 중복 금지 : 한센병환자 자녀학교(학급), 특수학교(학급), 교육행정(파견, 순회, 발명) 근무 경력</td></tr>
</table>

특수학교 · 특수학급 근무 경력	· 특수학교 : 0.0150점 · 특수학급 : 0.0075점	· 특수학교 : 0.00050점 · 특수학급 : 0.00025점	0.84점		· 2004. 3. 2. 폐지 · 중복 금지 : 특수학급과 보직교사, 도서벽지, 한센병환자 자녀학교(학급), 농어촌지역, 교육특구지역(학교), 교육행정(파견, 순회, 발명) 근무 경력, 마이스터고 근무 경력
교육감 지정 연구학교 근무 경력	0.007점	0.00023점	1.00점	1.00점	· 교육부장관 지정 연구학교(공통가산점) 근무 경력과 통합하여 산정 · 통합 상한점 1.7점(적용시기: 2014. 3. 1자) · 중복 금지 : 교육행정(파견, 순회, 발명), 교육실습(대용, 협력)학교 근무 경력, 교육복지우선지원사업학교 근무 경력, 농어촌전원학교 근무 경력 * 2012. 2. 29 이전 경력 상한점은 0.84점까지 인정
교육실습지도 대용학교 또는 협력학교 근무 경력	0.01점	0.00033점	(1.00)점		· 교육감지정 연구학교 가산점에 포함하여 평정 · 대용학교 : 2003. 3. 1부터 인정 · 협력학교 : 2004. 3. 1부터 인정하되 연평정점 0.04점을 초과할 수 없음 · 통합 상한점 1.7점(적용시기 : 2014. 3. 1.자) · 중복 금지 : 연구학교, 교육복지우선지원사업학교 근무 경력, 농어촌전원학교 근무 경력, 행복학교 근무 경력 * 2012. 2. 29이전 경력 상한점은 0.84점까지 인정
국가기술자격증, 해기사면허증소지자 (대구광역시교육청 주관 정보소양인증제 포함)	1급	0.50점	0.50점		· 기능계, 기술계 자격증을 소지한 실과담당교원으로서 실업계고등학교 근무 경력은 1994. 9. 21 이전부터 인정하되, 공업계를 제외한 실업계는 1994. 9. 22 이후부터 인정 · 최상위 자격 또는 유리한 것 1종만 평정 대상으로 함
	2급	0.34점			
	3급	0.17점			
교육행정기관, 교육연구기관 파견 (발명교실전담교사, 특수교육지원센터 및 병원학교 근무 교사 포함) 근무 경력, 교육기관 순회교사 근무 경력	0.015점	0.0005점	0.54점		· 교육행정기관, 교육연구기관 파견 근무 경력은 2002. 1. 1부터 인정 · 순회교사 근무 경력은 2003. 1. 1부터 인정 · 중복 금지 : 보직교사, 도서벽지, 한센병환자 자녀학교(학급), 농어촌지역, 특수학교(학급), 연구학교, 교육특구지역(학교), 교육복지우선지원사업학교 근무 경력, 마이스터고 근무 경력, 농어촌전원학교 근무 경력, 행복학교 근무 경력

별정 경력 및 실적	교육복지우선지원사업 학교 근무 경력	0.005점	0.00016점	0.50점	1.25점	· 2009. 1. 1부터 인정 · 중복 금지 : 연구학교, 교육행정(파견, 순회, 발명), 교육실습(대용, 협력) 학교 근무 경력, 행복학교 근무 경력
	학교교육력 제고 경력	0.007점	0.00023점	0.50점		· 2012. 3. 1부터 인정 · 농어촌교육진흥지역학교, 교육감지정 교육특구지역(학교) 이외 학교의 교무관련부장, 연구관련부장, 학생생활지도관련부장(단, 특성화고 및 마이스터고는 산학협력부장, 전문교육부장도 포함) 및 학교장이 추천한 교사 2명 · 중복 금지 : 보직교사 근무 경력, 담임교사 근무 경력, 청소년단체활동 지도 경력 · 적용시기: 2017.1.31을 기준으로 작성되는 승진, 자격연수 대상자 순위명부부터(2016.3.1.부터 적용) ※ 2016. 2. 29이전까지는 월 0.005점(일 0.00016점) 적용
	농어촌 전원학교 근무 경력	0.003점	0.0001점	0.25점		· 2012. 3. 1부터 인정 · 중복 금지 : 연구학교, 교육행정(파견, 순회, 발명), 교육실습(대용, 협력)학교 근무 경력
	중·고등학교 담임교사 근무 경력	0.003점	0.0001점	0.25점		· 2012. 3. 1부터 인정 · 특수학교 포함 · 중복 금지 : 보직교사 근무 경력, 학교교육력 제고 경력, 청소년단체활동 지도 경력
	청소년단체 활동지도 경력	0.002점	0.00006점	0.15점		· 2005. 3. 1부터 인정 · 중복 금지 : 보직교사 근무 경력, 학교교육력 제고 경력, 담임교사 근무 경력
	행복학교 근무 경력	0.005점	0.00016점	0.50점		· 2015. 9. 1부터 인정 · 중복 금지 : 한센병환자 자녀학교(학급), 연구학교, 교육실습(대용, 협력)학교, 교육행정(파견, 순회, 발명), 농어촌전원, 교육복지우선지원사업 학교 근무 경력
총 점				9.45점		

3) 전보

임용은 크게 '외부로부터 임용'과 '내부로부터의 임용'으로 대별할 수 있는데, 내부로부터의 임용에는 배치전환, 승진, 강임, 겸임, 직무대행이 있다(오석홍, 1995: 262).

전보는 내부로부터의 임용으로서 배치전환과 동일한 의미로 사용되고 있다. 교육공무원법에 의하면 전보라 함은 '동일직위 및 자격 내에서의 근무기관이나 부서를 달리하는 임용'을 말한다(교육공무원법 제2조 8항). 이는 임명된 이후의 인사 이동 중 동일직 계열 안에서 현 직위를 유지하면서 그 근무지만을 변경하는 동일직위 내에서의 수평적 이동을 의미한다(김낙운, 1974). 예컨대, 교장, 교감, 교사가 근무학교를 이동하거나 장학관이나 장학사의 행정기관이 이동하는 경우가 여기에 해당된다.

앞에서도 기술한 바와 같이, 교육 인사행정은 유능한 인적 자원을 확보하고 그들의 능력을 발전시켜 그들로 하여금 최선을 다할 수 있는 제반 근무여건을 조성하는 과정이다. 즉 ① 적재를 확보, 적소에 배치하고, ② 그들의 계속적인 능력발전을 도모하며, ③ 높은 사기와 긍지를 지니고 직무에 최선을 다하도록 하는 일체의 행위를 말한다. 이 가운데 전보는 ②와 ③의 행위와 관련되는 인사행정이라고 할 수 있다.

현행 교육공무원의 전보는 동일 직위에서의 장기근무로 인한 침체를 방지하기 위하여 매년 전보 계획을 수립 · 실시하되 생활 근거지, 근무 또는 희망 근무지 배치를 최대한으로 보장하여 사기진작 및 생활안정을 도모하기 위하여 지리 · 교통 등 지리적 요건과 문화시설의 보급 등을 감안하여 인사구역을 설정하고 인사구역에 따른 근무기간을 정하여 공개하며 정기적으로 전보를 실시할 수 있도록 규정하고 있다.

따라서 조직의 입장에서 보면, 전보는 부서간의 인원수, 필요의 변동이나 조직기능의 변화로 인한 자격요건의 변화에 대응하기 위하여 부서의 기능과 업무의 양에 적절한 사람을 배속 · 배치시켜 조직의 목적 달성을 높이는 데 있다. 그리고 개인의 측면에서 볼 때, 직무에 대한 구성원 개인의 흥미 변동, 주거지의 변동, 동료와의 인간관계 변화 등을 배려하여 줌으로써 생활안정과 직무만족을 도모해 주는 기능을 한다고 할 수 있다(서정화, 1994: 254~255).

끝으로 교사전보제도의 원칙으로는 ① 전문성 향상의 원칙, ② 공정성의 원칙, ③ 형평성의 원칙, ④ 효율성 제고의 원칙 등을 들 수 있다(이윤식, 1992: 47~48).

2. 교원능력개발평가

1) 교원능력개발평가

교원의 교육활동에 대해 학교 구성원인 교사, 학생, 학부모의 평가 내지 만족도를 조사하는 교원능력개발평가제도는 2000년 도입논의를 시작으로 2005년 전국 48개교 시범운영 이후, 매년 그 규모를 확대하여 2009년에는 전국 3,164개교를 시범운영한 바 있으며, 2010년 3월부터는 시 · 도교육규칙에 근거하여 전국 모든 학교에서 시행 중에 있다. 교원능력개발평가는 교사의 학습 및 생활지도에 관한 전문성을 진단, 그 결과에 근거한 전문성 향상 지원, 교사가 자신의 수업을 새로운 관점에서 검토, 분석할 수 있도록 자기 발전에 필요한 자료 제공, 공정하고 타당한 평가 실시 및 결과 활용을 통해 교원의 지속적인 능력개발을 유도, 교원의 전문성 신장을 지원함으로써 학교 교육의 질 향상 및 공교육에 대한 신뢰 제고를 목적으로 하고 있다. 한편, 2011. 2. 25 교원 등의 연수에 관한 규정 중 '4장 교원능력개발평가'를 신설하여 정례화의 근거를 마련하였다.

(1) 평가방식

교원능력개발평가는 교장, 교감의 경우 학교경영 전반에 대하여, 이외 교사에 대하여는 수업 및 생활지도 등에 대하여 동료교원간 평가, 학생 만족도 조사, 학부모 만족도 조사로 이루어진다.

① 동료교원 평가 : 모든 교원(교장, 교감 및 교사)은 개별 교원을 대상으로 학교경영(교장, 교감), 교수 · 연구활동 지원(수석교사), 학습 및 생활 지도(교사) 등을 평가영역으로 평가에 참여한다(단, 비교과교사는 학생지원 영역).

② 학생 만족도 : 학생(초 4~고 3, 특수학교는 초 4~전공과 과정)은 자신을 지도하는(한) 교사를 대상으로 교육 활동(학습지도, 생활지도 등)에 대하여 만족도를 설문응답한다. 학생은 교장 · 교감에 대한 만족도 조사에 참여하지 않으며, 학생의 특성에 따라 응답이 어렵다고 판단되는 경우, 평가관리위원회의 심의를 거쳐 해당 학생의 만족도 조사

를 실시하지 아니할 수 있다. 소수교과, 비교과교사 등 참여자수가 과다한 경우에는 학급 단위로 무선표집할 수 있으며, 특수교육대상자의 경우, 학생의 특성에 따라 학생 만족도 조사를 생략할 수 있다. 단, 2개월 미만 재학한 학생은 제외된다.

③ 학부모 만족도 : 학부모(초 1~고 3, 특수학교는 유치원~전공과 과정)는 개별 교원에 대하여 자녀의 학교생활 전반(학교경영, 학습 및 생활지도 등)에 대한 만족도를 표시한다.

- 학부모 만족도 조사는 평가요소를 중심으로 문항을 구성하되, 해당 요소의 평가지표 중 중요하다고 판단되는 지표를 선정하고, 선정된 지표의 성격이 가장 잘 반영된 문항으로 구성한다.
- 학부모는 모든 개별 교원에 대하여 의무적으로 만족도조사에 참여하여야 하는 것은 아니다. 다만, 유의미한 결과를 위해 교장, 담임교사에 대하여는 필수적으로 참여하도록 하고 있다. 단, 2개월 미만 재학 학생의 학부모는 참여자에서 제외된다.

④ 평가자별 평가

〈표 7-11〉 평가자별 평가

<table>
<tr><td rowspan="6">평가영역·요소·지표</td><td>교원</td><td colspan="3">교원의 교육활동 전반(학습지도, 생활지도, 교수·연구 활동 지원, 학교경영 등)
* 진로진학상담교사는 교과(전담)교사에 해당
[시도 자율] 평가영역 추가(업무수행능력, 교직 인성 등), 필수 평가 지표 지정
[학교 자율] 평가 지표의 추가</td></tr>
<tr><td rowspan="2">교사</td><td>학습지도</td><td>수업준비, 수업실행, 평가 및 활용 등 평가 요소</td><td>교수-학습전략 수립 등 12개 지표</td></tr>
<tr><td>생활지도</td><td>개인생활지도, 사회생활지도
* 비교과교사의 경우, 담당직무를 평가영역('학생지원')으로 함</td><td>가정연계지도 등 6개 지표
(*특수·비교과교사는 별도)</td></tr>
<tr><td>수석교사</td><td>교수·연구 활동 지원</td><td>수업 지원, 연수·연구 활동 지원
* 학습지도 및 생활지도 영역은 일반교사의 요소와 지표 동일</td><td>교수-학습전략 지원 등 6개 지표</td></tr>
<tr><td>교장·교감</td><td>학교경영</td><td>학교교육계획, 교내장학, 교원인사, 시설 관리 및 예산운용
* 교감은 시설관리 및 예산운용 지표 제외</td><td>학교경영목표관리 등 8개 지표</td></tr>
<tr><td colspan="4"></td></tr>
<tr><td>평가관리 기구</td><td colspan="4">시·도교육(지원)청 및 학교에 교원능력개발평가관리위원회 설치(교원, 학부모, 외부전문가 등 5인 이상 11인 이내로 구성)
* 학부모위원은 학부모회, 학운위 학부모위원 추천 등 공개적이고 대표성을 갖게 선정</td></tr>
</table>

* 평가 시행 과정에서 학부모위원 역할 부여(학부모 대상 참여 안내, 학생 및 학부모 온라인평가 지원 등)
[시도 자율] 학부모 포함 외부위원 비율 범위
[학교 자율] 학부모위원 역할 부여
* 학부모만족도조사 문항 작성 및 의견 수렴, 학부모 대상 연수 · 홍보, 학부모 참여 유도, 학생 및 학부모 교내 컴퓨터실 이용 시 지침 등

(2) 평가결과의 활용

평가결과를 통보받은 교사는 각 평가 영역별로 자신의 평가 견해를 동료 교원, 학생, 학부모의 평가 견해와 비교하여 종합 의견을 기술하고, 향후 개선 계획 및 수업 개선을 위해 필요한 지원 요청 사항을 포함한 「결과분석 및 능력개발계획서」를 작성하여 제출하고, 평가결과에 따라 자신에게 미흡한 부분에 대하여 직무연수를 신청할 수 있다. 학교장 또는 교육감(교육청)은 능력개발을 위한 활동(연수계획, 정보제공 등)을 지원해야 한다.

2) 교장 · 교감 능력개발평가

교장 · 교감 능력개발평가는 교장 · 교감의 학교 경영에 대한 전문적인 직무 수행 및 교육 활동 지원 능력 향상, 학교 공동체의 적극적인 노력을 유도하기 위한 관리자로서 교장 · 교감의 지도성 함양, 학교 경영자의 전문성 함양을 위한 합리적이고 타당성 있는 지원 대책 강구, 학교 교육의 질 향상에 기여하고, 공교육에 대한 신뢰 제고를 목적으로 실시를 목적으로 하고 있다.

(1) 동료교원에 의한 평가

교사, 교감, 교장이 교장, 교감의 학교 경영 전반에 대하여 평가한다.

(2) 학부모에 의한 만족도 조사

교장 · 교감의 학교 경영과 관련된 학교생활 전반에 대한 학부모 만족도 조사임
교장 · 교감 능력개발평가의 시행주체는 시 · 도 교육청 및 위임을 받은 지역교육

청이 되며, 평가자별 평가(조사) 영역 및 요소는 다음과 같다.

〈표 7-12〉 교장대상 평가 영역 및 요소

평가(조사) 영역 / 평가요소 / 평가자		학교 경영			
		학교 교육 계획	교내 장학	교원 인사	시설 및 예산
교 원	교 감	○	○	○	○
	교 사	○	○	○	○
학 부 모		○	○	○	○

〈표 7-13〉 교감 대상 평가 영역 및 요소

평가(조사) 영역 / 평가요소 / 평가자		학교 경영			
		학교 교육 계획	교내 장학	교원 인사	시설 및 예산
교 원	교장(교감)	○	○	○	×
	교 사	○	○	○	×
학 부 모		○	○	○	×

〈표 7-14〉 교장 · 교감 평가(조사) 영역 · 요소 · 지표

평가영역	평가(조사) 요소	평가(조사) 지표	
		교 장	교 감
학교 경영	학교교육계획	• 학교 경영 목표 관리	• 학교경영 목표 관리 지원
		• 교육과정 편성 · 운영	• 교육과정 편성 · 운영 지원
	교내장학	• 창의 · 인성 학생 관리	• 학사업무 관리
		• 교실수업개선	• 교실수업개선 지원
		• 자율장학운영	• 자율장학 지원
	교원인사	• 교원인사관리	• 인사업무 수행
	시설 및 예산	• 시설관리	해당사항 없음
		• 예산 편성 · 집행	

3. 교원의 사기

1) 교원 사기의 의의

교육인사행정은 교육 성과 및 산출의 향상을 위하여 인적자원을 효율적으로 관리하는 과정이다. 교육 성과의 향상에 기여하는 인적 자원의 관리과정은 채용, 능력 발전 및 사기로 구성됨을 기술하였다. 이는 능력있는 교육공무원을 채용하여 각자의 직책 수행에 필요한 자격을 교육과 훈련을 통하여 부단히 계발시키고, 그 직책을 수행하는 것이 보람있는 생애로 인식하여 성실히 근무할 수 있도록 근무의욕을 진작시켜 나가는 과정을 의미한다.

교육인사행정의 많은 연구들은 전통적으로 교육의 성과에 영향을 미치는 요인으로 개인의 능력을 다루었지만 인간관계론 이후에는 근무의욕이 일의 성과에 미치는 영향의 비중이 훨씬 크다는 점을 강조하고 있다(Hersey & Blanchard, 1972: 5).

사기란 일반적으로 조직의 구성원이 자기의 직무에 대한 사회적 자부심을 토대로 조직의 공동목적을 달성하기 위하여 자발적으로 시종일관 협력하는 집단적 정신자세 또는 집단적 근무의욕이라고 할 수 있다(최창호 외, 1980: 370~371). 즉, 개인 측면에서 사기란 집단의 조직에 대해서 그 성원으로서 만족감을 가지고 조직의 목표를 달성하려는 태도가 되며, 집단 측면에서는 사기란 집단적 태도로서 개인의 근무조건보다는 집단이익과 집단에서의 일체감을 중요시하게 된다. 따라서 교원의 사기는 교육활동에 종사하는 교원들이 학교 조직의 목표달성을 위하여 직무를 수행하는 적극적인 의욕 내지 정신 자세라고 할 수 있다.

2) 교원 사기의 결정 요인

보통 일의 성과는 그 일을 수행하는 사람의 능력과 근무의욕 내지 사기에 달려있다고 할 수 있다. 교원의 사기 및 직무만족의 결정 요인으로 Gorton(1976: 165~166)은 보수, 담당업무, 신분의 안정, 근무 조건, 사회적 지위, 승진 기회, 동료 집단간의 인간관계 등을 들고 있으며, 한병의(1978: 13)는 교사의 사기에 영향을 주는 요인으로 ① 행정적 지도성, ② 인정감, ③ 커뮤니케이션, ④ 성취감, ⑤ 동료의식, ⑥ 보수, ⑦ 직업의 안정성, ⑧ 승진 등을 제시하고 있다. 그리고 김윤태(1994)도 교원 사기와 관련된 중요한 요인으로서 보수, 승진, 근무 부담, 복지 · 후생, 신분 보장 및 인간관계 등을 제시하고 있다.

여기서는 교원들의 사기를 결정하는 요인으로 ① 행정적 지도성, ② 보수, ③ 신분보장, ④ 복지 · 후생 등으로 구분하여 기술한다.

(1) 행정적 지도성

학교행정가의 지도성에 따라서 교사들의 사기가 달라짐은 주지의 사실이다. 즉 자유방임적 리더십, 권위주의적 리더십보다는 민주적 리더십이 바람직하며, 이는 지배가 아닌 봉사 · 지도의 자세로 교사와 함께 학교업무에 대해 의사결정을 하고자 한다. 그리고 민주적 리더십은 교사들의 업무에 대하여 더 많은 열의를 보이도록 허용하고 있으며, 다른 어떤 지도자보다도 교원들의 사기를 높이게 된다.

(2) 보수

유인체제는 조직 구성원의 협동을 유발하기 위하여 조직이 제공하는 보상이며, 그 가운데에도 가장 뚜렷한 유인 체제는 주기적으로 인상하는 보수라고 할 수 있다(Shakansky, 1978: 195). Herzberg는 동기-위생이론에서 보수는 위생요인으로 그것이 충족되었다고 해서 곧 동기 부여가 되고 근무 의욕이 향상되었다고 할 수 없고 불만을 방지하는데 기여할 뿐이라고 하였다. 그러나 높은 보수에 대한 가능성과 기대는 사기를 향상시키는 요인으로 보아야 할 것이다.

(3) 신분보장

교원의 사기를 높이는 데 있어서 중요한 것으로 신분보장을 들 수 있다. 신분보장이란 법률에 의하지 않고서는 신분상의 불이익을 받지 않는 것을 말한다. 따라서 신분보장은 교원의 직업적 안정성을 확보하고 사기를 높이기 위해서 필요하다.

법규면에서 보면 우리 나라 교원의 신분보장은 거의 완벽하게 보장되어 있으나 실제로는 교권에 대한 침해 사건이 적지 않으며, 특히 사립학교 교원의 신분은 국·공립 교원보다는 한계가 있는 것이 사실이다. 그러나 교원에 대한 예우 및 처우를 개선하고 신분보장을 강화함으로써 교원의 지위를 향상시키고, 교육발전을 도모할 목적으로 제정된 '교원지위 향상을 위한 특별법'(2013. 3. 23. 법률 제11690호)은 교원의 불체포 특권, 학교안전사고로부터의 보호, 강제휴직·강임·면직으로부터의 신분보장 등에 관한 규정은 물론 각급학교 교원의 징계처분이나 그 의사에 반하는 불리한 처분에 대한 재심을 할 수 있도록 교육부에 교원징계재심위원회를 두어 교원의 신분보장을 강화하였다.

(4) 복지·후생

교원의 생활안정은 가족에 대한 부양 책임을 덜어 줌으로써 교직에 성실히 근무를 할 수 있도록 여유를 마련해 주기 위한 조치라고 할 수 있다. 교원에 대한 복지·후생 조치로서는 연금, 자녀 학비 및 장학금, 주택과 보건 등을 포함하고 있다.

제5절 교사교육 평가인정제도

교사교육에 대한 수월성 제고와 사회적 공신력의 확보를 위한 제도적 방안의 하나로서 평가인정제도(accreditation system) 도입에 대한 논의와 제안이 학계와 교육계에서 활발히 이루어졌으며, 교사교육 평가인정제도의 첫 사업으로 사범대학 평가가 실시되고 있다. 이는 한국대학교육협의회와 교육부 장관 직속의 대학교육심의회(현행 정책자문위원회 내에 대학교육분과위원회로 개편)가 주관이 되어 시행하고 있는 대학평가인정제도와 그 맥을 같이 하며, 특히 교사양성기관에서 자격증을 수여하는 특수성과 교직의 전문성을 고려할 때 매우 의의가 있다고 할 수 있다. 따라서 교사교육 평가인정제도 도입의 배경 및 기능과 기본방향을 중심으로 교사교육 평가인정제도의 의의를 고찰하고, 교원양성기관 평가인정 기준을 제시한다.

1. 교사교육 평가인정제도 도입의 배경

우리나라 교사양성 체제는 초등의 경우 교육대학 중심의 목적형 교사양성 체제를, 그리고 중등은 국 · 사립 사범대학과 일반대학의 사범계 학과 및 교직과정을 중심으로 한 준개방적 양성체제였으나 1991년부터 실시된 공개임용제도로 개방 양성체제로 전환되었다. 교사양성 및 임용체제에 있어서 인성, 면접고사, 공개전형 등 소위 '개인'에 대한 질 관리는 어느 정도 이루어지고 있으나 '기관'이나 '프로그램'에 대한 질 관리 장치는 미흡하다고 할 수 있다.

일반적으로 교사교육 평가인정제도(accreditation system for teacher education)란 교사양성기관 혹은 프로그램이 평가인정기구가 설정한 기준, 요건에 대하여 최소한의 질적 수준을 충족시키는가의 여부를 판정 · 공인받는 과정이라고 할 수 있다(Selden, 1960: 6). 즉 교사양성기관이 갖는 교육의 목적과 내용, 교수활동 및 제반 교육여건 등 교사교육의 모든 측면에 대한 종합적인 평정을 통하여 그 기관이 담당할 수 있는 교사교육에 있어서의 기능과 역할 및 규모를 결정해 주며, 더 나아가 해당기관 스스로의 개선과 발전을 위한 자료를 제공해 주는데 기여하는 제도적 장치라고 할 수 있다(최희선 외, 1989). 따라서 교사교육 활동을 종합적으로 혹은 부분적으로 평가하고, 목적 성취와 최소한의 질적 수준 도달을 확인하기 위하여 교사양성기관 혹은 프로그램이 총체적으로 기본적인 요건을 갖추어 운영되고 있는가를 판단하며, 인정 여부를 결정해 주는 과정이라고 할 수 있다.

그러나 교사양성기관의 교수, 학생, 교육프로그램, 시설 · 설비 및 행 · 재정 지원체제의 미흡 등 여러 측면에서 최소한의 질적 수준을 충족하지 못하는 기관이 존재하고 이에 따라 교사양성기관들간에 심한 질적 격차가 있어, 배출되는 교사 후보생들의 자질에 상당한 차이가 있음이 지적되고 있다. 또한 임용과정에서 이들에 대한 질적 통제 장치가 미흡하여 이는 교직의 전문성과 교사자격에 대한 사회적 공신력을 저하시키고 있음이 지적되고 있다(김윤태 외, 1990; 정일환 외, 1991; 교육개혁위원회, 1996).

교사양성기관의 교육목표, 교육과정, 교수 · 학습활동, 교육실습, 교수, 학생 및 시설 · 행정에 대한 평가를 배제한 채 개인들에 대한 평가만으로는 교사양성기관의 질 유지 및 제고를 기대하기 어려우며, 우수한 교사의 양성도 불가능하다고 볼 수 있다. 따라서 교사양성기관이나 프로그램의 질에 대한 보다 근원적인 평가 · 판정없이 사회적으로 신뢰받는 우수한 교원을 기대하기란 어렵다. 이에 교사양성기관간의 질적 격차를 줄이고 교사교육에 대한 사회적 공신력의 확보와 수월성의 제고를 위한 제도적인 방안에 대한 요구가 점증하고 있다.

이러한 요구에 부응하기 위한 대안들로서 교원처우의 획기적 개선, 교권 확립 및 교원 신분보장을 주로 하는 '교원지위 향상을 위한 특별법' 제정과 '교사교육 평가인정제도' 도입을 통하여 교원교육의 수월성을 제도적으로 보장해야 한다는 논의와 여론이 교육계에서 제기되어, 교원지위 향상을 위한 특별법이 1991년 5월 6일 국회 상임위원회에서 통과되었다. 그리고 한국대학교육협의회와 정책자문위원회(현행 대학교육분과위원회로 개편)가 주관이 되어 1992년부터 점진적으로 대학평가인정제를 도입하여 학과별로 시행하고 있다. 이와 더불어 교사교육 평가인정제도는 1996년 교육개혁위원회의 제 3차 교육개혁 방안을 통해 교사양성기관 평가인정제도 도입의 발판이 마련되고 1998년에는 사범대학 평가가 이루어지게 되었다.

교사교육 평가인정제도에서는 교사교육 프로그램이라는 특수성을 감안할 때 교사교육의 질적 개선, 교사자격의 질적 관리, 교사양성기관의 책무성 강조, 학생정원 결정 및 행 · 재정 지원을 위한 자료제공 등의 목적이 부각된다. 이러한 교사교육 평가인정제도의 목적에 대한 구체적인 기능은 다음과 같다(NASDTEC, 1986; NCATE, 1986; 박도순 외, 1987; 홍기형, 1990).

① 교사양성기관이 최소한의 양적 · 질적 기준의 충족여부를 판단, 제시함으로써 교사교육의 질적 향상과 유지를 위한 자료 제공
② 교사양성기관 자체의 목표, 프로그램, 교수방법, 시설, 행 · 재정 등에 관한 자체 연구 및 평가(self-study and evaluation)를 통하여 양성기관의 자율적 발전과 개선을 촉진
③ 교사양성기관의 수준을 사회적으로 인정하는데 필요한 객관적 자료를 제공
④ 교사교육에 대한 사회적 신뢰성 향상에 기여
⑤ 교원정책 수립의 기초자료를 주기적으로 제공, 교사양성기관의 육성 지원을 위한 기준 자료 제공
⑥ 교사양성기관 상호간의 정보 교환과 원활한 의사소통을 통해 자율적인 협력체제 구축

⑦ 교사양성기관의 자율적 통제와 조정 기능 촉진
⑧ 교육의 효과성과 학문적 자유에 대한 외부의 부당한 침해로부터 교사양성기관의 보호

2. 교사교육 평가인정제도의 기본 방향

교사교육의 질적 개선을 궁극적인 목적으로 하는 제도적 장치로서 교사교육 평가인정제도의 발전을 위한 기본방향으로 다음의 여섯 가지를 들 수 있다.

1) 교사교육 관련제도와의 연계성 강화

교사교육 평가인정제도는 교사교육 정책의 전반적인 맥락 속에서 타 제도와의 연계성을 갖고 실시되어야 할 것이다. 즉 교사양성기관에의 입학 전형시험, 교사자격, 교사수급, 그리고 교사공개 경쟁시험 등 일련의 교사교육과 관련한 제도와 유기적인 연계성을 지녀야 할 것이다. 그리고 대학교육협의회와 대학교육분과위원회가 주관이 되어 시행되는 대학교육평가인정제도와 상호 연계성을 가지고 실시되어야 한다.

2) 교사교육 평가인정제도의 조직 · 운영의 민주화

교사교육 평가인정 업무를 담당하는 기구는 교사교육과 관련한 다양한 집단들이 참여하여야 할 것이며, 정부와 교사양성기관간의 협력체제를 구축하여 조직을 편성하여야 할 것이다. 그리고 평가인정기구는 각 업무별로 예컨대, 인정계획수립, 기준설정, 위원선정 등에 있어서 역할 및 기능분담을 통한 운영의 민주화, 합리화를 기해야 할 것이다.

3) 교사교육 평가인정제도와 관련 구성원의 전문화

교사교육 평가인정과 관련하여 평가인정기구의 위원 뿐만 아니라 교사양성기관

의 자체평가 위원도 평가의 타당성을 높이기 위해 일정한 교육을 받아 전문성을 제고하여야 할 것이다. 즉 교사교육 평가인정제도의 목적, 절차, 기준, 적용 방법 등 일련의 교사교육 평가인정 업무와 관련한 내용들과 방법에 대한 이해를 높여야 할 것이다.

4) 교사교육 평가인정제도의 기준 설정의 타당성

교사양성기관에 대한 학과별, 계열별, 기관별 평가에 있어서 어떠한 기준과 준거를 가지고 평가하는가는 매우 중요한 일이다. 즉 정확한 잣대를 가지지 않고 교사교육 프로그램과 관련한 활동을 평가하여 인정 여부를 판가름한다는 것은 매우 위험한 일이기 때문이다. 초 · 중등 교사양성기관의 특성, 각 학과별 전문성, 특수성을 고려하여 교육목표, 교육과정, 교육실습, 교수, 학생, 교수 · 학습활동, 시설 · 행정 등 일곱 가지 영역에 대하여 관련학회와 공동으로 신뢰도와 타당도가 높은 기준 및 준거를 양적 · 질적 측면에서 개발 · 적용하여야 할 것이다.

5) 교사교육 평가인정제도의 실시 절차의 합리화

교사교육 평가인정제도를 실시하는 데 있어서 평가인정 계획에서부터 평가인정 여부의 결정에 이르기까지 일련의 과정에서 평가주기, 평가횟수, 자체평가 기간, 현지방문, 평가기간 및 방법 등 여러 측면에서 충분한 시간을 가지고 평가인정기구와 교사양성기관간의 상호협력과 이해 속에서 합리적으로 이루어져야 할 것이다.

6) 교사교육 평가인정 결과 활용의 극대화

평가인정기구에서 결정한 교사양성기관별 평가인정 결과에 대하여 이의가 없을 시 혹은 이의 접수 후 다시 판정했을 경우 그 평가인정 결과를 해당기관, 관련기관 및 사회에 공표하며, 교육행정기관, 교사양성기관 및 일선학교에도 그 결과의 활용을 여러 측면에서 극대화하여야 할 것이다.

교육행정기관에서는 그 결과를 토대로 일련의 교사교육정책(교사수급, 자격제도, 공개전형시험 등), 양성기관의 정원정책, 재정지원 등에 활용할 수 있을 것이다. 그리고

일선학교 및 학부모들은 학생 및 자녀들의 진학자료로서 활용할 수 있을 것이다. 또한, 교사교육 평가인정제도가 도입 · 정착되기 위해서는 무엇보다도 관련집단들이 이 제도가 내포하고 있는 이념, 취지, 목적 등을 올바로 인식할 때 비로소 새로운 제도로서 알찬 열매를 맺을 수 있을 것이다.

3. 교원양성기관 평가[2)]

교원양성기관 평가는 1996년 제3차 '교육개혁방안'(1996. 8. 20)에서 교육개혁을 위한 방안의 하나로 건의되면서 도입되었다. 교육과학기술부가 교원양성기관 평가 기본 계획을 수립하고, 한국교육개발원이 이에 기초하여 실행 세부 방안을 마련하였으며 1998년부터 교원양성기관 평가가 시행되기 시작하였다.

1주기 평가는 1998년 40개 사범대학을 시작으로 1999년 69개 교육대학원, 2000년 교육대학교 및 교육대학교 교육대학원(21개 기관), 2001년 일반대학 교육과 2002년 교직과정 설치학과(122개 기관)까지 5년간 실시되었다.

이어 2003년부터 이루어진 2주기 평가는 2003년 사범대학(40개), 2004년 교육대학원(61개), 2005년 교육대학원(50개), 2006년 교육대학교 및 교육대학교 교육대학원(11개), 2007년 일반대학 교육과(54개), 2008년 교직과정 설치학과(76개), 2009년 교직과정 설치학과(85개)를 대상으로 이루어졌다.

2010년부터 이루어진 3주기 평가는 '교원양성교육의 질적 수준 향상', '교원양성기관의 법적 책임 확보', '교원양성체제 개편의 참고자료 제공', '교직희망자, 시 · 도 교육청 및 학교 등에 정보 제공'을 목적으로 3주기 교원양성기관 평가는 교원양성 규모가 큰 대학부터 연차적으로 실시되며, 5년 주기로 실시되었다. 2010년 사범대학 설치 대학 및 교육대학(55개), 2011년 사범계 학과 설치 대학(54개)과 재평가 대학(35개), 2012년 교직과정만 설치한 대학(63개), 재평가 대학(48개), 2013년 전문대학 및 4년제 실기교사 양성대학(68개), 재평가 대학(23개), 2014년 전문대학, 기능대학, 전공대학, 방송통신대학(60개), 재평가 대학(11개)를 대상으로 평가가 이루어졌다. 연차별로 실시된 평가내용은 〈표 7-15〉와 같다.

---

2) 교육부, 한국교육개발원에서 발행한 3주기 교원양성기관 평가편람. 4주기 교원양성기관 평가 방안 마련을 위한 공청회 자료집을 토대로 작성되었음.

〈표 7-15〉 주기별 평가대상기관

구분	연도	대상	대학 수
1주기 평가 (1998~2002년)	1998	사범대학	40개 대학
	1999	교육대학원	69개 대학
	2000	교대 및 교대 교육대학원	11개 대학
	2001	일반대학교육과	30개 대학
	2002	일반대학 교직과정	122개 대학
2주기 평가 (2003~2009)	2003	사범대학	40개 대학
	2004	교육대학원	61개 대학(비사대)
	2005	교육대학원	50개 대학(사대)
	2006	교대 및 교대 교육대학원	11개 대학
	2007	일반대학 교육과	54개 대학
	2008	일반대학 교직과정	76개 대학
	2009	일반대학 교직과정	85개 대학
3주기 평가 (2010~2014년)	2010	사범대학 설치 대학 및 교육대학	55개 대학
	2011	사범계 학과 설치 대학	54개 대학 + 35개 재평가 대학
	2012	교직과정만 설치한 대학	63개 대학 + 48개 재평가 대학
	2013	전문대학 및 4년제 실기교사 양성 대학	68개 대학 + 23개 재평가 대학
	2014	전문대학, 기능대학, 전공대학, 방송통신대학	60개 대학 + 11개 재평가 대학

2015년부터 이루어질 4주기 평가는 교원양성과정을 운영하고 있는 전국의 모든 대학을 대상으로 5년 주기로 실시되며, 2015년 사범대학이 설치된 대학(46개), 교육대학(10개), 2016년 : 사범계학과 및 교직과정이 설치된 대학(120개), 2017년 전문대학 등(128개)에 대한 평가를 실시할 예정이다. 참고로 3주기 평가내역을 제시하면 다음과 같다.

1) 경영 및 여건(450점)

(1) 발전노력 및 특성화

□ 발전계획 수립 및 추진 실적
- 발전계획 추진 관련 예산집행률(20)
- 특성화 및 국제화 계획 추진 관련 예산집행률(20: 특성화-10, 국제화-10)

(2) 교원

① 전임교원확보 및 운용의 적절성
- 전공과목 전임교원 확보율(80)
- 교과교육과목 전임교원 확보율(40)
- 교직과목 전임교원 확보율(50)
- 전임교원 담당 강의시수 비율(10)
- 교육기관 또는 전공관련기관(산업체) 근무경력을 가진 전임교원 비율(10)
- 시간강사의 강사료 수준(20)

② 전임교원 능력개발의 충실성(60)
- 전임교원 1인당 연구실적(40)
- 전임교원의 학교현장 이해 프로그램 참여 비율(20)

(3) 시설 및 행·재정

① 시설의 확보 및 활용
- 수업행동분석실의 확보율 및 활용률(30: 확보율 10, 활용률 20)

② 행정 지원의 합리성
- 교원양성위원회의 운영 실적(20)
- 교직 전담 부서 운영(20)

- 유급조교 확보율(10)

③ 재정 운용의 적절성
- 교육비 환원률(40)
- 등록금 대비 장학금 비율(20)

2) 프로그램(300점)

(1) 교육과정 편성 및 운영

□ 교육과정 편성 · 운영의 적절성
- 교원자격 취득자의 교과내용영역 기본이수과목 이수학점 비율(30)
- 교원자격 취득자의 교과교육과목 이수학점 비율(20)
- 교원자격 취득자의 교직이론 및 교육실습과목 이수학점 비율(20)
- 교원자격 취득자 중 특성화 프로그램 이수자 비율(20)
- 졸업자 중 특성화 프로그램 이수자 비율(20)
- 교육과정 운영의 학교 현장 요구 반영 만족도(10)

(2) 수업

□ 수업의 충실성
- 교과교육과목 교수자 전공 일치 수업 학점 비율(20)
- 교직이론과목 교수자 전공 일치 수업 학점 비율(20)
- 전공개설과목 교수자 전공 일치 수업 학점 비율(20)
- 공통개설과목 교수자 전공 일치 수업 학점 비율(20)
- 교직이론 강좌당 학생 수(30)
- 강좌당 학생 수(30)
- 강의평가 결과 활용도(20)
- 강좌 운영의 충실도(40)
- 수업 만족도(20)

(3) 학교현장실습

□ 학교현장실습의 충실성
- 협력체결학교 확보율 및 활용률(40: 확보율 20, 활용률, 20)
- 학교현장실습 지도 활동 실적(20)

(4) 무시험검정

□ 무시험검정 관리의 충실성
- 무시험검정 최소기준 적용 관리의 정확성(20)

(5) 초 · 중등 교원교육기관간 교류

□ 초 · 중등 교원교육연계 프로그램 운영의 충실성
- 초 · 중등 교원교육 연계 프로그램 운영 실적(10)

3) 성과(250점)

(1) 경영성과

□ 학생유지 및 충원 성과
- 중도탈락 학생 비율(10)
- 재학생 충원율(20)

(2) 교육성과

① 교사자질 성취효과
- 예비교사 수업수행능력(40)

② 졸업요건 및 성과
- 석사학위 수여의 엄정성(60)

- 국 · 공 · 사립학교 교원임용률(60)

③ 학교교육 만족도

- 재학생 만족도(40)
- 졸업생 현직교사 만족도(40)
- 교원양성기관에 대한 수요자 만족도(40)

제 8 장

물적 자원의 동원과 관리

제1절 교육재정의 의의와 성격

1. 교육재정의 개념

교육재정(educational finance)은 국가나 지방공공단체가 교육기관의 교육활동에 필요한 경비를 확보하고, 조달하며, 이를 관리하여 지출하는 일련의 활동을 의미한다. 보다 구체적으로 보면, 교육재정은 교육과학기술부를 포함한 그 소속기관이 수행하는 중앙정부 재정과 시 · 도 교육청, 시 · 군 · 구 교육청 및 그 소속기관과 시 · 도 의회가 수행하는 지방교육재정을 포함한 것으로 파악된다.

이와 같은 정의는 교육재정이 그 성격상 ① 공경제 활동이라는 점, ② 교육활동의 지원을 목적으로 하는 수단이라는 점, ③ 교육경비의 조달과 운영을 내용으로 하고 있다(차병권, 1987: 11~15; 김동건, 1990; 윤정일, 1994: 397~403; 신철순, 1995: 319~323). 이를 보다 구체적으로 기술하면 다음과 같다.

첫째, 교육재정이 경제활동이란 뜻은 교육재정이 국가나 지방공공단체를 주체로 하여 행해지는 공경제 활동으로서 재정일반의 성격에 관한 것이라는 의미이다. 즉, 공경제로서의 재정은 국민전체의 공공복지를 향상시키는데 주안점이 있으며, 또한 국민으로부터 소득의 일부를 조세정책에 의하여 강제적으로 받아들임으로써 성립되는 강제경제의 성격을 띠고 있다. 그래서, 조세의 부담을 국민에게 강요하는 것이며, 본질적으로 직접적인 수익여부와 관계없이 일반적으로 교육에 필요한 경비를 보상받게 되는 것이다. 따라서 교육경비의 부담은 수익자부담 원칙에서 조세에 의한 공비부담 원칙으로 옮겨지고 있는 것이다.

둘째, 교육재정이 교육활동의 지원을 목적으로 하는 수단이라는 점이다. 왜냐하면 교육재정은 기본적으로 교수-학습활동의 필요에 따라 발생되는 것이므로 교수-학습의 목표를 달성할 수 있도록 하는 수단이지 결코 교육재정 그 자체가 목적이 될 수는 없기 때문이다. 즉, 교육재정은 교육목표의 효과적인 달성을 위하여 인적 · 물적 및 환경적 제 조건을 정비 · 확립하는데 필요한 경비를 조달하고 운영하여 교육목표 달성을 현실화시키는 것을 직접적인 목적으로 하기 때문에 교육목표 달성을 위한 수단이라 볼 수 있다.

셋째, 교육재정이 교육경비의 조달과 운영을 내용으로 한다는 의미는 교육비의 수입과 지출에 관한 예산, 예산의 집행과 회계, 결산과 감사 등 제 영역을 포함한다는 것을 의미한다. 교육경비의 수입 · 지출은 물론 그 합법적 절차로서의 회계 및 지출의 적합성과 합법성을 밝히는 감사활동까지 포함한다. 이러한 교육재정 활동은 경비의 조달과 운영이 주가 되고 있으며, 여기에는 학교재정 뿐만 아니라 사회교육 재정도 모두 포함되고 있다.

이와 같이, 교육재정의 성격은 국가와 지방공공단체(주체)가 교육의 목표달성을 위하여(목적) 국 · 공립학교의 교육활동, 사립학교의 교육활동, 사회교육활동(지원범의 혹은 대상)을 대상으로 교육재원을 확보, 배분, 지출, 평가하는 일련의 활동(영역)을 말하며, 수단성과 공공성을 지니고 있다(성격). 여기서 수단성이라 함은 교육목적 달성을 위한 인적 · 물적 제 조건을 정비 · 확립하는 일련의 봉사활동을 말하며, 공공성은 공적인 비영리 활동으로서 국가와 공공단체의 공경제 활동을 말한다. 교육재정은 민간경제와 비교할 때 ① 공권력에 의한 조세 징수의 강제성, ② 국민 전체의 복지를 도모하는 공공성, ③ 양출제입의 회계원칙, ④ 존속기간의 영속성, 그리고 ⑤ 수지 균형의 원칙이라는 특성을 지니고 있다(차병권, 1987: 11~15).

2. 교육예산의 원칙

교육예산이란 일정기간 정부가 교육활동을 위해 집행하는 수입과 지출의 예정적 계산 또는 계획이다. 여기서 일정기간이란 회계연도(fiscal year)를 말하며, 회계연도의 수입을 세입, 지출을 세출이라고 한다. 교육재정 운영의 합리화와 예산 집행 및 예산 통제의 효율성을 높이기 위하여 예산의 과정에서 지켜야 할 원칙이 있는바, 이를 기술하면 다음과 같다(김윤태, 1994: 434~435).

1) 공개성의 원칙

교육예산안의 심의, 의결된 예산 및 결산은 모두 국민들에게 공개되어야 한다는 원칙을 말한다.

2) 명료성의 원칙

교육예산은 모든 국민이 쉽게 이해할 수 있도록 세입, 세출을 합리적으로 분류 · 표시하고, 수지추계와 수입의 출처 및 지출의 용도를 명시해야 한다는 원칙이다.

3) 한정성의 원칙

교육예산의 각 항목은 서로 분명한 한계를 지녀야 한다는 원칙으로서 예산의 목적외 사용 금지, 계상된 금액 이상의 지출금지, 회계연도 경과 지출금지 등이 그 주요 내용이 된다. 그러나 교육 목적을 효율적으로 달성하기 위하여 예산의 이용과 전용, 예산의 이월, 계속비, 과년도 수입 · 지출 등의 예외를 인정하고 교육예산의 탄력성을 부여하고 있다.

4) 사전의결의 원칙

교육예산은 집행하기 전, 즉 회계연도 개시 전에 국회의 의결을 거쳐야 한다는 원칙을 말한다. 우리 나라는 회계연도 개시 90일 전까지 정부는 예산안을 국회에 제출하고 국회는 회계연도 개시 30일 전까지 이를 의결하도록 규정하고 있다. 예외로서 준예산제도(회계연도 개시일까지 예산이 의결되지 않으면, 국회의 승인 없이도 세입의 한도 내에서 전년도 예산에 준하여 일정 경비를 집행할 수 있는 제도)와 재정상 긴급조치는 이 원칙의 예외로 인정되고 있다.

5) 통일성의 원칙

특정한 세입과 특정한 세출을 직결시켜서는 아니되며, 모든 세입과 세출은 각각 통일적으로 정리하고 전체의 세입에서 세출을 지변해야 한다는 원칙을 말한다.

6) 단일성의 원칙

국가의 회계연도를 종합적으로 밝히고 예산 항목간의 상호 관련성을 명확히 하기 위하여 예산이 단일해야 한다는 원칙을 의미한다. 따라서 중복될 가능성이 있는 특별회계 예산이나 추가경정예산 등은 따로 작성해야 한다는 것이다.

7) 완전성의 원칙

세입, 세출은 모두 예산에 편입하여야 한다는 예산총계주의 원칙을 말한다.

8) 엄밀성의 원칙

교육예산과 결산이 일치되어야 한다는 원칙을 말한다.

제2절 교육예산의 구조와 배분경로

1. 교육예산의 구조

교육예산은 크게 일반국고와 지방교육재정으로 구분된다. 이를 세입원으로 보면, 재정수요만큼 국가예산이 정하는 일반국고와 지방교육재정교부금으로 구성되는 지방교육재정으로 구분된다. 지방교육재정교부금 중 증액교부금은 기획재정부에서 결정하고 나머지 보통교부금과 특별교부금은 지방교육재정교부금법에 의하여 결정되고 있다. 교육예산의 재원을 제시하면 [그림 8-1]과 같다.

한편, 교육예산을 세출요인별로 구분하면, 기획재정부의 심의와 검토를 거쳐서 정부안으로 결정된 뒤 국회 의결을 거쳐 확정된 교육예산 중 일반국고에 해당되는 부분은 교육부 본부, 7개의 직속기관 및 국립대학교의 인건비, 운영비와 시설비에 충당된다.

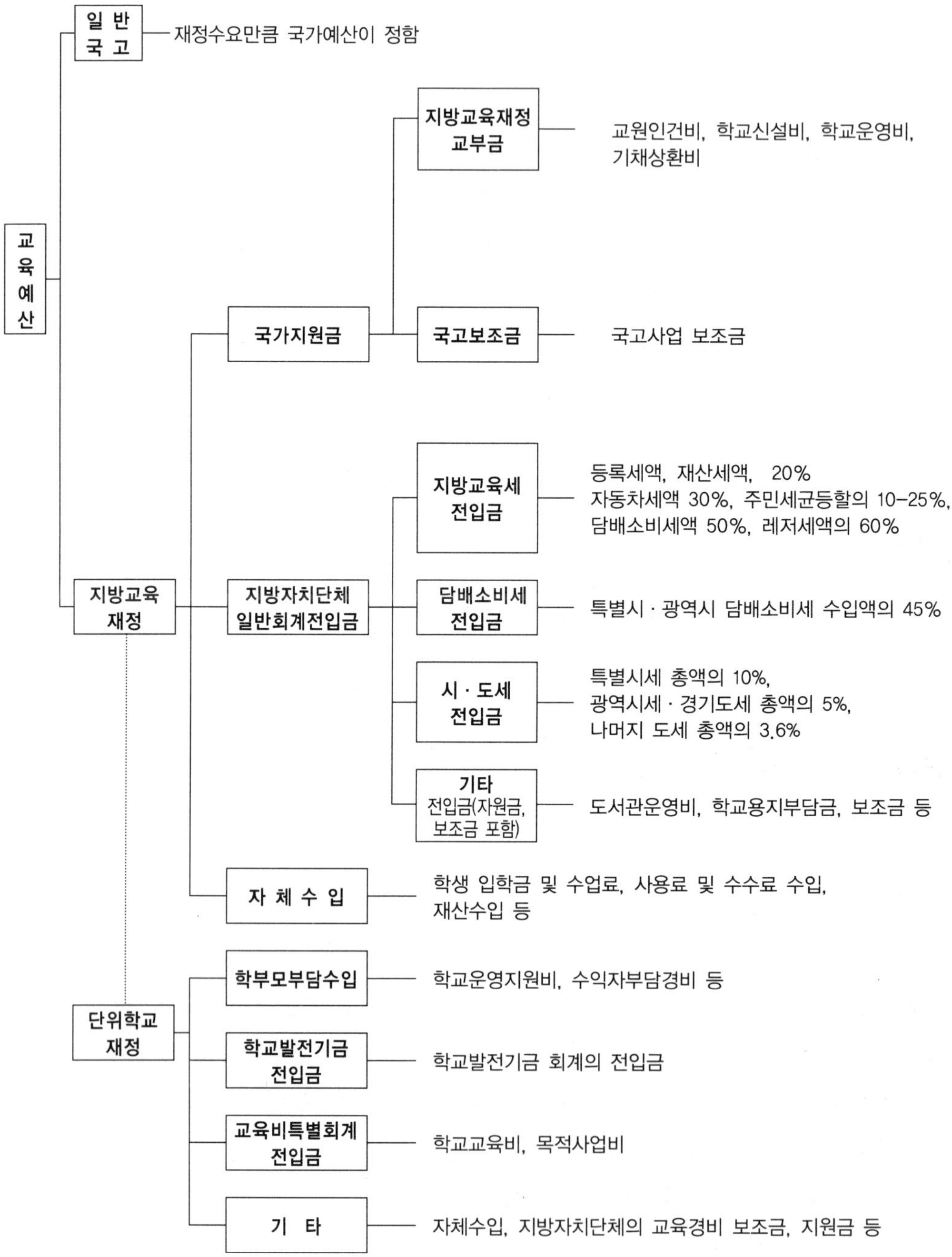

[그림 8-1] **교육예산의 재원분류**

그리고 지방교육재정교부금은 교육 · 학예에 관한 사무를 관장하는 지방자치단체인 시 · 도 교육청에 일정한 기준에 따라 일반재원으로 배분되고, 시 · 도 교육청에서는 배분된 재원과 입학금, 수수료 및 기타 자체수입을 포함하여 예산을 편성한 뒤 시 · 도 의회 의결을 거쳐 예산을 확정시키도록 되어 있다. 이를 제시하면 [그림 8-2]와 같다.

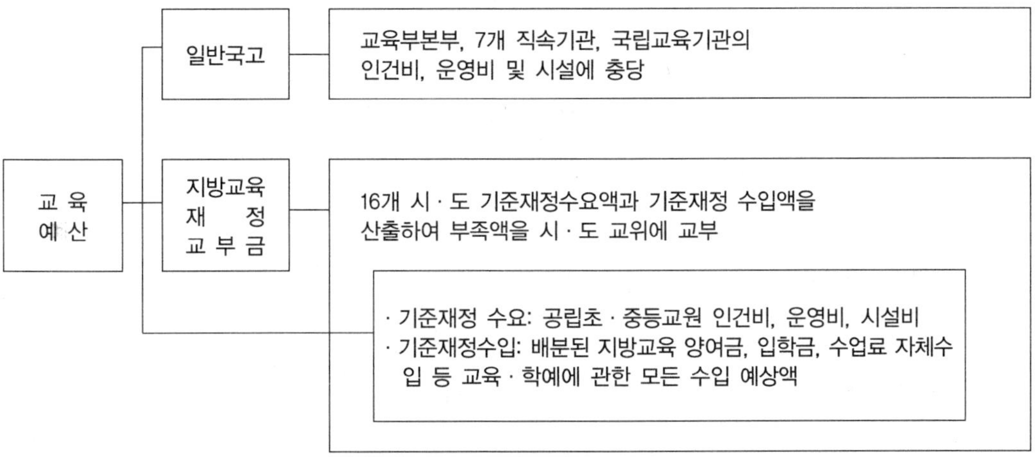

[그림 8-2] **교육예산의 세출요인별 분류**

2. 교육재정의 배분경로

앞에서 기술한 바와 같이 교육재정은 교육여건을 정비 · 보완하기 위한 재원을 확보, 조달, 배분, 평가하는 활동으로서 교육의 질을 결정하는 중요한 요인 중의 하나이다. 교육여건을 개선하고 정부가 추진 중인 교육개혁을 성공적으로 달성하기 위해서 신규 교육재정 수요를 확보하기 위한 정책적인 노력을 해 오고 있다.

이를 위한 노력으로 정부는 목적세이던 방위세를 폐지하고, 한시세였던 교육세를 영구세로 전환시키면서 그 과세 대상을 확충하였다. 새로이 지방교육잉여금을 지방교육재정교부금에 통합하여 교육재정제도를 획기적으로 개편하였다.

1) 교육세

교육세의 목적을 종전의 '교육환경 개선과 교원처우 개선에 필요한 재원확보'에서 '교육의 질적 향상을 도모하기 위하여 필요한 교육재정의 확충에 소요되는 재정확보'로 전환시킴과 동시에 과세 대상을 확충하였다. 교육세 및 지방교육세의 과표 표준과 세율을 제시하면 〈표 8-1〉과 같다.

〈표 8-1〉 교육세 및 지방교육세의 과세 및 세율

	과 세 표 준	세 율
교육세	금융 · 보험업자의 수익금액	1000분의 5
	개별소비세법의 규정에 의하여 납부하여야 할 특별소비세액(시행일 2001. 7. 1)	100분의 30, 다만 특별소비세법 제1조, 제2항, 제4호 다목 · 라목 · 바목 및 아목의 물품의 경우에는 100분의 15로 한다.
	교통세법의 규정에 의하여 납부하여야 할 교통세액	100분의 15
	주세법의 규정에 의하여 납부하여야 할 주세액	100분의 10, 다만, 주세의 세율이 100분의 70을 초과하는 주류에 대하여는 100분의 30으로 한다.
지방교육세	지방세법의 규정에 의하여 납부하여야 할 등록세액	100분의 20
	지방세법의 규정에 의하여 납부하여야 할 레저세액	100분의 40
	지방세법의 규정에 의하여 납부하여야 할 균등할 주민 세액	100분의 10. 다만, 인구 50만 이상의 시에 있어서는 100분의 25로 한다.
	지방세법의 규정에 의하여 납부하여야 할 재산세액	100분의 20
	지방세법의 규정에 의하여 납부하여야 할 자동차세액	100분의 30
	지방세법의 규정에 의하여 납부하여야 할 담배소비세액	100분의 50

- 지방자치단체의 장은 지방교육투자재원의 조달을 위하여 필요한 경우에는 당해 지방자치단체의 조례가 정하는 바에 의하여 레저세를 제외한 지방교육세의 세율을 표준세율의 100분의 50의 범위 안에서 이를 가감조정할 수 있다.
- 도농복합 형태의 시에 대하여 제1항의 표 제3호의 규정을 적용함에 있어서 "인구 50만 이상 시"라 함은 동지역의 인구가 50만 이상인 경우를 말하며, 당해 시의 읍 · 면지역에 대하여는 그 세율을 100분의 10으로 한다.

2) 지방교육재정교부금

지방교육재정교부금은 지방자치단체가 교육기관 및 교육행정기관(소속기관을 포함)을 설치 · 경영함에 필요한 재원의 전부 또는 일부를 국가가 교부하여 교육의 균형 있는 발전을 도모함을 목적으로 조성 · 운영되고 있다.

지방자치단체에 교부하는 지방교육재정교부금은 당해 연도의 내국세 총액의 1만분의 2,027에 해당하는 금액과 교육세 세입액 전액에 해당하는 금액을 재원으로 하며, 이 중 96%는 보통 교부금으로 4%는 특별교부금으로 운용된다.

보통교부금은 기준재정수입액(수업료, 입학금, 학교용지 부담금)이 기준재정수요액(교원인건비, 교원인건비 가산금, 학교신설비, 재정결함보전, 학교운영비 및 그 외 경비)에 미달하는 지방자치단체(시 · 도)에 그 미달액을 기준으로 하여 총액으로 교부한다.[1)]

특별교부금은 전국에 걸쳐 시행하는 교육관련 국가시책사업으로 따로 재정지원계획을 수립하여 지원하여야 할 특별한 재정수요가 있는 때 특별교부금 재원의 100분의 60에 해당하는 금액을, 기준재정수요액의 산정방법으로 포착할 수 없는 특별한 지역교육현안수요가 있는 경우 특별교부금 재원의 100분의 30에 해당하는 금액을, 보통교부금의 산정기일 후에 발생한 재해로 인하여 특별한 재정수요가 있거나 재정수입의 감소가 있는 때 특별교부금 재원의 100분의 10에 해당하는 금액을 교부한다.

3. 교육비의 분류

교육활동을 위해 지출되는 모든 비용인 교육비는 회계절차, 교육목적과 관련성, 부담자, 그리고 사용목적에 따라 다음과 같이 구분된다(김영철 외, 1982: 5~8). 교육목적과의 관련성에 따라 교육비는 직접교육비와 간접교육비로 나뉘어진다. 직접교육비는 교육목적을 달성하기 위하여 교육활동에 직접적으로 투입되는 경비를 말하며 여기에는 공교육비와 사교육비가 포함된다. 간접교육비는 교육을 받는 동안 취업을 할 수 없는 데서 오는 손실인 유실소득 또는 기회비용(foregone income or opportunity cost)과 비영리 교육기관이 향유하는 면세의 가치를 말한다.

1) 교원정원, 학생수는 교부전년도 4월 1일을 기준으로 함.

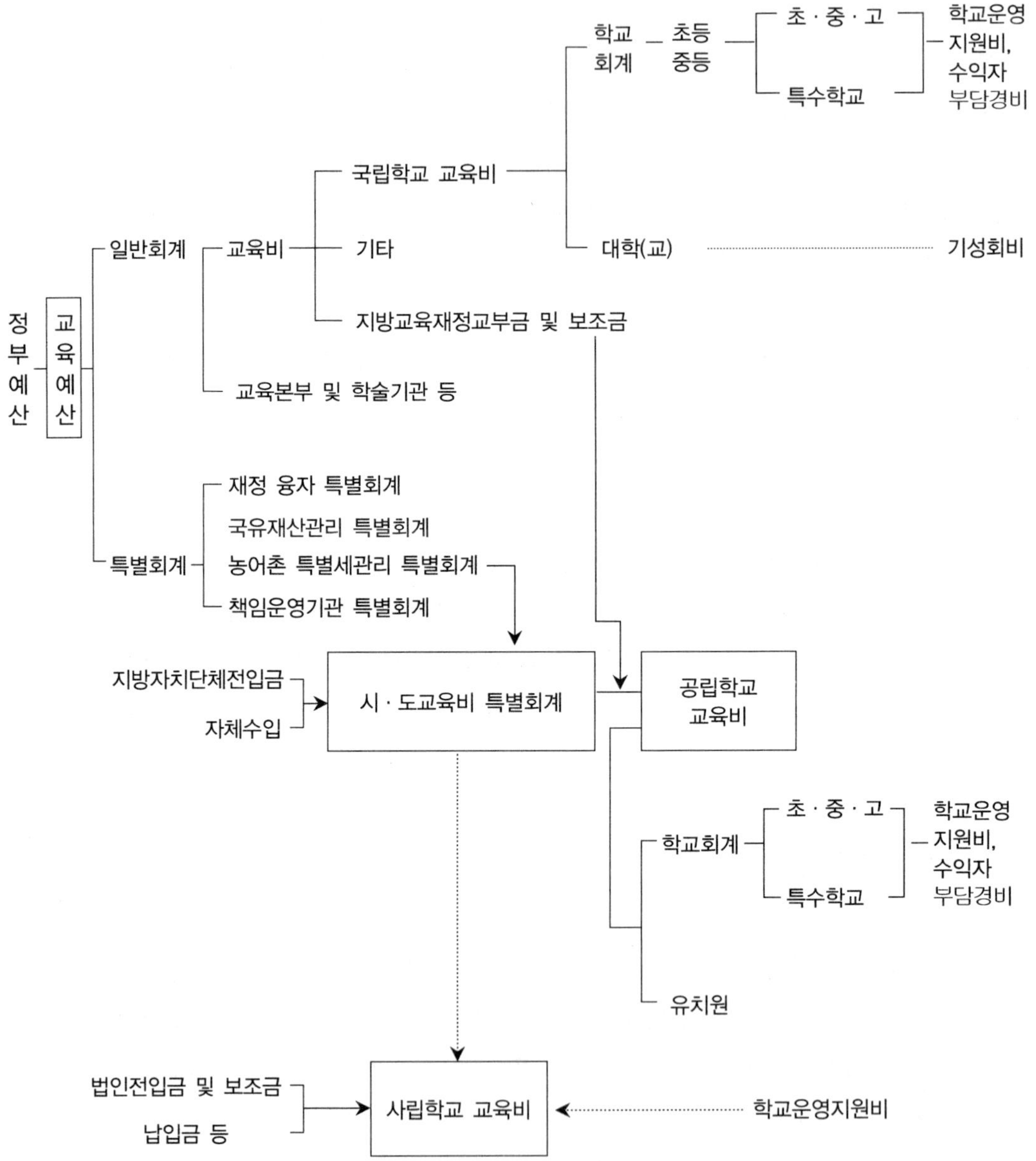

[그림 8-3] 교육재정의 기본구조와 배분경로

경비의 운영형태에 따라서 교육비는 회계절차를 거쳐 교육에 투입되는 공교육비와 사교육비로 분류된다. 공교육비에는 교육활동을 위하여 국가, 지방자치단체 및 사립학교의 법인이 지출하는 모든 비용과 학생 납입금이 포함되며, 사교육비에는 교재대, 부교재대, 학용품비, 교통비 등 자녀를 교육시킴으로써 공교육비 이외에 추가적으로 학부모가 부담하는 모든 비용을 말한다.

여기서 공교육비는 정부, 지방자치단체, 학교법인, 학생(또는 학부모)을 그 재원으로 하고 있으며, 이를 예산별로 나누어 보면 교육과학기술부 예산, 시 · 도 교육비 특별회계예산, 사립학교 교육예산, 각급학교 육성(기성)회비로 나눌 수 있다.

이상의 총교육비의 분류를 제시하면 [그림 8-4]와 같다.

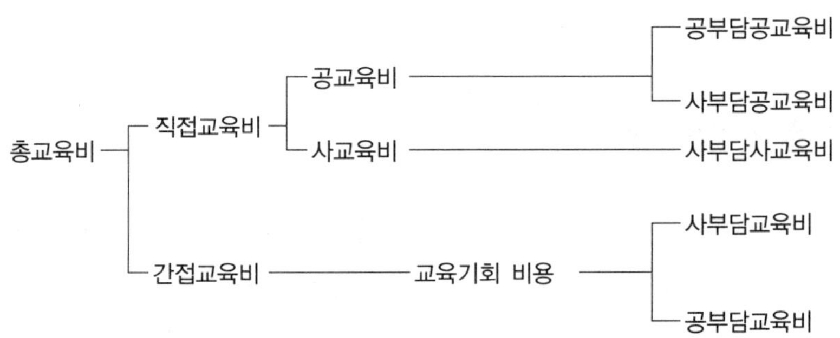

[그림 8-4] 총교육비의 분류

1) 교육부 예산

정부가 교육 및 학예를 위한 공공활동을 전개하기 위하여 투자하는 예산을 말한다. 매년 정부예산의 약 20~25% 정도를 교육 · 학예 활동을 위하여 투자하고 있다. 교육부 예산 중 일반회계의 세출 내역을 보면 지방교육재정, 교육부 본부비, 교육지원기관비, 교육기관비, 병원관리비로 되어 있으며, 이중 지방교육재정이 세출 예산의 65.1%(2001년)를 차지하고 있다.

2) 시 · 도 교육비 특별회계

지방교육을 관장하는 17개 시 · 도 교육청의 교육예산은 특별회계로 되어 있다.

시 · 도 교육비 특별회계의 세입은 ① 국고로부터의 교부금, ② 양여금 및 보조금, ③ 지방자치단체로부터의 전입금, ④ 시 · 도 교육청 자체수입의 네 가지이다. 이 중 가장 중요한 재원은 지방교육재정교부금 및 보조금으로 지방교육재정 총액의 80% 내외를 차지하고 있다.

지방자치단체 일반회계로부터의 전입금은 공립중등교원 봉급 전입금(서울특별시 100%, 부산광역시 50%, 5개 광역시 및 경기도 10%), 담배소비세 전입금(특별시 및 광역시 45%), 시 · 도세 전입금(시 · 도세 총액의 3.6%) 등이 있다.

한편, 시 · 도 교육비 특별회계의 세출 예산을 보면, 교육행정비, 문화 및 평생교육비, 학교교육비, 급여 · 복지비, 기타 경비 등으로 구분되는데 학교교육비가 약 70%로 가장 많은 비율을 차지하고 있다. 학교교육비란 학교의 교육활동을 위하여 투입되는 총비용으로서 여기에는 인건비, 시설비, 운영비가 포함된다.

3) 사립학교 교육예산

사립학교의 재원은 학생 납입금, 학교재단 법인의 전입금, 국고 또는 각종 단체로부터의 원조, 보조금, 그리고 학교법인의 재산조성비로 구성되어 있다. 그러나 대부분의 사학법인은 재정부실로 인하여 학교재단 법인으로부터의 전입금이 대단히 적고, 학생납입금에 대한 의존도가 지나치게 높은 실정이다. 2002년 3월부터 시범 · 운영되고 있는 자립형 사립고등학교의 경우 재단전입금이 20% 정도이고, 자율형 사립고등학교의 경우 광역시 5%, 도단위 3%(경기는 제외, 5%)로 규정하고 있다.

4) 학교운영지원비

국 · 공 · 사립 학교를 막론하고 각급 학교는 학교교육비 예산 이외에 별도로 육성(기성)회 예산을 단위학교별로 편성 · 운영하고 있다. 각급 학교운영지원비(학교육성회비, 기성회비) 예산의 세입은 학생들로부터 징수한 회비 수입이 대부분이며, 세출은 교원 연구비, 학생 복지비, 시설비 등을 보조하기 위하여 지출된다.

한편, 교육비를 누가 부담하느냐에 따라, 즉 교육재원별로 분류해 보면, 국가, 지방자치단체, 학교법인이 부담하는 공부담교육비와 입학금, 수업료, 육성회비,

기성회비, 학생 활동비, 교재대, 유실소득 등을 포함하는 사부담교육비로 나누어진다.

우리 나라의 공교육비 전체는 GDP 대비로 볼 때 다른 나라에 비해 낮은 수준은 아니다. 2013년 OECD 교육지표 조사결과에 따르면, GDP 대비 공교육비의 OECD 평균이 6.3%인데 비해 우리 나라는 무려 7.6%에 달한다. 그러나 공교육비를 부담 주체별로 공부담 공교육비와 사부담 공교육비로 나누어 살펴보면, 우리 나라의 경우 공부담 공교육비는 4.7%로 OECD평균 5.0%보다 낮은 실정이고, 오히려 사부담 공교육비는 2.8%로 OECD평균인 0.9%보다 높게 나타난다. 이는 대부분의 OECD회원국이 고등학교까지 의무교육인데 비해 우리 나라는 의무교육 기간이 짧아 사부담 공교육비의 비중이 높게 나타나고 있는 것으로 볼 수 있다.

5) 학교발전기금

학교발전기금 도입은 1996년 4월 19일 시 · 군 및 자치구의 교육경비보조에 관한 규정(대통령령)이 공포되어 시장, 군수, 자치구의 구청장이 관할 구역 안에 있는 고등학교 이하 각급 학교의 교육에 소요되는 경비를 보조할 수 있는 교육경비보조제도로 도입되었다. 1998년 9월 15일에는 학교발전기금의 조성 · 운용 및 회계관리에 관한 규칙(교육과학기술부령)이 제정되어 단위학교에서 독자적인 기금 조성이 가능하게 되었다.

학교운영위원회 제도가 도입됨으로써 운용 범위가 확대되어 학교 재정운영의 자율성을 신장시키는데 기여한 도급경비와 같이 학교발전기금도 학교운영위원회가 설치됨으로서 가능하게 되었다. 학교운영위원회가 도입되기 이전에는 학부모, 지역사회인사 등이 학교에 기부금을 내고자 할 때에는 엄격한 요건을 구비하는 등 기부금을 규제하여 왔으나 학교발전기금제도 도입으로 동창, 지역사회 인사들로부터 학교발전을 위하여 기금을 조성할 수 있게 되었다.

학교발전기금은 초 · 중등교육법 제 33조, 초 · 중등교육법시행령 제 64조 제 2항에 의거하여 학교교육시설의 보수 및 확충, 교육용 기자재 및 도서의 구입, 학교체육활동, 기타 학예활동의 지원, 그리고 학생복지 및 학생자치활동의 지원에 국한하여 사용할 수 있다.

4. 학교예산회계제도

2000년부터는 제 7차 교육과정이 전국적으로 적용됨에 따라 종래의 경직된 예산회계제도로는 학교의 자율적인 운영과 효과적인 교수 학습활동 지원이 어려워지게 되어 초 · 중등교육법을 개정하고, 국립 및 공립초 · 중등학교 회계규칙을 제정하여 2001년부터 학교예산회계제도를 시행할 수 있도록 하였다(김재금, 2002: 성삼제, 2002).

1) 학교예산회계제도의 개념

학교예산이란 일정기간 동안 학교가 교육활동을 실천해 나가는데 필요한 세입과 세출의 체계적인 계획서를 말한다. 학교예산회계제도가 도입되기 전에도 초 · 중등교육법 제 32조 제 1항 제 2호에서는 '학교의 예산안 및 결산에 관한 사항'이 학교운영위원회의 심의사항 중 하나로 규정되어 있었으나 '학교예산'의 범위나 예산과정에 대한 규정이 없어 학교에서는 관례나 지침에 따라 각기 운영하여 왔다. 그러나 학교예산회계제도의 도입으로 그 범위와 예산과정이 명확하게 규정되었다. 학교회계의 회계연도는 매년 3월 1일에 시작하여 다음해 2월말일에 종료되며 예산편성, 예산심의, 예산집행, 결산의 과정을 거치게 된다.

학교장은 학교구성원의 의견을 반영하여 세입예산과 세출예산으로 이루어지는 학교예산안을 편성하여 학교운영위원회에 제출한다. 학교운영위원회가 예산을 심의한 후에 그 결과를 학교장에게 통보하면 학교장은 예산을 확정한다. 확정된 예산을 실행하는 것이 예산집행이다.

세입은 국가의 일반회계 또는 지방자치단체의 교육비 특별회계로부터의 전입금 등 여러 가지 수입으로 이루어지고 세출은 학교운영 및 학교시설의 설치 등을 위하여 필요한 일체의 경비 지출로 이루어진다. 학교회계란 예산을 집행하는 과정에서 수입과 지출의 관리와 운용에 관한 계산제도를 의미한다.

학교회계제도의 시행과 함께 2001년부터 국 · 공립의 초 · 중 · 고등학교 및 특수학교에 학교회계가 설치됨에 따라 여러 개의 경비로 나누어 관리되었던 경비가 통합되어 운영되게 되었다. 국가의 일반회계 또는 지방자치단체의 교육비 특별회계로부터의 전입금, 학교운영지원비, 학교발전기금으로부터의 전입금, 수업료, 기

타 납부금 및 학교운영지원비 외에 학교운영위원회의 심의를 거쳐 학부모가 부담하는 경비, 국가 또는 지방자치단체의 보조금 및 지원금, 사용료 및 수수료, 이월금, 기타 수입, 즉 예금이자, 실습물 매각대금, 불용물품 매각대금 등이 학교회계의 세입이 되며 학교운영 및 학교시설의 설치 등을 위하여 필요한 일체의 경비가 학교회계의 세출이 된다.

학교회계의 설치와 운영에 관하여 필요한 사항은 교육과학기술부령으로 정하도록 되어 있는데 이에 따라 제정된 교육과학기술부령이 국립 및 공립 초·중등학교 회계규칙이다. 종래에는 각 경비별로 적용되는 법령이나 지침이 달라 재정을 효율적으로 운영하기 어려웠으나 단일의 회계 규칙이 제정됨에 따라 일관성 있는 재정 운영이 가능하게 되었다. 학교예산회계제도와 종래의 제도와의 다른 점을 〈표 8-2〉로 나타내면 다음과 같다.

학교회계의 회계연도는 매년 3월 1일에 시작하여 다음해 2월 말일에 종료한다. 학교의 장은 회계연도마다 학교회계 세입세출예산안을 편성하여 회계연도 개시 30일전까지 학교운영위원회에 제출하여야 한다. 학교운영위원회는 학교회계 세입세출예산안을 회계연도 개시 5일 전까지 심의하여야 한다. 학교의 장은 회계연도마다 결산서를 작성하여 회계연도 종료 후 2월 이내에 학교운영위원회에 제출하여야 한다(대구광역시교육청 2007).

〈표 8-2〉 종래의 제도와 새로운 학교예산회계제도의 비교

구 분	이 전 제 도	현행 학교예산회계제도
회계연도	· 교육비특별회계: 1. 1~12. 31 · 학교운영지원회계: 3. 1~2월 말일	· 3. 1~2월 말일(학년도에 일치)
예산배부 방식	· 일상경비와 도급경비로 구분하여 사용 목적을 정하여 배부	· 일상경비와 도급경비의 구분 없이 표준교육비[2]를 기준으로 총액 배부
예산배부 시기	· 수시 배부	· 학교회계연도 개시 전에 일괄 배부
세출예산편성	· 세입재원별로 사용 목적에 따라 세출예산 편성	· 재원에 따른 사용 목적 구분없이 학교실정에 따라 자율적으로 세출예산 편성(보조금 및 수익자부담경비제외)

2) 표준교육비: 일정규모의 단위학교가 표준교육조건(인적 · 물적)을 확보한 상태에서 교육과정에 따라 정상적인 교육활동을 수행하는 데 필요한 최저소요 교육비

사용료 · 수수료 수입 처리	· 학교시설 사용료, 수수료 수입 등을 국고 및 교육비특별회계 금고로 납입	· 학교시설 사용료 · 수수료 수입 등을 학교 자체 수입으로 처리
회계장부관리	· 경비의 종류에 따라 서로 다른 회계지침을 적용하여 자금별로 별도의 회계 및 장부 관리	· 통합 장부 사용
자금의 이월	· 일상경비의 경우 잔액 발생시 모두 반납	· 집행 잔액은 자동적으로 이월

출처: 성삼제(2002: 24).

2) 학교회계 예산과정

(1) 예산안의 편성

학교회계 예산편성 기본지침 시달	· 회계연도 개시 3월 전까지 단위학교에 시달 · 학교회계운용 일반사항 및 학교회계 범위 · 교육시책 및 권장사업 · 예산과목 등 학교예산 운영에 관하여 필요한 제반내용 포함
↓ 교직원의 예산요구서 제출	· 예산편성 기본지침 시달 후 학교예산 편성 방향 및 계획에 따라 제출 · 학교운영을 위하여 필요한 사업 및 재정 소요액 등 기록 · 부서별 또는 개인별 예산요구서 제출
↓ 연간 총 전입금 및 분기별 자금 교부계획 통보	· 교육청으로부터 학교회계로 전출되는 금액의 총 규모 및 분기별 자금 교부계획 통보 · 목적사업의 경우 대상학교가 지정되는 대로 확정 · 통보
↓ 예산조정 작업 및 예산안 확정	· 단위학교의 총 세입규모를 확정 · 교직원회의의 의견을 수렴하여 부장회의에서 협의를 거친 후 예산안 확정
↓ 예산서 제출	· 회계연도 개시 30일 전까지 학교운영위원회에 제출

① 학교회계 예산편성 기본지침의 시달

· 교육감은 회계연도 개시 3월 전까지 학교회계 예산편성 기본지침을 시달하여야 한다.

- 교육감은 학교회계 예산편성 기본지침이 시달된 후 학교의 재정운용에 영향을 미치는 중요한 시책이 수립되거나 변경되는 경우에는 이미 시달된 지침을 변경하여 시달할 수 있다.

② 예산요구서의 제출 및 예산안의 편성 : 학교장은 학교회계 예산편성 기본지침이 시달되면 소속 교직원에 대하여 연간 학교운영 시책 및 학교예산 편성에 필요한 사전교육을 실시하고, 교직원으로부터 교육과정 및 학교운영을 위하여 필요한 경비를 기재한 세출예산요구서를 개인별로 또는 부서별로 제출받아 소속 교직원의 의견을 최대한 반영하여 예산안을 편성한다.

③ 전출금 교부계획 통지 및 예산사정

- 교육청은 단위학교의 계획적, 자율적 재정운영을 위하여 회계연도 개시 50일 전까지 단위학교에 연간 교부할 학교회계 전출금의 총 규모 및 분기별 자금교부 계획을 확정 · 통보하여야 한다.
- 학교장은 교육청으로부터 전입금 교부계획이 통지되면 학교의 연간 세입예산을 확정하고 가용재원의 범위 안에서 교직원회의의 의견을 수렴하여 부장회의에서 협의를 거쳐 예산을 확정한다.

④ 학교운영위원회에 예산안 제출 : 학교장은 학교회계 세입 · 세출 예산안을 회계연도 개시 30일 전까지 학교운영위원회에 제출하여야 한다.

(2) 예산안의 심의 · 확정

① 예산안 통지 : 학교운영위원회위원장은 학교운영위원회 개최 7일 전까지 예산안을 학교운영위원회 위원에게 개별 통지하여야 한다.

② 예산안심사소위원회 구성 : 학교운영위원회는 예산안의 효율적인 심의를 위하여 의결로써 예산안심사소위원회를 구성할 수 있다. 이 경우 소위원회위원장은 본회의에서 심사의견을 설명하여야 한다.

③ 학교장 제안설명 : 예산안 심의를 위한 학교운영위원회 개최 시 학교장은 예산안에 대하여 제안설명을 하여야 한다.

④ 교직원 의견 청취 : 학교운영위원회는 예산안 심의 시 필요한 경우 학생의 수업에 지장을 주지 않는 범위 안에서 관련 교직원의 의견을 들을 수 있다.

⑤ 증액 및 새로운 비목의 설치 금지 : 학교운영위원회는 예산안 심의 시 학교장의 동의 없이 세출예산 각목의 금액을 증액하거나 새로운 비목을 설치할 수 없다.

⑥ 예산 확정 : 학교운영위원회는 학교회계 세입 · 세출 예산안을 회계연도 개시 5일 전까지 심의한 후 학교장에게 그 결과를 통보하고, 학교장은 예산을 확정하여야 한다.

예산안 통지	• 학교운영위원회 위원들에게 회의 개최 7일 전까지 예산안 개별 통지
⬇	
예산안 심사 소위원회 구성	• 예산안 심의의 효율성을 높이기 위하여 학교운영위원회의 의결에 의해 자율적으로 구성
⬇	
학교장 제안설명 및 교직원 의견 청취	• 학교의 교육시책 방향 및 재정여건, 예산편성 방향 및 내용에 대한 학교장 제안설명 • 예산과 관련된 교직원 의견 청취 • 소위원회 구성 시 소위원회위원장이 심사의견 발표
⬇	
예산안 심의 결과 송부	• 회계연도 개시 5일 전까지 심의 종료 • 학교장에게 예산안 심의 결과 송부
⬇	
예산 확정	• 학교장이 학교회계 세입 · 세출 예산 확정 및 공개

(3) 예산의 집행

① 확정된 예산 집행 : 확정된 예산은 정해진 목적에 따라 자금의 수급 등 학교의 재정여건을 감안하여 합리적으로 효율적으로 집행하여야 한다.

② 예산 미확정 시 예산 집행 : 학교장은 학교운영위원회의 심의 지연 등 회계연도 개시 전까지 예산이 확정되지 아니한 경우에는 전년도 예산에 준하여 다음에 정한 경비를 집행할 수 있다. 이 경우 당해연도의 예산이 확정된 경우 그 확정된 예산에 의하여 집행된 것으로 본다.

· 교직원 등의 인건비

· 학교교육에 직접 사용되는 교육비
· 학교시설의 유지관리비
· 법령상 지급의무가 있는 경비
· 이미 예산으로 확정된 경비

③ 성립 전 예산 집행 : 국가 또는 지방자치단체 등으로부터 그 용도가 지정되고 소요 전액이 교부된 경비, 학교발전기금전입금 또는 수익자부담경비를 예산의 성립 이전에 이를 사용할 수 있으며, 이는 동일 회계연도 내의 차기 추가경정예산에 계상하여야 한다.

(4) 결산

회계연도 종료	• 매년 2월 말일 기준 • 당해 회계연도의 징수행위 및 지출 원인 행위 종료
⬇	
출납폐쇄 정리	• 회계연도 종료 후 20일 • 당해 회계연도에 징수행위 및 지출 원인 행위가 된 사항의 세입금 수납 및 세출금 지출 마감
⬇	
결산서 작성	• 제 장부 마감 및 세입 · 세출결산서 작성 • 예산의 이 · 전용 내역, 이월경비 내역, 예비비 사용 내역 첨부
⬇	
결산서 제출	• 회계연도 종료 후 2월 이내에 학교운영위원회에서 제출
⬇	
결산 심의	• 학교운영위원회 위원들에게 회의개최 7일 전까지 결산서 개별통보 • 학교장이 결산 내용 설명 • 의문사항에 대하여 관련 교직원 의견 청취
⬇	
결산 심의 결과 통보	• 회계연도 종료 후 3월 이내에 결산심의 결과를 학교장에게 통보

① 결산서 작성 및 제출 : 학교장은 회계연도 종료 후 2월 이내에 학교회계 세입 · 세출결산서를 작성하여 학교운영위원회에 제출하여야 한다. 결산서 제출 시 첨부서류는 다음과 같다.

· 예비비사용명세서

· 세출예산이 · 전용명세서

· 계속비조서

· 명시이월비명세서, 사고이월비명세서 및 계속비이월명세서

· 기타 결산심의에 필요한 자료

② 결산심의 절차 : 학교운영위원회의 학교회계 세입 · 세출결산심의는 예산안 심의절차에 준한다.

③ 결산심의 결과 통보 : 학교운영위원회는 결산심의 후 그 결과를 회계연도 종료 후 3월 안에 학교장에게 통보하여야 한다.

제3절 교육예산의 기법

예산제도의 발달과정은 입법부의 행정부에 대한 재정 통제에 중점을 둔 통제지향의 예산제도(품목별 예산제도), 능률을 지향하는 관리지향 예산제도(성과주의 예산제도), 현대 행정국가의 출현과 함께 행정이 국가 발전의 주체가 됨에 따라 계획지향의 예산제도(기획예산제도), 그리고 최근에 오면서 목표관리와 영기준예산제도 등이 도입 · 적용되고 있다(김윤태, 1994: 453~462; 박동서, 1995: 432~447).

1. 품목별예산제도

품목별예산제도(LIBS : line-item budgeting system)는 예산의 편성 · 분류를 정부가 구입 · 지출하고자 하는 물품 또는 서비스별로 하는 것으로서, 우리 나라의 예를 들면 예산 과목인 '장 · 관 · 항 · 세항 · 목'이 있는데 이중 '목'이 이에 해당하는 것으로서 급여, 연금, 잡금, 수당, 여비 등으로 구분하여 예산을 편성 · 집행하는 제도이다.

품목별예산제도는 지출의 대상을 명확하게 세분하여 금액으로 표시함으로써 행정부의 세출예산에 대한 엄격한 사전 · 사후 통제가 가능하고, 회계책임을 분명하

게 할 수 있으며, 예산에 대한 공무원의 자유재량 행위를 제한할 수 있고, 차기 예산을 편성하는 데 필요한 정보를 얻을 수 있다는 장점이 있다. 반면, 지나치게 자유재량을 제한함으로써 예산집행시 예상치 못한 사태에 신축성 있게 대응하기 어렵고, 세부적인 지출대상에 중점을 두기 때문에 정부사업의 전체적인 개요를 파악하기 어렵게 하며, 예산편성시 예산항목에만 관심을 가지기 때문에 정책이나 사업의 우선순위를 등한시할 수 있다는 단점이 있다.

실제에 있어서는 순수한 의미의 품목별예산제도는 많지 않으며, 성과주의 예산제도나 기획예산제도 등과 혼합된 형태를 띠는 경우가 많다.

2. 성과주의예산제도

품목별 예산은 정부가 구입하는 물품 또는 수단만을 나타내고, 통제중심의 예산제도이기 때문에 정부 사업의 유기적 관계를 파악하기 어렵다. 이에 반해 성과주의 예산제도(PBS : performance budgeting system)는 예산이 사용되는 목표를 제시하고, 이를 달성하는데 요청되는 업무단위와 이에 소요되는 단위원가를 제시하는 제도이다. 즉, 수단보다는 그 수단으로 달성하려는 목표와 사업이 무엇인지를 표시하며, 이 목표와 사업을 수행하기 위하여 비용이 얼마나 소요되는지를 명백히 해 준다. 따라서 성과주의예산은 예산 과목을 사업계획별, 활동별로 분류한 다음 각 세부 사업별로 단위 원가에 업무량을 곱하여 예산액을 표시하고 그 집행의 성과를 측정 · 분석 · 평가하여 재정통제를 한다.

$$\text{예산액} = \text{단위원가(unit cost)} \times \text{업무량}$$

성과주의예산을 편성하기 위해서는 먼저 당해 부처가 담당하고 있는 업무나 사업을 분류하고(기능별 분류→기관별 분류→사업별 분류), 각 업무의 성과를 가능한 한 계량화하고 표준화하여 업무측정 단위(최종 생산물에 의한 접근, 활동에 의한 접근, 시간당 작업인원에 의한 접근 등)로 표시한다. 업무의 표준화가 이루어지면 하나의 업무측정 단위(unit of work measurement)를 생산해 내는데 필요한 단위원가를 계산해 내고, 단위원가에 업무량을 곱하여 예산액을 산출하는 것이다. 교육부의 기준을 보면, 교육을 초등교육,

중등교육, 고등교육, 사회교육 등으로 분류하고, 이를 다시 과 · 실 · 국 또는 교육청별로 분류한 후, 사업별로 분류하고 이를 다시 활동별로 분류하는 것이다.

이 제도는 예산이 기능별, 기관별, 사업계획별로 분류되고 업무측정 단위와 업무량까지도 표시되기 때문에 일반인들이 그 기관이 어떤 사업을 어떻게 추진하고 있는지 용이하게 이해할 수 있고, 정책이나 계획수립이 용이하며 예산심의가 편리하다는 장점이 있다. 또한, 예산집행에 있어서 융통성을 기할 수 있으며, 예산집행의 결과를 다음 회계연도에 직접 반영함으로써 효율적인 예산편성에 기여할 수 있다. 그러나 업무측정단위의 선정이 어렵고, 단위원가의 계산도 곤란하며, 성과측정이 어렵다는 단점을 가지고 있다. 특히, 교육분야에 적용하는 데는 여러 가지 어려움이 예상된다.

3. 기획예산제도

기획예산제도(PPBS : planning programming budgenting system)는 장기적 사업계획수립과 단기적 예산편성을 세부계획을 통해 유기적으로 관련시켜, 예산분배에 관해 합리적 · 계량적으로 결정하려는 제도이다. 즉 목표를 명확히 설정하고, 실시할 프로그램의 대안을 책정하여 각 프로그램 대안을 비용-효과 분석에 의하여 평가하는 일련의 활동을 예산편성 과정 속에 투입하는 것이다.

교육분야에서는 교육기회가 급격하게 팽창되어 교육재정의 부족현상이 심화되던 1960년대 후반에 미국에서 학교경영체제 혁신을 위한 한 방법으로 도입되었다(Hartley, 1968: 78). 이 기법은 단순히 예산편성 방식이나 제도를 의미하지 않는다. 그것은 학교체제의 목표에 중점을 두고 교육과정 개발 등 학교에서의 의사결정을 돕도록 하는 전반적인 학교관리체제를 의미한다. Farmer(1970: 7)는 기획예산제도를 '하나의 체제이자 접근방법'이라고 정의하면서 기획, 프로그래밍, 예산편성을 포함하는 일련의 체제적 접근방법으로 설명하고 있다.

이 제도는 사업계획의 목적, 대안, 효용 및 소요자원이 잘 연결되어 있어 상부의 의사결정이 용이하며, 모든 것을 중앙집권적으로 처리할 수 있기 때문에 의사결정 과정을 일원화할 수 있다는 장점이 있다. 또한, 사업계획과 예산편성을 유기적으로 연결시켜 주기 때문에 자원배분이 합리적으로 이루어질 수 있고, 장기사업 계획에 대한 신뢰성을 높일 수 있으며, 목표달성을 위한 각종 대안이 비용과 효과면에서 분석 · 검토됨으로써 상호간의 이해가 증진될 수 있다. 그러나 기획예산제도는 정보가 최고 의사결정자에게 집중됨으로써 지나치게 중앙집권화할 가능성이 있으며, 명확한 목표설정이 어려운 부문의 경우에는 도입하기 곤란하고, 사업별 예산을 하위예산별로 구분하고 자원을 재배분하는 환산작업이 어려워 예산편성과 집행이 어렵다.

학교경영에서 기획예산제도를 활용할 경우 학교의 목표 및 프로그램과 예산을 체계화할 수 있고 연도별 교육목표와 그를 달성하기 위한 교육프로그램의 소요자원들을 확인할 수 있으며, 목표나 과목, 시간에 따라 자원을 적정하게 배분할 수 있고, 특히 교육목표의 우선순위에 따라 자원을 합리적으로 조정할 수 있기 때문에 예산을 절약할 수 있는 장점이 있다. 그러나 학교체제는 목표나 활동에서 기업이나 공공기관과는 다르기 때문에 정서적이고 심리적인 교수-학습체제를 단순화할 가능성이 있고, 대부분의 교육활동은 복합적이고 장기적인 효과를 나타내기 때문에 중간단계의 단기적 실적을 평가하기가 어려우며, 중앙집권화를 조성하여 교수-학습활동을 위축시킬 가능성이 있고, 정보관리체제의 미비로 효과의 측정이 곤란하다는 등의 문제가 예상된다(하인호, 1989: 201).

4. 목표에 의한 관리

목표에 의한 관리(MBO : management by objectives)는 조직 구성원들의 참여를 통해 조직 및 구성원 각자의 목표를 체계적으로 설정하고, 그 목표를 달성하기 위한 세부적인 전략과 절차를 공유함으로써 보다 효과적이고 효율적으로 목표를 달성하고자 하는 관리기법을 말한다. 즉, 목표관리란 명확한 목표의 설정, 책임 한계의 규정, 구성원의 참여와 협조, 업적평가 및 피드백 과정을 통해 관리 계획을 개선하고 구성원의 동기를 유발하며, 나아가 조직의 효율성을 제고하려는 과정이라고 할 수 있다(윤정일 외, 1994: 455~456).

이 제도는 상향적 · 참여적 · 자기통제적 관리체제를 수립할 수 있다는 장점이 있는 반면, 단기간에 손쉽게 달성할 수 있는 목표에 치우치기 쉽다는 점과 이윤을 추구하지 않는 공공조직이나 계층제적 성격이 강한 조직에는 적용하기 어렵다는 단점이 있다(가재창, 1996: 189).

따라서 목표관리를 학교경영상의 관리기법으로 적용하는 데에는 여러 가지 한계를 가지고 있다. 목표에 대한 지나친 중시와 단기적이고 구체적인 목표에 대한 강조 때문에 과정을 중시하고 장기적이고 전인적인 목표를 내세우는 학교교육 활동에는 부적합한 측면이 있으며, 목표설정과 성과보고 등은 많은 노력과 시간을 필요로 하기 때문에 교직원들의 잡무부담 가중과 불만의 원인이 되기 쉽고, 측정가능하고 계량적인 교육목표의 설정과 평가로 인해 학교교육을 오도할 가능성이 있다.

그러나 학교교육에서 목표관리는 교장과 교감, 그리고 기타 교직원들이 학교의 교육목표를 명확히 설정하고, 목표달성의 극대화를 위하여 각자에게 기대되는 결과의 입장에서 상호 합의하에 책임영역을 확정한다. 그리고 이 기준에 의거하여 각 부서가 협동으로 운영하고, 각 구성원의 공헌도를 평가하여 보상하며, 구성원 각자는 자기 통제하에 목표달성을 위하여 노력한다.

5. 영기준예산제도

영기준예산제도(ZBBS : zero-base budgeting system)는 전년도 예산을 기준으로 하여 점증적으로 예산을 편성하는 것이 아니라 신규사업은 물론 계속사업까지도 그 필요성과 중요성을 고려하여 종합적으로 분석 · 검토하고 그 결과에 따라 예산을 편성하는 제도이다.

영기준예산제도는 조직의 모든 사업과 활동을 전면적이고 체계적으로 분석 · 평가하여 그에 따라 수행해야 할 사업과 활동을 결정하기 때문에 우선순위가 낮은 사업으로부터 높은 사업으로 재원을 전환함으로써 합리적인 예산배분을 가능하게 하는 제도이다. 전년도 예산을 그대로 답습하지 않기 때문에 재정의 경직성을 극복할 수 있고, 예산편성 과정에서 계층간 의사소통이 원활하고 참여의 폭이 확대되며, 최고관리자에게 업무수행에 관한 상세한 정보를 제공함으로써 내용의 파악을 용이하게 한다. 영기준예산제도는 의사결정단위가 조직단위일 수도 있고, 기능이나 사업일 수도 있으므로 타예산제도와 공존이 가능하다.

그러나 영기준예산제도는 모든 사업과 활동을 영(zero)의 상태에서 분석해야 하므로 시간과 노력의 부담이 과중하며, 우선순위를 결정하는 데 어려움이 있고 최고관

리자가 충분한 시간을 가지고 의사결정 패키지를 분석하여 우선순위를 검토할 수 없는 경우가 많다. 또한 현행 경비수준에서 재평가하기 때문에 새로운 프로그램을 개발하기 어렵고, 사업효과를 측정하는 데도 어려움이 있다. 사업담당자가 불리한 것은 은폐하고 유리한 것만 제시할 우려가 있고, 현실적으로 예산결정 과정에 영향을 미치고 있는 정치적 요인, 담당자의 가치관 등을 도외시하고 있다. 또한 각종 법령이나 규정에 의해 이미 지출하도록 설정되어 있는 경직성 경비가 많을 경우 실효성이 떨어질 수 있다(가재창, 1996: 195~197; 배득종, 1996: 467; 유영옥, 1997: 159~161).

이상과 같이 다섯가지 예산제도, 즉 품목별예산제도는 예산편성이나 집행과정을 통제하기 위한 예산제도이며, 성과주의예산제도는 지출의 효율적인 관리를 목적으로 한다. 반면, 기획예산제도는 예산운영의 계획적인 측면을 강조하는 예산제도이며, 영기준예산제도는 재정낭비를 줄이고 예산운영의 능률성을 향상시키기 위한 감축지향의 예산제도이다. 각 예산제도를 비교하면 〈표 8-3〉과 같다.

〈표 8-3〉 각 예산제도의 비교

구 분	품목별예산	성과주의예산	기획예산	목표관리예산	영기준예산
기본지향	통제	관리	기획	관리	의사결정
주요정보	지출대상	기관의 활동	기관의 목표	사업의 효과성	사업 및 기관의 목표
의사결정 유형	점증적	점증적	총체적	분권적, 참여적	참여적, 총체적
기획책임	없음	분산	중앙집중	분산	분산
중앙 예산 기관 관심	지출의 적격성	능률성	정책	사업의 효과 성과 능률	정책의 우선순위
분류체계	예산구조와 일치	예산구조와 일치	불일치	-	불일치
필요지식	회계	관리이론	기획론, 경제학	관리이론	관리이론, 기획론

출처: Henry(1988: 222).

6. 교육비지급 보증제도

교육비지급 보증제도(voucher system)는 1960년대 말부터 1970년대 초에 미국에서 시도된 제도로서 정부나 공공단체가 학령아동이 있는 학부모에게 교육비 지급보증서를 주면 학부모는 자녀들의 학교를 자유롭게 선택하고 자녀교육의 대가로 교육비 지급보증서를 학교에 제출하면, 학교는 이를 토대로 정부로부터 재정지원을 받게 된다. 즉 정부가 학교에 직접 재정을 배정하는 것이 아니라 학부모를 통해 간접적으로 배정 · 지원하는 제도를 말한다.

이 제도의 목적은 학교로 하여금 학생의 필요와 학부모의 희망에 따라 교육 프로그램을 개선 · 발전시키고, 교육에 관한 의사결정과 학교선택에 있어 학부모의 참여와 책임을 갖도록 권장하고 자극하려는 제도이다.

제4절 미국 교육재정의 배분모형과 사례분석

교육재정은 국가의 공익사업인 교육활동을 지원하기 위하여 국가나 공공단체가 필요한 재원을 확보, 배분, 관리, 평가하는 일련의 경제활동이다. 국가나 공공단체에서 교육활동을 지원하는 교육재정 정책은 일정한 가치준거에 따라서, 그리고 확보된 재정을 어떻게 배분하느냐에 따라서 경비의 효과는 달라질 수 있다.

교육재정을 안정적으로 확보하는 문제와 더불어 확보된 재정을 효율적 · 합리적으로 배분하여 예산의 낭비 요인을 제거함은 물론 교육의 생산성을 극대화하는데 매우 중요한 관건이 된다고 할 수 있다. 왜냐하면, 아무리 충분한 교육재정을 확보하였다고 하더라도 이를 효율적으로 배분 · 집행하지 못하면 바람직한 성과를 기대할 수 없기 때문이다.

최근 수년 동안에 한국 교육재정에 관한 연구들은 많이 이루어져 왔으나 연구들 중 대부분이 교육재정 확보방안에 관한 연구에 초점을 맞춘데 비해, 주어진 재정을 합리적으로 배분 · 활용하려는 연구와 노력은 많지 않았다고 할 수 있다(김영철, 1983; 김병상, 1985; 공은배, 1986; 윤정일, 1983, 1987, 1988; 최은수, 1991). 본 절에서는 지방교육자치제의 점진적인 정착에 따라 교육의 효과성을 제고하고, 교육재정의 합리적인 배분방안을 수립하는 데 유의한 시사점을 추출할 수 있는 미국의 교육재정 배분정책을 분석하고자 한다.

미국의 학교재정 중 연방정부가 차지하는 비율은 큰 비중을 차지하지 않지만, 미국 교육정책의 기본방향을 설정해 주고, 지도성을 발휘하는 차원에서 중요한 역할을 수행해 왔다. 연방정부가 추진해 온 교육정책의 방향은 크게 교육 생산성의 향상, 교육기회의 균등화 및 자유의 확대로 요약될 수 있는 데, 이 세 가지 방향도 개괄적으로 살펴본다면 세계대전을 치르던 1900년대 중반까지 교육의 생산성과 효율성이 강조되었고, 1960~1970년대 이후 인종문제가 크게 제기되면서 교육기회의 균등화 측면이 강조되었다. 그리고 기회균등과 같은 평등의식의 팽배로 교육의 범용성(mediocrity) 문제가 제기되면서, 이에 대한 대안으로 자유경쟁을 전제로 한 선택기회의 확대 문제가 다시 제기되고 있다고 할 수 있다(National Commission on Excellence Education, 1983; Bush, 1991; 김영철, 1996: 56).

실질적으로 미국의 지방교육제도는 주별로 각기 다른 특성을 지니고 있다. 51개의 주가 각기 다른 교육재정 배분제도를 운영하고 있기 때문에 일괄적으로 설명하기에는 용이하지 않지만 이들 교육재정제도는 주의 재정 여건에 따라 정액교부금제도, 기본교육비 교부금제도, 비율형평 교부금제도, 지방재정능력균등화제도, 과세보장교부제도, 전액 주 교부금제도, 학생가중치 등을 채택 · 실시하고 있다(Jones, 1985: 95~140; Guthrie, et al., 1988; Salmon et al., 1988; 김남순, 1992: 290~328; 최준열, 1993: 301~308; 윤정일 외, 1995: 269~278; 정일환, 1996: 450~453).

이러한 측면에서 교육재정의 경제적 · 정치적 측면과 배분의 준거로서 평등성, 형평성, 효율성의 측면을 고찰하고, 미국 주정부의 교육재정 배분 모형에 기초하여 실제 사례를 적용 · 분석함으로써 우리 나라의 교육재정을 합리적으로 배분할 수 있는 방법을 탐색 · 제시하고자 한다.

1. 교육재정의 경제적 · 정치적 측면

Jones(1985)는 교육재정의 경제적 측면과 정치적 측면을 설명하기 위해 확보, 배분, 관리의 세 부분으로 나누어 제시하고 있다.

첫째, 얼마나 많은 재정을 교육에 확보 · 할당해야 하는가?

즉, 교육투자 우선 순위를 어떻게 정할 것인가?

둘째, 사회가 납세자들에게 어느 정도 경제적 부담을 주는가? 그리고 학생들에게 교육의 이익을 어떻게 배분할 것인가?

셋째, 교육의 목표를 달성하기 위해 어떻게 재정 자원을 관리 · 조직하는가?

즉, 교육재정은 질 높은 교육을 위해 필요한 재정의 확보와 배분뿐만 아니라 학교에서의 관리 · 운영까지 포함하게 된다. 교육경제는 전 국민의 교육지출과 사회복지 측면에서의 물질적 · 금전적인 부분을 다루며, 교육재정은 학교 수입(세입) 확보와 학생, 납세자, 지역주민, 교사, 그리고 교육프로그램의 공정성을 고려한 지출(세출)을 위해 배분하는 기능을 담당한다. 그리고 학교경영은 교육정책의 목표 달성과 자원을 관리 · 조직하는데 필요한 예산, 회계, 감사 등의 내용에 관심을 둔다.

정치적인 측면에서는 교육재정의 확보, 배분, 관리 · 조직하기 위한 의사결정을 위해 정부는 어떠한 규칙을 따르며, 왜 정치적인 세력에 의해 교육재정의 규모가 좌우되는지 살펴봄으로써 우리 나라의 공공지출 행태를 이해하는데 도움을 줄 수 있을 것이다(Jones, 1985: 3~12).

1) 교육제정의 경제적 측면

(1) 경제적 측면에서의 교육투자

교육경제 분야는 국가 경제에서 차지하는 비율의 영세성, 교육은 부나 자산이 아니라는 측면, 그리고 경제연구가 정부의 지출 구조보다는 조세에 초점을 두었기 때문에 그렇게 관심이 있는 영역은 아니었다고 할 수 있다(Jones, 1985: 3~12).

Smith가 '국부론'에서 교육에 대한 경제적 의미를 부여한 이래 Shultz(1961), Denison(1964), Mincer(1958), Becker(1964) 등 인적자본론자들에 의하여 교육은 하나의 경제적 투자로 간주되어 왔으며, 정부는 국가발전을 위한 자본투자로서 교육에 대한 정책적 관심을 갖기 시작하였다. 발전론자들의 주장에 의하면 교육은 경제성장 뿐만 아니라 소득재분배의 효과에도 기여하므로 국가가 국민의 기본적 권리로서 교육의 권리를 보장하고 아울러 사회정의를 실현하는 정당성을 획득하는 방법으로 교육을 강조한다는 것이다(한국교육개발원, 1989: 21). 따라서 교육에 대한 투자도 점차 증대되어 왔다.

일부 다른 교육경제학자들은 국가부담과 지출은 최소한의 정부 서비스로 제한해야 한다고 주장하고 있다. 그것은 국가지출의 지속적인 증가는 결국 사회화와 사회복지를 초래하기는 하나 사회화는 자유기업 체제를 파괴하고 마침내 다른 자유들도 상실하게 할 것이라고 보고 교육에 대한 국가 지출의 증대를 반대하는 입장도 있다(Jones, 1983: 25).

국가 · 사회와 개인에 대한 교육의 기여를 분석하기 위한 다양한 접근방법 중에서도 인적자본론의 형성과 개선을 통하여 1960년대부터 교육에 대한 경제적 수익성을 실증적으로 추정 · 분석하는 연구들이 활발히 이루어져 왔다.

교육투자 수익률은 크게 사회적 교육투자 수익률과 개인적 교육투자 수익률로 구분되어진다. 사회적 교육투자 수익률은 첫째, 교육 부문의 비용-수익 관계를 분석하고, 둘째, 교육 이외의 다른 사회적 교육투자 수익률과 비교하는 데 활용하며, 셋째, 교육부문 내의 서로 다른 영역간의 교육경비의 수익률을 비교하는데 활용될 수 있다. 한편, 개인적 교육투자 수익률은 자발적인 교육에 대한 사적 수요와 서로 다른 특정한 전공분야 내지 학과목, 그리고 교육기관과 지역에 대한 사적 수요를 설명하고 추론하는 데 도움을 준다.

교육경비에 대한 비용-수익 분석과 비용-효과 분석은 교육에 투입되는 경비가 전체 국가의 재정 중에 막대한 비중을 차지하고 있고, 또한 국민들의 교육비 부담도 날로 증가하고 있기 때문에 매우 효과적인 측정방법이 되고 있다. 구체적인 것은 이미 제 5절 교육의 경제적 효과와 수익분석에서 자세히 설명하였다.

그리고, 교육경제는 인적자원개발과 관련이 있다. 여기서 교육의 목적은 '숙련된 교육받은 인간을 생산하기 위해 교육자원을 어떻게 할당해야 할 것인가?' 하는 점이다. 예를 들어, 인적자원과 물적자원간에, 초 · 중등 교육과 고등교육간에, 그리고 교사의 임금, 학급의 규모 등 한정된 교육재원을 가지고 다양한 교육활동에 합리적으로 배분하기 위해서는 교육투자에 대한 경제적 효과를 분석하여 이에 기초한 투자 우선 순위 결정과 효율적인 운영이 있어야 할 것이다(정일환, 2000: 123~144).

(2) 예산과 예산과정

학교구(school district) 예산은 교육계획의 성공적인 운영을 위한 핵심이다. 교육프로그램은 돈을 필요로 한다. 즉, 돈 없이 최고의 프로그램을 기대할 수는 없다. 예산의 주요 목적은 프로그램과 재정적 여건으로 학교구의 교육적 우선 순위를 결정하는 데 있다. 따라서 예산과 예산과정을 선택하는 것은 재화와 용역을 획득하기 위한 것 뿐만 아니라 우선 순위를 결정하고 누구의 목적이 학교구 자원을 배분하는데 크게 영향을 미치느냐에 따라 달라지기 때문에 주요 정치적 과정으로써 검토되어진다(Hartman, 1988: 2~3).

예산을 구성하는 세 가지 요소로는 첫째, 학교구에 의해 제공된 전체적인 교육프로그램의 기술, 둘째, 바람직한 프로그램을 수행하는 데 필요한 세출 추정, 셋째, 세출을 지불하기 위해 가능한 세입 추정을 들 수 있다. 이들 세 요소들은 상호작용을 하면서 어떠한 한 요소에 의해서도 지배받지 않는다.

예산과정은 예산서를 개발 · 승인하는 것 뿐만 아리라 학교구 프로그램을 계획하는 데 포함되는 활동의 연속이다. 재정이 무한정하다면 각각의 프로그램이 필요로 하는 자원을 충분히 배분해 줄 수 있으나 재정은 한정되어 있고 우선적으로 돈을 어떻게 쓸 것인가에 있다.

예산은 자원 배분과 선택을 통해 학교구의 교육목적을 수행하는 데 도움을 준다. 즉, 재정자원은 예산의 집을 짓기 위한 나무에 비유될 수 있다. 대부분의 행정가, 교육자, 교육위원회 등은 학생들에게 최상의 프로그램과 학습 환경을 제공해 주기를 원하지만 한정되어 있는 교육재정 자원을 가지고 효율적인 자원을 배분하고 운영하기 위해서는 예산 및 예산과정이 필요하게 된다(Hartman, 1988: 4~7).

예산과정은 합리성과 주관성, 제약성과 신축성, 타당성과 임의성, 정확성과 불확실성, 공개성과 엄밀성, 특별성과 공공성, 그리고 교육목표 달성을 위한 교육 프로그램 개선의 요구와 공공의 지지를 얻기 위한 정치적인 요인들이 예산과정 전체를 통해서 이루어진다(Hartman, 1988: 20~22). 결과적으로 예산을 전체적으로 이해하고, 학교 · 지역 또는 학교구의 교육적 목적 달성을 위한 긍정적인 방법으로 예산과정과 예산서 모두를 활용할 필요가 있다.

학교경영에 있어서 교육재정은 관리와 실행의 측면에서 계획(planning), 집행(implementation), 평가(evaluation)의 세 요소를 포함한다(Candoli, et at., 1984; Jones, 1985: 20). 첫째, 계획단계에서는 미래에 일어나야 할 변화나 환경에 대비하여 예산을 편성한다. 둘째, 집행단계에서는 회계장부를 기입 · 작성하고, 회계하며 조정하고 기록하는 활동이 이루어진다. 그리고 셋째, 평가단계에서는 감사를 실시하여 목적 달성도를 검토하고 비용과 예산을 비교 · 분석하게 된다.

즉, 예산과정은 교육조직경영 활용에 있어서 미래 전망의 역할을 담당하는 계획과 평가활동에 있어서 하나의 중요한 요소이며, 조직의 총 자원들, 예를 들어 시간, 인적 · 물적 자원 등이 사용되어야 할 방향을 제시해 주는 계획이라고 할 수 있다. 또한, 예산은 조직 내의 각 집단들의 참여와 그들의 입장을 반영해야 한다는 측면에서 정치적인 과정으로 볼 수 있다(공은배, 1981: 26).

한편, 학교재정 운영을 통해 교육목표 달성을 극대화하고 이를 용이하게 하기 위해서는 적절한 예산기법들, 예를 들어 기획예산제도(PPBS), 영기준예산제도(ZBBS) 등을 채택하고, 이를 효율적으로 관리 · 지원하기 위한 교육예산 · 회계의 체계를 구축해야 할 것이다.

이상에서 논의한 교육재정 연구의 경제적 측면을 제시하면 [그림 8-5]와 같다.

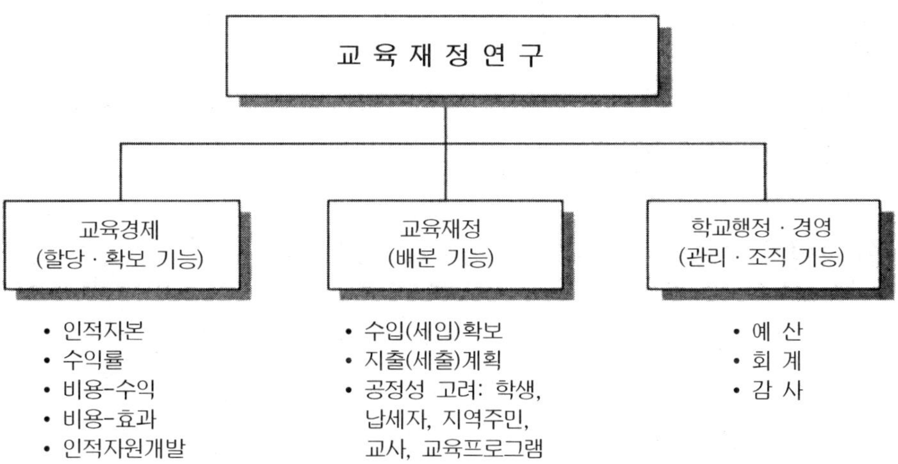

[그림 8-5] **교육재정 연구를 위한 세 가지 구성요소**

2) 교육재정의 정치적 측면

교육프로그램의 효율적인 운영을 통해 수요자의 만족을 극대화하기 위해서 필수적인 것이 재정배분의 합리적인 형태이다. 미국의 경우, 모든 납세자들의 능력과 학생들(학생수, 교육의 질 등)을 고려하여 재정을 확보하고, 의회는 회계절차를 세우고 대안을 탐색하여 적절한 배분을 하게 된다. 그리고 대부분의 관리는 주 교육전문가와 지방정부 전문가들에 의해 이루어지므로 재정정책은 논리적인 것과 현실적인 차이를 좁히는 역할을 하게 된다(Arrow, 1963). 정부의 의사결정에 있어서 네 가지 규칙을 들면 다음과 같다(Jones, 1985: 26~35).

(1) 무임승차가설(the free rider hypothesis)

정책집행에 있어서 정부는 낮은 지출을 하고자 하는 반면에 무임승차가설에서의 교육은 공공재(공공성)의 성격이 강하므로 개인보다는 정부가 재정부담을 많이 가져야 한다는 것으로써 개인보다는 정부가 더 많은 지출을 하기를 원한다. 유권자들은 모든 이를 위해 세금을 지불하기를 원하지는 않으며, 아무것도 하지 않은 채 무엇인가를 가지고자 하는 무임승차자이며, 대부분의 유권자들이 이런 방식으로 행동한다.

예를 들어, 학교교육에 있어서도 학부모 집단들은 낮은 세율을 지지하는 후보자에게 투표함으로써 학교 교육을 원하기는 하지만 자기 아이들 외의 아이들을 위해 교육재정을 지불하기를 원하지 않는다는 것이다.

(2) 중앙치 투표가설(the median voter hypothesis)

[그림 8-6]에서 제시된 바와 같이, 국민들은 정부지출에 대해 그들의 선택에 따라 두 집단으로 나누어진다. 자신 소비 성향에 따라 유권자들은 정부의 높은 지출을 원하면 B후보자를, 낮은 지출을 원하면 A후보자를 지지하게 될 것이다. 그러나 선거 운동기간 동안 당선을 위해서 A후보자는 B의 의견을 수용하고 B후보자는 A의 의견을 수렴하면서 정치적인 타협을 통해 세금을 낼 때 어느 정도의 중앙값을 갖게 된다는 것이다. 심지어 학교재정에 있어서도 협의에 의해 중앙값을

채택하게 된다는 가설이다.

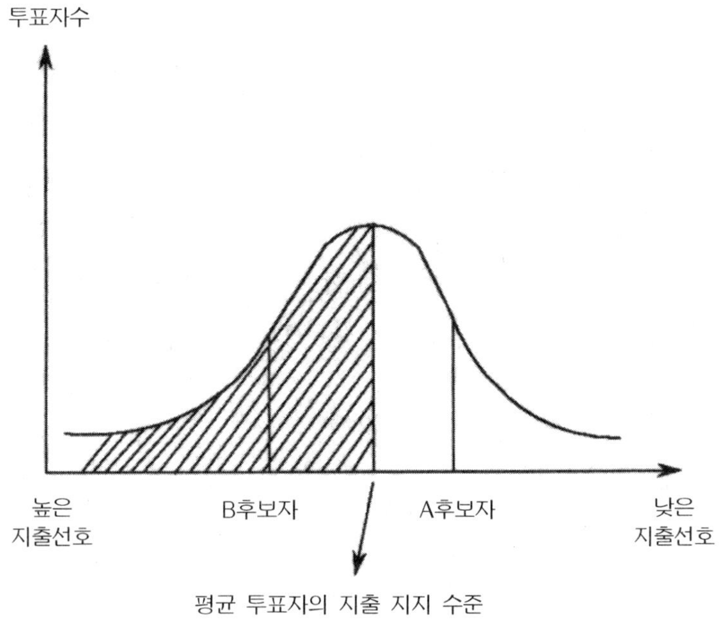

[그림 8-6] **공공지출 선호도**

출처: Pearce(1981: 278).

(3) 클럽이론(the theory of clubs)

학교구는 학교배정을 대표하며, 학교구간에는 배타성이 있어 학부모들은 그들의 선호성향에 따라 모이게 된다. 이 결정 규칙은 골프나 수영 클럽을 운영하는데 회원자격 결정과정과 유사하다. 클럽은 현 회원을 위해 가능한 한 너무 많은 사람이 수용되어지기를 원하지 않는다. 이와 마찬가지로 클럽이론은 지역 거주자의 성향과 세금 지출능력에 따라 학교구가 형성된다는 것이다. 그렇기 때문에 이 이론은 시장경제모델에 가장 근접하지만 빈민층에서는 거부될 수도 있다. 예를 들어, 교육받기를 원하지 않더라도 의무교육은 반드시 받아야 하며, 더 많은 공부를 하고자 하는 학생들은 비싼 수업료와 추가적인 사교육비를 지출하고 사립학교에 다니게 되는 것이다.

(4) 관료의 경제이론

이 이론은 정부관료들이 얼마만큼 지출할 것인지 의사결정을 하고 보다 질 높은 공익을 제공하기 위해 예산을 계획하게 된다는 이론이다. 그러나 부처간에는 학생들을 위한 것보다 사업을 위한 재정지출이 더 많으며, 정부가 아주 비능률적으로 예산만 확대하려는 측면이 강할 수 있다고 볼 수 있다. 그리고 정치적인 세력이 정부 재정지출 배분에 영향을 미친다는 점을 잘 설명해 주고 있다.

이 네 가지 규칙들을 통해 우리들은 무엇을 얻을 수 있을 것인가 또는 얼마만큼 지출할 것인가에 대해서 명확한 해답을 얻을 수는 없지만 이러한 규칙을 준수하기 위해 고려해야 할 사항을 들면 다음과 같다.

첫째, 주정부에서는 각 학교구의 교육수준과 재정능력의 차이를 합리적으로 조절하기 위하여 학생과 납세자의 형평성을 모두 만족하도록 도와 주어야 한다.

둘째, 소득 재분배가 이루어져야 하는지 아니면 소득 재분배를 하지 않아야 하는지를 고려해야 한다.

셋째, 최소한의 사회보장적 수준을 유지하여야 한다. 이러한 고려 사항들은, 특히 정치적인 세력에 의해 많이 결정된다.

그리고 최근에 교육재정은 교육적 요구(educational need)를 부과하는 중요한 기준으로써 세금부과에 있어 최소한의 양 · 질의 교육을 위해서 학생들의 요구가 어느 정도 반영되어야 하는지 검토하는 데에는 이전의 경험이나 정치적 세력에 의해 많이 좌우된다는 것이다.

결과적으로, 교육재정의 부분이 정치적으로 결정된다는 것은 교육재정의 확보, 배분, 관리에 있어서 재정의 필요성에 대한 국민적 공감대라는 점이다. 즉, 정치권으로 하여금 교육재정의 확보, 배분, 관리의 필요성을 인식하도록 할 수만 있다면 보다 구체적으로 정치권에서 교육재정 확보, 배분, 관리는 시간문제라는 것이다. 이와 같이, 교육재정이 교육적으로 결정되지 않고, 정치적으로 결정될 수밖에 없는 것은 교육재정제도의 한계 때문이다. 적정한 교육활동에 대하여 국민적 합의가 이루어지더라도 현행 제도하에서는 교육재정 확보를 위해서 교육당국이 할 수 있는 일은 아주 제한적이다. 심지어는 학생 납입금의 규모조차 국가당국의 승인 없이는 마음대로 조정할 수 없는 것이 우리의 실정이다(송기창, 1996: 326).

2. 교육재정 배분의 기준

한정적으로 확보된 교육재정을 어떻게 배분하느냐에 따라 경비의 지출효과가 달라질 수 있다. 즉, 풍족하게 주어지지 못한 재정이라 할지라도 그것을 합리적 · 효율적으로 배분 · 활용한다면 그만큼 교육재정의 지출 효과는 증대될 수 있다. 교육재정의 지출 효과가 증대된다는 것은 교육효과의 증대를 의미한다. 따라서 교육재정의 배분의 기준으로, 특히 강조되는 몇 가지 준거들 중 평등성, 형평성, 효율성에 대해 기술하면 다음과 같다(McMahon, 1982: 6~8, 22~24; 공은배 외, 1986: 21~24; 윤정일, 1992: 96~103, 278~288; 김영출, 1995: 207~224).

1) 평등성

교육재정 배분에 있어서 평등성(equality)이 실현되어야 함은 일차적으로 모든 학생을 지역, 성별, 사회계층, 학교설립 형태 등과 같은 교육 외적 요인에 의해 차별받지 않아야 한다는 것을 의미한다. 다시 말하면, 모든 학생이 교육받을 권리가 동등하다는 원칙을 재정적으로 보장해 주려는 것이 평등성의 기본 의도라고 할 수 있다(공은배 외, 1996: 21~22).

교육재정 배분에 있어서 평등성은 결국 교육기회의 평등을 이루고자 하는 것이다. 교육기회의 평등은 크게 균등접근, 동등한 교육적 취급, 교육산출의 평등 세 영역으로 구분되며, 이 세 가지 교육기회를 형평하게 보장할 수 있도록 교육재정을 배분하고자 하는 것이 교육재정 배분의 평등성 준거이다(Garms & Guthrie, 1978: 26; 윤정일, 1991: 143~144).

첫째, 교육에 대한 균등접근(equal access to education)은 모든 학생들에게 적어도 최저 수준의 교육자원을 제공함으로써 균등한 교육기회를 보장해야 한다는 것이다. 이러한 개념에 따라 형성된 제도가 다음에 기술하게 될 기본교육비 교부금제도와 기본교육비 보조(basic aid)라고 할 수 있다.

둘째, 동등한 교육적 취급(equal educational treatment)은 각기 다른 특성과 능력을 가진 개개 학생의 독특한 상황에 맞도록 교육 서비스가 제공되어야 한다는 것으로써, 이 개념에 따라 실천되고 있는 대표적인 것이 특수아에 대한 특별지원과 보상교육(compensatory education)을 들 수 있다.

셋째, 교육산출의 평등(equality of educational outcome)은 최소한 학생들의 기초학습은 동등해야 하며, 학교는 필요한 자원을 수준에 관계없이 최소한 동등한 산출을 달성하는 데 책임을 져야 한다는 것이다.

따라서, 교육재정 배분에 있어서 평등성은 교육외적인 조건의 차이에 의해서 재정배분이 이루어져서는 안 된다는 것이며, 교육활동의 정상화를 위한 최저 교육비는 국가가 책임을 져야 하며, 이는 공교육 부담에 의해서 확보될 때 실현되게 된다.

2) 형평성

형평성(equity)은 어떠한 기준에 의하여 교육재정 규모나 교육재정 자원의 배분에 차이가 생기는 것을 정당화하는 것이다. 이 개념은 국가의 시대적 상황에 따라 변해 왔으며, 학자들에 따라서도 약간씩 다른 의미로 사용되어져 왔다(Alexander, 1982: 193~214; Psacharopoulas & Woodhall, 1985: 246~247; Monk, 1990: 45; 신철순, 1995: 330~331). 특히, McMahon과 Geske(1982: 16~20)은 수평적 형평성, 세대간 형평성, 그리고 수직적 형평성의 세 가지로 나누어 기술하고 있다. 여기서 수평적 형평성이란 균등한 것을 균등하게 취급하도록 요구하는 것이며, 구체적으로 모든 학생들 사이에 학생당 교육비의 균등한 보장과 관계되는 것이다. 수직적 형평성이란 불균등한 것을 불균등하게 취급하는 것이며, 타고난 불균등을 그대로 인정하는 자유시장적 형평성과 그것을 수정하기 위하여 적극적으로 재배분하는 형평성을 포함한다. 특히, 역진세, 비례세, 누진세 등은 수직적인 형평성을 실현하는 것이라고 볼 수 있다. 그리고, 세대간 형평성은 교육의 산출과 관련되는 것으로 부의 불균등을 세대간에 전수시켜서는 안 된다는 관점에서 제기되는 것이며 이 점에서 재정의 중립성이 강조되고 있다.

실제로, 교육재정 배분과정에 있어서 학습 부진아에게는 정상아보다 더 많은 재정을 배분하는 것과 같이 개인의 능력에 따라 교육재정 배분에 차를 인정하는 것, 환경적 조건이 열악한 환경에 있는 학생에게 더 많은 재정을 배분하는 것과 같이 교육 환경의 차에 따라 배분에 차를 두는 것, 학교급별이나 전공 계열별에 따라 배분에 차이를 주는 것, 그리고 교육정책 목표의 우선 순위에 따라 교육재정 배분비에 차이를 두는 것 등이 형평성을 보장하는 것이라고 볼 수 있다(공은배 외, 1986: 23).

3) 효율성

효율성(efficiency)이란 주어진 생산량을 달성하기 위하여 최소한의 경비를 투입하거나, 주어진 경비로 최대의 생산량을 달성하는 것을 의미한다(공은배 외, 1986: 22~25). 효율성의 개념은 책무성(accountability)의 개념에 의해 그 의미가 포괄적이라고 할 수 있다.

교육에 재정이 투입되면 당연히 그에 상응하는 산출이 있어야 한다는 것이다. 즉, 사용된 경비에 대해서 납득할 만한 명분을 제시할 수 있고 책임을 질 수 있음을 의미하므로 효율성의 개념이 교육에서 관심의 대상이 됨에 따라 책무성이라는 개념으로 널리 활용되게 되었다.

그러나 첫째, 교육에 대한 투자는 비교적 명확하게 파악할 수 있으나, 그 산출은 상당히 모호하여 생산성을 높이도록 하는 유인체제가 부족하다는 점, 둘째, 교육에서 평등성과 형평성을 고려할 때 효율성이 침해받게 된다는 점, 셋째, 민간부문의 유출효과 때문에 교육부문의 인건비는 생산성과 무관하게 증가하게 되고, 따라서 효율성이 저하된다는 문제점을 안고 있다(McMahon & Geske, 1982: 25).

결과적으로, 지나치게 형평성을 추구하다 보면 효율성이 떨어지는 결과를 초래하고, 반대로 효율성을 강조하게 되면 공평한 자원배분이 어렵게 된다는 것이다. 그래서 효율성과 형평성을 동시에 만족시킬 수 있는 준거는 곧 교육재정을 합리적으로 배분할 수 있게 될 것이다.

3. 교육재정 배분의 제 모형과 사례

미국의 교육재정은 연방정부의 비중보다는 주정부의 비중이 크다고 할 수 있다. 주정부의 지방정부에 대한 재정 보조는 궁극적으로 평등성, 형평성, 효율성 등의 배분기준 중에서도 교육기회의 평등을 보장하기 위하여 이루어지고 있다. 주정부는 각 학교구간에 불평등이 발생하는 세 가지 요인, 즉 부에 있어서의 차이, 교육필요의 차이, 그리고 교육비의 차이를 해소하기 위하여 다양한 교육재정 배분모형을 개발하여 적용하고 있는 데 그 제도는 주마다 다소 차이가 있다. 주정부가 사용하는 교육재정 배분방법으로는 정액교부금제도(flat grant), 기본교육비 교부금제도(foundation program), 비율형평 교부금제도(percentage equalizing), 지방재정능력 균등화제도(district power equalizing), 전액 주교부금제도(full state funding), 과세보장교부제도(guaranted tax base: GTB), 그리고 학생가중치(student weighting) 등을 들 수 있다. 교육재정배분모형은 한정된 교육예산을 합리적으로 배분하여 투자효과를 극대화하는 측면과 더불어 지역간에 균형적으로 배분하는 측면을 고려하여 이루어진다. 미국 주정부의 교육재정배분모형은 부의 균등화를 위한 모형(정액교부제도, 기본교육비제도, 비율형평 교부금제도, 지방재정 능력 균등화 제도, 과세보장 교부제도, 교육비 전액교부제도), 교육 필요의 균등화를 위한 모형(교육비 차이도 부여, 교육비 상환) 등을 들 수 있다. 이와 더불어 단위학교책임경영제(SBM)에 따른 교육비 배분방식으로 포뮬러 펀딩(formula funding) 모형을 들 수 있다(Jones, 1985: 95~140; Guthrie, et al., 1988; Salmon, et at., 1988; Ross & Levacic, 1999; 김남순, 1992: 290~328; 최준열, 1993: 301~308; 김영철, 1993: 56~67; 윤정일 외, 1995: 269~278; 정일환 1996: 450~453; 천세영 외, 2002). 이와 같은 교육재정 배분제도는 시대에 따라 조금씩 특성이 다르게 변화되어 왔다.

먼저, 각 배분모형의 개념, 형성배경, 공식들을 기술하고, 이에 기초한 실제 교육재정 배분 사례를 분석 · 제시한다. 사례로 선정한 응용프로그램은 임의적으로 10개의 학교구를 선정하였다.

1) 정액교부금제도

정액교부금제도는 지역의 학생수나 재정확보 능력에 관계없이 주내의 모든 지역의 학생들에게 동등한 액수의 교부금을 배분하는 제도이다. 즉, 주정부에서 각 학교구에 배분하고자 하는 주정부 예산 총액을 주정부 전체의 학생수로 나누어 학생수에 따라 학교구에 예산을 배분하는 방법이다. 예를 들어, 주정부가 학생 1인당 제공해 줄 수 있는 보조금(SAID)을 주정부 내의 총학생수(PUPST)로 나누어 얻게 된다.

$$SAID_A = \frac{SAID}{PUP_{ST}}$$

정액교부금제도는 주정부가 주내의 모든 시민들에게 최소한의 일정한 교육을 보장해 주어야 한다는 것을 기초로 하고 있기 때문에, 학교구 자체로 확보한 교육비 외에 추가적인 재원을 동일한 기준에 따라 균등하게 받을 수 있고, 주의 특성이나 재정능력에 관계없이 배분하기 때문에 부의 격차를 어느 정도 좁힐 수 있는 장점이 있다. 그러나 모든 학교구 또는 지방정부가 자체적으로 교육비를 추가할 수 있는 재량권을 가지고 있기 때문에 학교구간에 교육비의 불균형을 완전히 해소할 수 없다는 문제점을 가지고 있다. 현재는 일반적인 재정 배분방법으로 사용되지는 않고, 특수교육프로그램이나 컴퓨터 교육과 같은 특정 프로그램을 장려하기 위하여 예산을 배분하거나, 또는 다른 교육재정 배분방법과 결합하여 사용되어 진다(최준열, 1993: 303).

정액교부금제도의 배분모형에 적용한 응용프로그램을 학교구별로 지방세를 부과하는 경우와 지방세를 부과하지 않는 경우 양쪽 모두를 컴퓨터 시뮬레이션한 것으로 사례를 들어 설명하면 다음과 같다(사례 1, 2, 3, 4).

[사례 1] 세율은 10mills로 정액교부금은 학생 1인당 $ 500로 정하였을 때, 학생들을 위해 가장 많은 재정지출을 하는 학교구와 가장 적은 재정지출을 하는 학교구는 어디이며, 이때 주정부 보조금은 얼마인가?

〈표 8-4〉 정액교부금제도(학교구별로 지방세를 부과하지 않는 경우)

지방세율(mills): 10.0　　학생 1인당 정액교부금: $ 500

학교구	평균 학생수	자산가치	1인당 자산가치	지방 세율	지방 노력	정 액 교부금	주정부 보조금	학생 1인당 주정부보조금
A	1,918	$ 214,278,000	$ 111,720	10.0	$ 1120	$ 500	$ 959,000	$ 1,620
B	2,000	$ 141,566,200	$ 70,780	10.0	$ 710	$ 500	$ 1,000,000	$ 1,210
C	2,051	$ 88,946,200	$ 43,370	10.0	$ 430	$ 500	$ 1,025,500	$ 930
D	3,263	$ 387,208,400	$ 118,670	10.0	$ 1190	$ 500	$ 1,631,500	$ 1,690
E	3,348	$ 137,233,300	$ 40,990	10.0	$ 410	$ 500	$ 1,674,000	$ 910
F	3,510	$ 660,727,100	$ 188,240	10.0	$ 1880	$ 500	$ 1,755,000	$ 2,380

G	3,780	$ 279,338,100	$ 73,900	10.0	$ 740	$ 500	$ 1,890,000	$ 1,240
H	4,962	$ 224,675,400	$ 45,280	10.0	$ 450	$ 500	$ 2,481,000	$ 950
I	5,352	$ 595,578,400	$ 111,280	10.0	$ 1110	$ 500	$ 2,676,000	$ 1,610
J	5,687	$ 409,669,400	$ 72,040	10.0	$ 720	$ 500	$ 2,843,500	$ 1,220
합계	35,871	$ 3,139,220,500	--	--	--	--	$ 17,935,500	--
평균	3,587	$ 313,922,050	$ 87,627	10.0	$ 876	$ 500	$ 1,793,500	$ 1,376

가장 높은 지출을 하는 학교구는 F학교구로 학생 1인당 $ 2,380을 지출하며, 가장 낮은 지출을 하는 학교구는 E학교구로 학생 1인당 $ 910을 지출하게 되며, 총$ 17,935,500의 주 보조금이 필요하다.

[사례 2] 의회가 주보조금의 지출로 $ 60,000,000를 승인하였다고 가정한다면 학생 1인당 정액교부금은 얼마인가? 학생 1인당 최소한 $ 2,500를 지출하려면 지방과세율은 얼마로 부과하여야 하는가? 학생 1인당 교육비를 가장 많이 지출하는 학교구는 어디인가? 어느 학교구가 주보조금을 가장 많이 받으며 반대로 가장 적은 주보조금을 받는 학교구는 어디인가?

〈표 8-5〉 정액교부금제도(학교구별로 지방세를 부과하지 않는 경우)

지방세율(mills): 20.3　　　　학생 1인당 정액교부금: $ 1,672

학교구	평균 학생수	자산가치	1인당 자산가치	지방 세율	지방 노력	정 액 교부금	주정부 보조금	학생 1인당 주정부보조금
A	1,918	$ 214,278,000	$ 111,720	20.3	$ 2,270	$ 1,672	$ 3,206,900	$ 3,942
B	2,000	$ 141,566,200	$ 70,780	20.3	$ 1,440	$ 1,672	$ 3,344,000	$ 3,112
C	2,051	$ 88,946,200	$ 43,370	20.3	$ 880	$ 1,672	$ 3,429,270	$ 2,552
D	3,263	$ 387,208,400	$ 118,670	20.3	$ 2,410	$ 1,672	$ 5,455,740	$ 4,082
E	3,348	$ 137,233,300	$ 40,990	20.3	$ 830	$ 1,672	$ 5,597,860	$ 2,502
F	3,510	$ 660,727,100	$ 188,240	20.3	$ 3,820	$ 1,672	$ 5,868,720	$ 5,492
G	3,780	$ 279,338,100	$ 73,900	20.3	$ 1,500	$ 1,672	$ 6,320,160	$ 3,172
H	4,962	$ 224,675,400	$ 45,280	20.3	$ 920	$ 1,672	$ 8,296,460	$ 2,592
I	5,352	$ 595,578,400	$ 111,280	20.3	$ 2,260	$ 1,672	$ 8,948,540	$ 3,932
J	5,687	$ 409,669,400	$ 72,040	20.3	$ 1,460	$ 1,672	$ 9,508,660	$ 3,132
합계	35,871	$ 3,139,220,500	--	--	--	--	$ 59,976,310	--
평균	3,587	$ 313,922,050	$ 87,627	20.3	$ 1,779	$ 1,672	$ 5,997,631	$ 3,451

주정부보조금으로 $ 60,000,000를 승인하였을 때, 학생 1인당 정액교부금은 $ 1,672이며 이때 과세율은 20.3mills이다. 그리고 학생 1인당 교육비를 가장 많이 지출하는 학교구는 F학교구로 $ 5,492을 지출하고, 가장 낮은 지출을 하는 학교구는 E학교구로 학생 1인당 $ 2,502을 지출한다.

그러나, 정액교부금제도는 부의 정도나 세금노력에 준거를 두지 않고 오로지 학생수에 근거를 두기 때문에 학생수가 가장 많은 J학교구는 $ 9,508,660을 받는 반면에, A학교구는 $ 3,206,900 정도 밖에 받지 못하는 단점이 있다.

[사례 3] 정액교부금을 학생 1인당 $ 1,500로 정하고, 모든 지역이 $ 20의 오차 내에서 학생 1인당 $ 4,000를 지출하려면 각 학교구의 지방세율은 얼마나 부과되는가? 이때, 가장 많은 세율을 부담하는 학교구는 어디이며, 가장 적은 세율을 부담하는 학교구는 어디인가?

〈표 8-6〉 정액교부금제도(학교구별로 지방세를 부과하는 경우)

학생 1인당 정액교부금: $ 1,500

학교구	평균 학생수	자산가치	1인당 자산가치	지방 세율	지방 노력	정 액 교부금	주정부 보조금	학생 1인당 주정부보조금
A	1,918	$ 214,278,000	$ 111,720	22.6	$ 2,520	$ 1,500	$ 2,877,000	$ 4,020
B	2,000	$ 141,566,200	$ 70,780	35.6	$ 2,520	$ 1,500	$ 3,000,000	$ 4,020
C	2,051	$ 88,946,200	$ 43,370	58.2	$ 2,520	$ 1,500	$ 3,076,500	$ 4,020
D	3,263	$ 387,208,400	$ 118,670	21.2	$ 2,520	$ 1,500	$ 4,894,500	$ 4,020
E	3,348	$ 137,233,300	$ 40,990	61.4	$ 2,520	$ 1,500	$ 5,022,000	$ 4,020
F	3,510	$ 660,727,100	$ 188,240	13.4	$ 2,520	$ 1,500	$ 5,265,000	$ 4,020
G	3,780	$ 279,338,100	$ 73,900	34.1	$ 2,520	$ 1,500	$ 5,670,000	$ 4,020
H	4,962	$ 224,675,400	$ 45,280	55.7	$ 2,520	$ 1,500	$ 7,443,000	$ 4,020
I	5,352	$ 595,578,400	$ 111,280	22.6	$ 2,510	$ 1,500	$ 8,028,000	$ 4,010
J	5,687	$ 409,669,400	$ 72,040	35.0	$ 2,520	$ 1,500	$ 8,530,500	$ 4,020
합계	35,871	$ 3,139,220,500	--	--	--	--	$ 53,806,500	--
평균	3,587	$ 313,922,050	$ 87,627	36.0	$ 2,519	$ 1,500	$ 5,380,650	$ 4,019

가장 높은 과세율을 부과하는 학교구는 E학교구로 61.4mills을, 그리고 가장 낮은 과세율을 부과하는 학교구는 F학교구로 13.4mills이다. 이때 주정부의 총 보조금은 $ 53,806,500이다.

[사례 4] 학생 1인당 주정부 보조금을 $ 3,500로 주고, 정액교부금을 $ 1,500로 동일한 교육비를 지출하려면 각 학교구에 얼마 정도의 세율이 부과되어야 하는가? 그리고 이때 주보조금 총액에는 어떠한 차이가 있는가?

〈표 8-7〉 정액교부금제도(학교구별로 지방세를 부과하는 경우)

학생 1인당 정액교부금: $ 1,500

학교구	평균 학생수	자산가치	1인당 자산가치	지방 세율	지방 노력	정 액 교부금	주정부 보조금	학생 1인당 주정부보조금
A	1,918	$ 214,278,000	$ 111,720	17.9	$ 2,000	$ 1,500	$ 2,877,000	$ 3,500
B	2,000	$ 141,566,200	$ 70,780	28.2	$ 2,000	$ 1,500	$ 3,000,000	$ 3,500
C	2,051	$ 88,946,200	$ 43,370	46.1	$ 2,000	$ 1,500	$ 3,076,500	$ 3,500
D	3,263	$ 387,208,400	$ 118,670	16.8	$ 1,990	$ 1,500	$ 4,894,500	$ 3,490
E	3,348	$ 137,233,300	$ 40,990	48.8	$ 2,000	$ 1,500	$ 5,022,000	$ 3,500
F	3,510	$ 660,727,100	$ 188,240	10.6	$ 2,000	$ 1,500	$ 5,265,000	$ 3,500
G	3,780	$ 279,338,100	$ 73,900	27.0	$ 2,000	$ 1,500	$ 5,670,000	$ 3,500
H	4,962	$ 224,675,400	$ 45,280	44.2	$ 2,000	$ 1,500	$ 7,443,000	$ 3,500
I	5,352	$ 595,578,400	$ 111,280	18.0	$ 2,000	$ 1,500	$ 8,028,000	$ 3,500
J	5,687	$ 409,669,400	$ 72,040	27.2	$ 2,000	$ 1,500	$ 8,530,500	$ 3,500
합계	35,871	$ 3,139,220,500	--	--	--	--	$ 53,806,500	--
평균	3,587	$ 313,922,050	$ 87,627	28.5	$ 1,999	$ 1,500	$ 5,380,650	$ 3,499

가장 높은 과세율을 부과하는 학교구는 E학교구로 48.8mills이며, 가장 낮은 과세율을 부과하는 학교구는 F학교구로 10.6mills이다. 그리고 이때 주정부 총보조금은 $ 53,806,500로서 정액교부금제도는 학생수에 근거하여 배분하는 제도이기 때문에 지방세율에는 영향을 받지 않는다.

2) 기본교육비 교부금제도

기본교육비 교부금(foundation program)제도는 주정부가 최소한 질적 교육프로그램을 보장하기 위하여 필요한 학생당 교육비를 설정하고, 각 학교구에 일정 세율의 재산세를 부과하도록 하여 주에서 보장한 교육비와 학교구 부담액간의 차이만을 주정부에서 배분해 주는 제도이다. 이 제도는 1923년 New York주에서 처음 채택하였으며, 1970년도에 34개의 주가 채택하였다. 그러나 근래에 와서는 근본적인 세입

과 세출의 불균형으로 대중화되지는 못하였다.

이 제도는 주정부의 한정된 자원으로써 공교육비 지출의 균등화를 기하고, 주정부 차원에서 최소한의 재정수입과 지출의 표준화를 가하며, 주정부와 지방 학교구들간의 행정 및 정치적 권위관계의 경계를 설정하고, 장기적으로 교육과정을 발전시키기 위한 수단으로서 주장 · 개발된 것이다.

이 프로그램은 첫째, 주정부가 만족할 만한 교육프로그램을 위해 학생 1인당 교육비를 결정하며, 둘째, 주정부는 모든 학교구에서 부담해야 할 세액의 최저선을 설정하며, 셋째, 각 지역 학교구의 교육비를 동일하게 하기 위해서 최소한의 적절한 교육비 수준과 학교구가 부담해야 할 차액을 제공해 준다는 절차에 따라서 이루어지게 된다.

$$SAID_A = PUP_A \times \$FDN - FLTR \times AV_A$$

(SAIDA = A학교구가 주정부로부터 지원받을 금액; PUPA = A학교구의 학생수; FDN = 학생당 기본교육비; FLTR = 재산세에 대한 교육비 부가율; AVA = A학교구의 자산가치액)

이 제도는 주정부와 학교구의 재정부담 관계를 연계시킴으로써 교육재원을 확충하고, 최소한의 질적 교육을 보장하는 데는 기여하였으나, 학교구로 하여금 최저선을 초과할 수 있도록 허용함으로써 결과적으로 불평등을 조장할 소지가 있다는 단점이 있다. 또한, 최저선을 어떻게 정하느냐와 주정부가 정한 최저하한선이 타당한 것이냐 하는 문제점이 있다.

기본교육비 교부금제도의 배분모형은 모든 학교구가 최저세율을 필요로 한다고 가정하고 학교구별로 지방세를 부과하는 것과 부과하지 않는 양쪽 모두에 적용하여 설명하고자 한다(사례 5, 6, 7, 8).

[사례 5] 지방정부의 주된 세원인 재산세를 절감하기 위해서 주정부는 기본교육비 교부금 공식에 따라서 각 학교구간에 구별하여 주정부보조금으로 $ 30,000,000를 지출하고, 학생 1인당 교육비를 $ 3,000로 설정하였다. 여기서 최저 세액은 얼마인가? 그리고 이것이 적절한 재정제도인가? 그 이유는 무엇인가?

〈표 8-8〉 기본교육비 교부금제도(학교구별로 지방세를 부과하지 않은 경우)

최저세율(mills): 27.7　　　　학생당 경비수준(학생 1인당): $ 3,000

학교구	평균 학생수	자산가치	1인당 자산가치	지방 세율	지방 노력	학생 1인당 주정부 보조금	주정부 보조금	학생 1인당 기본교육비 수준
A	1,918	$ 214,278,000	$ 111,720	27.7	$ 3,090	$ 0	$ 0	$ 3,090
B	2,000	$ 141,566,200	$ 70,780	27.7	$ 1,960	$ 1,040	$ 2,080,000	$ 3,000
C	2,051	$ 88,946,200	$ 43,370	27.7	$ 1,200	$ 1,800	$ 3,691,800	$ 3,000
D	3,263	$ 387,208,400	$ 118,670	27.7	$ 3,290	$ 0	$ 0	$ 3,290
E	3,348	$ 137,233,300	$ 40,990	27.7	$ 1,140	$ 1,860	$ 6,227,280	$ 3,000
F	3,510	$ 660,727,100	$ 188,240	27.7	$ 5,210	$ 0	$ 0	$ 5,210
G	3,780	$ 279,338,100	$ 73,900	27.7	$ 2,050	$ 950	$ 3,591,000	$ 3,000
H	4,962	$ 224,675,400	$ 45,280	27.7	$ 1,250	$ 1,750	$ 8,683,500	$ 3,000
I	5,352	$ 595,578,400	$ 111,280	27.7	$ 3,080	$ 0	$ 0	$ 3,080
J	5,687	$ 409,669,400	$ 72,040	27.7	$ 2,000	$ 1,000	$ 5,687,000	$ 3,000
합계	35,871	$ 3,139,220,500	--	--	--	--	$ 29,960,580	--
평균	3,587	$ 313,922,050	$ 87,627	27.7	$ 2,427	$ 840	$ 2,996,058	$ 3,267

가장 많은 지출을 하는 학교구는 F학교구로 학생 1인당 $ 5,210를 지출한다. 그리고 지출이 가장 적은 학교구는 E학교구로 학생 1인당 $ 3,000를 지출한다. 그러나, 부유한 학교구와 가난한 학교구 사이에 여전히 학생 1인당 $ 2,210의 차이가 존재하기 때문에 학생의 형평성 측면에서 적절한 재정제도는 아니다. 기본적으로 기본교육비 교부금제도는 주정부가 학교구에서 지출해야 할 최저세율을 설정해 준다.

[사례 6] 경제여건의 개선으로 주정부 총 수입이 증가하여, 주정부에서 $ 40,000,000를 학교구의 보조금으로 지출하려고 한다. 이때 학생 1인당 경비수준과 세율은 어떻게 되는가?

〈표 8-9〉 기본교육비 교부금제도(학교구별로 지방세를 부과하지 않은 경우)

최저세율(mills): 29.6　　　　학생당 경비수준(학생 1인당): $ 3,500

학교구	평균 학생수	자산가치	1인당 자산가치	지방 세율	지방 노력	학생 1인당 주정부 보조금	주정부 보조금	학생 1인당 기본교육비 수준
A	1,918	$ 214,278,000	$ 111,720	29.6	$ 3,310	$ 190	$ 364,420	$ 3,500
B	2,000	$ 141,566,200	$ 70,780	29.6	$ 2,100	$ 1,400	$ 2,800,000	$ 3,500
C	2,051	$ 88,946,200	$ 43,370	29.6	$ 1,280	$ 2,220	$ 4,553,220	$ 3,500
D	3,263	$ 387,208,400	$ 118,670	29.6	$ 3,510	$ 0	$ 0	$ 3,510
E	3,348	$ 137,233,300	$ 40,990	29.6	$ 1,210	$ 2,290	$ 7,666,920	$ 3,500
F	3,510	$ 660,727,100	$ 188,240	29.6	$ 5,570	$ 0	$ 0	$ 5,570
G	3,780	$ 279,338,100	$ 73,900	29.6	$ 2,190	$ 1,310	$ 4,951,800	$ 3,500
H	4,962	$ 224,675,400	$ 45,280	29.6	$ 1,340	$ 2,160	$ 10,717,920	$ 3,500
I	5,352	$ 595,578,400	$ 111,280	29.6	$ 3,290	$ 210	$ 1,123,920	$ 3,500
J	5,687	$ 409,669,400	$ 72,040	29.6	$ 2,130	$ 1,370	$ 7,791,190	$ 3,500
합계	35,871	$ 3,139,220,500	--	--	--	--	$ 39,969,390	
평균	3,587	$ 313,922,050	$ 87,627	29.6	$ 2,593	$ 1,115	$ 3,996,939	$ 3,708

학생 1인당 경비수준은 $ 3,500이고, 세율은 29.6mills이다. 가장 많은 지출을 하는 학교구는 F학교구로, 학생 1인당 $ 5,570를 지출하며, 지출이 가장 적은 학교구는 E학교구로, 학생 1인당 $ 3,500를 지출한다. 비록 지방세가 작은 증가를 보이지만 학생 1인당 최저액은 $ 3,000에서 $ 3,500로 증가한 것으로 보아 합리적인 재정제도라고 볼 수 있다.

[사례 7] 최저세율을 15mills로, 그리고 학생 1인당 경비수준을 $ 3,000로 설정하고 모든 학교구가 적어도 학생 1인당 $ 3,500를 지출하려고 가정한다면, 각 학교구별로 부과되는 지방세율은 얼마인가? 주정부의 총보조금은 얼마나 필요한가? 그리고 이것이 가장 적절한 제도인가? 그 이유는 무엇인가?

〈표 8-10〉 기본교육비 교부금제도(학교구별로 지방세를 부과하는 경우)

최저세율(mills): 15.0 학생당 경비수준(학생 1인당): $ 3,500

학교구	평균 학생수	자산가치	1인당 자산가치	지방 세율	재정 노력	학교구별에 따른 지방세 부과율	총 세율	주정부 보조금	주정부 총보조금	학생 1인당 기본 교육비 수준
A	1,918	$ 214,278,000	$ 111,720	15.0	$ 1,680	4.5	19.5	$ 1,320	$ 2,531,760	$ 3,500
B	2,000	$ 141,566,200	$ 70,780	15.0	$ 1,060	7.0	22.0	$ 1,940	$ 3,880,000	$ 3,500
C	2,051	$ 88,946,200	$ 43,370	15.0	$ 650	11.5	26.5	$ 2,350	$ 4,819,850	$ 3,500
D	3,263	$ 387,208,400	$ 118,670	15.0	$ 1,780	4.2	19.2	$ 1,220	$ 3,980,860	$ 3,510
E	3,348	$ 137,233,300	$ 40,990	15.0	$ 610	12.2	27.2	$ 2,390	$ 8,001,720	$ 3,500
F	3,510	$ 660,727,100	$ 188,240	15.0	$ 2,820	2.7	17.7	$ 180	$ 631,800	$ 5,570
G	3,780	$ 279,338,100	$ 73,900	15.0	$ 1,110	6.8	21.8	$ 1,890	$ 7,144,200	$ 3,500
H	4,962	$ 224,675,400	$ 45,280	15.0	$ 680	11.0	26.0	$ 2,320	$ 11,511,840	$ 3,500
I	5,352	$ 595,578,400	$ 111,280	15.0	$ 1,670	4.5	19.5	$ 1,330	$ 7,118,160	$ 3,500
J	5,687	$ 409,669,400	$ 72,040	15.0	$ 1,080	7.0	22.0	$ 1,920	$ 10,919,040	$ 3,500
합계	35,871	$ 3,139,220,500	--	--	--	--	--	--	$ 60,539,230	
평균	3,587	$ 313,922,050	$ 87,627	15.0	$ 1,314	7.1	22.1	$ 1,686	$ 6,053,923	$ 3,708

높은 지방세율을 부과하는 학교구는 E학교구로 총세율 27.2mills이며, 낮은 지방세율을 부과하는 학교구는 F학교구로 총세율 17.7mills을 부과한다. 여기서 주정부 총보조금액은 $ 60,539,230을 필요로 한다.

그리고, 학생의 형평성 측면에서는 적절한 재정제도일지는 모르나, 가난한 학교구 납세자는 부유한 학교구 납세자들보다 높은 지방세율을 부과받기 때문에 납세자의 형평성 측면에서는 적절하지 못한 재정 프로그램이라고 볼 수 있다.

[사례 8] 주정부가 주 보조금으로 $ 40,000,000를 승인하였다고 가정할 때, 최저세율과 학생 1인당 경비수준은 가장 적절한 재정제도가 될 것이다. 이때 가장 적절한 최저 세율과 학생 1인당 경비는 얼마이며, 학교구별로 지방세를 부과하는 것과 부과하지 않은 것의 차이는 무엇인가?

〈표 8-11〉 기본교육비 교부금제도(학교구별로 지방세를 부과하는 경우)

최저세율(mills): 25.0　　학생당 경비수준(학생 1인당): $ 3,649

학교구	평균 학생수	자산가치	1인당 자산가치	지방 세율	재정 노력	학교구별에 따른 지방세 부과율	학교구별에 따른 세입	총 세율	주정부 보조금	주정부 총보조금	학생 1인당 기본 교육비 수준
A	1,918	$ 214,278,000	$ 111,720	25.0	$ 2,790	4.5	$ 500	29.5	$ 359	$ 688,560	$ 3,649
B	2,000	$ 141,566,200	$ 70,780	25.0	$ 1,770	7.0	$ 500	32.0	$ 1,379	$ 2,758,000	$ 3,649
C	2,051	$ 88,946,200	$ 43,370	25.0	$ 1,080	11.5	$ 500	36.5	$ 2,069	$ 4,242,520	$ 3,649
D	3,263	$ 387,208,400	$ 118,670	25.0	$ 2,970	4.2	$ 500	29.2	$ 179	$ 584,080	$ 3,649
E	3,348	$ 137,233,300	$ 40,990	25.0	$ 1,020	12.2	$ 500	37.2	$ 2,129	$ 7,127,890	$ 3,649
F	3,510	$ 660,727,100	$ 188,240	25.0	$ 4,710	2.7	$ 500	27.2	$ 0	$ 0	$ 5,220
G	3,780	$ 279,338,100	$ 73,900	25.0	$ 1,850	6.8	$ 500	31.8	$ 1,299	$ 4,910,220	$ 3,649
H	4,962	$ 224,675,400	$ 45,280	25.0	$ 1,130	11.0	$ 500	36.0	$ 2,019	$ 10,018,280	$ 3,649
I	5,352	$ 595,578,400	$ 111,280	25.0	$ 2,780	4.5	$ 500	29.5	$ 369	$ 1,974,890	$ 3,649
J	5,687	$ 409,669,400	$ 72,040	25.0	$ 1,800	7.0	$ 500	32.0	$ 1,349	$ 7,671,760	$ 3,649
합계	35,871	$ 3,139,220,500	--	--	--	--	--	--	--	$ 39,977,200	--
평균	3,587	$ 313,922,050	$ 87,627	25.0	$ 2,190	7.1	$ 500	32.1	$ 1,115	$ 3,997,720	$ 3,806

최저세율은 25.0mills이고 학생 1인당 경비수준은 $ 3,649이다. 이때 가장 많은 재정지출을 하는 학교구는 F학교구로 학생 1인당 $ 5,220을 지출하며 총세율은 27.7mills이다. 또한, 가장 적은 재정지출을 하는 학교구는 E학교구로 학생 1인당 $ 3,649이고, 총세율 37.2mills을 부과한다. 그리고 높은 지방세율을 부과하는 학교구는 E학교구로 총세율 37.2mills이며, 낮은 지방세율을 부과하는 학교구는 F학교구로 총세율 27.7mills을 부과한다.

F학교구가 예외이기는 하지만 최저세율 25mills와 학생 1인당 $ 3,649는 학생과 납세자의 형평성 측면에서 가장 합리적인 재정 프로그램이라 볼 수 있다. 학생 1인당 지출되는 금액이 최저 $ 3,500보다 더 높은 것으로 보아 학교구별로 지방세를 부과하지 않은 상태와 유사하며, 한 가지 특이한 점은 총 세율에는 거의 차이가 나지 않는다는 것이다.

3) 과세보장교부제도

과세보장교부제도(guaranted tax base: GTB)는 주정부가 모든 학교구에 동일한 학생당 자산 가치액을 보장하는 제도로써 학교구는 자산가치액을 사용하여 예상수입을 위한 세율을 산출하여 세금을 부과하고, 실제 수입액과 주정부에 의해 보장된 교육비간의 차이를 주정부에서 보장해 주는 제도이다. 이 제도에서 주정부는 각 지역 학교구에 의해 요구되어진 총교육비에 대해 일정한 비율을 지원하며, 주정부의 비율 할당이 가난한 학교구는 높고 부유한 학교구는 낮게 된다.

기본교육비 교부금제도는 주정부가 규정하고 있는 지출의 최저선, 즉 기본교육비를 기준으로 하여 각 학교구가 부담할 수 없는 부족분을 산출 · 교부하지만, 과세보장교부금제도에서는 지역간의 재정능력(부유 또는 가난)의 차이와 세금노력(높은 세율 또는 낮은 세율)을 고려한다. 이 제도는 다음에 기술할 비율형평교부금제도를 단순화한 방법이라는 이유로 많이 선호하고 있는 재정배분 방법 중의 하나이다.

$$SAID_A = LTR_A \times (GTB - AVPP_A) \times PUP_A$$

($SAID_A$ = A학교구가 주정부로부터 지원받을 금액; LTR_A = A학교구에서의 지방세율; GTB = 주정부가 보장하는 학생당 과세 보장액; $AVPP_A$ = A학교구의 학생당 자산가치액; PUP_A = A학교구의 학생수)

이 제도는 지방자치 통제와 납세자의 평등성, 그리고 지역 학교의 효율성을 극대화함은 물론 주의 지원 자금과 전체적인 자금의 유통에 있어서 주정부의 통제를 최소화할 수 있다. 그리고 주정부 내의 모든 납세자들은 학교구의 과세 기준에 관계없이 주정부 차원에서 학생당 자산가치액을 정하므로 형평 내지 공정한 부담을 가지게 되고, 지역의 부에 관계없이 학생당 동일한 공교육비를 지출할 수 있다는 장점이 있다. 그러나 주정부는 각 학교구의 납세 노력을 향상시키는 데에는 많은 기여를 하고 있으나 가장 부유한 학교구의 수준과 동일한 과세기준을 모든 학교구에 보장하기 어려우며, 학교구별로 납세노력을 무한정으로 증가시킨다고 가정하였을 경우 이를 보조할 수 있는 예산이 확보되지 않아 이 제도를 적용하기가 어렵다는 단점이 있다.

과세보장교부제도의 배분모형에 적용한 응용 프로그램을 제시하면 다음과 같다(사례 9, 10, 11, 12).

[사례 9] 과세보장교부금은 $ 120,000에 달하며, A, B학교구에 대해 15mills, C, D학교구에 대해 20mills, E, F학교구에 대해 25mills, G, H학교구에 대해 30mills, 그리고 I, J학교구에 대해 35mills의 과세율을 부과하였을 때의 과세보장교부금을 제시하시오. 어떤 결과가 나오는가를 밝히고, 이 제도가 공평한 제도인지를 설명하시오.

〈표 8-12〉 과세보장교부제도

과세보장금; $ 120,000 ($ AV/st)

학교구	평균 학생수	자산가치	학생 1인당 자산가치	지방 세율	지방 노력	학생 1인당 주정부보조금	총주보조금	총교육비
A	1,918	$ 214,278,000	$ 111,720	15.0	$ 1,680	$ 120	$ 238,220	$ 1,800
B	2,000	$ 141,566,200	$ 70,780	15.0	$ 1,060	$ 740	$ 1,476,600	$ 1,800
C	2,051	$ 88,946,200	$ 43,370	20.0	$ 870	$ 1,530	$ 3,143,360	$ 2,400
D	3,263	$ 387,208,400	$ 118,670	20.0	$ 2,370	$ 30	$ 86,800	$ 2,400
E	3,348	$ 137,233,300	$ 40,990	25.0	$ 1,020	$ 1,980	$ 6,613,140	$ 3,000
F	3,510	$ 660,727,100	$ 188,240	25.0	$ 4,710	$ 0	$ 0	$ 4,710
G	3,780	$ 279,338,100	$ 73,900	30.0	$ 2,220	$ 1,380	$ 5,227,740	$ 3,600
H	4,962	$ 224,675,400	$ 45,280	30.0	$ 1,360	$ 2,240	$ 11,122,820	$ 3,600
I	5,352	$ 595,578,400	$ 111,280	35.0	$ 3,890	$ 310	$ 1,633,430	$ 4,200
J	5,687	$ 409,669,400	$ 72,040	35.0	$ 2,520	$ 1,680	$ 9,546,200	$ 4,200
합계	35,871	$ 3,139,220,500	--	--	--	--	$ 39,088,310	--
평균	3,587	$ 313,922,050	$ 87,627	25.0	$ 2,170	$ 1,001	$ 3,908,831	$ 3,171

자산가치액이 과세보장액인 $ 120,000을 넘는 F학교구($ 188,240)를 제외하고는 과세율이 같은 경우, 총 보조금도 동일하다. 따라서 모든 학교구가 과세보장 프로그램 아래에서 동일한 과세율을 부과할 때 형평하다는 결론을 얻을 수 있다.

[사례 10] 과세보장교부금을 $ 100,000로 내린다면 사례 9와는 어떤 차이가 있는가? 그리고, 총 주정부 보조금은 어느 정도 더 많이 또는 적게 요구되어지는가? 이 제도가 사례 9 프로그램보다 어느 정도 공평한 제도인가?

〈표 8-13〉 과세보장교부제도

과세보장금: $ 100,000 ($ AV/st)

학교구	평균 학생수	자산가치	학생1인당 자산가치	지방 세율	지방 노력	학생 1인당 주정부보조금	총주보조금	총교육비
A	1,918	$ 214,278,000	$ 111,720	15.0	$ 1,680	$ 0	$ 0	$ 1,680
B	2,000	$ 141,566,200	$ 70,780	15.0	$ 1,060	$ 440	$ 876,600	$ 1,500
C	2,051	$ 88,946,200	$ 43,370	20.0	$ 870	$ 1,130	$ 2,322,960	$ 2,000
D	3,263	$ 387,208,400	$ 118,670	20.0	$ 2,370	$ 0	$ 0	$ 2,370
E	3,348	$ 137,233,300	$ 40,990	25.0	$ 1,020	$ 1,480	$ 4,939,140	$ 2,500
F	3,510	$ 660,727,100	$ 188,240	25.0	$ 4,710	$ 0	$ 0	$ 4,710
G	3,780	$ 279,338,100	$ 73,900	30.0	$ 2,220	$ 780	$ 2,959,740	$ 3,000
H	4,962	$ 224,675,400	$ 45,280	30.0	$ 1,360	$ 1,640	$ 8,145,620	$ 3,000
I	5,352	$ 595,578,400	$ 111,280	35.0	$ 3,890	$ 0	$ 0	$ 3,890
J	5,687	$ 409,669,400	$ 72,040	35.0	$ 2,520	$ 980	$ 5,565,300	$ 3,500
합계	35,871	$ 3,139,220,500	--	--	--	--	$ 24,809,360	--
평균	3,587	$ 313,922,050	$ 87,627	25.0	$ 2,170	$ 645	$ 2,480,936	$ 2,815

총 주보조금의 과세보장금이 $ 120,000일 때는 $ 39,088,310이고, 과세보장금이 $ 100,000일 때는 $ 24,809,360로 그 차액은 $ 14,178,950이다. 학교구가 동일한 세율을 가질지라도, 각 학교구의 학생 1인당 총보조금은 차이가 난다. 왜냐하면, 자산가치액의 세율이 동일하더라도 각 학생들에게 주어지는 총보조금이 감소하므로 사례 9 프로그램보다 덜 공평하다고 할 수 있다.

[사례 11] 과세보장교부금을 $ 100,000로 하고, 각 A, D, F, 그리고 I 학교구의 과세율을 각각 10mills씩 인상할 경우 주보조금의 총액은 얼마나 증가되는가?

〈표 8-14〉 과세보장제도

과세보장금: $ 100,000 ($ AV/st)

학교구	평균 학생수	자산가치	학생 1인당 자산가치	지방 세율	지방 노력	학생 1인당 주정부보조금	총주보조금	총교육비
A	1,918	$ 214,278,000	$ 111,720	25.0	$ 3,790	$ 0	$ 0	$ 2,790
B	2,000	$ 141,566,200	$ 70,780	15.0	$ 1,060	$ 440	$ 876,600	$ 1,500
C	2,051	$ 88,946,200	$ 43,370	20.0	$ 870	$ 1,130	$ 2,322,960	$ 2,000
D	3,263	$ 387,208,400	$ 118,670	30.0	$ 3,560	$ 0	$ 0	$ 3,560

E	3,348	$ 137,233,300	$ 40,990	25.0	$ 1,020	$ 1,480	$ 4,939,140	$ 2,500
F	3,510	$ 660,727,100	$ 188,240	35.0	$ 6,590	$ 0	$ 0	$ 6,590
G	3,780	$ 279,338,100	$ 73,900	30.0	$ 2,220	$ 780	$ 2,959,740	$ 3,000
H	4,962	$ 224,675,400	$ 45,280	30.0	$ 1,360	$ 1,640	$ 8,145,620	$ 3,000
I	5,352	$ 595,578,400	$ 111,280	45.0	$ 5,010	$ 0	$ 0	$ 5,010
J	5,687	$ 409,669,400	$ 72,040	35.0	$ 2,520	$ 980	$ 5,565,300	$ 3,500
합계	35,871	$ 3,139,220,500	--	--	--	--	$ 24,809,360	--
평균	3,587	$ 313,922,050	$ 87,627	29.0	$ 2,700	$ 645	$ 2,480,936	$ 3,345

학교구의 자산가치액이 과세보장금보다 더 많기 때문에 총 주보조금($ 24,809,360)은 동일하다.

[사례 12] 모든 학교구가 1mill에 따라 과세 총액을 동일하게 올린다면 주가 어떻게 보장하는가? 이 변화를 반영하기 위해 이 모형을 수정하시오. 그리고 이 제도가 형평성이 보장되는지의 여부를 알아보고 사례 9에서 주정부가 지방세율을 사용한 비율은 얼마인가?

〈표 8-15〉 과세보장교부제도

과세보장금: $ 189,000 ($ AV/st)

학교구	평균 학생수	자산가치	학생1인당 자산가치	지방 세율	지방 노력	학생 1인당 주정부보조금	총주보조금	총교육비
A	1,918	$ 214,278,000	$ 111,720	15.0	$ 1,680	$ 1,160	$ 2,223,350	$ 2,840
B	2,000	$ 141,566,200	$ 70,780	15.0	$ 1,060	$ 1,770	$ 33,546,600	$ 2,830
C	2,051	$ 88,946,200	$ 43,370	20.0	$ 870	$ 2,910	$ 5,973,740	$ 3,780
D	3,263	$ 387,208,400	$ 118,670	20.0	$ 2,370	$ 1,410	$ 4,589,740	$ 3,780
E	3,348	$ 137,233,300	$ 40,990	25.0	$ 1,020	$ 3,700	$ 12,388,440	$ 4,720
F	3,510	$ 660,727,100	$ 188,240	25.0	$ 4,710	$ 20	$ 66,690	$ 4,730
G	3,780	$ 279,338,100	$ 73,900	30.0	$ 2,220	$ 3,450	$ 13,052,340	$ 5,670
H	4,962	$ 224,675,400	$ 45,280	30.0	$ 1,360	$ 4,310	$ 21,394,160	$ 5,670
I	5,352	$ 595,578,400	$ 111,280	35.0	$ 3,890	$ 2,720	$ 14,558,510	$ 6,610
J	5,687	$ 409,669,400	$ 72,040	35.0	$ 2,520	$ 4,090	$ 23,280,300	$ 6,610
합계	35,871	$ 3,139,220,500	--	--	--	--	$ 101,073,870	--
평균	3,587	$ 313,922,050	$ 87,627	25.0	$ 2,170	$ 2,554	$ 10,107,387	$ 4,724

주는 모든 학교구가 더 높은 자산가치액과 학생 1인당 자산가치액 $ 188,240보다 높은 학교구에 대해 과세보장금을 공평하게 함으로써 1mill의 과세를 동일하게 올릴 수 있다고 보장할 수 있다. 그리고, 과세율에 대한 동일한 가치를 가져오게 되고, 또한 학생 1인당 교육비 지출측면에서 모든 학교구는 동일한 효과를 가지게 된다.

4) 비율형평교부금제도

비율형평교부금(percentage equalizing)제도는 교육비의 균등한 접근으로 여기고, 지역에서 제공되는 교육의 양은 그 지역사회에서 결정하여야 하는 것으로, 주정부는 각 학교구의 교육비 지출의 일정률만을 부담하는 제도이다.

이 제도는 첫째, 주는 지역들이 가지게 될 전체비용에 대한 배분비율을 상정하며, 둘째, 각 지역은 학교교육을 위해 활용하게 될 교육재정 지출예상액을 결정하며, 셋째, 보통 주의 평균 재정능력에 지방 학교구의 재산비율을 나누면 어떤 특별한 지역에서 부담해야 할 비용의 비율을 산출할 수 있다는 단계를 거치게 된다.

$$SAID = \left(1 - C \times \frac{AVPP_A}{AVPP_{ST}}\right) SPD_A$$

($SAID_A$ = A학교구가 주정부로부터 지원받을 금액; 1 = 주정부와 지방정부의 몫을 합한 전체학교에 대한 지출재원; C=주정부 총 교육비(주부담 및 학교구부담) 중 모든 지방 학교구가 부담하는 교육비 비율; $AVPP_A$ = A학교구의 학생당 자산가치액; $AVPP_{ST}$ = 주정부의 학생당 자산가치액; SPD_A = A학교구의 총 교육비 지출액)

비율형평교부금제도의 문제점은 앞에서 기술한 과세보장교부제도와 동일하다. 각 학교구에 지출을 제한하거나 주정부 교부금과 함께 약간의 지방세입으로 조화를 이루지 못한다면 주정부는 세금을 징수해야 한다. 조세에 대한 관심은 보수적인 시대에 학교재정에 접근하는 중요한 방법이 되었을지 몰라도 현대에 와서는 오히려 조세의 측면과 동시에 지출의 측면을 중시해야 된다는 것과 수학적 복잡성 때문에 이 제도를 채택하는 주는 감소하고 있다.

비율형평교부금제도의 배분 모형에 적용한 응용 프로그램을 제시하면 다음과 같다(사례 13, 14).

[사례 13] 주정부 지원의 몫을 60%로 하고, A~E 학교구에는 학생 1인당 $ 3,500의 지출수준을 설정하고 나머지 5개 학교구에는 학생 1인당 지출수준을 $ 4,000로 설정하였을 때, 지출수준과 세율 사이의 관계는 어떠한가?

〈표 8-16〉 비율형평교부금제도

평균학교구 주정부보조금 : $ 87,627 주정부 몫: 60%, 학교구 몫: 40%

학구교	평균 학생수	자산가치	학생1인당 자산가치	지출 수준	지방 세율	학생 1인당 주정부보조금	지방재정 노력	주정부 보조금
A	1,918	$ 214,278,000	$ 111,720	$ 3,500	16.0	$ 1,715	$ 1,785	$ 3,289,510
B	2,000	$ 141,566,200	$ 70,780	$ 3,500	16.0	$ 2,369	$ 1,131	$ 4,738,320
C	2,051	$ 88,946,200	$ 43,370	$ 3,500	16.0	$ 2,807	$ 693	$ 5,757,330
D	3,263	$ 387,208,400	$ 118,670	$ 3,500	16.0	$ 1,604	$ 1,896	$ 5,233,960
E	3,348	$ 137,233,300	$ 40,990	$ 3,500	16.0	$ 2,845	$ 655	$ 9,525,430
F	3,510	$ 660,727,100	$ 188,240	$ 4,000	18.3	$ 563	$ 3,437	$ 1,975,730
G	3,780	$ 279,338,100	$ 73,900	$ 4,000	18.3	$ 2,651	$ 1,349	$ 10,019,440
H	4,962	$ 224,675,400	$ 45,280	$ 4,000	18.3	$ 3,173	$ 827	$ 15,745,530
I	5,352	$ 595,578,400	$ 111,280	$ 4,000	18.3	$ 1,968	$ 2,032	$ 10,533,350
J	5,687	$ 409,669,400	$ 72,040	$ 4,000	18.3	$ 2,685	$ 1,315	$ 15,267,360
합계	35,871	$ 3,139,220,500	--	--	--	--	--	$ 82,085,960
평균	3,587	$ 313,922,050	$ 87,627	$ 3,750	$ 17	$ 2,238	$ 1,512	$ 8,208,596

학생 1인당 교육비가 $ 3,500이면 16mills, $ 4,000이면 18.3mills로 학생 1인당 지출 수준이 같다면 각 학교구간의 세율은 동일하다. 일반적으로 비율형평교부금제도는 학교재정 측면에서 지출을 주목해야 한다. 그러므로 학생 1인당 교육비를 더 많이 지출하려면 더 높은 세율을 부과해야 한다.

[사례 14] 전체 주정부보조금으로 $ 35,000,000를 지출하려고 할 때, 주정부가 사례 13의 보조금 총액을 지방의회로부터 낮출 수 있게 할 수 있는가? 수정한 이 모델은 강제성이 반영될 경우 이 제도의 형평성 문제는 어떠한가?

〈표 8-17〉 비율형평교부금제도

평균학교구 주정부보조금: $ 87,627 주정부 몫: 14%, 학교구 몫: 86%

학교구	평균 학생수	자산가치	학생 1인당 자산가치	지출 수준	지방 세율	학생 1인당 주정부보조금	지방재정 노력	주정부 보조금
A	1,918	$ 214,278,000	$ 111,720	$ 3,500	31.3	$ 0	$ 3,500	$ 0
B	2,000	$ 141,566,200	$ 70,780	$ 3,500	34.4	$ 1,063	$ 2,437	$ 2,126,090
C	2,051	$ 88,946,200	$ 43,370	$ 3,500	34.4	$ 2,007	$ 1,493	$ 4,115,880
D	3,263	$ 387,208,400	$ 118,670	$ 3,500	29.5	$ 0	$ 3,500	$ 0
E	3,348	$ 137,233,300	$ 40,990	$ 3,500	34.4	$ 2,089	$ 1,411	$ 6,993,010
F	3,510	$ 660,727,100	$ 188,240	$ 4,000	21.2	$ 0	$ 4,000	$ 0
G	3,780	$ 279,338,100	$ 73,900	$ 4,000	39.3	$ 1,092	$ 2,908	$ 4,128,280
H	4,962	$ 224,675,400	$ 45,280	$ 4,000	39.3	$ 2,218	$ 1,782	$ 11,007,180
I	5,352	$ 595,578,400	$ 111,280	$ 4,000	35.9	$ 0	$ 4,000	$ 0
J	5,687	$ 409,669,400	$ 72,040	$ 4,000	39.3	$ 1,165	$ 2,835	$ 6,627,210
합계	35,871	$ 3,139,220,500	--	--	--	--	--	$ 34,997,650
평균	3,587	$ 313,922,050	$ 87,627	$ 3,750	$ 34	$ 963	$ 2,787	$ 3,499,765

주정부 보조액을 $ 82,085,960에서 $ 35,000,000으로 낮출 경우 학교구 몫의 비율은 증가한다. 이 때, 부유한 학교구는 세율이 조금 증가하지만 가난한 학교구에서는 현격하게 세율이 증가하기 때문에 이 사례에서는 납세자 측면에서 형평하지 않다고 할 수 있다.

5) 지방재정능력균등화제도

지방재정능력균등화(district power equalizing: DPE)제도는 학생당 교육비의 형평보다는 학교교육을 지원하기 위한 학교구의 교육비 부담 능력을 균등화하는 제도이다. 이 제도는 지방지출 통제를 허락하지 않지만 지방의 노력에 대한 보상과 포괄성 기준을 충분히 충족시켜 주는 제도이다. 따라서 주정부는 지방지출에 대한 타협없이 부유한 학교구와 가난한 학교구의 과세를 형평화시킬 수 있다. 지방재정능력균등화제도의 계산 방식은 아래와 같이 GTB의 방식과 동일하다.

$$SAID_A = LTR_A \times (GTBPE - AVPP_A) \times PUP_A$$

($SAID_A$ = A가 주정부로부터 지원받을 금액; LTR_A = A학교구의 지방세율; GTBPE = 지방재정능력균등화 과세표준액; $AVPP_A$ = A학교구의 학생당 자산가치액; PUP_A = A학교구의 학생수)

위의 공식에서 학교구의 지방과세율은 지방정부나 학교구가 자율적으로 결정할 수 있도록 허용되고 있다. 이 제도의 특징으로는 첫째, 주정부의 전체적인 재정능력 차원에서 학교구간의 재정능력 불균형을 해소하려는 방법이라는 것, 둘째, 각 학교구가 지방과세율을 결정하도록 함으로써 학교구 내지 지방정부의 자율성을 보장해 준다는 것, 셋째, 지방과세율을 적용하여 일정 규모 이상의 세율을 올리는 부유한 학교구는 세율이 적은 학교구를 위해 주정부에 여유지원을 반환하도록 함으로써 주정부가 학교구에 교부하는 재원의 양을 통제할 수 있다는 것이다. 그러나 이 방법은 주정부가 부유한 학교구로부터 일정수준의 초과세율을 환수하기가 어렵다는 점에서 한계를 가진다.

지방재정능력균등화제도의 배분모형에 응용 프로그램을 적용시켜 살펴보면 다음과 같다(사례 15, 16, 17, 18, 19).

[사례 15] 세 가지 다른 프로그램-선형(linear), 꺾어짐(kinked), 곡선(curved)-은 세율과 지출 수준 사이에서 구분된다. 각각의 프로그램에서 최대지출 수준과 최저세율을 원하는 학교구를 위해 가장 유리한 수준(이익점)이 존재하는가? 프로그램 유형에 따라 어떻게 다른가?

〈표 8-18〉 지방재정능력균등화제도

Tax Rate(mills)	Expenditure Amounts($/st)		
	Linear(1)	Kinked(2)	Curved(3)
10.0	$ 800	$ 1,200	$ 2,000
15.0	$ 1,600	$ 1,900	$ 2,700
20.0	$ 2,400	$ 2,600	$ 3,200
25.0	$ 3,200	$ 3,300	$ 3,625
30.0	$ 4,000	$ 4,000	$ 4,000
35.0	$ 4,800	$ 4,300	$ 4,250
40.0	$ 5,600	$ 4,700	$ 4,400

무엇보다도 프로그램 1(선형-linear), 프로그램 2(꺾어짐-kinked), 프로그램 3(곡선-curved)이 수용할 수 있는 지출 수준은 $ 4,000와 30mills에 부합된다. 프로그램 1은 수용할 수 있는 지출 수준이 일정한 비율로 매 세율마다 증가하고 있음을 볼 수 있다. 프로그램 2의 기울기는 30mills로 일정하지만 그 점 이후로는 쇠퇴한다. 프로그램 3은 30mills까지 가장 높이 수용할 수 있는 지출을 가진다. 그러나 그 점 이후로는 세 프로그램 중에서 가장 낮은 세율로 감소한다. 프로그램 1에서는 기울기가 일정하기 때문에 이익점은 존재하지 않는다. 하지만 프로그램 2와 프로그램 3의 이익점은 30mills이다.

[사례 16] 선택된 프로그램 1(직선, linear)을 가지고 모든 학교구에 30mills의 세율을 부과하자. 지역 학교구가 강력하게 이러한 방식을 선호하는가? 지역 학교구가 이러한 방식을 반대했다면, 그 이유는 무엇인가?

〈표 8-19〉 지방재정능력균등화제도

1 Linear

학교구	평균 학생수	자산가치	학생 1인당 자산가치	세율	지방 노력	허용된 지출액	주보조금	전체주 보조금
A	1,918	$ 214,278,000	$ 111,720	30.0	$ 3,350	$ 4,000	$ 650	$ 1,246,700
B	2,000	$ 141,566,200	$ 70,780	30.0	$ 2,120	$ 4,000	$ 1,880	$ 3,760,000
C	2,051	$ 88,946,200	$ 43,370	30.0	$ 1,300	$ 4,000	$ 2,700	$ 5,537,700
D	3,263	$ 387,208,400	$ 118,670	30.0	$ 3,560	$ 4,000	$ 440	$ 1,435,720
E	3,348	$ 137,233,300	$ 40,990	30.0	$ 1,230	$ 4,000	$ 2,770	$ 9,273,960
F	3,510	$ 660,727,100	$ 188,240	30.0	$ 5,650	$ 4,000	-$ 1,650	-$ 5,791,500
G	3,780	$ 279,338,100	$ 73,900	30.0	$ 2,220	$ 4,000	$ 1,780	$ 6,728,400
H	4,962	$ 224,675,400	$ 45,280	30.0	$ 1,360	$ 4,000	$ 2,640	$ 13,099,680
I	5,352	$ 595,578,400	$ 111,280	30.0	$ 3,340	$ 4,000	$ 660	$ 3,532,320
J	5,687	$ 409,669,400	$ 72,040	30.0	$ 2,160	$ 4,000	$ 1,840	$ 10,464,080
합계	35,871	$ 3,139,220,500	--	--	--	--	--	$ 49,287,060
평균	3,587	$ 313,922,050	$ 87,627	30.0	$ 2,629	$ 4,000	$ 1,371	$ 4,928,706

가난한 학교구들은 학생 1인당 수용할 수 있는 지출액을 균등화하기 위해서 주정부로부터 많은 재정보조를 받기 때문에 선호하지만, 부유한 학교구는 학생 1인당

학교구의 지역적 노력이 주정부로 반환해야 하기 때문에 이 배분방법을 선호하지 않는다.

[사례 17] 지방세율을 A학교구는 10mills, B학교구는 15mills, C학교구는 20mills, D학교구는 25mills, E학교구는 30mills, F학교구는 35mills, G학교구는 35mills, H학교구는 40mills, I학교구는 40mills, J학교구는 45mills로 한다. 이 세율에 따라 프로그램 1, 프로그램 2, 프로그램 3을 선정해 보시오.

〈표 8-20〉 지방재정능력균등화제도

1 Linear

학교구	평균 학생수	자산가치	학생 1인당 자산가치	세율	지방 노력	허용된 지출액	주보조금	전체주 보조금
A	1,918	$ 214,278,000	$ 111,720	10.0	$ 1,120	$ 800	-$ 320	-$ 613,760
B	2,000	$ 141,566,200	$ 70,780	15.0	$ 1,060	$ 1,600	$ 540	$ 1,080,000
C	2,051	$ 88,946,200	$ 43,370	20.0	$ 870	$ 2,400	$ 1,530	$ 3,138,030
D	3,263	$ 387,208,400	$ 118,670	25.0	$ 2,970	$ 3,200	$ 230	$ 750,490
E	3,348	$ 137,233,300	$ 40,990	30.0	$ 1,230	$ 4,000	$ 2,770	$ 9,273,960
F	3,510	$ 660,727,100	$ 188,240	35.0	$ 6,590	$ 4,800	-$ 1,790	-$ 6,282,900
G	3,780	$ 279,338,100	$ 73,900	35.0	$ 2,590	$ 4,800	$ 2,210	$ 8,353,800
H	4,962	$ 224,675,400	$ 45,280	40.0	$ 1,810	$ 5,600	$ 3,790	$ 18,805,980
I	5,352	$ 595,578,400	$ 111,280	40.0	$ 4,450	$ 5,600	$ 1,150	$ 6,154,800
J	5,687	$ 409,669,400	$ 72,040	45.0	$ 3,240	$ 5,600	$ 2,360	$ 13,421,320
합계	35,871	$ 3,139,220,500	--	--	--	--	--	$ 54,081,720
평균	3,587	$ 313,922,050	$ 87,627	29.5	$ 2,593	$ 3,840	$ 1,247	$ 5,408,172

2 Kinked

학교구	평균 학생수	자산가치	학생 1인당 자산가치	세율	지방 노력	허용된 지출액	주보조금	전체주 보조금
A	1,918	$ 214,278,000	$ 111,720	10.0	$ 1,120	$ 1,200	$ 80	$ 153,440
B	2,000	$ 141,566,200	$ 70,780	15.0	$ 1,060	$ 1,900	$ 840	$ 1,680,000
C	2,051	$ 88,946,200	$ 43,370	20.0	$ 870	$ 2,600	$ 1,730	$ 3,548,230
D	3,263	$ 387,208,400	$ 118,670	25.0	$ 2,970	$ 3,300	$ 330	$ 1,076,790
E	3,348	$ 137,233,300	$ 40,990	30.0	$ 1,230	$ 4,000	$ 2,770	$ 9,273,960
F	3,510	$ 660,727,100	$ 188,240	35.0	$ 6,590	$ 4,300	-$ 2,290	-$ 8,037,900

G	3,780	$ 279,338,100	$ 73,900	35.0	$ 2,590	$ 4,300	$ 1,710	$ 6,463,800
H	4,962	$ 224,675,400	$ 45,280	40.0	$ 1,810	$ 4,700	$ 2,890	$ 14,340,180
I	5,352	$ 595,578,400	$ 111,280	40.0	$ 4,450	$ 4,700	$ 250	$ 1,338,000
J	5,687	$ 409,669,400	$ 72,040	45.0	$ 3,240	$ 4,700	$ 1,460	$ 8,303,020
합계	35,871	$ 3,139,220,500	--	--	--	--	--	$ 38,139,520
평균	3,587	$ 313,922,050	$ 87,627	29.5	$ 2,593	$ 3,570	$ 977	$ 3,813,952

3 Curved

학교구	평균 학생수	자산가치	학생 1인당 자산가치	세율	지방 노력	허용된 지출액	주보조금	전체주 보조금
A	1,918	$ 214,278,000	$ 111,720	10.0	$ 1,120	$ 2,000	$ 880	$ 1,687,840
B	2,000	$ 141,566,200	$ 70,780	15.0	$ 1,060	$ 2,700	$ 1,640	$ 3,280,000
C	2,051	$ 88,946,200	$ 43,370	20.0	$ 870	$ 3,200	$ 2,330	$ 4,778,830
D	3,263	$ 387,208,400	$ 118,670	25.0	$ 2,970	$ 3,625	$ 655	$ 2,137,270
E	3,348	$ 137,233,300	$ 40,990	30.0	$ 1,230	$ 4,000	$ 2,770	$ 9,273,960
F	3,510	$ 660,727,100	$ 188,240	35.0	$ 6,590	$ 4,250	-$ 2,340	-$ 8,213,400
G	3,780	$ 279,338,100	$ 73,900	35.0	$ 2,590	$ 4,250	$ 1,660	$ 6,274,800
H	4,962	$ 224,675,400	$ 45,280	40.0	$ 1,810	$ 4,400	$ 2,590	$ 12,851,580
I	5,352	$ 595,578,400	$ 111,280	40.0	$ 4,450	$ 4,400	-$ 50	-$ 267,600
J	5,687	$ 409,669,400	$ 72,040	45.0	$ 3,240	$ 4,400	$ 1,160	$ 6,596,920
합계	35,871	$ 3,139,220,500	--	--	--	--	--	$ 38,400,200
평균	3,587	$ 313,922,050	$ 87,627	29.5	$ 2,593	$ 3,723	$ 1,130	$ 3,840,020

[사례 18] 어떤 학교구에 10mills로 낮은 세율을 부과할 경우, 학교구의 지출 현황과 징수여건은 어떠한가?

〈표 8-21〉 지방재정능력균등화제도

1 Linear

학교구	평균 학생수	자산가치	학생 1인당 자산가치	세율	지방 노력	허용된 지출액	주보조금	전체주 보조금
A	1,918	$ 214,278,000	$ 111,720	10.0	$ 1,120	$ 800	-$ 320	-$ 613,760
B	2,000	$ 141,566,200	$ 70,780	15.0	$ 1,060	$ 1,600	$ 540	$ 1,080,000
C	2,051	$ 88,946,200	$ 43,370	20.0	$ 870	$ 2,400	$ 1,530	$ 3,138,030
D	3,263	$ 387,208,400	$ 118,670	25.0	$ 2,970	$ 3,200	$ 230	$ 750,490
E	3,348	$ 137,233,300	$ 40,990	30.0	$ 1,230	$ 4,000	$ 2,770	$ 9,273,960

F	3,510	$ 660,727,100	$ 188,240	10.0	$ 1,880	$ 800	-$ 1,080	-$ 3,282,900
G	3,780	$ 279,338,100	$ 73,900	35.0	$ 2,590	$ 4,800	$ 2,210	$ 8,353,800
H	4,962	$ 224,675,400	$ 45,280	40.0	$ 1,810	$ 5,600	$ 3,790	$ 18,805,980
I	5,352	$ 595,578,400	$ 111,280	40.0	$ 4,450	$ 5,600	$ 1,150	$ 6,154,800
J	5,687	$ 409,669,400	$ 72,040	45.0	$ 3,240	$ 5,600	$ 2,360	$ 13,421,320
합계	35,871	$ 3,139,220,500	--	--	--	--	--	$ 56,573,820
평균	3,587	$ 313,922,050	$ 87,627	27.0	$ 2,122	$ 3,440	$ 1,318	$ 5,657,382

2 Kinked

학교구	평균 학생수	자산가치	학생 1인당 자산가치	세율	지방 노력	허용된 지출액	주보조금	전체주 보조금
A	1,918	$ 214,278,000	$ 111,720	10.0	$ 1,120	$ 1,200	$ 80	$ 153,440
B	2,000	$ 141,566,200	$ 70,780	15.0	$ 1,060	$ 1,900	$ 840	$ 1,680,000
C	2,051	$ 88,946,200	$ 43,370	20.0	$ 870	$ 2,600	$ 1,730	$ 3,548,230
D	3,263	$ 387,208,400	$ 118,670	25.0	$ 2,970	$ 3,300	$ 330	$ 1,076,790
E	3,348	$ 137,233,300	$ 40,990	30.0	$ 1,230	$ 4,000	$ 2,770	$ 9,273,960
F	3,510	$ 660,727,100	$ 188,240	10.0	$ 1,880	$ 1,200	-$ 680	-$ 2,386,800
G	3,780	$ 279,338,100	$ 73,900	35.0	$ 2,590	$ 4,300	$ 1,710	$ 6,463,800
H	4,962	$ 224,675,400	$ 45,280	40.0	$ 1,810	$ 4,700	$ 2,890	$ 14,340,180
I	5,352	$ 595,578,400	$ 111,280	40.0	$ 4,450	$ 4,700	$ 250	$ 1,338,000
J	5,687	$ 409,669,400	$ 72,040	45.0	$ 3,240	$ 4,700	$ 1,460	$ 8,303,020
합계	35,871	$ 3,139,220,500	--	--	--	--	--	$ 43,790,620
평균	3,587	$ 313,922,050	$ 87,627	27.0	$ 2,122	$ 3,260	$ 1,318	$ 4,379,062

3 Curved

학교구	평균 학생수	자산가치	학생 1인당 자산가치	세율	지방 노력	허용된 지출액	주보조금	전체주 보조금
A	1,918	$ 214,278,000	$ 111,720	10.0	$ 1,120	$ 2,000	$ 880	$ 1,687,840
B	2,000	$ 141,566,200	$ 70,780	15.0	$ 1,060	$ 2,700	$ 1,640	$ 3,280,000
C	2,051	$ 88,946,200	$ 43,370	20.0	$ 870	$ 3,200	$ 2,330	$ 4,778,830
D	3,263	$ 387,208,400	$ 118,670	25.0	$ 2,970	$ 3,625	$ 655	$ 2,137,270
E	3,348	$ 137,233,300	$ 40,990	30.0	$ 1,230	$ 4,000	$ 2,770	$ 9,273,960
F	3,510	$ 660,727,100	$ 188,240	35.0	$ 1,880	$ 2,000	$ 120	$ 421,200
G	3,780	$ 279,338,100	$ 73,900	35.0	$ 2,590	$ 4,250	$ 1,660	$ 6,274,800
H	4,962	$ 224,675,400	$ 45,280	40.0	$ 1,810	$ 4,400	$ 2,590	$ 12,851,580

I	5,352	$ 595,578,400	$ 111,280	40.0	$ 4,450	$ 4,400	-$ 50	-$ 267,600
J	5,687	$ 409,669,400	$ 72,040	45.0	$ 3,240	$ 4,400	$ 1,160	$ 6,596,920
합계	35,871	$ 3,139,220,500	--	--	--	--	--	$ 47,034,800
평균	3,587	$ 313,922,050	$ 87,627	27.0	$ 2,122	$ 3,498	$ 1,376	$ 4,703,480

프로그램 1에서는 A학교구와 F학교구가 징수(recapture)되어질 것이며, 프로그램 2에서는 F학교구, 그리고 프로그램 3에서는 I학교구가 징수되어질 것이다.

[사례 19] 프로그램들 중에서 주어진 세율과 세출수준의 범위 안에서 주정부가 다시 징수하게 되는 학교구는 어디인가? 주정부 입장에서 주의회에 어떠한 프로그램을 제안할 것이며, 그 이유는 무엇인가?

〈표 8-22〉 지방재정능력균등화제도

1 Linear

학교구	평균 학생수	자산가치	학생 1인당 자산가치	세율	지방 노력	허용된 지출액	주보조금	전체주 보조금
A	1,918	$ 214,278,000	$ 111,720	10.0	$ 1,120	$ 800	-$ 320	-$ 613,760
B	2,000	$ 141,566,200	$ 70,780	10.0	$ 710	$ 800	$ 90	$ 180,000
C	2,051	$ 88,946,200	$ 43,370	10.0	$ 430	$ 800	$ 370	$ 758,870
D	3,263	$ 387,208,400	$ 118,670	10.0	$ 1,190	$ 800	-$ 390	-$ 1,272,570
E	3,348	$ 137,233,300	$ 40,990	10.0	$ 410	$ 800	$ 390	$ 1,305,720
F	3,510	$ 660,727,100	$ 188,240	10.0	$ 1,880	$ 800	-$ 1,080	-$ 3,790,800
G	3,780	$ 279,338,100	$ 73,900	10.0	$ 740	$ 800	$ 60	$ 226,800
H	4,962	$ 224,675,400	$ 45,280	10.0	$ 450	$ 800	$ 350	$ 1,736,700
I	5,352	$ 595,578,400	$ 111,280	10.0	$ 1,110	$ 800	-$ 310	-$ 1,659,120
J	5,687	$ 409,669,400	$ 72,040	10.0	$ 720	$ 800	$ 80	$ 454,960
합계	35,871	$ 3,139,220,500	--	--	--	--	--	-$ 2,673,200
평균	3,587	$ 313,922,050	$ 87,627	10.0	$ 876	$ 800	-$ 76	-$ 267,320

2 Kinked

학교구	평균 학생수	자산가치	학생 1인당 자산가치	세율	지방 노력	허용된 지출액	주보조금	전체주 보조금
A	1,918	$ 214,278,000	$ 111,720	10.0	$ 1,120	$ 1,200	$ 80	$ 153,440

B	2,000	$ 141,566,200	$ 70,780	10.0	$ 710	$ 1,200	$ 490	$ 980,000
C	2,051	$ 88,946,200	$ 43,370	10.0	$ 430	$ 1,200	$ 770	$ 1,579,270
D	3,263	$ 387,208,400	$ 118,670	10.0	$ 1,190	$ 1,200	$ 10	$ 32,630
E	3,348	$ 137,233,300	$ 40,990	10.0	$ 410	$ 1,200	$ 790	$ 2,644,920
F	3,510	$ 660,727,100	$ 188,240	10.0	$ 1,880	$ 1,200	-$ 680	-$ 2,386,800
G	3,780	$ 279,338,100	$ 73,900	10.0	$ 740	$ 1,200	$ 460	$ 1,738,800
H	4,962	$ 224,675,400	$ 45,280	10.0	$ 450	$ 1,200	$ 750	$ 3,721,500
I	5,352	$ 595,578,400	$ 111,280	10.0	$ 1,110	$ 1,200	$ 90	$ 481,680
J	5,687	$ 409,669,400	$ 72,040	10.0	$ 720	$ 1,200	$ 480	$ 2,729,760
합계	35,871	$ 3,139,220,500	--	--	--	--	--	$ 11,675,200
평균	3,587	$ 313,922,050	$ 87,627	10.0	$ 876	$ 1,200	$ 324	$ 1,167,520

3 Curved

학교구	평균 학생수	자산가치	학생 1인당 자산가치	세율	지방 노력	허용된 지출액	주보조금	전체주 보조금
A	1,918	$ 214,278,000	$ 111,720	10.0	$ 1,120	$ 2,000	$ 880	$ 1,687,840
B	2,000	$ 141,566,200	$ 70,780	10.0	$ 710	$ 2,000	$ 1,290	$ 2,580,000
C	2,051	$ 88,946,200	$ 43,370	10.0	$ 430	$ 2,000	$ 1,570	$ 3,220,070
D	3,263	$ 387,208,400	$ 118,670	10.0	$ 1,190	$ 2,000	$ 810	$ 2,643,030
E	3,348	$ 137,233,300	$ 40,990	10.0	$ 410	$ 2,000	$ 1,590	$ 5,323,320
F	3,510	$ 660,727,100	$ 188,240	10.0	$ 1,880	$ 2,000	$ 120	$ 421,200
G	3,780	$ 279,338,100	$ 73,900	10.0	$ 740	$ 2,000	$ 1,260	$ 4,762,800
H	4,962	$ 224,675,400	$ 45,280	10.0	$ 450	$ 2,000	$ 1,550	$ 7,691,100
I	5,352	$ 595,578,400	$ 111,280	10.0	$ 1,110	$ 2,000	$ 890	$ 4,763,280
J	5,687	$ 409,669,400	$ 72,040	10.0	$ 720	$ 2,000	$ 1,280	$ 7,279,360
합계	35,871	$ 3,139,220,500	--	--	--	--	--	$ 40,372,000
평균	3,587	$ 313,922,050	$ 87,627	10.0	$ 876	$ 2,000	$ 1,124	$ 4,037,200

프로그램 1에서 A, E, F, I 네 학교가 주정부에 의해서 징수되어졌다. 그리고 프로그램 2에서는 F학교구 만이 주정부에 의해 징수되었다.

주정부의 입장에서는 주의회에 프로그램 3을 제안할 것이다. 왜냐하면, 프로그램 3은 낮은 세율(10mills)로 학생의 형평성을 보장할 수 있고, 주정부에 의해 재원이 징수되어지는 학교구가 없기 때문이다. 그리고 정치적인 입장에서도 긍정적이라 볼 수 있다.

6) 전액 주교부금제도

전액 주교부금(full state funding)제도는 학생의 학교교육의 질과 교육기회는 학생의 부모, 지역사회, 그리고 주의 부나 재산의 기능에 따라 차등을 두어서는 안 되며, 따라서 교육은 주정부의 책임이며 주의 모든 학생들에게 동일한 교육비를 수행할 수 있도록 해 주는 제도이다. 다시 말해서 지방정부의 재산세를 완전히 주정부에 이양하며 교육전액을 균등하게 배분할 수 있도록 하는 제도이다. 이 제도는 세입(수입)과 지출 양 측면에서 모든 지방의 차이를 제거하기 위해 고안된 제도이며, 교육에서의 효율성과 평등성(형평성)을 고려하기 때문에 지지를 받고 있다. 이 제도의 특징을 기술하면 다음과 같다.

첫째, 학생과 납세자 모두를 평등 내지 공정하게 취급할 수 있는 방법으로, 학생의 교육적 필요나 가정환경의 차이에 따른 것이 아니라 단순히 어느 지방 또는 학교구에 사느냐에 따라 부당하게 나타나는 학생당 교육비 차이와 납세자들의 불공정한 교육경비 부담이라는 제도적인 모순을 동시에 해결할 수 있다.

둘째, 사회 전체나 주정부 차원에서 보면 지방정부와 학교에 교육재정의 관리와 운영을 위임하는 것은 비효율적이라는 것이다. 즉, 지방정부나 학교구는 충분한 공교육비를 보장할 능력이 없거나 또는 보장하기를 원하지 않으며, 이는 학생들에게 제공해야 할 필수적인 내용을 덜 제공하는 결과를 초래하게 되고, 장기적으로는 고용기회의 상실 혹은 사회보장이라는 문제로 확대될 가능성이 있기 때문에 주정부가 효율적으로 대처해야 한다는 것이다.

셋째, 주정부 수준에서 교육의 책무성이 더욱 강화된다는 것이다. 즉, 특정한 교육활동의 내용과 학업성취 수준을 학교구 또는 지방정부간에 비교해 봄으로써 그 이유나 원인을 찾을 수 있다는 것이다.

7) 학생가중치

학생가중치(student weighting)는 학교급별 또는 교육 프로그램별로 최소한 필수적인 단위 교육비를 산출하고 기준이 되는 어떤 학교급 또는 교육 프로그램(일반적으로 초등학교 기준)의 적정단위 교육비를 기준(1.00)으로 하여 학교급별 및 교육 프로그램별

교육비의 가중치를 구하여 재정을 배분 · 운영하는 제도이다.

학교구별로 지방세를 부과하지 않는 기본교육비 교부금제도를 이용하여 학생가중치제도를 설명하고자 한다. 학생의 각 형태에 따른 가중치는 초등학교(1.00)를 중심으로 유치원 0.50, 중등학교 1.36, 특수학교 2.25, 직업교육 1.50, 소수민족 2개 언어 병용교육 1.25로 적용하였다(사례 20, 21).

〈표 8-23〉 학생가중치(기본교육비 교부금 프로그램 하에서)

학교구	유치원 0.50	초등 1.00	중등 1.36	특수 학교 2.25	직업 교육 1.50	2중 언어 1.25	평균일일등록 학생수 (ADM)	ADM 백분율 (%)	가중일일평균 등록수 (WADM)	WADM 백분율 (%)
A	88	927	557	221	93	32	1,918	5.3	2,405.30	5.4
B	123	960	498	212	103	104	2,000	5.6	2,460.30	5.6
C	123	904	406	316	154	148	2,051	5.7	2,644.70	6.0
D	256	1,794	961	103	115	34	3,263	9.1	3,675.70	8.3
E	234	1,365	567	668	204	310	3,348	9.3	4,449.60	10.0
F	211	1,831	1,084	264	94	26	3,510	9.8	4,178.20	9.4
G	267	1,781	943	417	193	179	3,780	10.5	4,648.50	10.5
H	304	2,253	1,151	748	258	248	4,962	13.8	6,350.40	14.3
I	339	2,315	1,138	934	314	312	5,352	14.9	6,994.70	15.8
J	471	3,069	1,490	284	314	59	5,687	15.9	6,514.70	14.7
합계	2,416	17,199	8,795	4,167	1,842	1,452	35,871	100.0	44,322.10	100.0

[사례 20] 학교구에 배분되어지는 주교부금의 액수가 고정되어 있다면, 어느 학교구가 학생가중치 배분방법으로부터 가장 큰 이익을 얻는가? 이유는 무엇인가?

〈표 8-24〉 학생가중치

세율(mills): 0.0　　기본교육비 교부수준($ /Wt.St): $ 0

학교구	평균 학생수	가중등록 학생수	자산가치	학생 1인당 자산가치	지방 세율	지방 노력	주보조금	주보조 금총액	총교육비
A	1,918	2,405.30	$ 214,278,000	$ 89,090	0.0	$ 0	$ 0	$ 0	$ 0
B	2,000	2,460.30	$ 141,566,200	$ 57,540	0.0	$ 0	$ 0	$ 0	$ 0
C	2,051	2,644.70	$ 88,946,200	$ 33,630	0.0	$ 0	$ 0	$ 0	$ 0
D	3,263	3,675.70	$ 387,208,400	$ 105,340	0.0	$ 0	$ 0	$ 0	$ 0

E	3,348	4,449.60	$ 137,233,300	$ 30,840	0.0	$ 0	$ 0	$ 0	$ 0
F	3,510	4,178.20	$ 660,727,100	$ 158,140	0.0	$ 0	$ 0	$ 0	$ 0
G	3,780	4,648.50	$ 279,338,100	$ 60,090	0.0	$ 0	$ 0	$ 0	$ 0
H	4,962	6,350.40	$ 224,675,400	$ 35,380	0.0	$ 0	$ 0	$ 0	$ 0
I	5,352	6,994.70	$ 595,578,400	$ 85,150	0.0	$ 0	$ 0	$ 0	$ 0
J	5,687	6,514.70	$ 409,669,400	$ 62,880	0.0	$ 0	$ 0	$ 0	$ 0
합계	35,871	44,322.10	$ 3,139,220,500	--	--	--	--	$ 0	--
평균	3,587	4,432.20	$ 313,922,050	$ 71,808	0.0	$ 0	$ 0	$ 0	$ 0

기본적으로 가중치 학생수는 학생 1인당 자산가치액수를 나타내기 때문에 가중치 학생을 많이 가진 학교구는 학생가중치 배분방법에서 많은 재정을 주정부로부터 보조받을 수 있다.

[사례 21] 기본교육비 교부금제도의 사례 5와 같이 세율은 27.2mills로 하고, 학생 1인당 교육비 수준을 $ 3,000로 설정할 경우, 학생가중치는 주정부 보조에 어떻게 영향을 미치는가? 이 배분방법에서 어느 학교구가 가장 큰 수혜를 받는가?

〈표 8-25〉 학생가중치

세율(mills): 27.7 기본교육비 교부수준($ /Wt.St): $ 3,000

학교구	평균 학생수	가중등록 학생수	자산가치	학생 1인당 자산가치	지방 세율	지방 노력	주보조금	주보조금 총액	총교육비
A	1,918	2,405.30	$ 214,278,000	$ 89,090	27.7	$ 2,470	$ 530	$ 1,274,810	$ 3,000
B	2,000	2,460.30	$ 141,566,200	$ 57,540	27.7	$ 1,590	$ 1,410	$ 3,469,020	$ 3,000
C	2,051	2,644.70	$ 88,946,200	$ 33,630	27.7	$ 930	$ 2,070	$ 5,474,530	$ 3,000
D	3,263	3,675.70	$ 387,208,400	$ 105,340	27.7	$ 2,920	$ 80	$ 294,060	$ 3,000
E	3,348	4,449.60	$ 137,233,300	$ 30,840	27.7	$ 850	$ 2,150	$ 9,566,640	$ 3,000
F	3,510	4,178.20	$ 660,727,100	$ 158,140	27.7	$ 4,380	$ 0	$ 0	$ 4,380
G	3,780	4,648.50	$ 279,338,100	$ 60,090	27.7	$ 1,660	$ 1,340	$ 6,228,990	$ 3,000
H	4,962	6,350.40	$ 224,675,400	$ 35,380	27.7	$ 980	$ 2,020	$ 12,827,810	$ 3,000
I	5,352	6,994.70	$ 595,578,400	$ 85,150	27.7	$ 2,360	$ 640	$ 4,476,610	$ 3,000
J	5,687	6,514.70	$ 409,669,400	$ 62,880	27.7	$ 1,740	$ 1,260	$ 8,208,520	$ 3,000
합계	35,871	44,322.10	$ 3,139,220,500	--	--	--	--	$ 51,820,990	--
평균	3,587	4,432.20	$ 313,922,050	$ 71,808	27.7	$ 1,988	$ 1,150	$ 5,182,099	$ 3,138

학생가중치를 적용할 경우, 기본교육비 교부금제도에서의 주정부 보조금($ 29,960,580)보다 증가($ 51,820,990)한다. 그 중에서도 많은 가중등록 학생수를 가진 E, G, H, 1, J학교구는 이 배분방법 아래에서 가장 큰 수혜 학교구가 된다.

8) 포뮬러 펀딩제도

포뮬러 펀딩제도는 표준교육조건을 설정하고, 이에 필요한 최소 필수의 교육비 소요판단에 근거한 재정배분의 표준을 공식화하여 재정을 배분하는 제도이다(Ross & Levacic, 1999). 최근 우리나라에서도 단위학교의 교육활동을 지원하는 데 있어 공정성과 투명성을 확보하기 위한 측면에서 포뮬러 펀딩모형에 의한 교육사업 예산 배분이 이루어지고 있다. 포뮬러 펀딩에서 사용하고 있는 요소들은 학생기본경비, 교육과정경비, 학생특성 보정경비, 학교특성 보정경비의 4가지 카테고리로 묶을 수 있다(Ross & Levacic, 1999; 천세영 외 2002 재인용). 그리고 미국 1997-1998년도 시애틀 학생기준재원의 배분모형을 소개하면 다음과 같다(천세영 외, 2002: 149-173).

〈표 8-26〉 포뮬러 펀딩의 기본 구성요소

영역	구분	지표
카테고리 I : 학생기본경비		
1(a) 기본경비	1(a) 총학생수	1(a) 재학생총수
1(b) 가변경비	1(b) 학년별학생수	1(b) 학년별(학교급별) 재학생총수
카테고리 II : 교육과정경비		
	2(a) 특별교육과정수요	2(a) 외국어반 재학생수
	2(b) 특별학급	2(b) 특별학급 재학생수(기술학교 등)
카테고리 III : 학생특성보정경비		
	3(a) 저소득층지원	3(a) 학생장애지원
	3(b) 언어지원	3(b) 언어부진아학생비율
	3(c) 부진학생지원	3(c) 20백분위 이하 부진학생비율
	3(d) 학습장애지원	3(d) 학습장애자판정자수
카테고리 IV : 학교특성보정경비		
	4(a) 소규모학교경비	4(a) 초등 200명 이하, 중등 600명 이하
	4(b) 벽지가산경비	4(b) 50,000이상 도시로부터의 격리거리
	4(d) 건물유지비	4(c) 학교건물면적(m^2)

자료 : K. N. Ross & Levacic, *Needs Based Resource Allocation in Education*(Unesco: IIEP, 1999).

미국의 학교재정 배분은 주정부에서 시행하고 있다. 주정부에서 주관하여 학교구(school district)에 예산을 배분하면 학교구는 이를 학교의 수요에 따라 집행하는 기능을 수행한다. 대표적으로 시애틀 학교구의 학교재정배분 방식을 살펴보면 다음과 같다.

시애틀의 학교재정배분 포뮬러의 가장 큰 특징은 가중학생수(weighted student)를 고려하였다는 것이다. 시애틀의 공립학교의 재정배분은 크게 기본경비 배분(foundation allocation)과 가중학생당비용 배분(weighted student allocation)으로 이루어지고 있다(Joesph Olchegske, 1997).

1997-98년도 시애틀의 학생기준재원(Student Revenue)은 다음과 같은 포뮬러 펀딩에 의해 배분되었다.

학생기준재원 = [교육비차이도지수 + 학생특성지수] × 기본경비(Base Funding)

1997/98년도 시애틀의 학교재정배분 포뮬러 펀딩 모델은 다음의 〈표 8-27〉과 〈표 8-28〉에서 보듯이 표준학교 또는 최소학교 수준을 설정하고 그에 필요한 기본경비배분과 학년과 학생특성을 고려한 가중학생당경비를 배분하는 것으로 이루어져 있다.

〈표 8-27〉 시애틀의 단위학교 기본재정배분 기준

학교급별	최소규모	US $
초등학교	학생 250명	$174,410
중학교	학생 600명	$366,738
고등학교	학생 1000명	$477,670
기타(Non-Traditional)	학생 250명	$174,410
· 중학교학생당경비		$ 302
· 고등학교학생당경비		$ 285

〈표 8-28〉 시애틀의 가중학생당 경비를 위한 지수

학년구분	기본 지수	특수교육(Level)					이중언어 사용	점수(%)			무료 급식
		1	2	3	4	4B		0-10	11-20	21-30	
취학전	0	0.92	0.92	1.51	1.51	4.00	0.00	0	0	0	0
유치원	0.5	0.28	0.49	1.34	1.60	3.88	0.13	0	0	0	0.087
종일제 유치원	1	0.57	0.98	2.68	3.80	7.76	0.26	0	0	0	0.087
초등학교 (1-3)	1	0.57	0.98	2.68	3.80	7.76	0.26	0.05	0.03	0.02	0.087
초등학교 (4-5)	0.94	0.57	0.98	2.49	3.80	7.76	0.26	0.05	0.03	0.02	0.087
중학교 (6-8)	0.87	0.57	0.98	1.43	3.74	7.70	0.41	0.05	0.03	0.02	0.18
고등학교 (9-12)	0.88	0.57	0.98	1.08	3.74	7.70	0.42	0.12	0.06	0.04	0.109

이상에서 교육재정의 경제적 · 정치적 측면과 배분의 준거로서 평등성, 형평성, 효율성의 측면을 고찰하고, 미국 주정부의 교육재정 배분 모형에 기초하여 사례로 시뮬레이션한 결과를 통해 각 배분제도의 장 · 단점을 분석하였으며, 이를 토대로 우리 나라의 교육재정을 합리적으로 배분할 수 있는 방안을 탐색하였다.

교육재정의 경제적 · 정치적 측면을 파악하기 위해 첫째, 얼마나 많은 예산을 교육에 할당하고, 둘째, 납세자와 학생들의 공정성을 고려하여 어떻게 배분하며, 셋째, 어떻게 관리할 것인가의 세 영역으로 구분하여 경제적 측면에서는 교육경제(할당), 교육재정(배분), 그리고 학교행정 · 경영(관리)을 제시하였으며, 정치적인 측면에서는 공익 선택, 조세, 학교조직에 있어서의 의사결정 규칙을 중심으로 다루었다. 이 세 가지 논의들은 다소 논쟁의 여지가 있기는 하지만 교육재정 연구, 교육재정 모형개발과 교육재정 집행에 있어 유용한 시사점을 제공할 것이다.

교육재정 배분의 준거로는 평등성, 형평성, 효율성을 살펴보았다. 평등성은 교육기회를 공평하게 보장할 수 있도록 교육재정을 배분하고자 하는 것으로 결국, 형평성의 준거에 의해 그 개념이 넓어진다고 볼 수 있다. 효율성이란 교육재정의 배분에 있어 산출의 극대화를 가져오기 위한 것이다. 그러므로 교육재정 배분에 있어서는 평등성, 형평성, 효율성을 동시에 만족하도록 재정을 배분해야 할 것이다.

미국의 교육재정 배분은 주를 중심으로 지역간의 부를 균등화하고, 교육 필요를 균등화하며, 교육경비를 균등화하는 방향에서 이루어지고 있다. 이러한 방향에서 각 주들은 나름대로의 교육재정 배분모형을 개발하여 적용해 왔다. 재정배분제도는 경제적 대공항을 거치면서 각 학교구별로 교육여건의 차이가 극심해지자 이러한 문제점을 해결하기 위하여 주정부에서 학생당 교육비를 지원하는 정액교부금제도를 제안하였다. 그러나 이 제도는 지역의 불균형을 완화하는 역할을 수행하지 못하였기 때문에 이어서 기본교육비제도로 대치되었으며, 이 제도가 수정 · 발전되어 지방재정능력균등화제도, 비율형평교부금제도, 과세보장제도, 전액 주교부금제도, 그리고 학생가중치 등으로 보완 · 발전되어 왔다.

우리나라의 경우, 교육재정의 영세성을 탈피하기 위하여 정부에서는 재정 확보의 측면에서 총력을 기울이고 있지만 재정의 합리적인 배분에는 다소 소홀하였다고 할 수 있다. 따라서 확보된 교육재정을 효율적 · 합리적으로 배분하여 예산의 낭비요소를 없애고, 교육의 생산성을 높이는 일은 어떤 의미에서 재정확보보다 더 중요하다고 할 수 있다.

앞으로, 지방교육자치제가 정착되면서 지방교육의 균형적인 발전을 도모해 나가기 위해서 지방교육재정을 합리적으로 배분하기 위한 제도적 보완이 이루어져야 할 것이며, 교육개혁이 설정한 교육목표를 성공적으로 달성하기 위하여 충분한 교육재정의 확보는 물론 합리적인 재정배분과 운영에도 힘을 기울여야 할 것이다. 산적한 교육문제를 해결하고, 방대한 교육개혁 사업을 효과적으로 집행하기 위해서 교육투자의 효율성을 위한 다양한 교육재정 배분과 운영상의 모형을 개발 · 적용하여야 할 것이다.

제5절 교육의 경제적 효과와 수익분석

1. 교육의 경제적 효과

여기서는 지금까지 교육의 경제학적 접근을 통하여 많은 연구들이 실증적으로 규명한 교육투자의 경제적 효과를 경제 성장에 대한 효과, 소득분배에 대한 효과, 개인 및 사회소득의 증대 효과, 교육의 외부편익 효과 등을 살펴보고, 이를 측정하는 기법인 비용-효과 분석 및 비용-수익분석 기법에 대해 기술하고자 한다.

1) 경제 성장에 대한 효과

교육투자가 사회 · 경제적 측면에 주는 효과로서 중요한 것은 경제 성장에 대한 효과라고 할 수 있다. 교육투자의 경제성장에 대한 효과는 교육이 인간 재능의 계발에 기여하고, 인간 재능 계발이 경제 성장에 긍정적인 효과를 가져온다는 것이다. 교육의 경제적 가치를 강조한 Schultz(1963: 39~42)는 교육의 수익을 ① 산업체가 교육 연구로부터 얻는 수익, ② 잠재적 능력의 발견과 계발, ③ 경제 성장에 따른 취업 사회의 변화에 대한 적응력 향상, ④ 교육의 전통적 기능인 교수활동을 담당하는 교원 양성, ⑤ 경제 성장에 따른 고급 기술인력의 수요 충족 등으로 제시하고 있다.

그리고 Rodriguez와 Davis(1974: 28~47)는 경제 체제에 대한 교육의 투자 효과를 다음과 같이 기술하고 있다. 첫째, 교육투자는 노동 생산성의 향상을 통하여 기업의 생산성을 높여 노동자의 소득과 고용을 높이면서 사회적 부의 증식에 공헌하며, 둘째, 교육투자는 지식의 갱신과 지식의 재생산을 통하여 계속적인 기술 혁신을 꾀하여 경제 성장에 중추적 기능을 하며, 셋째, 교육투자는 국민의 건강 증진, 계속적인 현장 훈련의 강화, 그리고 성인 직업훈련에 투자되면서 중요한 사회적 부를 형성하는 경제적 투자의 기능을 한다. 여기서 보는 바와 같이 경제 성장에 대한 교육투자의 효과를 가장 중요하게 인식하고 있음을 알 수 있다.

교육투자가 경제 성장에 주는 효과를 측정하는 방법은 주로 잔여요인 접근방법(residual approach) 등에 의하여 이루어진다. Denison(1962)은 1929~1957년까지의 미국에서 경제성장에 대한 교육투자의 기여도를 23%라고 밝혔으며, Schultz(1968)는 1929~1957년까지의 교육투자의 경제 성장에 대한 기여도는 17.3%라고 측정하였다. 우리 나라에서 교육의 경제 성장에 대한 기여도를 분석한 결과를 제시하면 〈표 8-29〉와 같다.

〈표 8-29〉 교육의 경제 성장에 대한 기여도

연구자	기여율(%)	연구대상 기간	분석방법
배종근(1969)	12.6	1957~1960	Denison의 잔여요인 분석방법
이영기(1971)	14.8	1962~1968	Schultz의 잔여요인 분석방법
김영봉(1975)	40.81	1960~1970	Denison의 잔여요인 분석방법
박래영(1976)	1.4	1953~1971	투입-산출 분석방법
배종근(1977)	11.66	1960~1974	Denison의 잔여요인 분석방법
김영봉 외(1980)	7.8	1960~1974	Denison의 잔여요인 분석방법
송위섭(1981)	3.5	1955~1979	Denison의 잔여요인 분석방법
김광석(1983)	0.4	1963~1981	Denison의 잔여요인 분석방법
박래영(1983)	1.7	1953~1981	투입-산출 분석방법
이상기(1989)	13.5	1975~1987	Schultz의 잔여요인 분석방법

출처: 한유경(1992: 42); 김영화 외(1996: 39).

이상의 연구결과를 살펴보면, 연구자에 따라 교육투자 효과가 경제 성장에 기여하는 비율이 다소 상이한 것은 대상기간의 설정이나 측정방법에 따라 교육의 경제 성장에 대한 기여도가 과대 혹은 과소평가 되었을 가능성이 있으며, 또한 자료수집과 접근방법 자체가 지니는 한계점 등에 따라서도 서로 달라질 수 있다. 그러나 지속적인 경제 성장에 미치는 여러 가지 요인 중에서 인적 자본에 대한 투자, 즉 교육이 그 중요한 요인 중의 하나라는 것을 실증적으로 보여준다고 할 수 있다.

2) 소득 분배에 대한 효과

교육투자의 효과는 경제 성장에 기여할 뿐만 아니라 개인소득의 수준에도 영향을 미치게 된다. 따라서 교육투자의 효과 분석에서는 경제 성장에 대한 기여도 뿐만 아니라 소득 분배에 주는 효과 분석도 관심의 대상이 된다. 교육과 소득 분배에 대한 이론적 설명은 소위 정통 이론으로서 인적 자본론(human capital approach)과 이에 대한 선발가설(screening hypothesis), 이중 노동 시장론(dual labor-market hypothesis), 그리고 급진론(radical approach) 등의 자본주의 경제 체제에 대한 비판론 등을 들 수 있다.

Becker(1964)는 '인적자본론'에서 인적 자본의 효과를 분석하면서 인적 자본과 소득의 인적 분배를 밝히는 분석모형을 개발하였다. 그의 모형은 교육투자에 작용하는 요인을 수요와 공급 측면에서 고찰하고, 수요와 공급조건의 교차점에서 적정 인적 자본 투자량이 결정되고, 따라서 투자량의 차이에 따라 소득의 차이와 분포가 결정된다는 것을 제시하고 있다.

또한, Mincer(1974)는 학교교육, 경험의 축적, 그리고 소득간의 관계를 규명하는 이론 모형을 개발하고, 개인소득의 분배에 있어 그 불균등의 60%까지는 학교교육과 현직 경험의 과정에서 형성된 인적 자본으로 설명할 수 있음을 실증적인 자료를 통하여 입증하였다.

우리 나라에서는 한국개발연구원과 Harvard대학의 연구팀이 한국의 근대화 과정에 대한 연구 과제를 수행하면서 25년 동안(1950~1975년)의 한국의 경제 성장에 대한 교육의 기여도를 분석함과 아울러 소득분배의 변화에 대한 교육의 영향을 검토한 바 있다. 이 연구에서는 한국이 이 기간 동안 급속한 교육의 양적 성장이 소득분배에 미친 영향에 주목하면서 소득분배와 교육투자와의 관계에서 소득분배에 장애요인으로 교육정도별 투자수익률의 차이보다는 교육 기회의 배분 격차를 지적하고 있다. 이 외에도 이 연구에서는 교육이 소득분배에 상당한 영향을 미치고 있다는 것을 기술하고 있다(강무섭 외, 1983: 46).

3) 개인 및 사회 소득의 증대 효과

교육투자가 개인 및 사회 부의 증식에 주는 효과는 개인 및 사회 소득의 증대에 있다고 할 수 있다. 개인 및 사회 소득의 증대에 영향을 미치는 교육투자의 효과는 다음과 같다. 즉, 교육연한이 길수록 연간 소득은 많아지며, 교육성취도가 높아질수록 총생애소득은 증가하며, 그리고 생애소득이 현재 투자에 대한 수익으로 환산될 때 소득에 대한 한계수익(marginal benefit)은 긍정적으로 나타나 소득을 증가시킨다(Levin, et at., 1971: 1~15).

또한, 국가 사회가 교육을 위하여 지출하는 투자가 많을수록 보다 많은 국민이 높은 수준의 교육을 받게 되어 그 결과 국민의 소득 수준이 높아지게 된다. 따라서 국가에 납부하는 세금도 많아진다. 이렇게 하여 국가 및 사회가 교육에 투입하는 교육투자는 국가 및 사회 부를 증식하는 데 전환되고 환원된다는 것이다(강무섭 외, 1983: 47).

개인 및 사회 소득의 증대에 대한 교육투자의 효과는 개인적 및 사회적 수익률 측정방법에 의해 밝혀진다. Psacharopoulos(1973, 1981, 1985)는 교육투자의 개인적 및 사회적 수익률을 측정하기 위하여 1958년~1978년 동안 44~61개국을 대상으로 교육정도에 따라 근로자 소득을 근거로 하여 분석하였다. Psacharopoulos(1985)는 저개발, 개도국, 선진국에서 초등, 중등, 고등교육의 개인적 및 사회적 수익률을 측정하였는 바, 이를 제시하면 〈표 8-30〉과 같다. 즉, 개인적이든 사회적이든 초등 교육에 대한 투자 수익률이 모든 교육수준 중에서 가장 높으며, 개인적 수익률은 특히 고등교육 단계에서 사회적 수익률을 초과한다는 것이다. 또한, 대체적으로 개인적 및 사회적 수익률은 100% 이상으로 나타나 교육에 대한 투자는 매우 효과적인 것으로 밝히고 있다.

〈표 8-30〉 교육수준별에 따른 평균 수익률(국가유형과 수준별)

(단위 : %)

국가 \ 영역	개인적 수익률			사회적 수익률		
	초등	중등	고등	초등	중등	고등
아프리카	45	26	32	26	17	13
아시아	31	15	18	27	15	13
라틴아메리카	32	23	23	26	18	16
개도국	17	13	13	13	10	8
선진국	-	12	12	-	11	9

출처: Psacharopoulos(1985).

4) 교육의 외부편익 효과

교육의 경제적 효과에 대한 대부분의 연구는 교육으로 인하여 발생하는 수익이 이웃, 고용주, 동료 및 일반 사회의 복지를 향상시킨다는 것을 간과하고 교육을 직접적으로 받은 자만의 수익을 측정하려고 시도하였다.

Weisbrod(1964: 106~123)는 교육을 직접받은 사람은 물론 교육을 받지 않은 다른 사람에게도 교육의 혜택(편익)이 있다는 것을 밝혔다. 교육이 제공되는 학교구 내에서는 물론 그 지역 이외의 사람에게도 교육의 외부 편익, 즉 거주관련 편익, 고용관련 편익, 그리고 사회 전반적 편익이 발생한다고 기술하고 있다.

첫째, 거주관련 편익(residence-related benefit)은 교육을 직접받은 사람과 그 주위지역 주민 사이의 관계에서 발생하게 되는 편익을 말한다. 여기서 혜택을 받는 대상은 학생의 현재 가족, 학생의 미래 가족(세대간 편익), 이웃 및 학생들이 거주하는 다른 지역의 주민이 된다.

둘째, 고용관련 편익(employment-related benefit)은 교육을 받은 사람이 취업을 함으로써 그 직장에 편익이 발생하는 것을 의미한다. 교육받은 사람으로 인하여 상품질의 개선, 생산성의 향상이 이루어졌을 때 그 영향이 동료 및 고용주에게 미치게 된다. 아울러 동료들간 및 고용주와 피고용인들간에 우호적인 관계를 유지하게 된다.

셋째, 사회 전반적인 편익(society-related benefit)은 교육이 사회 전반적인 문제해결과 정치 · 경제체제 전반에 대해 안정을 유지하게 해 준다. 즉, 시장 경제 중심과 경쟁의 유지, 정치 민주화, 기회균등의 실현, 문화발전 등에 영향을 미치게 된다. 따라서 교육이 제공되는 학교구(school district) 내에서는 물론 그 지역 이외의 사람에게도 교육의 외부편익이 발생한다고 기술하고 있다.

〈표 8-31〉 교육의 개인적 및 사회적 편익

구 분		개인적 편익	사회적 편익
직접적 편익	금전적	· 교육비용이 지출된 후에 순소득 증가 · 부가적인 편익	· 교육의 결과로서 나타나는 교육비용의 증가는 교육받은 사람에게 제공됨
	비금전적	· 학생과 부모 모두에 대한 새로운 지식과 문화적 기회에 노출시킴으로써 만족 증대	
간접적 편익	금전적	· 각 교육수준에서 유망한 직업 선택 · 가외수당으로 재화와 용역소비 증대	· 기타 소득의 증가 -세대간 효과로 아동이 더 나은 교육을 받게 됨으로써 미래의 생산성 증가 -과세효과로 조세부담 감소 -간접 소득효과로 노동자의 생산성과 소득을 증가

	비금전적	· 부모와 자녀 사이의 세대간 효과 · 직업 만족	· 고용주는 잘 훈련되고 숙련된 노동력을 활용 · 이웃의 향상된 생활조건

출처: John, Morphet & Alexander(1983 : 541).

또한, 교육의 경제적 편익은 〈표 8-31〉에서 제시한 바와 같이, 금전적 또는 비금전적, 그리고 사적(개인적) 또는 사회적 편익 등으로 나눌 수 있다. 교육의 금전적 편익은 측정될 수 있고 대개 비용-수익 분석(lost-benefit analysis)에서 활용되지만, 교육에 대한 사회적 외부 편익은 양화하기 어려우며, 또한 교육에 대한 투자수익률로서 측정하기 어렵다. 개인의 야망, 가족관계, 부모의 사회 · 경제적 지위, 유산, 인종, 성별, 그리고 부모의 교육정도 등에 대한 선천적 능력은 미래 잠재적 소득에 관계가 있지만 정확하게 양화할 수는 없다.

2. 교육의 비용-효과/수익 분석

1) 비용-효과/수익 분석의 개념

비용-효과 분석(cost-effectiveness analysis)은 직 · 간접적인 비용과 얻어진 이득이나 수익간의 평가에 기초한 여러 대안의 체계적 검토 · 비교로서 정의할 수 있다(Benson, 1968: 257). 즉 비용-효과 분석은 산정된 산출 변인에 대한 효과를 양적으로 평가하고, 그러한 효과를 산출하는데 소요되는 비용을 측정 · 평가하는 방법론적 틀이라고 할 수 있다. 비용-효과 분석에 있어서 산출 변인은 구체적인 프로그램의 편익(효과) 지표로서 나타나게 된다.

또한, Quade(1967: 1~2)는 비용-효과 분석을 '가능한 여러 대안 중에서 더 나은 대안을 선택할 수 있도록 정책 결정자들에게 도움을 주는 분석적 방법이며, 구체적 목적을 달성하는데 비용과 효과면의 측정 과정에 있어서 대안들간의 비교'라고 정의하고 있다. 그리고 Knezevich(1973: 326)는 효과면에서 '대안을 체제적으로 검토하여 산출과 비용을 측정하는 것'을 비용-효과 분석 개념으로 규정하고 있다. 교육 프로그램의 비용과 효과를 분석할 때 Forbes(1974: 21)는 '효과성을 프로그램의 목적 달성 정도'로 밝히고 있다.

이들 제 학자들의 의견을 종합할 때 비용-효과 분석에서의 효과는 금전적으로 표시할 수 없는, 즉 양화할 수 없는 경제적 이익을 밝히며 그 측정 방법은 일반적으로 비용-효과율, 성취율(performance ratio) 등을 들 수 있다.

한편, 비용-수익 분석(cost-benefit analysis)은 프로그램이나 사업의 총 비용에 대한 총수익 가치를 측정하는 기법으로서, 이 방법은 자연자원 개발 프로젝트의 비용과 수익을 측정하기 위하여 처음으로 사용되었다. 이 분석 방법은 자원의 최적 배분, 즉 주어진 비용 수준에서 수익을 극대화하든지 혹은 정해진 수익하에서 비용을 최소화하는 데 그 초점을 두고 있다.

Prest와 Turvey(1965: 683~735)는 비용-수익 분석을 '장기적인 안목으로 보는 것이 매우 중요한 경우 사업의 바람직한 정도를 평가할 수 있는 하나의 실용적 방법'으로 보고 있다. 즉, 관련된 모든 비용들과 수익들을 하나하나 열거하고 평가하는 방법으로 장기적인 입장에서 사업의 수익성을 평가하기 위하여 그 사업에 관련된 모든 비용과 수익을 측정하는 것으로 정의 내리고 있다.

그리고, Knezevich(1973: 326)는 비용-수익 분석을 경제적 비용과 경제적 가치에 의하여 결정되는 대안의 체제적 검토로 개념을 규정하고 있다. 이와 같이 비용-수익 분석은 프로그램의 대안들을 평가하는 경제 분석기법으로서, 프로그램에 투입될(혹은 투입된) 비용과 결과의 경제적 가치를 비교하는 방법이라고 할 수 있다. 금전적인 측면에서 투입과 산출의 양자를 평가하게 되는데 그 측정 방법으로서 일반적으로 ① 순현재 가치(net present value: NPV), ② 비용-수익비(cost-benefit ratio), ③ 내부수익률(internal rate of return: IRR)의 세 가지가 있다.

2) 비용-효과/수익 측정 방법

교육투자에 대한 효과를 경제적으로 분석 · 파악하기 위해서는 교육에 대한 투입과 산출을 관련시켜 효과성과 수익성을 측정하게 된다. 비용-효과성이란 교육 프로그램이나 체제에 투입된 모든 요소의 비용을 산출된 효과와 대비한 수치이며, 비용-수익성이란 장래에 기대되는 수익의 현재 할인가치(present discounted value)를 그 때까지의 투입 비용의 현재 할인가치로 나누어 얻은 비를 말한다. 기본적으로 효과성은 설정된 목표와 실제 얻어진 결과 또는 산출간의 관계에 의하여 측정되

고, 수익성은 투입된 비용에 대한 장래 벌어들일 수 있는 수입의 관계에 의하여 측정된다.

교육체제의 효과성과 수익성을 분석하기 위한 투입-산출의 개념적인 모형에는 체제의 투입변인과 산출변인이 제시되며, 이들 투입과 산출을 대비하는 효과성과 수익성이 측정됨을 보여주고 있다. 교육체제의 투입변인으로는 체제 밖으로부터의 요구와 지원, 교육 목표, 학생, 비용 등이 포함된다. 그리고, 체제의 산출변인으로는 졸업생이 되며, 구체적으로는 졸업생이 체제의 전환과정을 통하여 습득하는 지식 및 기능 · 기술의 활용, 직업에 대한 만족도, 그리고 소득 등이다. 이러한 체제의 산출은 결국 사회로 되돌려지고, 사회에 대한 비경제적 · 경제적인 수익을 가져다 주게 된다. 이러한 사회에 되돌려진 학교교육의 비경제적 · 경제적인 수익은 다시 교육체제에 피드백되는 순환과정을 거치게 된다.

이와 같은 순환과정은 바로 투입에 대한 산출을 대비함으로써 평가된다. 즉, 설정된 교육 목표가 어느 정도 달성되었는가를 측정하는 것이 효과성이 되며, 투입된 비용에 비하여 경제적인 수익이 있었는가를 측정하는 것이 수익성이 된다. 또한, 수익성은 그 수익이 교육을 받은 사람에게 직접 귀속되는 개인적인 측면과 전체 사회에 귀속되어지는 사회적인 측면이 있다.

(1) 효과성 측정

학교교육의 효과성은 목표가 달성된 정도를 나타내게 되며, 실제 얻어진 산출을 설정된 목표 수준으로 나누어서 계산한다. 프로그램의 산출이 여러 가지일 때는 각 산출의 효과성을 합하여 종합 효과성 지수(composite effectiveness index)를 계산할 수 있으며, 이를 다시 산출변인 수로 나누어 평균 효과성 지수(average effectiveness index)를 계산할 수 있다. 학교교육 프로그램의 효과성을 측정하는 방법을 공식화하면 다음과 같다. 프로그램의 효과성(PEi) 점수는 프로그램의 산출(POi)을 설정된 목표(TGi)로 나누어서 얻어진다. 그리고 학교교육 프로그램에서 N개의 산출변인이 있을 경우 효과성 점수를 합하여 종합 효과성 지수를 계산하는 공식은 다음과 같다.

$$PEi = \frac{POi}{TGi} \quad \cdots\cdots\text{(프로그램 단위 산출의 효과성 지수)}$$

$$\mathrm{CPE} = \sum_{i=1}^{n} \frac{POi}{TGi} \quad \cdots\cdots\text{(프로그램 종합 효과성 지수)}$$

$$\mathrm{APE} = \frac{\sum_{i=1}^{n} \frac{POi}{TGi}}{N} \quad \cdots\cdots\text{(프로그램 평균 효과성 지수)}$$

또한, 각 산출변인의 효과성을 투입된 단위 교육비(학생 1인당 교육비)로 나누어서 비용-효과율(cost-effectiveness ratio)을 측정할 수 있다. 비용-효과율은 단위 비용당 목표 성취의 정도를 의미한다. 학교교육 프로그램의 각 산출변인에 대한 비용-효과율(C-ER)은 학생 1인당 교육비(student unit cost : SUC)를 나누어 측정한다. 공식으로 표시하면 다음과 같다.

$$C-ER = \frac{PEi}{SUC}$$

(2) 수익성 측정

교육 프로그램의 장기적인 목표로서 경제적인 수익(수입)은 프로그램을 이수한 학생들이 벌어들일 수 있는 미래의 소득으로 측정된다. 학교교육을 받는데까지 투자된 총 비용과 교육을 받은 후 벌어들일 수 있는 평생 기대 소득을 대비하여 수익성을 측정하는 방법은 일반적으로 세 가지 방법, 즉 투자에 대한 내부수익률, 투자의 순 현재 가치, 그리고 비용-수익비가 있다.

교육투자에 대한 내부수익률이란 소득의 현재 가치와 투자 비용의 현재 가치를 일치시키는 할인율을 계산함으로써 추정된다. 내부수익률을 구하는 접근방법은 많은 학자들이 제시하고 있지만, 일반적으로 교육에 투자된 비용과 소득의 차를 구하여 비율을 내는 방법과 투자된 비용과 소득의 순 현재 가치를 일치시켜서 구하는 접근방법이 있다(Davis, 1974: 46). 여기서는 학교교육에 투자된 비용의 현재 가치와 평생 기대 소득의 순현재 가치를 일치시켜서 할인율을 구하는 접근방법을 활용한다. 이를 공식으로 나타내면 다음과 같다.

$$\sum_{t=1}^{n}\frac{Xt}{(1+r)^t}=\sum_{t=1}^{n}\frac{Yt}{(1+r)^t}$$

Xt : X 교육 수준의 비용 흐름
Yt : Y 교육 수준의 소득 흐름
r : 내부수익률
n : 경력연수

내부수익률에 의한 수익성 측정방법은 투자된 비용에 대하여 수익이 개인에게 귀속되는 개인적 내부수익률과 국가 사회에 귀속되는 사회적 내부수익률로 구분된다. 순 현재 가치(NPV)에 의한 학교교육 투자의 수익성은 비용(교육비)의 현재 가치에 대한 수익의 현재 가치 초과분의 크기로 측정된다. 이 때 순 현재 가치가 0보다 클 때 수익성이 있다고 본다. 여기에서 수익의 현재 가치(Bo)와 비용의 현재 가치(Co)는 다음과 같이 측정된다.

$$\text{NPV} = \text{Bo} - \text{Co} > 0$$

Bo : 수익의 현재 가치
Co : 비용의 현재 가치

$$Bo=\sum_{i=1}^{n}\frac{Yi}{(1+r)^t} \qquad Co=\sum_{t=1}^{n}\frac{Xi}{(1+r)^t}$$

Xi : i년도의 연간비용
Yi : i년도의 연간수익
r : 시장 이자율
i : 시간(연도)
n : 프로젝트의 수행 기간(년)

비용-수익비, 역시 비용의 현재 가치와 소득의 현재 가치를 대비함으로써 수익성을 측정하는 방법이다. 즉, 소득의 현재 가치를 비용의 현재 가치로 나누어서 나온 비가 비용-수익비이다. 이때 비용-수익비(C-BR)가 1보다 클 때 수익성이 있다고 본다. 공식은 다음과 같다.

$$C-BR=\frac{Bo}{Co}=\frac{\sum_{i=1}^{n}\frac{Yi}{(1+r)^{n}}}{\sum_{i=1}^{n}\frac{Xi}{(1+r)^{n}}}$$

또한, 비용-수익 분석과 비용-효과 분석의 결과가 비용이나 수익 및 효과의 발생 확률에 대한 가정의 변동에 대하여 얼마나 예민하게 변동하는가를 파악하기 위하여 흔히 민감도 분석(sensitivity analysis)을 활용하게 된다. 두 개의 교육정책 대안을 비교할 때 순수익이나 비용-수익비를 계산하였음에도 불구하고 확실히 그러한 결과가 생긴 것인지에 대해 불확실한 경우가 있다. 이러한 경우에 미래의 여건에 대해 몇 가지 상이한 가정을 하고, 상이한 가정하에서 비용-수익비나 순수익 및 순효과가 얼마만큼 예민하게 변하는가를 파악하는 것이 바로 민감도 분석이다.

이상에서 교육투자에 대한 경제적 효과를 측정하기 위한 비용-수익 분석과 비용-효과 분석의 제 기법들을 소개하였다. 교육에 투입되는 경비가 전체 국가의 재정 중에 막대한 비중을 차지하고 있고, 또한 국민들의 교육비 부담도 날로 증가하고 있다. 따라서 한정된 교육재원을 가지고 다양한 교육활동에 합리적으로 배분하기 위해서는 교육투자에 대한 경제적 효과를 분석하여 이에 기초한 투자 우선 순위 결정과 효율적인 운영이 있어야 할 것이다.

제 9 장

교육 지도성

제1절 교육 지도성의 의의
제2절 지도성 연구의 접근방법
제3절 여성과 교육행정가

제1절 교육 지도성의 의의

지도성은 모든 조직이나 집단에서 매우 중요하며, 특히 교육조직에서 교육행정가의 지도성은 조직의 성공 여부를 결정하는 주요한 요인 중의 하나로 인식되고 있다. 이러한 지도성에 대한 관심은 제 3장에서 살펴본 교육행정이론 중 인간관계론 시대에 들어오면서 그 중요성이 강조되었다. 특히, 최근 학교개선이나 효과적인 학교를 위한 학교행정가의 역할이 부각되고 있어, 이에 따른 학교행정가의 강력한 지도성이 요구되고 있다.

지도성을 이해하는 데 있어서는 사람, 과정, 체제의 세 가지 요소가 중요한 기능을 한다. 즉, 지도성은 독특한 개인의 심리적 자질이나 행동적 특성(사람), 구성원들을 복종하도록 유도 혹은 강요하는 기술(과정), 그리고 공식적 · 비공식적 구조, 다양한 문제 상황 혹은 외부 조직 환경(체제) 등에 따라 특징지워진다.

Stogdill(1974: 7~16)은 지도성의 다양한 측면들을 ① 집단과정의 핵심, ② 인성과 그 영향, ③ 복종을 유도하기 위한 기술, ④ 영향력의 행사, ⑤ 행위나 행동, ⑥ 설득의 한 형태, ⑦ 목표달성의 수단, ⑧ 상호작용의 효과, ⑨ 분화된 역할, ⑩ 구조의 창출 등으로 파악하고 있다.

이와 같은 측면에서 노종희(1992: 264)는 지도성을 '주어진 상황에서 설정된 목표를 효과적으로 달성하기 위하여 구성원들로 하여금 그들의 노력과 에너지를 목표달성 과정에 투입하도록 유도하고 설득하며, 영향을 주는 일련의 과정'으로 보고 있다.

따라서 지도성(leadership)이란 일반적으로 바람직한 목표를 달성하기 위하여 조직 내의 개인 및 집단을 유도하고 조정하며, 동작하게 하는 기술 및 영향력이라고 할 수 있다(Pfiffner & Presthus, 1960: 60). 이러한 지도성은 대체로 다음과 같은 특징을 지니고 있다(윤재풍, 1991: 188~189).

첫째, 지도성은 목표와 관련된다. 즉 지도성은 조직이나 집단이 달성하고자 하는 미래상과 관계를 가지고 조직에서 설정한 목표를 전제로 행동을 전개하는 과정이다.

둘째, 지도성은 지도자(leader)와 추종자(follower)간의 관계이다. 지도자는 그가 통솔하는 조직이나 집단 전체의 목표와 그 자신의 권위에 의거하여 추종자의 행동에 영향을 미친다.

셋째, 지도성은 공식적 계층제의 책임자만이 갖는 것은 아니다. 지도성은 어떤 상황하에서 조직의 목표를 달성하기 위하여 그 조직이나 조직 구성원의 행동을 자극하고 영향을 미치는 과정으로 파악한다면, 지도성은 반드시 공식적인 조직 책임자의 전유물만은 아니다. 즉, 조직 책임자의 직권(hardship)과 구별되어야 하며, 지도성은 동료간 및 조직 전체에서 행사된다.

넷째, 지도성은 추종자에게 일방통행식의 상의하달 형태로 행동을 강요하는 것이 아니라 조직 구성원과의 상호작용의 과정을 통해서 발휘된다.

끝으로, 지도성은 지도자의 권위(authority)를 통해서 발휘되게 된다. 즉 지도자가 타인의 행동을 유발하고 인도하며, 조정 내지 통합할 수 있는 능력에 따라서 발휘되게 된다. 이러한 권위는 Weber가 제시하고 있는 공식적인 법적 지위 뿐만 아니라, 전문적인 기술 능력과 기타 여러 가지 지도자의 자질 및 특성과도 관련이 있다. 지도자의 권위가 그 부하 직원들에 의해 수락 혹은 수용되는 정도와 그가 지도성을 발휘하는 정도간에는 밀접한 상관관계가 있다고 할 수 있다.

한편, 교육조직에서의 지도성이란 교육조직의 생존을 유지하고 발전시키기 위하여 대내적 행동 통일과 대외적 적응을 위한 교육행정가의 행위로서 유인, 동기부여, 자아 실현의 제공, 교육과정 및 수업의 전문가, 장학전문가, 안정과 변화 촉진자, 지역사회의 발전 유도자 등의 역할을 수행하게 된다. 또한, 교육행정가의 기능으로는 조직의 목적 설정, 조직 내외의 상황 판단, 조직목표 달성을 위한 동작화, 조직 내의 통일성 유지, 환경에 대한 적응 등을 들 수 있다. 특히, 교육 지도성은 다른 행정가에게서 발견할 수 없는 특수한 지도성으로서 제 3장에서 기술한 교육행정의 특수성을 고려하면서 발휘되어야 할 것이다.

제2절 지도성 연구의 접근방법

지도성 연구에 대한 접근방법이나 이론을 교육행정 이론과 관련시켜 보면, 고전적 조직이론의 시대에는 과업의 구조를 중시하여 지도자의 특성을 강조한 특성적 접근을 들 수 있으며, 사회정치 체제이론에서는 인간관계론 및 행동과학 이론을 바탕으로 한 지도자의 행태를 강조한 행태적 접근을 들 수 있다. 그리고 조직구성원의 특성, 과업, 구조, 공식적 권위의 체제, 역할기대, 성숙수준 등 여러 가지 복잡한 상황변수가 리더의 행동과 어떻게 적절하게 조합되느냐에 따라 결정된다는 상황적응적 접근으로 구분할 수 있다. 그리고 조직 외부 환경을 고려한 지도성을 강조하는 개방체제적 접근을 들 수 있다. 따라서 여기서는 지도성 연구에 대한 이론을 특성적 접근, 행태적 접근, 상황적응적 접근, 그리고 개방체제적 접근으로 구별하여 기술한다.

1. 특성적 접근

특성적 접근은 심리학적 입장에서 지도자가 비지도자와 구별되는 개인의 신체적 · 심리적 또는 사회적 특성을 확인하는 데 주로 관심을 가지는 접근방법으로 흔히 특성 혹은 자질이론(traits approach)이라고도 한다.

Stogdill(1948: 35~71)은 1904년부터 1947년 사이에 수행된 지도성 특성에 관한 연구 124개를 검토하고, 지도성과 연관된 인간적 특성을 다음과 같이 5개 범주로 분류하였다.

① 능력(capacity): 지능, 민첩성, 언어의 유창성, 독창성, 판단력
② 성취(achievement): 학문, 지식, 운동 경기의 성취
③ 책임(responsibility): 신뢰성, 솔선수범, 인내성 적극성, 자신감, 탁월감
④ 참여(participation): 활동성, 사회성, 협동성, 적응성, 유머
⑤ 지위(status): 사회 · 경제적 지위, 인기

지도자의 특성이나 자질은 학자들에 따라 다르나 일반적으로 신장, 지구력, 건강, 외모, 지능, 자신감, 우월감, 판단력 등으로 종합되고 있으며, 이러한 자질을 소유한 자는 지도자가 될 수 있고, 그러하지 못한 자는 지도자가 될 수 없다.

또한, Stogdill(1974)은 리더 특성에 관한 163편의 연구물을 토대로 1948년 연구와 1970년 연구물들을 조사 · 비교하여 〈표 9-1〉과 같이 여섯 가지의 특성, 즉 ① 신체적 특성, ② 사회적 배경, ③ 지능과 능력, ④ 인성, ⑤ 과업관련 특징, ⑥ 사회적 특징으로 구분하였다.

〈표 9-1〉 지도성의 특징

특 징	1948		1970
	+ 관계	0 또는 − 관계	+ 관계에 한함
신체적 특징			
활동성, 정력	5		24
연령	10	8	6
외모, 몸치장	13	3	4
신장	9	4	
체중	7	4	
사회적 배경			
교육	22	5	14
사회적 지위	15	2	19
이동	5		6
지능 및 능력			
지능	23	10	25
판단력, 결단력	9		6
지식	11		12
언어 유창성	13		15
인성			
적응성	10		
조정력, 정상상태			11
진취성, 추진성			12
민첩성	6		4
우월성, 지배성	11	6	31
정서적 균형, 통제	11	8	14
열의			3
외향성	5	6	1
독립성, 비동조성			13
객관성, 끈기			7
독창성, 창의성	7		13
성실성, 윤리성 행동	6		9
자원의 풍부성			7
자신	17		28
확신력	7		
스트레스의 극복			9
과업관련 특징			
성취동인, 탁월 욕구	7		21
책임감	12		17

특 징	1948		1970
	+ 관계	0 또는 − 관계	+ 관계에 한함
기업심, 솔선력			10
장애에 대한 집요함	12		
목표달성에 대한 책임	17		6
과업지향성	6		13
사회적 특징			
협력을 얻는 능력	7		3
행정능력			16
매력			4
협동성	11		5
교육능력			4
인기, 위신	10		1
사회성, 대인관계 기능	14		35
사회적 참가	20		9
재치, 외교성	8		4

출처: Bass(ed.)(1991: 80~81).

〈표 9-1〉에서 +는 지도성과 정적 상관이 있음을, 0은 상관이 없음을, 그리고 −는 부적 상관이 있음을 각각 나타낸다. 이를 토대로 조사 결과를 비교하면, 양 연도의 각 특성들이 일치되지 않음을 알 수 있다. 결국 한 개인이 몇 가지 특징들을 조합하여 소유했다고 해서 지도자가 되는 것이 아니고 지도자의 개인적 특성의 유형이 부하의 특징, 활동 및 목표와 어떤 적절한 관계를 나타내어야 한다는 것이다.

결론적으로 단일한 특성만으로 조직목표 달성 정도의 여부를 나타내지 못하고, 진단적 또는 예언적 유의성을 가지지 못한다고 하더라도 이러한 다양한 지도성 특성들이 결합하여 지도성을 발휘하는 사람들에게 유의하게 작용하는 역동성을 가지게 된다는 것을 알 수 있다.

2. 행태적 접근

행태적 접근(behavioral approach)은 지도자가 어떠한 행동을 하느냐에 초점을 두고 있다. 심리학적 요인, 사회학적 요인, 그리고 개인적 특성과 상황적 요인 모두가

지도성을 결정하는 데 영향을 준다는 관점에서 지도자가 어떤 상황에서 어떤 행위를 나타내는가에 관심을 집중하고 있다. 여기서 사용된 연구 절차는 일반적으로 공식적인 지도적 지위에 있는 대상을 선정하여 평정과 면접 및 관찰을 통해 지도성 행동을 평가하고 지도성 행동과 관련된 개인, 집단, 조직변인을 평가하여 개인적인 상황 및 행동 변인과의 상호 관련성을 검토하게 된다(Lipham & Hoeh, 1974: 181).

행태론적 접근은 지도자의 행위를 관찰 · 기술함으로써 지도성 행위의 어떤 유형을 규명하고자 하였다. 연구자들은 대부분 지도자의 특징적 행위를 조직의 목표달성 차원 및 구성원의 욕구충족 차원의 두 범주로 크게 유형화하고 있다. 연구자들이 제시한 지도성의 기본유형은 〈표 9-2〉와 같다.

〈표 9-2〉 지도성 행태의 기본 유형

연구자	기본유형
Lewin	전제형, 민주형, 자유방임형
Barnard	효과성, 종업원 중심
Argyris	공식행동, 개인적 행동
Likert	성취목표, 지원적 단계
Bass	과업효과성, 상호작용 효과성
Brown	체제지향, 구성원 지향
Ohio 주립대 연구팀	과업중심, 인화중심
Michigan대 연구팀	직무중심, 종업원중심
Tannenbaum과 Schmidt	전제주의적, 민주주의적
Blake와 Mouton	생산중심, 인간중심

1) Iowa 대학의 지도성 연구

최초로 지도성에 관한 연구를 한 Lewin 등(1939)은 지도자의 행위 유형과 각 유형이 집단의 태도와 생산성에 미치는 영향력을 분석하였다. 이들은 10대 소년들을 4개의 집단으로 나누어 한 집단은 통제집단으로 하고, 나머지 3개 집단에 대해서는 교사들로 하여 각각 권위적 지도(authoritarian leader), 민주적 지도자(democratic leader), 방임적 지도자(laissez-faire leader)로 구분하여 그 영향을 실험하였다. 각 지도자 유형에 따른 행동 특성은 〈표 9-3〉과 같다.

〈표 9-3〉 권위적 · 민주적 · 자유방임적 지도성의 행동 유형

행 위	권위적 지도자	민주적 지도자	자유방임적 지도자
• 정책 결정	지도자 단독결정	집단의 결정	정책없음(집단이나 개인적 결정에 대하여 완전 자유)
• 과업기술 활동의 설정	지도자 단독결정	지도자 암시-집단 결정	개인에 일임
• 계획 수립	지도자 단독수행	계획수립에 필요한 전망을 얻기 위하여 집단이 충분한 정보를 받음	체계적인 계획수립이 없음
• 분업과 과업할당	지도자가 명령	집단결정에 일임	지도자 관여하지 않음
• 평가	지도자 개인의 칭찬과 비판	객관적 기준에 의거 평가	평가없음(다른 집단 구성원에 의한 임의적 평가)

출처: 윤정일(1994: 117).

2) Ohio 주립대학의 지도성 연구

먼저, 지도성 연구에서 행태적 접근 중 가장 대표적인 Ohio 주립대학에서 수행된 연구를 기술하면 다음과 같다. 지도자 행동을 기술하기 위한 질문지를 만드는 것으로 Hemphill과 Coons가 개발하였으며, Halpin과 Winer, 그리고 Stogdill에 의해 더욱 발전되었다. Hemphill과 Coons(1950)는 '지도자 행동기술 질문지'(LBDQ: leader behavior description questionnaire)를 개발하여 리더의 행동을 [그림 9-1]과 같이 과업중심(initiating structure)과 인화중심(consideration)의 두 차원으로 나누어 측정하였다.

과업중심 차원은 집단활동에 있어 자신과 조직구성원이 명백한 조직의 관계를 형성하고 의사소통 경로를 만들며, 절차 · 방법을 마련하려고 노력하는 지도자의 행동을 말한다. 따라서 지도자는 구성원 각자에게 기대되는 역할을 분명히 해 주고 임무를 배정하고, 미리 계획을 세우며, 일을 처리하는 방법과 절차를 세우며, 결실

을 보기 위해 일을 추진하는 것으로서 구조성 차원이라 부르기도 한다.

인화중심 차원이란 지도자와 조직 구성원의 욕구에 깊은 관심을 가지며, 부하 직원으로 하여금 의사결정과정에 적극 참여하게 하고 의사소통을 활발히 하도록 장려하는 행동을 포함하는데 배려성 차원이라 부르기도 한다. 즉, 과업중심 차원은 조직 목적의 달성을 위해 조직의 필요를 충족시켜 주는 행동으로, 인화중심 차원은 구성원의 욕구를 충족시켜 주는 행동으로 볼 수 있다.

낮음 (−) 인화 높음 (+)

과업	2상한	1상한
높음(+)	인화 낮음(−) 과업 높음(+) (과업중심 유형)	인화 높음(+) 과업 높음(+) (효과적인 유형)
	3상한	4상한
낮음(−)	인화 낮음(−) 과업 낮음(−) (비효과적인 유형)	인화 높음(+) 과업 낮음(−) (인화중심 유형)

[그림 9-1] **과업, 인화중심의 지도성 유형**

결론적으로 Ohio 주립대학의 지도성 연구는 LBDQ에 의해서 과업중심과 인화중심으로 지도자 행동의 기초적인 두 차원을 밝히고 있으며, 효과적인 지도성 행동은 과업중심과 인화중심의 양차원을 모두 강조할 때 발생된다. 또한, 상사와 부하는 지도성 효과를 행동차원과 관련시키며, 평가에 있어 서로 다른 입장을 취하여 상사는 과업중심, 부하는 인화중심의 특성을 갖는다. 인화와 과업이 높은 지도성 유형은 화합, 친밀성, 절차상의 명확성과 같은 집단특성과 관련이 있으며, 아울러 집단태도의 호의적인 변화와도 관계가 있다. 또한, 리더와 부하간의 지도성 행동지각에도 차이가 존재하며, 상황의 특성에 따라 서로 다른 유형의 지도성이 요구된다(노종희, 1992: 274).

3) Michigan 대학의 지도성 연구

1947년에 Likert를 중심으로 다양한 산업조직의 지도자와 종업원으로부터 자료를 수집 · 분석하여 수행된 Michigan 대학교의 사회연구기관은 상호관계가 있는 지도성 특성군을 찾아내어 그 유효성을 검토하는 데 초점을 두었다. 그 결과 지도성을 직무 중심적(production-centered) 유형과 종업원 중심적(employee-centered) 유형으로 구분하였다(Likert, 1961).

여기서 직무중심이란 종업원에게 업무를 분담시키고 감독하며 생산을 높이기 위한 유인체제를 강구하고 종업원을 조직목표 달성을 위한 도구로 보는 입장이다. 종업원 중심이란 인간적 측면에서 종업원의 문제를 해결하고 종업원들의 자발적 작업활동을 통해 높은 조직목표를 달성하려고 하는 입장을 말한다(Likert, 1961: 6~7).

4) Blake와 Mouton의 관리격자 연구

Blake와 Mouton(1964)은 관리자의 행동을 두 차원으로 나누어 평가하였다. 즉, 그들은 인간에 대한 관심과 생산에 대한 관심으로 나누어 관리자의 지도성 유형을 파악하였다. 전자는 종축에, 후자는 횡축에 각각 두 차원의 결합관계를 중심으로 관리격자(managerial grid)를 개발하고, 이에 따라 지도성의 유형을 구분하였다.

관리격자는 관리자들이 그들 자신의 지도성 유형을 확인하는 것을 도와 주고, 부하들이 자기들의 지도성 유형에 의해 어떻게 영향을 받는지를 이해하며, 종업원의 욕구에 일치하는 대안적인 지도성 유형의 사용을 탐색하였는데 Blake와 Mouton은 [그림 9-2]와 같이 크게 5가지 유형으로 분류하였다.

(1) (1, 1형) 무기력형(impoverished management)

생산이나 인간에 대한 관심이 적은 지도성 유형이다. 이 유형은 과업이나 인간관계에 개입하거나 간섭하기를 꺼린다. 구성원들이 적합하다고 생각하는데 따라 행동하기를 바라며 그렇게 되도록 내버려 둔다.

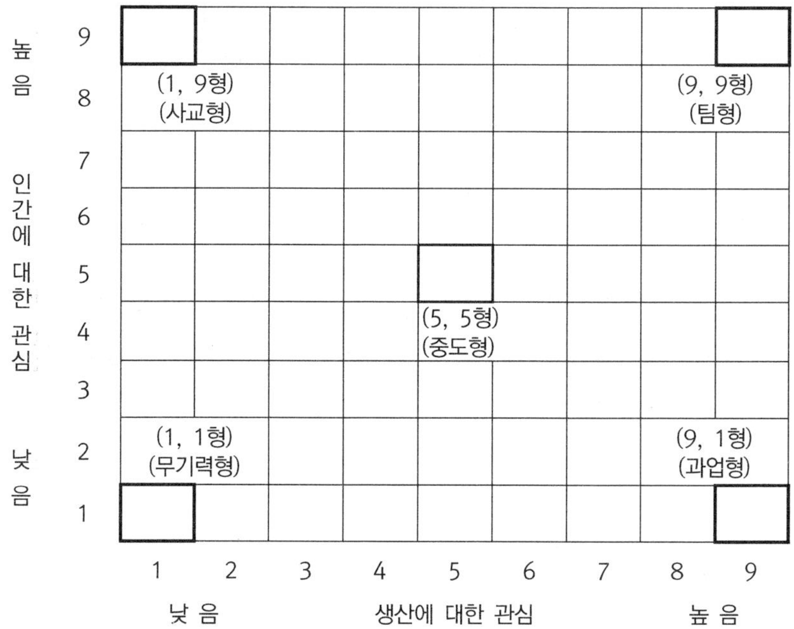

[그림 9-2] Blake와 Mouton의 관리격자

(2) (9, 1형) 과업형(authority-obedience management)

생산에 대하여는 지대한 관심을 보이나 인간에 대한 관심은 적은 유형이다. 이 유형은 생산성을 높이기 위하여 엄격한 규칙과 과업 예정표에 의하여 명령과 통제에 의한 관리를 주도하며, 인간적 요인보다 작업조건을 중시하는 과업중심 지도성이다.

(3) (1, 9형) 사고형(country club management)

인간에 대한 관심이 지대한 유형이다. 이 유형은 구성원의 사회·심리적 욕구 충족을 중시 여기며, 원만한 인간관계를 중심으로 조직을 유지해 나가려는 인화중심 지도성이다.

(4) (5, 5형) 중도형(organization man management)

생산과 인간에 관한 관심이 모두 적당한 정도로 유지하는 균형적인 지도성 유형

이다. 이 유형은 수락할 만한 생산을 얻을 수 있을 정도로 일을 수행하며, 수락할 만한 사기를 유지할 정도로 생산을 하는 균형잡힌 중도노선을 취하는 지도성 행위가 특징이다.

(5) (9, 9형) 팀형(team management)

생산과 인간에 대해 모두 지대한 관심을 보이는 통합형적 지도성 유형이다. 이 유형은 구성원들의 자아실현의 욕구를 만족시켜 주고, 신뢰와 지원의 분위기를 이루어 이러한 것이 높은 생산성을 가져올 수 있게 된다는 것으로 생산과 인간의 완전한 통합을 전제로 한다.

3. 상황적응적 접근

지도자의 특성적 접근 그 자체만으로는 지도성 현상을 폭넓게 설명할 수 없다는 한계점을 가짐에 따라 행태적 접근에서는 지도자의 행동을 양차원으로, 즉 인화와 과업중심으로 구분하였다. 그러나 행태적 접근도 지도자를 조직성과나 조직 구성원의 만족도와 같은 효과차원과는 연결시키지 못하였다. 따라서 지도성의 다양한 현상들을 보다 구체적으로 기술하고 설명할 필요성이 대두되었다. 즉, Korman (1966: 354)은 지도성의 효과와 개념적인 연계성을 규명하지 못한 점을 지적하고, 이를 극복하기 위해 조직에서 인화차원의 상황적 변수(consideration situational variables)를 고려하기 시작하였는 바, 이것이 1970년에 나타난 상황적응적 접근(contingency approach)이다.

이 접근 방법은 어떤 상황에서나 효과적인 유일한 지도성이란 존재하지 않으므로, 복잡한 상황적 변수가 지도성의 효과와 어떠한 관계가 있는가를 다차원적으로 알아보고자 하는데 있다. 생산과 인간이라는 두 축에다가 효과성이라는 또 하나의 축을 덧붙여서 상황적 변수를 강조하고 있다는 점에 그 특징이 있다. 즉, 상황적응적 접근에 의하면 지도자 효과는 조직 성원의 인성 특성, 과업구조, 공식적 권위체제, 역할기대, 성숙수준 등 여러 가지 복잡한 상황변수가 지도자의 행동과 어떻게 적절하게 조화를 이루는가에 따라 결정된다는 것이다.

1) Fiedler의 상황적응론

Fiedler(1967)는 상황적응적 지도성에 있어 두 가지 가정을 통해 지도성을 설명하고 있는데 첫째, 지도자는 인화중심(relationship-motivated) 지도성이나 과업중심(task-motivated) 지도성 유형을 가진다. 둘째, 지도성 양식과 상호반응하는 3개의 중요한 상황변수들이 있는데 그 변수들은 ① 지도자와 구성원과의 관계, ② 과업구조, ③ 지도자의 직위 권력이 세 조건들은 지도자 통제의 정도에 영향을 미치게 된다. 이것이 '상황의 호의성(situational favorableness)'이라는 것이다. 인화중심 지도자는 부하들 상호간의 관계를 중요하게 여기며, 과업중심 지도자는 효과적이고 효율적인 방법에서 수행된 목적으로부터 개인적 만족감을 느끼게 되고, 그 결과 과업이 성취되는 것으로 보았다. Fiedler는 2개의 지도성 양식이 개인적 최우선 사항과 목적 측면에서 반응하는 동기화된 계층 구조 속에서 존재한다고 보고, 지도자 유형을 LPC(least preferred co-worker) 척도로 측정이 가능하다고 하였다(Hanson, 1991: 192; 2003: 169~173).

LPC는 '가장 싫어하는 동료'라고 하는 16개의 의미 변별척도(semantic differential scale)로서 좋음과 나쁨, 높음과 낮음, 강함과 약함의 조합을 통한 상황으로, 하나의 연속선상에서 매우 호의적, 약간 호의적, 비호의적인 상황인 8단계로 되어 있다. LPC점수가 높은 사람은 '가장 싫어하는 동료'를 긍정적으로 기술함으로써 비록 일하기는 힘들었지만 그를 수용할 만한 사람으로 지각하는 인화중심 지도자로, LPC점수가 낮은 사람은 그를 부정적으로 기술함으로써 비록 일하기 어려운 사람에 대하여 강한 거부감을 나타내는 과업중심 지도자로 보았다. 이것이 전적으로 상황에 달려 있다는 것이다. 그는 상황의 호의성 정도에 따라 효과적인 지도성 유형을 [그림 9-3]과 같이 제시하였는데, 여기에서 효과적이란 말은 특정 집단이 부여된 과업을 성취하는 정도를 뜻한다.

[그림 9-3]에서 제시한 바와 같이, 상황의 호의성이 집단상황 Ⅰ, Ⅱ, Ⅲ과 같이 호의적이거나 또는 집단상황 Ⅷ과 같이 비호의적일 경우에는 LPC점수가 낮은 과업중심형 지도자가 LPC점수가 높은 인화중심형 지도자보다 더 효과적이며, 호의성이 집단상황 Ⅳ, Ⅴ와 같이 중간 정도일 경우에는 LPC점수가 높은 인화중심형 지도자가 집단의 과업을 더 잘 수행할 수 있다는 것이다.

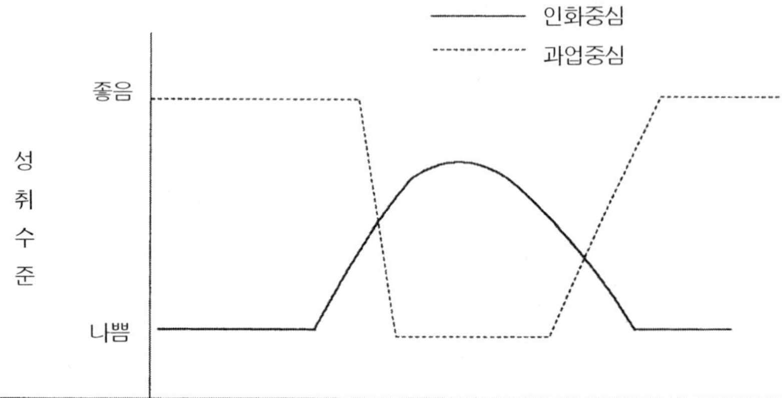

지도자와 구성원과의 관계	좋음	좋음	좋음	좋음	나쁨	나쁨	나쁨	나쁨
과업 구조	높음	높음	낮음	낮음	높음	높음	낮음	낮음
지도자의 직위권력	강함	약함	강함	약함	강함	약함	강함	약함
	Ⅰ	Ⅱ	Ⅲ	Ⅳ	Ⅴ	Ⅵ	Ⅶ	Ⅷ
	호의적			중도적				비호의적

[그림 9-3] Fiedler의 상황적 호의성과 지도성 유형과의 관계

출처: Fiedler(1974: 71).

여기에서 호의성이 중간정도라는 것은 ① 과업이 명확하게 규정되어 있으나 구성원이 지도자를 싫어하고 있으므로 구성원의 감정을 중시하지 않으면 안 되는 상황이거나, ② 구성원이 지도자를 좋아하기는 하나 과업이 불명확하여 구성원의 창의성과 참여를 구해야만 하는 상황을 말한다(신철순, 1995: 168~171).

2) 인지자원 이론

Fiedler는 상황적응 이론을 보완하여 인지자원 이론(CRT: cognitive resource theory)을 정립하였다. 이 이론은 지도자의 기능(포괄적 개념), 노력, 경험과 같은 주요 변수가 어떻게 그의 상황적응 이론과 관련을 가지며 지도성 과정에 어떤 영향을 주는가를 설명하고 있다. 이를 그림으로 제시하면 [그림 9-4]와 같다

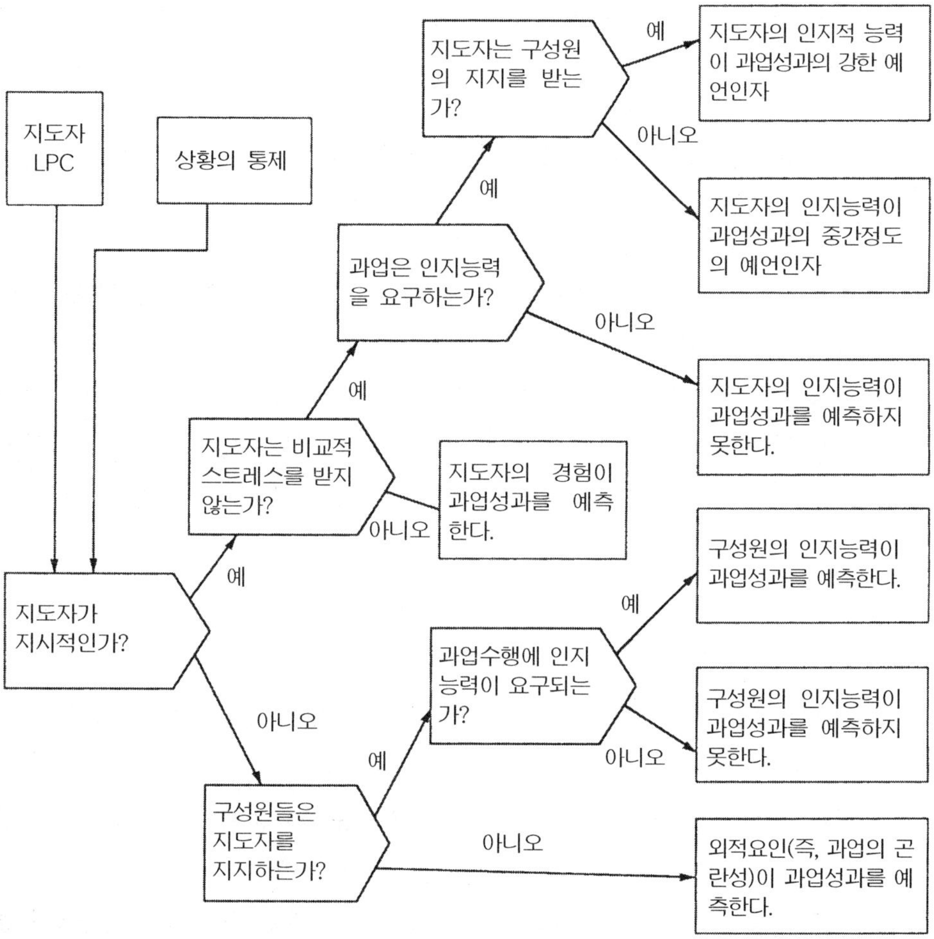

[그림 9-4] **인지자원 이론**

출처: Fiedler & Garcia(1987: 9).

Fiedler는 지도자가 집단을 통솔하고, 상대적으로 긴장과 자유로운 환경에서 과업을 수행하고, 집단의 지지를 받으며, 과업에 있어 지적인 노력을 요구하는 조건하에서 지성이 그 차이를 만든다고 하였다. 기본적인 가정은 지성적인 지도자는 비지성적인 지도자보다 더 효과적으로 계획을 수립하고 결정을 내리며, 전략을 수립하여 전달하는 기능을 하게 된다. 긴장감이 있는 상태에서는 두려움이나 공포로 인하여 조급한 과업 종결, 경직된 행동의 결과를 가져오며 긴장이 약할 때에는 그들이 경험이 아닌 지성을 이용하고 긴장이 강할 때에는 지성이 아닌 경험을 이용

한다. 인지자원 이론은 Fiedler의 상황적응 이론의 모델 검증에 사용하여 재분석한 연구의 자료들로 비교적 최근에 발달된 것이라고 할 수 있다(Hanson, 1991: 197~199).

3) House와 Mitchell의 행로-목적 상황이론

House와 Mitchell의 행로-목적 상황이론(path-goal contingency theory)은 기본적으로 동기-기대이론(expectancy theory of motivation)에 근거를 둔 것으로 1970년대에 많은 실증적 연구의 대상이 되었다. 이 이론은 지도자의 행동과 상황적 변인이 구성원들의 태도와 행동에 영향을 미치게 된다는 것이 그 핵심적 내용이다. House(1971)는 지도자의 행동을 지시적, 지원적, 성취 지향적, 참여적 행동으로 나누고, 상황적 변인은 조직 구성원의 특징과 환경요인으로 구분하였다(Hanson, 1991: 201; 2003: 176).

(1) 지도자의 행동

① 지시적 지도자(directive style): 지도자는 조직 구성원에게 직무상황과 특정 직무수행 기준을 지시해 준다.

② 지지적 지도자(supportive style): 지도자는 조직 구성원들에게 우호적이며, 그들의 요구와 복지에 대해 관심을 기울이며, 신뢰성을 준다.

③ 성취 지향적 지도자(achievement oriented style): 지도자는 조직 구성원들에게 높은 성취에 대한 신뢰, 도전 목표와 수월성을 강조한다.

④ 참여적 지도자(participative style): 지도자는 조직 구성원들과 의논하고 의사 결정 전에 그들의 의견을 진지하게 고려한다.

(2) 상황적 요인

① 조직 구성원들의 특성: 조직 구성원들의 상황적 변수를 통제의 소재, 능력, 권위주의로 나눈다. 통제의 소재는 조직 구성원들을 둘러싸고 있는 혹은 통제 아래에서의 개인적 사고 수준을 말한다. 능력은 조직 구성원들에게 할당된 과업과 수행능력에서 조직 구성원 스스로의 지각력을 의미하며, 권위주의는 지시적 지도성이든 비지시적 지도성이든 조직 구성원들에게 요구하는 권위주의의 정도를 말한다

(Hanson, 1991: 201; 2003: 176~177).

② 환경적 요인: 환경적 요인에 있어 중요한 가치로서 조직 구성원들의 외부적 통제를 들 수 있으나, 조직 구성원들의 능력을 효과적으로 수행하는 것이 더 중요하다. 그 하위 변수들로는 과업, 공식적 권위체제, 주요 업무 집단들로 구성된다. 과업은 과업의 복잡성과 모호성의 수준을 말하며, 공식적 권위체제는 공식적 권위체제의 유용성 혹은 조직 구성원들의 업무행동 정도를 말한다. 주요 업무 집단은 그 표준이 분명하고 참여적인 정도를 말한다. 결국, 상대적으로 다른 지도성 행동으로서 행로-목적 상황이론은 조직 구성원들의 태도와 행동에 영향을 주는 것이라고 할 수 있다. 즉 지도자 행동이 조직 구성원 행동을 어떻게 동기화하는가에 초점을 두고 있다.

③ 구성원의 태도와 행동: 행로-목적 상황이론의 두 가지 명제로는 조직 구성원들이 지도자의 행동을 직접적인 만족의 원천으로, 앞으로 얻을 만족의 수단으로 보는 정도에 따라 행동에 대한 수용도가 결정된다는 것과, 지도자의 행동이 조직 구성원의 과업수행과 관련된 욕구를 충족시켜 주고, 또 과업을 효과적으로 수행하는데 필요한 지도, 후원, 보상 등을 제공하여 그들의 환경을 개선해 주는 정도에 따라 지도자의 행동은 조직 구성원 동기를 자극한다는 것을 들 수 있다.

이상에서 기술한 House와 Mitchell의 지도성에 대한 행로-목적 상황이론을 제시하면 다음 〈표 9-4〉와 같다.

〈표 9-4〉 지도성의 행로-목적상황이론

지도자의 행동	상황의 요인	원 인	구성원의 태도와 행동
1. 지시적 2. 지지적	1. 조직구성원의 특성 권위주의 통제위상 능력	영향 개인적 인지	1. 직무만족 직무보상 2. 리더의 수용 지도자보상
3. 성취지향적 4. 참여적	2. 환경적 요인 과업 공식적 권위체제 주요 업무집단	동기적 자극 영향 제한 보상	3. 동기적 행동 노력 성과보상

출처: House & Mitchell(1974: 89).

4) Reddin의 3차원 지도성 효과이론

Reddin(1970)은 학교행정가가 활용할 수 있는 지도성 유형을 구분하기 위해 3차원 지도성 효과이론(three-dimensional model of leadership effectiveness)을 개발하였는 바, 그 개념은 [그림 9-5]와 같다.

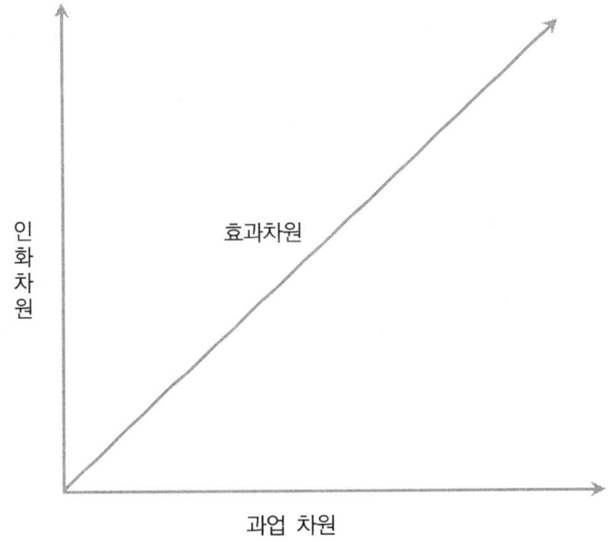

[그림 9-5] Reddin의 3차원 지도성 개념

즉, Ohio 주립대학의 과업중심, 인화중심 지도성에 터하여 효과성을 첨가하여 지도성 유형의 개념과 특수한 환경의 상황적 요구를 통합하려는 시도를 하였다. 여기서 효과성은 지도자가 그의 역할에 요구되는 산출을 달성함에 있어서 성공의 정도를 의미한다. 그러나 보다 효과적인 것과 덜 효과적인 유형간의 구분은 지도자의 행위가 과업 혹은 인간에 대해 관심이 있느냐가 아니라 기본적 유형이 상황에 적절히 부합하느냐의 여부에 달려 있다.

그리고 Reddin은 기본적인 지도성의 유형으로 통합형(integrated), 분리형(seperated),

헌신형(dedicated), 인화형(related)으로 나누고 이것이 상황의 적절성과 관련을 맺을 때 효과적일 수도 비효과적일 수도 있다고 가정하고 있다. 여기서 상황적 요소로서 ① 과업수행 방법과 관련된 기술, ② 조직행동에 영향을 주는 조직철학, ③ 상급자, ④ 동료, ⑤ 부하직원 등을 들고 있다(Hoy & Moskel, 1982: 254~258; 윤정일 외, 1994: 129). 이상에서 논의된 Reddin의 3차원 지도성 효과 모형을 제시하면 [그림 9-6]과 같다.

따라서, 효과적인 지도자는 상황에 따라 지도성 유형을 적절히 변경시킬 줄 알아야 하므로 상황을 정확하게 진단 · 평가할 수 있어야 한다. 즉, 상황을 조직할 수 있는 능력을 소유해야 하며, 상황의 요구에 맞추어 자신의 지도성 유형을 바꿀 수 있는 능력을 갖추어야 할 것이다.

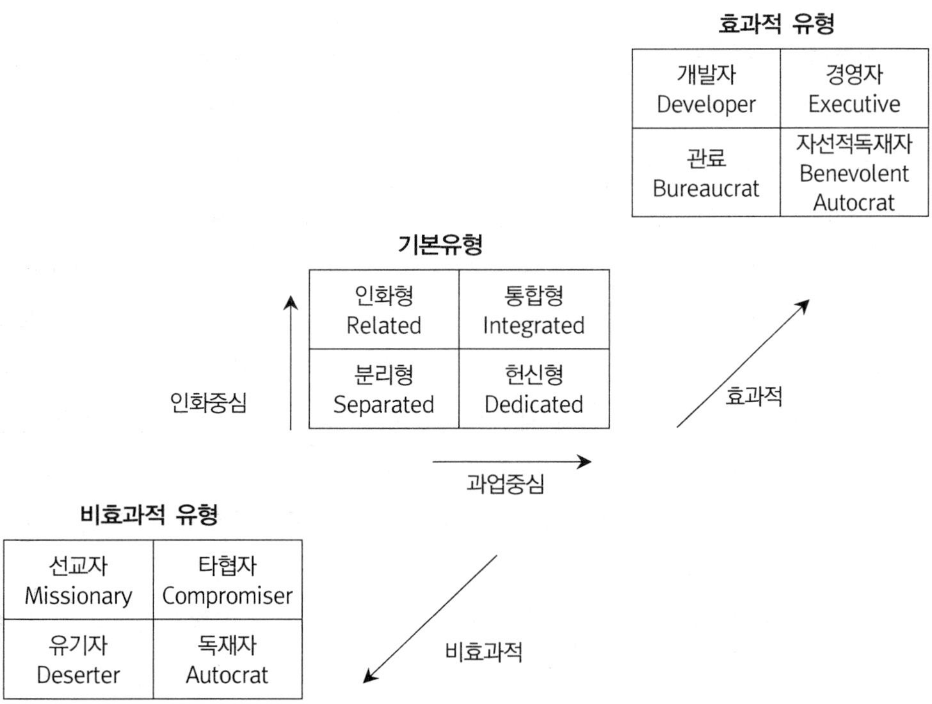

[그림 9-6] Reddin의 3차원 지도성 효과 모형

출처: Reddin(1970: 230).

5) 거위이론

거위이론(the goose theory of leadership)은 지도자가 모든 일에 해결사로서 고용인, 구성원들이 벌려 놓은 일들을 해결하는 역할을 한다는 이론이다. 즉, 거위를 고용인이나 구성원들에게 비유해서 거위가 지도자의 사무실에 들어와 제반 업무나 조직관리에 대해 불평을 하고 어지럽히고 소란을 떨고 나가면 뒷정리와 청소를 지도자가 한다는 의미에서 지도자의 이면에서 본 이론이라 할 수 있다(Murphy, 1988: 659; Hanson, 1991: 203; 2003: 178~179).

4. 개방체제적 접근

지도자를 어느 한 유형으로 고정화하려는 노력은 사실상 무의미한데, 그 이유는 상황이 어떠하느냐에 따라 효과적인 지도자의 유형이 변화하기 때문이다. 지도자의 행동과 효과와의 관계는 상황적 요인에 의해 영향을 미치는 것으로 이러한 상황적 연구는 지도자 이해에 새로운 시각을 제공하였다. 그러나 개방체제(open system) 하에서의 지도성 강조는 미국의 교육계에서 1970년대 말까지 교육권 내에서 별로 관심을 기울이지 않았으나, 1983년 미국에서 '위기에 선 국가(A nation at risk)' 보고서는 교사의 호전성, 학생운동, 인종차별, 약물 문제 등의 쟁점에 대해 교육권 내에서 해결과 아울러 학교조직에서의 지도성의 역할을 강조하였다. 그 문제해결 방안으로 주정부가 위임한 교사의 직급제, 단위학교 책임경영체제(school-based management) 구축, 성과급 제도, CBI(computer based instruction), 수석 교사프로그램, 교육과정 개발 등을 들 수 있다(Hanson, 1991: 204~205).

그러나 이러한 문제들을 개방체제 이론으로서 지도성을 설명하기에는 부족하다. 상황에 따라 융통성이 발휘되어야 하는데도 현실적으로 개방체제에서의 지도성은 그렇게 발휘되지 못하였다. 즉, 개방체제에서 학교는 외부 환경들, 예를 들어 정치적, 경제적, 인구통계학적, 이념적, 기술적 변화 등에 민감하고 쉽게 영향을 받기 쉽다.

이러한 외부환경과 내부의 지도성을 효과적으로 연계시키는 견고한 지도성 이론

을 확립하고 모든 방향으로 지도성 개념을 확장시키는 이론이 필요하다는 것이다. 즉, 개방체제에서의 학교장은 단순한 마음으로 지시하기보다는 조직과 환경 모두에 대해 책임감을 가져야 하며, 내부환경은 물론 외부환경까지도 고려하여 효과성을 확립해야 한다(Hanson, 1991, 2003).

또한, 민주화, 분권화, 개방화, 불확실성의 시대에 모든 분야가 새로운 변화를 모색하고 있다. 따라서 총체적 위기로까지 일컬어지고 있는 오늘의 교육현실을 개선하기 위해서는 교육체제에서도 시대 변화에 맞게 학교를 재구조화할 필요가 있다.

Burns(1978)에 의해 처음으로 제기된 변혁지향적 지도성(transformational leadership)은 카리스마적 지도성을 포함하는 유사한 개념으로 사용된다. 여기서 카리스마란 Weber의 권위 유형 중 하나로 그리스 말로 기적을 만들어 내고 미래를 예측할 수 있는 타고난 천부적인 능력을 의미한다. 그러나 현재의 카리스마란 관계적, 상호작용적 개념으로 규정하여 지도자의 자질과 행동에 대한 부하들의 지각으로부터 유래한다는 인식하에 지도자가 자신이 능력있고, 성공할 수 있다는 인상을 부하들에게 심어주는 행동을 말한다.

변혁지향적 지도성의 기본 요인으로는 변화 선도, 인간 존중, 솔선수범 등을 들 수 있다. 변화 선도의 요소로는 도덕적 지도성, 지적 자극, 변화 촉진자, 비전 제시 등이 되며, 인간 존중은 인간적 배려, 인간에 대한 신뢰, 인간적 지원, 권한 위임, 능력개발을, 그리고 솔선수범의 요소로는 모델 행동, 비전 달성, 가치지향, 헌신, 솔선수범 등을 들고 있다.

결론적으로 변혁지향적 지도성은 권력 욕구가 높고 자신감으로 충만하며, 자기 신념과 이상에 대한 강한 확신감과, 솔선수범을 보이는 역할 모델을 통해 자연스럽게 부하들에게 지도자의 신념과 가치를 내면화시킨다. 또한 변혁지향적 지도성에서 조직 구성원 수준에 대해 높은 기대를 거는 동시에 과업 수행 능력에 대해서도 신뢰를 표시하여 조직의 목표달성에 적합한 성취동기, 권력동기, 관계동기를 일으키도록 행동하는 것을 말한다.

이상에서 기술한 교육 지도성에 대한 접근 방법을 교육행정이론과 관련지어 요약하면 〈표 9-5〉와 같다.

〈표 9-5〉 교육행정이론과 지도성의 접근방법

교육행정이론	세부이론	강조점	지도성의 접근방법
고전적 조직이론	• 과학적 관리론 • 관료제론 • 행정관리론	과업, 구조	• 특성이론 (자질, 성좌이론)
사회정치체제이론	• 인간관계론 • 행동과학이론	구성원(행태) 비공식적 · 공식적 내적 환경 ┬ 조직 └ 구성원	• 행태적 접근(과업, 인화) • 상황적응이론 • 인지자원이론 • 행로-목적이론 • 거워이론
개방체제이론		내 · 외적 환경 모두 고려	• 변혁지향적 지도성

제3절 여성과 교육행정가

1. 여성과 교육행정의 의의

교직의 여성화는 주로 취학전, 초 · 중등 교사들의 여성 비율이 증가하는 추세에 초점을 두고 교원정책과 학교 교육에 미치는 영향 등에 대해 분석을 시도하고 있다. 필연적으로 교직의 여성화 추세가 증가한다면 자연적으로 교육행정가나 교육전문직에 여성이 차지하는 비율이 증가한다는 가정을 할 수 있다. 그러나 자연 증가 추세에 쉽게 동의하는 데는 많은 교육 내 · 외적인 요인들이 작용함을 인식할 수 있다.

정보화 사회와 더불어 교육행정의 전문화, 복잡화는 더욱 심화될 것이며, 여성들의 사회 참여 증가와 교직의 지속적인 여성화 추세에 따라 교육행정 부문에서 여성의 역할과 기능은 상당한 변화가 예상되며, 새로운 요구가 부각된다고 할 수 있다. 따라서, 교육행정 분야 중 여성과 교육행정의 관련성 규명과 관심 제고의 차원에서 '여성과 교육행정'의 이론적 · 실제적 측면을 살펴보면 다음과 같다.

교육 분야에서 학교수, 학생수, 교원수 등에서 남녀의 비율이나 배분 상황에 대한

관심은 교육기회의 확대나 균등 배분 측면에서 매우 의미있는 것으로 파악된다. 교직계에서 특히 여성화의 경향은 꾸준히 증가 추세에 있어 전체 교원 중 2012년 유치원 98.3%, 초등학교 76.2%, 중학교 67.3%, 일반계 고등학교 47.3%, 전문계고등학교 40.2%를 여성교원들이 차지하고 있다. 그러나 2012년 여성교원의 관리직(교장, 교감) 진출 비율은 초등학교 교감 39.3%, 교장 16.6%, 중학교 교감 26.2%, 교장 19.4%, 일반고 교감 6.3%, 교장 8.3%로 낮은 편이다(교육과학기술부 · 한국교육개발원, 2012).

미국의 경우, 1950년대까지만 해도 초등학교 91%, 중등학교 56.2%로 여교사의 비율이 매우 높으며, 초등학교의 여교장의 비율이 38.0%로 높은 비율로 나타나고 있다. 그러나 1980년대 중반부터는 점차로 낮아져 초등학교 여교사의 비율이 83.5%, 여교장은 16.9%로 나타났다. 한편, 여성장학사의 비율은 3.0%, 교육위원회 비율은 38.3%로 증가 추세에 있으며, 여성교육감도 1984년 2.8%, 1990년 4.5%, 1992년 10.5%로 증가하고 있다. 미국은 우리나라와 유사하게 초등학교 여교사의 비율이 높지만, 미국은 교육행정가로서의 비율이 점차 증가하고 있는 추세이며 우리 나라와는 다소 차이가 있음을 보여주고 있다. 이와 같이, 교육행정 분야에서 여성이 점유하는 비율이 낮은 현상을 여러 각도에서 규명할 수 있지만 Shakeshaft (1987)는 다음의 세 가지 모형을 통해 설명하고 있다.

① 여성위상 모형(women's place model): 여성이 위치해야 할 곳은 본질적으로 부엌이며, 관청의 사무실이 아니라는 점이다. 즉 여성이라는 존재가 생활하는 장소는 가정의 주부로서의 역할을 강조하는 모형이라고 할 수 있다.

② 차별 모형(discrimination model): 이 모형은 남성들이 여성들로 하여금 관리직 분야로 진입하지 못하게 의도적으로 공모해서 봉쇄한다는 가정을 하고 있다. 즉 남성들이 성차별의 입장에서 그들의 기득권을 유지하기 위해서 교육행정 분야에서 여성들의 참여를 제도적으로 막는다는 것이다.

③ 능력주의 모형(meritocracy model): 이 모형의 가정은 남성만이 유일하게 교육행정 업무를 성공적으로, 그리고 효율적으로 처리하는 기술과 전문적 능력을 가진 독특한 존재라는 것이다.

요약하면, 여성들은 항상 남성이 지배하는 문화풍토에서 남성들이 규정하는 성역할에 직면하게 된다는 것이다. 최근 성차별에 대한 논의가 사회 각 분야에서 이루어지고 있는 바, 여성에 대한 남성 우위의 풍토와 문화에서 연유되는 논쟁일 것이다.

여성이 교장, 교감일 경우 우리의 일반적인 선입견은 어떠한가? 또한 학교조직 구성원의 인식은 어떠한가? 남성이 교육행정가라면 당연히 받아들이면서도 여성 교육행정가라면 생소하고 어색하게 받아들이지는 않는지, 그리고 교육행정의 이론 발달면에서 남성을 전제로 이루어지고 있지 않는가 등을 생각해 볼 필요가 있다. 예를 들어, 학교장의 지도성에 관한 연구에서 남성 교장을 대상으로 여성 교장을 동일하게 취급하여 연구한 이론을 발달시켜 여성 교장에 대한 독특한 지도성 연구에 관한 것은 없었다고 할 수 있다. 즉, 교육행정 연구에서는 남성의 렌즈(남성중심주의, androcentricism)를 통해 교육조직 이론을 형성해 왔다고 볼 수 있다.

한편, 산업화 이후 사회 각 부문에 대한 여성들의 참여는 증가 추세에 있다. 사회구조, 가족구조의 변화에 따라 이러한 경향은 두드러지며, 특히 교육분야에 종사하는 여성의 비율은 계속 증가하고 있다. 여성들의 교육에 대한 참여는 교육기회의 확대와 균등화에 따른 교육 연한의 증가와 가르치는 일에 종사하는 교직에서의 여성 비율이 높아지는 것으로 나타났다.

앞서 기술한 바와 같이, 교직의 여성화는 강한 추세를 보이고 있으며, 초등 교사 양성기관에서 높은 비율의 여학생의 입학을 고려하여 특정 성의 일정 비율을 잠식하지 못하도록 규정하고 있는 실정이다.

2. 교육행정에서의 여성에 대한 연구 단계

「교육행정에 있어서 여성」이라는 저서를 발간한 Shakeshaft는 교육행정 분야에서 여성에 관한 연구의 단계를 다음 〈표 9-6〉과 같이 여섯 단계로 구분하여 설명하고 있다.

〈표 9-6〉 교육행정에 있어서 여성에 대한 연구 단계

단 계	문 제	접근방법	성과
1. 문서화된 자료의 부재	• 여성학교 행정가는 얼마나 되는가? • 그들은 어떤 지위를 지니고 있는가?	• 조사연구	• 행정직위에 따른 여성 수 및 비율

2. 과거 및 현직 여성 행정가 탐색	• 학교행정에서의 여성의 특성은 무엇인가? • 학교행정에서의 여성들의 경력은 무엇인가?	• 여성교육행정가들의 조사 • 알려진 '위대한 여성'에 대한 역사적 고찰	• 여성행정가에 대한 개인별 특성 및 태도 기술 • 과거 행정가들에 대한 사실 기술
3. 불리한 조건과 부하직원으로서의 여성	• 학교에서 여성행정가가 적은 이유는 무엇인가?	• 여성에 대한 경험과 태도 조사 • 여성 차별에 대한 실험적, 준실험적 연구	• 여성들의 행정적 진입에의 장애요인 규명
4. 여성 자신들에 의한 연구	• 여성 교육행정가들은 그들의 경험과 생활을 어떻게 기술하는가?	• 면담, 관찰 조사 연구	• 여성관점으로부터 보는 시각
5. 새로운 이론 형성에서의 여성	• 여성 경험을 포함하도록 이론이 어떻게 변형되어야 하는가?	• 여성교육행정가에게 적합한 교육행정 이론과 방법의 분석	• 여성교육행정가에게 적용되지 않는 교육행정이론의 실체
6. 이론의 변형	• 조직에 있어서의 인간 행태론은 무엇인가?	• 다양한 접근	• 남성과 여성교육 행정가의 경험을 포함하는 이론의 재구조화

* 출처: Shakeshaft(1987: 13).

첫 번째 단계는 학교조직 지위에 여성이 부족함을 나타낸다. 이는 학교조직에서 여성이 어느 지위에는 있고 어느 지위에는 없음을 알려 준다. 이 단계에서는 다음과 같은 질문들, 예를 들면 "얼마나 많은 수의 여성이 학교행정가로 있는가?"와 "그들이 어떠한 직위를 가졌는가?"와 같은 질문들로 구성된다.

두 번째 단계에서는 전통적인 패러다임에서 현존하는 자료에 추가해 학교행정가에 있어 '유명한', '특수한' 여성들을 분석 · 규명한다. 그 작업은 "역사적으로 학교지도성에서 뛰어난 역할을 한 여성들이 있었던가?"에 대한 긍정적인 답을 해 준다. 그 여성들이 남성과 동일한 업무를 수행했는지 아닌지와, 그 업무 수행이 남성의 업무 기준에 도달했는지의 여부를 규명하는 일이다.

세 번째 단계에서는 불리하고 종속적인 집단으로서 여성을 파악하는 틀에서부터 학교에서의 여성의 위상을 조사하게 되며, 여기에 대한 질문은 "여성행정가가 적은 이유는 무엇인가?"이다.

네 번째 단계에서는 여성은 마침내 그들 자신을 연구하고 그들의 세계를 인식하게 된다. 네 번째와 다섯 번째 단계에서는 여성관점으로부터 수집된 교육행정 이론에 도전하게 된다. 이 단계에서 우리는 "교육행정 이론이 여성들의 경험을 포함하도록 어떻게 변화해야 하는가?"라는 질문을 하게 된다.

끝으로, 여섯 번째 단계에서 변형이론은 남성과 여성이 공유된 경험들을 이해하게 된다. 즉, 이 단계에서는 인간 경험을 동질성과 일반화보다는 이질적이고 다양한 이론 형성을 통해 종합적으로 볼 수 있게 된다.

이상에서 기술한 바와 같이 여교원들이 상위직으로 진출하는데 있어서 제약을 주는 장애요인을 개인적, 제도적, 조직의 남교사 선호풍토 요인 등 다양한 요인들로 볼 수 있다. 이러한 장애요인들은 서로 상호 영향을 주는 것으로서 이에 대한 해결 방안도 어느 한 측면만을 가지고 이루어질 수 없으며, 여교원 개인의 노력과 학교 조직풍토 및 제도적인 지원이 함께 이루어져야 할 것이다.

그러므로 여성은 학교교육에서부터, 즉 유치원 · 초 · 중등 · 고등교육에서의 교육기회, 교육이념과 목적, 교육내용, 교사와 학생관계, 계열선택 등을 포함한 교육적 측면과 사회 · 경제적 지위측면에서 성별에 중점을 둔 성차별화 교육보다는 각자 자신의 능력에 의해서 원하는 것을 성취할 수 있다는 의식을 부여해 줄 수 있는 교육이 무엇보다도 필요할 것이다.

따라서, 향후 교원 정책방향에서도 여교원의 능력개발에 초점을 두어야 할 것이며, 일정쿼터를 정해 학교행정직 및 교육전문직에 여성이 점유할 수 있는 방안도 고려해야 할 것이다. 이를 위해 여교원의 학교행정에 대한 체계적이고 합리적 · 전문적인 소양을 갖추기 위해 연수를 확대 · 실시해야 할 것이다. 끝으로, 교육발전과 학교조직 발전차원에서 여성에 대한 성차별 인식보다는 교사로서 학교행정가로서의 역할 수행에 서로 남성과 공존하는 풍토조성과 교직사회에 남녀 양성 평등의식의 확산 등이 이루어져야 할 것이다.

제10장

학급 · 학교경영

제1절 학급경영의 개념과 원리

1. 학급경영의 개념

교육활동이 이루어지는 최종 단위인 학급은 학생의 입장에서는 지적, 정의적, 행동적 경험을 통한 자신의 세계를 형성해 가는 장소로서, 교사의 입장에서는 교육 실천의 장으로서, 삶의 실제 현장으로서, 그리고 교육적 창작의 산실로서 기능이 이루어지는 곳이라고 할 수 있다. 따라서 학급은 교수-학습의 장, 사회집단의 장, 학생들의 삶의 장으로서, 그리고 경영대상으로서 학급은 목표, 구조, 과업, 구성원, 프로그램, 기술, 환경 등이 된다.

학급경영의 주체가 학교장인데 비해 단위학급에서 이루어지는 학급경영(classroom management)은 교사가 주체가 되며, 이는 학급이 추구해야 할 목표를 공동으로 달성하기 위하여 계획하고, 상호 인간관계를 조정, 협력, 통제, 평가하는 창의적이고 구체적인 조직행위로 이해할 수 있다.

Johnson과 Bany(1970)는 학급경영을 교수-학습활동과 경영활동으로 구분하고 있으며, 경영활동은 조장활동과 유지활동으로 세분하고 있다. 그들에 의하면, 조장활동은 개인과 집단의 발전을 촉진하기 위한 관리활동으로서 ① 학급집단의 통합적이고 협동적 관계의 확립, ② 학급에서의 행동기준의 설정과 과업절차의 조정, ③ 문제해결에 의한 학급체제 내의 조건 개선, 그리고 ④ 학급체제 내의 조건의 수정 또는 변화 등을 포함한다. 그리고 유지활동은 갈등을 해소하고 사기를 고양시키며, 집단으로 하여금 환경의 변화에 적응하도록 도와 주는 활동을 포함한다. 이 두 가지 활동은 상호 보완적 활동으로 볼 수 있다.

2. 학급경영의 원리

학급을 합리적으로 경영하고 학급경영 과정에서 나타나는 제반 문제를 해결하기 위해서는 지침이나 준거가 필요하다. 학급경영의 원리는 상위의 교육행정 기본원

리나 학교경영에서 제시된 원리를 포괄하면서 실제적으로는 교육활동이 최종적으로 이루어지는 학급에서 적용되는 원리를 말한다.

이러한 원리들은 학자들에 따라서 다양하게 제시되고 있는 바, 김영돈(1983 : 75~88)은 자유의 원리, 협동의 원리, 노작의 원리, 창조의 원리, 흥미의 원리, 요구의 원리, 접근의 원리, 발전의 원리를 남정걸(1991 : 488~491)은 타당성의 원리, 개별성의 원리, 자율화의 원리, 사회화의 원리, 통합화의 원리, 전문성의 원리를 그리고 김종철 등(1990: 248~255)은 타당성의 원리, 개별성 존중의 원리, 자주성의 원리, 상호접근의 원리, 통합성의 원리, 합리성의 원리 등을 들고 있다. 여기서 학급경영의 원리를 몇 가지 기술하면 다음과 같다.

1) 타당성의 원리

학급경영은 그 목표, 내용, 방법 등에 있어서 타당성을 지녀야 한다. 즉, 기본적으로 교육의 원리는 물론 상위 교육체제의 목표 및 학교경영 방침에 비추어서도 타당해야 한다는 원리이다.

2) 개별성 존중의 원리

학생 개인의 창의성과 잠재능력을 길러주기 위해서 학급 구성원을 존중하는 학급활동이 전개되어야 한다는 원리이다.

3) 사회성 개발의 원리

개개 학생의 인격을 존중하면서 전체적으로는 학급 구성원이 공동체로서 생활할 수 있도록 학급조직을 편성하고, 학생활동을 조장해야 한다는 원리이다.

4) 자주성 존중의 원리

학급경영을 수립하고 실천하는 데 있어 학교 경영이나 상위 교육행정 체제와의 상호 연계성을 고려하지만, 학급규모나 구성원의 특성 등 학급상황을 반영하여 독자적으로 학급경영이 이루어지도록 해야 한다는 원리이다.

5) 통합성의 원리

학급경영 체제에서 학급 내부요인과 외부요인이 조화와 통합을 이루면서 학급경영의 효율성을 높여야 한다는 원리이다.

6) 합리성의 원리

학급경영도 하나의 경영이기 때문에 계획수립이나 실천, 그리고 평가활동이 과학적인 사고나 기법, 즉 계량적 · 객관적 방법과 질적 · 주관적 방법을 통하여 이루어지도록 해야 한다는 원리이다.

제2절 학급경영의 과정

1. 투입과 전환과정

학급경영은 학교경영과 학년경영과의 연계 속에서 이해되어야 하며, 학급경영의 과정도 학교경영의 과정과 마찬가지로 계획, 실행, 평가의 순환적인 과정으로 파악할 수 있다. 즉 학급경영체제는 학교경영체제의 하위체제로서 그 기능을 수행하게 되는데 상위체제로서 학교와 학년경영체제가 되며, 이 체제들이 정한 일정한 틀의 범위 내에서 독자적으로 투입-과정-산출-평가의 순환적인 과정을 거치면서 그 활동을 전개해 나간다.

투입에 해당되는 것은 학급경영의 목표, 기본방침, 그리고 학급경영에 필요한 인적 · 물적 자원을 들 수 있다. 여기서 학급경영의 목표는 상위의 교육지표, 학교경영 목표와의 연계성 속에서 학급의 특성을 고려하여 설정하여야 한다. 인적 자원으로는 교사와 학생이 되며, 물적 자원으로는 학급구조, 시설, 비품, 재정 등을 들

수 있다.

학급경영체제의 전환 과정은 투입요소를 받아 목표를 달성하기 위해 이루어지는 실제적인 활동이 된다. 여기에는 학급 구성원의 조직, 교과지도, 특별지도, 생활지도, 학급환경 및 관리, 사무관리, 그리고 학교행정가, 학부모, 지역사회 사이의 관계의 유지 등이 포함된다. 이 과정은 주어진 자원들을 운용하여 설정된 목표를 학급조직 구성원들이 직접적으로 달성해 나가는 실천 단계가 된다.

2. 산출과 평가

산출은 전환 과정을 통해 실제로 수행된 학급경영 활동에 대한 성과가 나타나는 단계이다. 학급성과는 학급경영 목표에 비추어 학생들에 대한 인지적, 정의적, 신체적 측면에서의 발달 정도, 학급 환경, 사무처리, 학부모와 지역사회와의 관계 등에서 양적 · 질적 산출을 포함한다.

이러한 학급경영체제는 학급 내에서 독자적으로 운영되기보다는 개발체제로서 외부의 환경들, 예를 들어 교육행정기관(교육과학기술부, 시 · 도 교육청, 시 · 군 · 구 교육청), 지역사회, 학부모 등의 지원과 통제, 그리고 상호작용을 통해서 영향을 받게 된다.

특히, 학급경영 평가는 학급계획 수립에서부터 그 실천과정에 대한 형성평가와 총괄평가를 포함하게 된다. 앞에서 살펴본 체제 접근에 의한 학급경영 평가는 투입, 전환과정, 산출의 전 학급활동의 과정에 걸쳐 이루어지게 된다.

또한, 학급경영 평가의 영역은 ① 경영계획면(학급경영목표, 방침에 따른 계획의 수립), ② 학습지도면(교수 · 학습계획, 준비, 수업방법 및 전략, 평가, 학습결과 등), ③ 생활지도면(생활지도 계획, 학급행사 및 일반학급 생활지도, 자치활동, 건강지도 등), ④ 환경구성면(물리적 환경과 심리적 환경), 그리고 ⑤ 학급사무면(학급사무처리, 학부모 및 지역사회와의 관계 등) 등을 들 수 있다. 보다 구체적인 학급경영평가 영역과 요소를 제시하면 〈표 10-1〉과 같다.

〈표 10-1〉 학급경영 평가의 영역과 항목

평가영역	하위영역	평가항목
학급경영 계획	목 표	학급경영 목표설정의 타당성 학급경영목표 달성 정도

평가영역	하위영역	평가항목
		학급실태의 고려 지역사회 여건의 반영
	계 획	교과활동 계획의 수립 특별활동 계획의 수립 생활지도 계획의 수립 기초조사 및 활용 행사운영의 계획 학급의 주요 시책 및 계획의 실천
학습지도	지도계획	교육과정 연간 계획 주간계획안 계획안 실행결과에 대한 기록 지역실정의 반영 부진아 지도계획 교과별 학습형태에 따른 지도안 작성
	준 비	학습기자재의 준비 학습 내용에 대한 사전 준비 수업 전 사전 실험의 실시 학습지도 협의
	방법 및 전략	개인차에 따른 개별지도 학년별 발달 단계의 고려 효과적인 학습지도 방법 교육과정의 정상적인 운영 교과 특성에 따른 학습지도 방송시설의 활용 시청각 기자재의 활용 컴퓨터를 활용한 수업 실험 · 실습교육 판서의 구조성 학습부진아 지도 교과목 능력별 편성에 따른 교과목 지도
	학습결과	학급결과 평가에 대한 적시성 학습장과 기타 기록에 대한 지도 평가기준의 작성 학습평가의 계획 평가 후 보충지도의 적절성

평가영역	하위영역	평가항목
생활지도	지 도	학급생활기준 놀이지도와 여가지도 행사지도 특수아 지도 청소용구의 준비와 지도 질서지도 일관성 있는 생활지도 근검절약하는 생활태도의 형성
	자치활동	학년에 적합한 자치운영 전 아동의 협동과 자치적 참여성 학생들의 참여정도 주번, 당번의 활동
	건강 · 안전지도	건강 · 안전지도 사항 보건지도에 필요한 각종 조사
환경구성	물리적 환경	교실환경의 적절성 성적물의 전시, 게시, 진열의 효과성 학급비품 및 학습 자료 정비, 확립 안전, 채광, 통풍, 보온, 방음의 관리 실내미화 학급비품 관찰, 시설물에 대한 학년 단계의 적절성 환경의 안전성
	심리적 환경	교사들의 심신 건강 교사들의 아동과 학부모로부터의 신뢰 타학급과 학교 전체와의 원만한 관계 명랑한 학급 분위기 조성
학급사무	사무처리	사무처리의 계획 사무처리의 신속 · 정확도 장부 작성 및 관리 학교 · 가정 · 지역사회와의 유대관계
	대외관계	학급간의 경쟁 각종 협의회의 참여 학교 사무처리에 대한 협조 상부교육 방침의 구현 학부모 및 지역사회의 요구 · 수렴

제3절 학교경영의 개념과 영역

1. 학교경영의 개념

일반적으로 학교경영(school management)은 학교장을 중심으로 학교를 운영 · 관리하며, 변화하는 환경 여건 속에서 학교를 유지 · 발전시켜 나가는 활동, 학교 교육목적을 효율적으로 달성하기 위하여 교장의 자주적 관점에서 인적 · 물적 자원과 기술 정보의 활용을 조정 · 통합하는 활동, 혹은 교수-학습의 원칙이나 준거에 따라 교육과정의 효율성을 극대화하고 생산성을 높이기 위하여 학교경영의 조직, 운영, 평가를 포함하는 일련의 과정, 학교의 교육목표 및 경영목표를 설정하고, 이를 달성하기 위해 학교체제 내의 제반 인적 · 물적 자원 및 기술 · 정보를 확보하여 그것을 계획, 조직, 조정, 평가하는 일련의 활동과정 등으로 다양하게 논의되고 있다(김세기, 1984; 김종철 외, 1990; 남한식, 1992; 정태범, 1992; 문낙진, 1993; 남정걸, 2012).

따라서 학교경영이란 일선 초 · 중등학교에서 교육목표를 설정하고 이를 달성하기 위하여 프로그램 및 인적 · 물적, 기타 지원 조건을 정비, 확립하고, 계획, 집행, 평가과정을 통하여 학교의 교육활동이 효과적으로 수행하도록 지원하는 일련의 활동이라고 할 수 있다. 아울러 학교경영은 학교조직에서 조직 구성원의 집단적 행동을 통하여 목표를 달성하는 것을 본질로 하는 작용이라고 할 수 있다.

이러한 학교경영은 그 동안 관료적 · 권위적 관행과 풍토에서 수요자 중심의 교육, 단위학교 중심의 학교경영으로 변화하고 있다. 단위학교 중심의 학교경영은 교육행정기관 중심의 지시적 · 명령적 · 수동적 학교경영 방식에서 벗어나 자율적 · 민주적 · 협력적 · 능동적인 학교경영 방식으로의 전환과 더불어 궁극적으로 학교구성원들, 특히 학생의 다양한 요구를 충족시키면서 잠재적 능력을 극대화시켜 줄 수 있는 학교조직, 교수-학습 활동, 업무수행 등을 지향한다고 볼 수 있다.

2. 학교경영의 영역

학교경영의 영역은 경영과업과 경영과정으로 구분할 수 있다. 김종철 등(1990 :

33)은 우리나라 초 · 중등학교의 학교경영에서 교육활동의 우선순위를 고려하면서 학교경영의 과업영역으로 교육목표, 교육경영 목표, 교육 프로그램, 교직원의 인사와 인간관계, 아동 · 학생의 지도, 시설 · 재무 · 사무 등의 관리, 그리고 지역사회와의 관계 등의 영역을 포함시키고 있다. 그리고 학교경영의 영역을 과정요인에 따라 기획, 의사결정, 조직, 의사소통, 지도, 조정, 통제 및 평가의 여덟 가지로 세분화하고 이를 다시 기획과 결정, 집행, 통제와 평가의 세 가지 과정으로 구분하여 기술하고 있다.

학교경영의 주요 활동으로는 교육이상을 실현하기 위하여 적절한 시설과 설비 등 물적 자원의 정비와 유지활동, 인적 자원인 교직원의 유기적 조직과 학생의 기능적 편성활동, 학교의 전체편성에 관한 활동, 학교의 안전과 질서를 유지하기 위한 관리활동, 각종 기록문서의 작성 및 보관 등의 교육사무 활동, 가정 및 각종 사회단체와의 섭외활동 등을 들 수 있다.

학교경영의 과업과 과정 및 활동에 대한 영역들은 학생들에게 양질의 교육을 제공하고, 개성과 창의성 제고를 위한 측면에서 편제 · 운영되어야 할 것이다. 이는 국민의 정부 교육개혁에서 추진하고 있는 학생중심의 탄력적인 교육과정 운영, 건전하고 자율적인 학생문화의 정착, 수준별 교육 · 정보화 교육 · 창의적 수업 · 수행평가 등의 교수-학습방법에 부응하는 다양한 학습공간 및 학교시설 마련, 그리고 교육의 정보화 기반 확충을 위한 행 · 재정 지원체제 확대 등의 측면이 학교경영에 주요 활동으로 포함되어야 할 것이다.

3. 학교경영의 원리

학교를 합리적으로 경영하고 학교경영 과정에서 나타나는 제반 문제를 해결하기 위해서는 학교경영의 지침이나 준거를 마련할 필요가 있다. 합리적인 학교경영의 지침이나 준거가 되는 학교경영의 원리는 상위의 교육행정 기본원리를 토대로 실제적으로 교육활동이 전개되는 학교조직에서 적응되는 원리를 말한다. 이러한 학교경영의 원리로는 합목적성의 원리, 합법성의 원리, 민주성의 원리, 자율성의 원리, 능률성의 원리, 과학성의 원리, 그리고 지역성의 원리 등을 들 수 있다(김종철 외, 1990; 문낙진, 1993; 윤정일, 1996; 정일환, 1996).

1) 합목적성의 원리

바람직한 학교교육 목표를 설정하고 이이 부합되는 경영활동을 전개하기 위한 원리이다. 학교경영은 학교교육 목표를 효율적으로 달성하기 위해 필요한 조건을 정비해 주는 봉사활동이며 수단이다. 이러한 합목적성의 원리를 타당성의 원리라고도 한다. 즉, 기본적으로 교육의 원리는 물론이거니와 상위교육 체제의 목표 및 학교경영 방침에 비추어서도 타당해야 한다는 것이다.

2) 합법성의 원리

학교경영이 법에 의거하고 법이 정하는 범위 내에서 이루어지는 것을 원칙으로 하는 원리이다. 학교경영은 헌법, 교육기본법, 초 · 중등교육법 등의 교육관계 법률과 명령, 조례, 규칙 등에 의거하여 집행되어야 한다. 이는 국민의 교육권을 보장하고 국가예산을 효율적으로 집행하며 부당한 직무수행과 행정재량권의 남용을 방지하기 위함이다.

그러나 법과 명령이 모든 교육의 실제를 규제화할 수 없는 것이므로 학교의 구체적인 운영에 있어서는 각기 그 학교의 특성에 맞는 계획과 조직, 그리고 운영을 규정화해야 할 것이다.

3) 민주성의 원리

학교교육의 목표설정과 교육계획 수립, 실천, 평가 등 학교경영의 제반 과정과 영역에 교직원과 학생, 그리고 학부모의 광범위한 참여를 통하여 공정한 의사를 반영하게 하고, 특히 실천과정에 있어서 권한의 이양을 통하여 독단과 전횡을 막는 것을 의미한다. 즉, 학교경영의 민주화는 무엇보다도 교장의 민주적 태도와 민주적 지도성의 발휘가 전제되는 것이다. 교직원의 참여에 의하여 결정된 의사결정 과업이 교직원들의 책임하에 실행될 때 이들의 협조가 자동적으로 이루어지게 된다. 즉, 학교경영의 책임은 궁극적으로 교장에게 있지만, 교장 한 사람의 지시나 명령으로 학교를 운영하는 것보다 교직원, 학생, 학부모, 지역사회 조직 등 많은 조직이

참여하여 민주적으로 운영될 때 효과적인 학교경영이 이루어질 것이다.

4) 자율성의 원리

학교경영의 자율성이란 단위 교육기관인 학교조직체가 효율적인 교육활동을 위하여 상부기관이나 외부조직의 지시나 간섭없이 자주적으로 의사를 결정하고 조직체를 운용하는 것이다. 학교에서의 자율성은 개인적 자유와 기관의 자율성을 포함하는 개념으로 규정할 수 있으나, 보다 협의로는 기관의 자율을 의미한다. 개인적 자유란 진리탐구를 위한 조건으로서 연구의 자유, 교수의 자유, 발표의 자유, 학습의 자유 등을 의미하며, 기관의 자율성은 기관의 관리운영에 관한 필요한 기준을 설정하고 집행하며, 학교발전의 제반 정책결정을 자주적으로 하는 것이다.

교육개혁위원회는 교육행정 자율화의 방안으로 단위학교 책임경영제(school-based management)[1]의 강화를 들어 첫째, 각급 학교에 대한 교육행정기관의 지시와 통제는 지나치게 세부적이고 획일적이라는 점, 둘째, 학교운영이 교육의 전문성과 운영주체의 높은 자질에 비추어 고도의 자율성이 부여되어야 한다는 점, 셋째, 학교운영 방식은 그 자체가 교육의 생생한 소재가 된다는 점에서 자율화가 절실히 요청된다는 점에서 필요성을 내세우고 있다.

5) 능률성의 원리

학교교육 활동을 전개하는 데 있어서, 최소한의 경비와 노력을 통하여 최대한의 성과를 거두고자 하는 원리이다. 다시 말하면, 최소한의 인적 · 물적 자원과 시간, 정보 등을 투입하여 교육목표 달성의 극대화를 거둘 수 있어야 한다.

학교경영에 있어서 능률성의 원리를 강조할 때는 단기적 평가보다 장기적 평가에 의한 능률과 단순한 경제적 능률보다는 구성원의 만족 내지 욕구충족을 높이는 사회적 능률을 더욱 강조하여야 한다. 능률성의 원리는 민주성의 원리를 희생하면

---

1) 단위학교 책임경영제(school-based management)는 학교장이 최고집행관으로서 학부모 대표, 지역사회 대표, 교장 · 교사 대표, 학생 대표로 구성되는 학교 자문회의를 구성하여 결정하고, 학교 단위의 독립적 예 · 결산 · 회계를 처리하고, 연간계획과 성과 보고서를 제출하도록 하는 제도이다.

서까지 강조될 수는 없으며, 양자 사이의 균형이 이루어져야 할 것이다.

6) 과학성의 원리

과학성의 원리는 학교경영을 과학적인 방법에 기초하여 합리적으로 계획하고, 체계적인 운영체제를 갖추어 실현하고 평가되어야 함을 의미한다. 즉, 적절한 문제를 선택하여 파악하고, 필요한 사실을 분석하며, 각종 해결방법을 모색하여 적절한 방법을 선정하고, 문제해결의 기준을 설정하며, 기준에 따라서 가설을 설정하고, 가설을 검증하고 해석하며, 추후연구를 계속한다. 이러한 절차에 따라 교육문제를 해결해 나가야 한다.

이와 같이, 학교경영에 있어서도 Taylor의 과학적 관리론에 근거하여 직무 분석과 계획, 업무수행 시간, 교직원의 조직과 배치, 보수제도와 교직원 교육, 그리고 직무도구에 이르기까지 과학적인 연구에 의해 그 결과를 적용하는 것은 직무의 효율화를 위한 것이다. 최근에는 체제접근 방법을 통하여 교육의 문제를 해결하고, 학교조직의 과업을 설계하기 위하여 목표관리 등 다양한 경영기법들을 활용하고 있다.

7) 지역성의 원리

학교경영의 지역화란 학교가 위치하고 있는 지역사회의 특성에 맞도록 조화롭게 학교를 경영해야 한다는 원리이다. 학교와 지역사회의 협조적 관계에서 학교가 운영됨으로써 학교의 사회화, 교육의 생활화가 이루어질 수 있다. 학생은 일정한 지역에서 태어나서 그 지역의 자연적 · 문화적 환경 속에서 성장 · 발달한다.

학교는 지역사회를 이해하고, 지역사회의 인적 · 물적 자원을 교육에 활용하고, 학교가 가진 지식, 정보와 기술을 지역사회에 제공함으로써 학교와 지역사회는 상호 협조하는 지역사회 학교로 발전할 수 있다. 그 방법으로 지역사회 인사와의 유대강화, 교육자원의 획득, 사회개선에의 봉사 등을 들 수 있다.

제4절 학교경영의 체제적 접근과 실제

학교경영의 활동과 과업은 그것이 이루어지는 과정, 즉 계획, 집행, 평가의 순환적 흐름 속에서 바람직한 학교경영의 요소들을 구체화시켜 유기적으로 통합되는 체제의 측면에서 파악할 수 있다(서정화, 1987 : 113~114).

학교조직의 목표를 달성하기 위해 학교경영 체제는 교육목표를 달성하는 데 있어 학급, 학년 및 학교를 중심으로 이를 둘러싼 환경 속에서 투입(계획), 전환과정(집행), 그리고 산출(평가)의 순환적인 과정을 통하여 그 본질적인 기능을 수행하게 된다. 계획단계에서는 학교교육 목표의 설정, 학교경영 목표 및 방침 설정, 활동계획 수립 등이 주요 내용이 된다. 집행 또는 실천단계는 계획에 따라 인적 · 물적 자원을 조직 · 배분하여 교육과정 운영과 생활지도 등이 효율적으로 이루어지도록 지원하고, 관리하고, 실천하는 단계이다. 그리고 평가단계는 경영목표의 달성도를 인식하고 점검하는 단계로서 평가목표 설정, 평가의 영역 및 기준 설정, 평가실시 및 활용 등의 과정을 포함한다. 이를 구체적으로 기술하면 다음과 같다(문낙진, 1993 : 47~49).

1. 계획단계(planning phase)

학교경영에 있어서 계획은 상부 교육행정기관에서 설정한 교육목표와 학교와 지역사회의 여건, 학교조직 구성원의 요구 등을 고려하여 일정한 목표를 설정하고, 이를 달성하는 데 필요한 상황이나 여건에 대한 예측, 자원의 확보 등 합리적인 행동을 계획하는 것을 말한다. 학교경영의 첫 번째 단계인 계획단계의 주요 활동으로는 문제 규명, 목표 및 방침 설정, 활동계획, 조직계획, 평가계획 등을 포함한다. 이를 제시하면 [그림 10-1]과 같다.

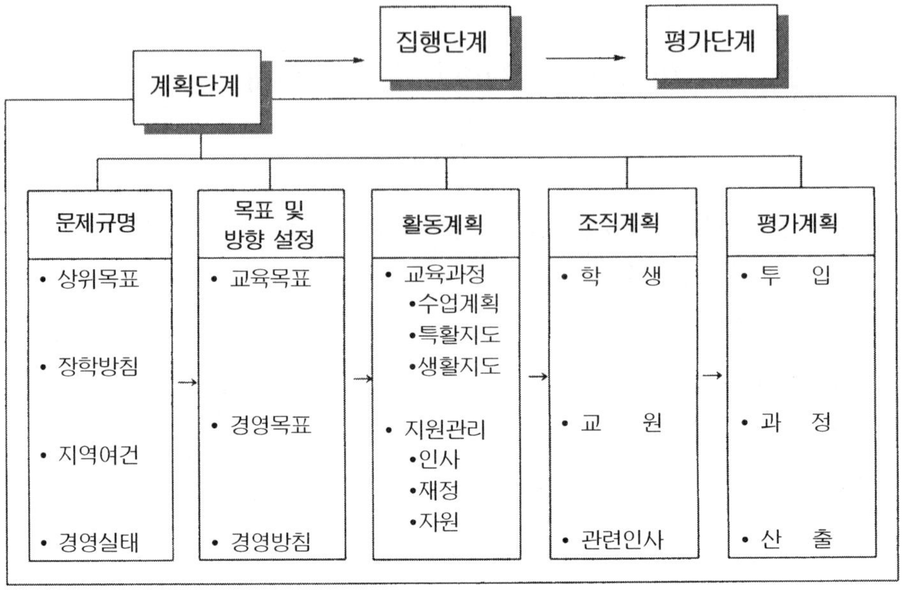

[그림 10-1] 학교경영 계획단계의 주요활동

1) 문제 규명

학교경영 계획을 수립하는 기초단계로서 학교교육에 대하여 학교체제 내외의 교육적 요구를 규명하고, 현행 학교상황에서 당면하고 있는 문제를 진단하기 위하여 학교교육의 상위목표, 지역사회 및 학교 외 여건을 중심으로 분석한다.

2) 목표 및 방침의 설정

학교교육 목표는 장기적인 안목에서 학생들이 궁극적으로 도달해야 할 인간상을 제시하거나 그 행동특성을 종합적으로 명시한 것이다. 이것은 학교 내의 모든 교육활동이 나아가야 할 방향을 제시해 주며, 또한 학교 교육활동에 대한 의사결정시 적절성 및 타당성의 근거가 된다.

학교경영 목표는 교육목표를 달성하기 위해 수행되어야 할 경영상의 기본방향을 제시한 것으로 집행과정과 성과의 평가에 대한 주요한 지침이 된다. 경영방침은 정부의 국정지표, 교육과학기술부의 교육지표, 장학방침과 주요 과제, 시 · 도 교육

청, 시 · 군 · 구 교육청의 교육방향과 주요 시책, 그리고 학교의 여건과 지역사회 특성 등을 고려하여 설정한다.

3) 활동계획

활동계획은 경영목표를 달성하고 경영방침을 실천하기 위한 일련의 세부 활동계획이다. 이는 경영방침에 따라 구체적인 과업이나 활동을 합목적적으로 연결시키는 경영활동과 사업들을 계획하는 과정으로 활동계획에는 교과지도, 특별활동, 생활지도를 중심으로 하는 교육과정 운영과 이를 효율적으로 운영하기 위한 지원 · 관리기능이 포함된다. 이 활동은 교육과정 운영을 중핵으로 하여 지원 · 관리의 기능이 유기적으로 상호 관련되도록 학교경영의 전 영역을 포함한다.

4) 조직계획

활동계획이 수립되고 나면 집행단계에서 활동이나 과업을 수행할 부서를 편성하고 담당자를 배정하게 된다. 학교는 한 집단으로서 학생, 교직원, 지역사회 인사들로 조직될 수 있으므로 목표달성을 위하여 교육지도 조직, 사무분장 조직, 그리고 운영조직 등을 만들어 협력체제로서 학교경영이 가능하도록 한다. 또한, 학생조직은 교육지도 조직과 밀접히 관련될 수 있도록 편성한다.

5) 평가계획

계획단계의 마지막 과정은 계획수립의 타당성에 대한 평가와 교육경영 평가에 관한 계획을 수립한다. 즉 학교경영 계획에서 계량적으로 설정된 목표들이 달성될 수 있도록 모든 체제의 하위요소들을 적절하게 투입하고, 전환과정에서는 최적으로 상호작용하여, 그 산출을 극대화할 수 있는지를 검토하는 계획을 말한다. 설정한 학교경영의 목표 달성이 가능한가에 대한 투입요인을 중심으로 평가하고, 투입에서 산출에 이르는 과정도 평가하며, 목표달성이 되었는지를 확인하고, 그 결과(산출)를 평가하는 것 등에 관한 평가의 영역, 내용, 방법, 도구의 작성 등 총괄적 학교평가 차원에서 계획과 피드백의 절차를 마련하여 계획을 완성한다.

2. 집행단계(implementation phase)

학교경영에서 집행은 계획 수립 후 그것이 종료되는 단계까지를 말한다. 다시 말하면, 학교경영 활동이 시작되는 학년 초부터 그 활동이 끝나는 학년 말까지 계획된 활동을 효율적으로 수행해 나가는 모든 관리과정으로 수립된 계획을 효율적으로 집행하여 학교경영의 효과를 극대화하기 위한 절차와 과정이 이루어지는 단계라고 할 수 있다.

학교경영의 집행과정은 실제적으로 학교 교육활동이 전개되는 것으로 복잡하고 다양한 활동을 포함하며, 여기에는 교수-학습활동, 생활지도, 인적 · 물적 자원의 배치 및 운용 등이 역동적으로 이루어지는 과정이 된다. 여기에는 학교경영 조직의 편성, 교육과정의 운영, 그리고 지원 · 관리활동이 주가 된다. 이를 제시하면 [그림 10-2]와 같다.

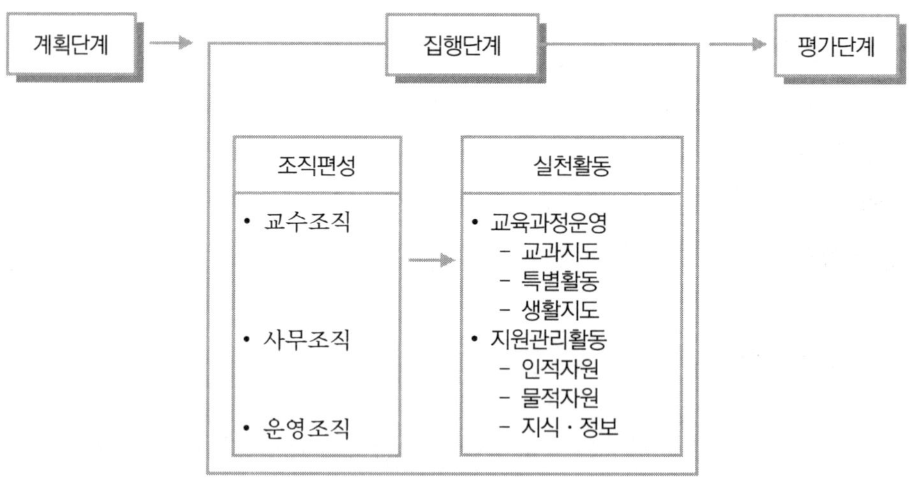

[그림 10-2] 학교경영 집행단계의 주요활동

1) 조직 편성

학교조직을 구조적 측면에서 볼 때 교수조직, 사무조직, 운영조직으로 나눌 수 있다. 교수조직은 교육과정 운영을 직접적으로 담당하고, 사무조직은 교육과정 운영을 간접적으로 지원해 주는 사무처리를 위해서, 운영조직은 학교경영 활동에 대해 의사결정의 합리화를 위해 편성된다.

교수조직은 교장-교감-부장교사-담임교사로 이어지는 조직 형태로써 교육과정 운영을 직접 담당한다. 이 조직은 학교조직의 근간을 이루는 것으로 계선조직(line organization)의 성격을 갖는다. 사무조직은 교장-교감-부장(교무, 연구, 학생 지도 등)-계원으로 연결되면서 교육과정 운영을 간접적으로 지원해 주기 위하여 전문직, 사무직 직능을 담당하는 조직형태를 말한다. 그리고 운영조직은 직원회, 각종 운영위원회, 기획위원회 등을 포함하는 막료조직(staff organization) 형태로서 특정한 목적을 달성하기 위해서 집단적 행위를 하며 의사소통과 조정을 그 주요 기능으로 한다.

2) 실천활동

조직이 편성되면 분업적 협동체제 형태로 제반 경영활동이 전개된다. 경영활동은 교육과정 운영과 지원관리 활동으로 나눌 수 있으며, 학교의 교육과정 운영은 교과지도, 생활지도, 특별활동을 포함한다.

교과지도는 교과수업의 계획, 지도 및 평가를 총칭하는 것으로서 수업의 절차를 거친다. 특별활동과 생활지도는 연간계획에 따라 세부운영을 위한 계획-실천-평가의 과정을 거쳐 이루어진다.

집행과정에서 지원 · 관리활동은 학교의 교육목표 달성을 위하여 교육과정이 합리적으로 운영되도록 인적 · 물적 자원 및 정보 · 기술의 제공과 관련되는 모든 활동이 포함된다. 즉 조직관리, 인사관리, 사무관리, 교원연수, 시설 및 기자재 관리, 재무관리, 평가관리 및 대외관계 등이 여기에 속한다.

이와 같은 지원 조건이 교육과정 운영을 위해 적절하게 마련되고 운영될 때 학교경영의 효과성은 높아진다. 학교경영의 효율화를 위하여 학교경영 계획을 합리적으로 집행하고 관리하는 데 도움을 주는 다양한 경영기법들, 예를 들어 비용-수익 분석(cost-benefit analysis), 비용-효과 분석(cost-effectiveness analysis), 목표에 의한 관리(MBO), 기획예산제도(PPBS) 등을 활용할 필요가 있다.

3. 평가단계(evaluation phase)

학교경영에서 평가는 평가계획에 따라 계획 및 집행과정과 학교경영의 성과를 분석 · 검토하여 교육의 효율성과 생산성을 측정하는 과정이다. 평가 결과는 학교 경영 과정에 재투입되어 경영개선을 위한 자료로 활용된다. 이러한 피드백은 학교 경영의 장 · 단기 계획에 반영된다.

평가단계는 계획-집행-평가로 이어지는 순환적 흐름 속의 마지막 단계에 해당되는 것으로 계획단계에서 수립된 평가계획에 따라 일정기간의 실천과정을 거친 모든 교육활동에 대해서 경영목표의 달성여부 및 그 정도를 종합적으로 평가하게 된다. 이와 같이 평가단계에서는 수립된 평가계획에 따라 학교의 경영목표에 비추어 투입 요인별로 투입평가를 실시하고, 다음 일정기간의 집행과정을 거치면서 각종의 경영 활동이 무리없이 진행되고 있는가를 확인하는 과정평가를 실시한다. 마지막으로 집행의 결과, 경영계획에서 정한 목표달성이 어느 정도 이루어졌는가를 측정하는 산출평가를 실시하게 된다.

학교경영은 학교-학년-학급단위에서 계획-집행-평가의 과정을 거치므로 학교경영 평가는 학년 및 학급경영 평가를 토대로 이루어져야 한다. 학교경영 평가의 주요 활동을 제시하면 [그림 10-3]과 같다.

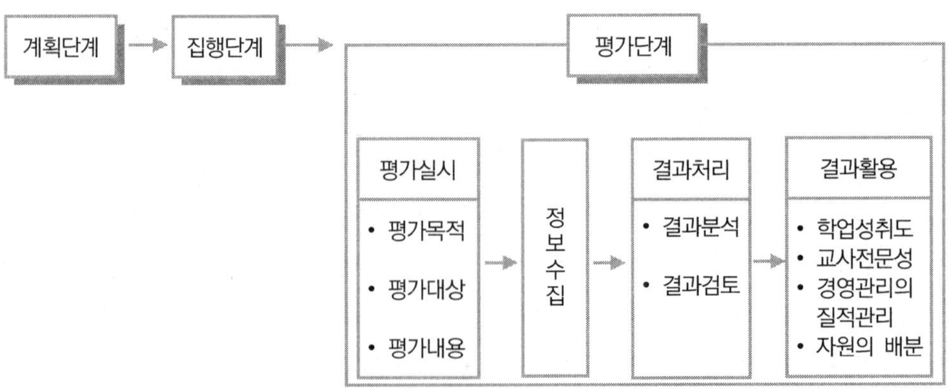

[그림 10-3] 학교경영 평가단계의 주요활동

1) 평가실시

학교교육 계획에서 설정한 교육목표나 경영목표의 달성 정도를 평가하기 위해 평가의 목적을 분명히 인식하여 평가관점을 정립하고, 평가대상과 평가내용을 결정한 후 평가영역에 따라 항목별로 평가문항을 작성 · 실시한다.

2) 정보수집

학교경영 평가에 대한 정확한 정보를 수집하기 위해 각종 학교 교육활동의 자료와 문서의 분석과 더불어 조직 구성원들을 대상으로 한 질문지 조사, 관찰, 상담 등 다양한 방법을 활용한다.

3) 결과처리

각 부문별 혹은 영역별로 수집된 자료는 분석 · 관리하여 학교경영 목표를 기준으로 해석하고 평가하여 기록한다.

4) 결과활용

분석된 다양한 정보는 학급-학년-학교의 경영단위에서 학생지도의 자료로서, 그리고 교사의 교육활동에 대한 개선자료로서 또는 다음 학년도 경영계획 수립의 자료로서 활용된다. 평가결과는 학생들의 학업성취도 수준을 파악하게 되며, 경영과정의 효율적 관리에 관한 자료와 학교자원의 합리적 배분에 관한 자료를 얻게 되고, 끝으로 교사의 전문성 제고에 관한 정보를 얻게 된다.

이상에서 기술한 학교경영 평가의 내용을 체제적 관점에서 투입-전환과정-산출의 평가영역과 항목을 제시하면 〈표 10-2〉와 같다.

〈표 10-2〉 학교경영체제 평가영역과 항목

과 정	영 역	항 목
투입평가	경영목표	• 전년도의 경영목표 달성도 • 경영목표 설정의 타당성 • 새로운 투입요소의 적절성
	학생	• 학생들의 학업성취도 • 학습태도의 형성 정도 • 행동발달 상황
	교사	• 학급경영 능력 • 수업지도 능력 • 학교경영 참여도
	교장	• 학교조직풍토의 개방성 정도 • 민주적 지도성
	시설 · 재정	• 외곽시설과 내부시설 확충 및 활용 정도 • 학교재정의 확보 정도
과정평가	교육계획	• 계획 수립의 타당성 • 세부사항 실천 정도 • 교직원의 참여 정도
	교육과정	• 교육과정 운영의 적절성 • 교육방법의 쇄신성 • 학습지진아 특별지도 실시여부 • 교수-학습자료의 준비도 및 활용도
	생활지도	• 문제아 지도에 있어서의 적절성 • 학생상담의 실시 및 방법의 적절성 • 교외 생활지도 관리
	특별활동	• 학생회, 학급회 운영의 지도 • 클럽활동 운영의 충실성
	지원관리	• 교내연수 계획 및 실시 • 학습매체의 구비 및 활용성 • 사무처리의 전산화, 체계화 • 문서관리의 체계화 • 학교시설의 효율적 관리 및 활용성 • 학교예산 편성 운영의 합리화 • 학교예산의 공개
산출평가	경영목표	• 학교경영목표 달성도 • 학년경영목표 달성도 • 학업성취도 향상 정도 • 자율적 학습태도의 형성 정도

과 정	영 역	항 목
		• 신체적 행동발달 정도
	교사	• 교수방법의 개선 정도 • 교재연구의 충실성 정도 • 의사결정에의 참여 정도 • 교사상호간의 협력 정도 • 교사들의 사기 증진 여부 • 근무부담 경감 정도
	교장	• 개방적인 학교조직 풍토조성 • 민주적 지도성 발휘
	학부모 및 지역사회	• 학부모의 학교기대 수준 상승 정도 • 지역사회와의 협력관계 개선 정도

제5절 학교조직과 학교장의 역할

1. 학교경영 조직과 운영

일선 초 · 중등 학교경영 조직은 학교급별이나 학교규모 등 당해 학교의 상황에 따라 다소 차이가 있다. [그림 10-4]에 제시된 학교의 경우 교장을 정점으로 하여 교감, 교사로 이어지는 계선조직과 학교운영위원회, 인사자문위원회, 교육과정위원회, 학교성적관리위원회, 생활지도위원회, 과학기구선정위원회, 도서선정위원회, 학교선도위원회, 교수기기선정위원회, 학교폭력추방위원회, 중도탈락자예방대책협의회, 중도탈락자복교대책협의회 등 각종 위원회를 중심으로 한 막료조직으로 이루어져 있다.

학교조직은 부장교사를 중간책임자로 하여 학교교육 활동 및 업무를 수행하기 위해서 교육지도, 교무분장 등으로 편성되어 있으며, 교육 · 지도 활동에는 학급담임, 교과전담, 특수학급 담임 등으로 구성되어 있다. 교무분장 활동에는 교무부, 연구부, 교육정보부, 학생부, 환경부 등이, 관리활동에는 행정, 관리, 문서관리를 담당하는 행정부(실)로 나누어 업무를 담당하고 있다.

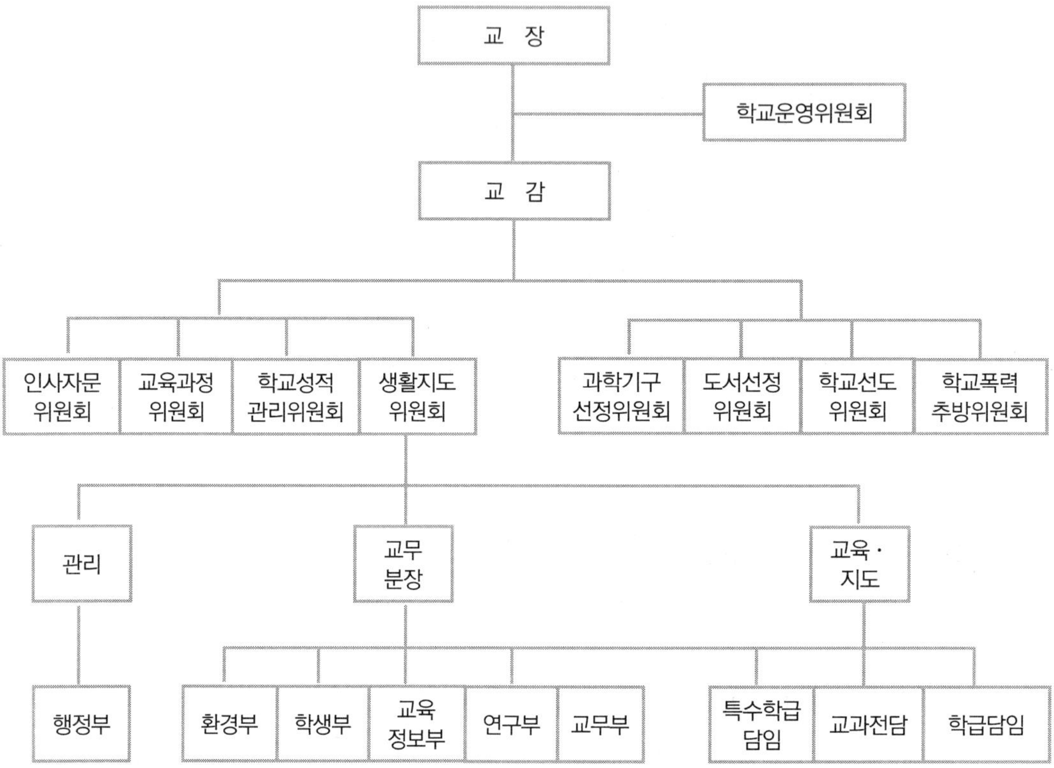

[그림 10-4] **학교조직 기구표(K중 · 고등학교)**

이와 같이 조직 및 업무의 배분은 학교 교육목표의 효율적 달성을 위해 이루어지고 있다. 특히, 교과목 및 학교 · 학급경영에 대한 전문성이 요구되는 부장교사는 학교 내부에서 교사들이 학급조직 구성원으로서 자율적인 풍토 속에서 생활할 수 있느냐 없느냐에 따라서 학교조직 분위기를 좌우할 정도로 중요한 위치를 차지하고 있다. 즉, 부장교사는 학교장, 교감 등의 학교행정가와 일반교사들 사이에서 중재 역할과 교사들이 자율적으로 업무를 처리할 수 있도록 솔선수범자로서의 역할을 하게 된다.

학교조직은 학교교육의 공식목표를 추구하기 위하여 조직 구성원간의 협동관계를 기본으로 하여 성립되는 분업 체계 및 인원의 배치라고 할 수 있다. 여기서

학교의 공식목표란 지 · 정 · 의를 조화롭게 갖춘 인재를 길러내는 일이며, 학생 개개인이 인간으로서 가지고 있는 잠재적 능력을 끌어내어 보다 유능하고 슬기로운 인격자로 길러내는 것을 의미한다. 이와 같은 목표를 달성하기 위하여 학교조직을 구성하는 모든 관련 인사들의 협동적 노력이 요청되며, 보다 효율적인 목표달성을 위해서는 계획, 결정, 조직, 조정, 그리고 통제할 수 있는 공식 지도자로서의 학교장이 필요하다.

2. 학교장의 역할

학교 경영상 교장의 지위와 기능은 교육 지도면에서 중요한 위치를 차지하고 있다. 학교장은 교육경영 단위 구성체의 지도자로서 법규에 의한 관리 경영자의 성격으로부터 지도 · 조언에 의한 진보적 · 창의적 경영자의 역할을 하는 이원적 성격을 갖고 있다.

학교장의 직무는 교무를 통할하고 소속 직원을 감독하며 학생을 교육시키는(초 · 중등교육법 제20조) 법규에 의한 관리경영자로서의 역할과 지도 · 조언에 의한 진보적 · 창의적 경영자로서의 역할로 설명할 수 있다. 이를 남한식(1992 : 343)이 보다 구체적으로 〈표 10-3〉과 같이 제시하고 있다. 따라서 학교장은 학교의 교육활동 전반에 대하여 교사 및 행정 직원을 감독하고 조정하여 학생들에 대한 교육성과를 제고하도록 하는 것이 주임무라고 할 수 있다.

〈표 10-3〉 교장의 주요 직무사항

교장의 주요 직무사항	
교무분장 및 학급담임 배정계획	학생상담 활동에 대한 지도 · 감독
교사의 증 · 개축 계획	수업시종 시각의 결정
교육목표 및 방침 체계 확립	수업의 감독과 지도
교직원의 임용관리	각종 특별시설의 관리 · 지원
교직원 복무 감독	교육과정 운영의 지도
교직원의 근무성적 평정	안전관리
교직원의 근태관리	학교보건 위생관리
교직원에 대한 개인적 지도 · 조언	학교결산의 관리 · 평가

교장의 주요 직무사항	
학칙 및 각종 내규의 제정	사고의 처리
교직원의 복지 · 후생 관리	재산대장의 정비 · 파악
신임교사의 지도 · 조언	회계장부의 관리점검
임시휴업의 결정	재정에 관한 정확한 파악
전교생에 대한 훈화	학부모 및 대외 방문객의 응접
학생복지 후생 증진	대외연락 협조 · 섭외활동
교사들의 학생출결 관리지도	교장 자기 연수
학생자치 활동에 대한 지도	학교경영 전반에 대한 평가

아울러 학교장은 학교경영의 책임자로서 학교조직 활동에 대해 기획자로서 뿐만 아니라 교과운영에 대해 지도 · 조언을 하는 교내장학 담당자로서의 역할도 수행하고 있다. 그리고 학부모, 지역사회와의 협조 · 조정할 수 있는 능력 등을 갖추어야 할 자질 중의 하나이다.

학교장의 기능 및 역할에 대해서 여러 학자들이 논의하고 있는데, 일반적으로 학교장의 기능이란 학교행정체제 및 교육체제 속에서 실제로 수행하고 있는 일이 무엇인가와 관련된다. 학교장의 기능은 학교의 수준, 규모, 소재지, 관련 집단의 성격, 기타 학교 및 환경변인은 물론 학교장 자신의 자질과 능력 등 여러 가지 요인에 따라서 차이가 있다. 그러나 여기서는 일반적인 학교장의 기능을 중심으로 기술한다.

Lipham과 Hoeh(1974)는 학교장의 기능을 ① 교수 프로그램, ② 교직원 인사 행정, ③ 학생 행정, ④ 재정과 시설, ⑤ 학교와 지역사회의 관계 등의 다섯 가지 영역으로 나누어 학교장이 수행해야 할 업무를 제시하고 있다. 교수 프로그램과 관련되는 교장의 역할은 교육을 위한 지역사회의 배경 분석, 교육적 요구 파악, 단위학교 교육목표 설정, 교수계획 검토 및 평가 등이 포함된다. 이러한 교장의 과업은 교수에 대한 지식, 기술 및 전문적 능력이 요구되는 활동이라고 할 수 있다.

교단중심, 단위학교 중심의 학교경영이라는 측면에서 효과적인 학교장의 기능을 첫째, 학교교육 운영 및 활동에 대한 기획 및 의사결정자, 둘째, 학교경영의 실천자, 셋째, 학교 운영에 대한 통제자 및 평가자, 넷째, 교사의 전문성 신장을 제고시켜 주는 교내 장학 담당자, 끝으로 학부모 및 지역사회에 대한 조정자의 다섯 가지로 구분하여 기술하였다.

첫째, 학교경영 내지 학교행정에 있어서 기획(planner) 및 의사결정자로서의 기능이다. 학교행정의 과업은 교육과정 운영, 교직원 인사, 학생 생활지도, 시설 및 재정 등의 광범위한 영역에 걸쳐 있다. 우리 나라의 교육행정 체제상 학교장의 권한은 상당히 한정되어 있지만, 주어진 여건하에서 학교 교육활동에 대한 기획과 여러 가지 기본 방침의 결정은 교직원이나 관계 인사들의 협력하에 추구되어야 할 학교장의 주된 업무인 것이다.

둘째, 학교경영의 실천자로서 학사운영과 관리운영의 양면에서 중요한 역할을 수행한다. 교무 분장의 조직, 상호간의 의사소통, 상충하는 의견의 조절, 적절한 지도와 지시 등은 불가피하다고 할 수 있다. 학교장은 이와 관련하여 한편으로는 인화를 조성하는 인간관계 기술과 능력을 가져야 하며, 다른 한편으로는 업무의 내용에 관한 전문적 판단의 능력도 가져야 한다. 즉 Katz가 제시하고 있는 교육행정가가 지녀야 할 행정기술 중에서 인간관계 기술과 통합적 기술을 지녀야 한다는 것이다.

셋째, 학교경영의 통제자 및 평가자로서의 기능이다. 학교장은 학교경영 전반에 대해 사전, 도중 및 사후 평가와 통제를 함으로써 보다 효율적으로 학교 교육목표를 달성하도록 노력한다. 이러한 통제 및 평가는 교직원에 대해 문책과 비판보다는 조장과 지원해 주기 위한 측면에서 이루어져야 할 것이다.

교육활동에 대한 성과는 교직원 뿐만 아니라, 학부모, 지역사회도 공동으로 관심을 갖고, 평가할 수 있는 학교체제의 외부평가 및 통제 메카니즘으로써 기능할 수 있도록 해야 한다. 즉 계획하고 실천하고 평가하는 순환과정 중 피드백의 과정 단계에서 전문적 식견과 통찰력을 지닌 사회 각계 인사들의 광범위한 의견을 수렴할 수 있는 메카니즘과 자세가 있어야 할 것이다.

넷째, 교내장학을 활성화하여 교사의 전문성 신장을 유도해 주는 교내장학 담당자로서의 기능이다. 신임 교사에 대한 학급경영, 학생 생활지도와 관련된 장학 및 교육과정 운영에 대한 지도와 조언을 함으로써 수업의 질을 높이는 데 중점을 두어야 할 것이다. 이를 위하여 임상장학(clinical supervision), 마이크로 티칭 등의 장학지도 방법을 도입하여 교내장학의 책임자로서 그 기능을 수행하여야 할 것이다.

끝으로, 학부모 및 지역사회에 대한 조정자로서의 기능이다. 학교교육에 대한 학부모 및 지역사회의 다양한 요구를 받아들여 학교 활동 개선에 반영하도록 조정하며, 또한, 학교가 지역사회 발전을 위한 센터로서 기능을 하도록 해야 할 것이다. 즉, 학교를 개방하여 자원 인사 및 우수한 교원을 활용하여 학습에 대한 요구가 강한 지역사회 주민을 위해 평생교육센터로서 기능할 수 있도록 해야 할 것이다.

이상과 같은 학교장의 기능을 효과적으로 수행하기 위해서 학교장이 갖추어야 할 자질로서 김영돈(1982)은 투철한 교육관, 민주적 인간관, 순수 · 강렬한 교육애, 건강한 심신과 원만한 인격, 고상하고 풍부한 교양, 교직능력 등을 들고 있다.

이 외에도 학교장은 솔선수범하는 자세, 부단한 연수 및 투철한 교육관과 교육에 대한 신념을 가지고 강력하게 추진하되 더욱 많은 효과를 올리기 위해서 민주적으로 운영하여야 할 것이다. 그리고 학교장의 기능 및 역할이 강조되고 단위학교 중심으로 운영된다고 해서 학교장의 독선을 의미하는 것이 아니므로 집단 사고를 거쳐 학교장이 최종 결정을 함으로써 가장 효과적인 학교경영이 이루어지도록 해야 할 것이다. 이상에서 기술한 학교장의 직무, 자질, 역할 등을 종합하여 학교조직의 효과성을 제고할 수 있는 학교장의 역할 유형을 제시하면 〈표 10-4〉와 같다.

〈표 10-4〉 학교장의 역할 유형(예시)

역 할	하위지표	기술/태도/자질	법규(규칙, 조례)
기획가/ 의사결정자	• 교육과정 운영 기획 • 교직원 인사 • 학생 생활지도 • 재정운영	• 획기적인 분석력 • 업무에 대한 분석력 • 정확한 판단력 • 청렴, 투명한 자세 • 고도의 재무관리 기술	〈초 · 중등교육법시행령〉 -제45조 수업일수 -제48조 수업운영 방법 -제49조 수업시각 -제54조 학습부진 아동에 대한 교육
학사/ 관리운영자	• 교무분장 조직 • 상충되는 의견조절 • 근무상황, 복무 규정 • 시설관리	• 조직 기획력 • 총괄 · 조정 능력 • 인력관리, 인화조성기술 • 사무적 기술 • 통합적 기술	〈교육기본법〉 -제64조 휴업 및 휴교명령 〈초 · 중등교육법시행령〉 -제29조 학적관리 〈공무원근무상황에 관한 규칙〉 -제2조 근무기강의 확립
통제/ 평가자	• 학급경영 평가 • 학생 교육과정 평가	• 통솔능력 • 객관적인 자료의 수합, 분	〈초 · 중등교육법시행령〉 -제60조 운영위원회의 심의

역 할	하위지표	기술/태도/자질	법규(규칙, 조례)
	• 담당업무 조직, 조정	석력 • 형평성의 배분	등 〈교육공무원승진규정〉 -제22조 평정의 채점
장학 담당자	• 교육과정 운영 실천 • 수업의 질 향상 • 학급경영 지도 • 생활지도 • 교내장학의 활성화	• 인적자원 개발자 • 이론의 전문가, 실천가 • 상담가 • 학문 탐구자	〈교과용도서에 관한 규정〉 -제3조 교과용도서의 선정 〈연구학교에 관한 규칙〉 -제5조 연구계획 및 연구 결과
조정자	• 다양한 계층의 요구분석, 의견수렴 • 평생교육센터 역할 • 교직원 갈등의 조정가	• 협상자 • 넓은 안목의 통솔 능력자 • 다양한 프로그램의 기획가 • 정치적 성향	〈국민체육진흥법시행령〉 -제26조 선수 및 체육지도자의 보호육성 〈시 · 군자치구의 교육경비 보조에 관한 규정〉 -제4조 보조의 신청 〈학교보건시행령〉 -제6조 학교의사 · 약사위촉

제6절 총체적 질 관리를 통한 학교경영

교육자치제의 실시와 더불어 교육 수요자의 다양하고 질 높은 교육 프로그램을 제공하기 위해 일선 학교에서는 중앙이나 지방교육 행정기관의 지나친 간섭이나 통제를 받지 않고 지역 및 학교의 특성과 여건을 고려하여 자율적으로 운영하는 단위학교 책임경영제의 정착을 요구하고 있다. 이에 따라 단위학교는 독자적으로 학교경영 목표를 설정 · 추진하고 스스로 평가할 수 있는 체제를 갖출 필요가 있다. 이는 교육목적을 달성하기 위해서 교육행위와 교육활동이 전개되는 가장 기본적인 단위는 학교이며, 이러한 단위학교에서 학교조직의 변화를 유도하고 목표달성의 극대화 및 제반 외부의 환경변화에 능동적으로 대처하기 위해 그 어느 때보다도 학교경영의 인식전환과 학교 구성원들의 변화가 강조되고 있음을 볼 수 있다.

일반적으로, 학교경영은 학교조직 환경을 분석하고, 필요한 학교의 인적 · 물적 자원을 효율적으로 관리 · 운영하는 과정으로서, 여기에는 계획을 수립하고, 집행 · 평가하는 제 활동을 포함하게 된다. 즉, 학교경영의 과정을 통하여 교육활동의 성과를 거둘 수 있으며, 교육결과의 분석을 통해서 교육목표의 성취도와 교육과정(educational process)의 타당성 · 효율성을 평가할 수 있다. 이러한 관점에서 학교경영의 혁신은 기본적으로 경영의 본질을 추구하는 과정이다. 이와 같은 측면에서 학교경영의 올바른 목표설정과 과정의 합리적인 운영여하에 따라 학교교육의 질은 결정된다고 할 수 있다. 따라서 변화하는 교육환경에 대응하기 위해서는 학교경영의 혁신이 요구된다고 할 수 있다. 이러한 학교경영의 혁신과정은 새로운 학교교육 목표설정과 학교조직의 총체적 변화를 모색하는 데 초점을 두게 된다.

주요 선진국의 학교경영의 혁신 동향으로서 단위학교 책임경영제(Site-Based Management : SBM), 교장의 능동적 학교경영을 강조하는 순회학교 경영(Management By Wandering Around : MBWA)[2], 총체적 질 관리(Total Quality Management : TQM), 학교운영위원회(Governing Body : GB), 그리고 지방자치학교관리제(Local Management School : LMS)[3] 등을 들 수 있다(Frase & Hetzel, 1990; Wohlstetter et al., 1994 : 268~286; 유현숙 외, 1994: 35~68).

---

2) 순회학교경영(MBWA)은 미국에서 학교 수월성 추구를 위해 단위학교를 중심으로 학교장이 교장실 내에서 뿐만 아니라 학교 내 · 외를 돌아다니면서 학교경영 활동을 수행하는 방법이다. 즉 학교장은 교사, 학생, 학부모, 지역사회, 주민, 후원자 등을 만나 의견을 수렴하여 직접 학교가 당면하고 있는 문제점을 확인하고, 이들로 하여금 적극적으로 학교경영에 관심을 갖고 '참여'를 통해 학교 발전을 꾀할 수 있도록 자극하고 격려하며 그 여건과 권한을 부여해 주는 역할을 수행한다. 여기서 가장 중요한 요소는 사람이며, 학교장은 미래에 대한 비전을 가져야 하고 교사를 적절히 동기화시킬 수 있어야 하며 시간을 효율적으로 운영하는 능력이 있어야 한다.

3) 지방자치학교관리제(LMS)는 영국에서 1988년 학교운영위원회의 권한을 보다 강화하기 위해 '교육개혁법'에 근거하여 설치된 제도로서 단위학교는 지방교육청에 배분한 예산을 자율적인 판단에 의해 각 학교의 필요에 맞게 사용할 수 있도록 하였다. 이로서 LMS는 학교운영위원들에게 새로운 권한과 책임을 부여토록 하였으며. 상대적으로 지역교육청의 권한은 축소되었다. 즉 LMS의 도입 결과 학교재정에 관한 한 지방교육청의 역할은 더 전략화되고 개별학교 안에서의 재정 운영에 대한 구체적인 통제의 책임은 약화되어 지방교육청은 다만 단위학교에 배분하는 교육재정의 전체 규모를 결정할 의무만을 갖게 되었다. 따라서 학교운영위원회는 배정받은 예산을 효율적으로 활용하기 위해 교장을 중심으로 소위원회를 구성하고 학교경영의 목표, 대상, 우선 순위, 이용 가능한 자원을 학교의 규모, 지역환경, 학교의 발전 계획 등을 고려하여 일반적으로 모든 학교운영비의 지출에 책임을 갖고 있다.

그 동안 학교경영은 교육재원의 투자확대를 통해 학교의 개선과 교육의 수월성을 확보하고자 하였다. 그러나 더 이상 계속적인 재원의 확대가 어려워짐에 따라 한정된 재원의 효율적인 활용에 관심이 집중되고 있으며, 이를 통해 교육의 질을 제고하려는 제도나 장치들이 최근 학교경영에 많이 도입되고 있다. 학교경영도 기업경영과 마찬가지로 단순한 물적 자원의 확대보다는 재원의 효율적인 활용을 통하여 교육산출의 극대화를 추구하려는 것이다. 이러한 인식은 기업경영의 혁신을 도모하기 위해 도입하였던 다양한 경제적 · 경영적 원리나 방안들을 학교경영에 적용하려는 움직임으로 이어지고 있다.

최근 학교경영 혁신의 전략으로 주목받고 있는 새로운 접근법으로 Deming에 의해 주창된 총체적 질 관리를 들 수 있다. 총체적 질 관리는 기업의 품질관리 경영방식으로 교육에 도입 · 적용하여 학교경영의 효과성을 제고하는 기법으로서, 학교교육에 대한 지역사회 및 학부모의 기대, 사회적 책무성의 증가, 교육비용 증가에 따른 교육산출의 질 평가 등을 고려하여 단위학교가 자율적으로 교육서비스에 대한 질을 평가 · 관리하는 데 초점을 두고 있다. 이와 같은 학교경영에서 총체적 질 관리 기법의 도입은 이제 더 이상 기존의 관료적이고 권위적이며 폐쇄적인 학교경영 방식으로는 학교 내 · 외의 변화와 교육수요자의 다양한 요구에 부응할 수 없으며, 교육의 질을 향상시킬 수 없다는 인식에 근거하고 있다.

1. 총체적 질 관리의 개념 및 원리

총체적 질 관리(Total Quality Management : TQM)는 학교조직의 생산성을 증가시키고, 비용을 줄이며, 산출의 질을 향상시키도록 돕는 방안으로 인식되고 있다. 이 학교경영 전략은 학교조직의 부분적인 질 개선이 아닌 총체적인 질 개선을 지향하고, 교육결과가 아닌 과정을 중심으로 이루어진다. 총체적 질 관리는 학교가 직면하고 있는 다양한 교육적 · 경영적 문제들을 해결하고 '지식 경쟁력' 시대에 교육의 질을 확보하기 위한 전략으로 최근 미국을 중심으로 학교조직에서 활발히 적용되고 있다. 이것은 학교조직의 생존 자체를 가능하게 하는 교육수요자의 요구에 근거를 두고 있는 관리체제 이론 또는 경영기법으로서, 이전의 공급자 중심의 질 개념에서 벗어나 교육수요자의 요구와 기대에 부응하는 교육수요자 중심의 질 개념에 근거하여 조직의 체제와 과정의 지속적인 개선을 통해 학교조직의 질을 향상시키려는 것이다.

총체적 질 관리에 대한 개념은 학자들이 강조하는 입장에 따라 약간씩 달리 규정되고 있다. Banks(1992 : 3)는 수요자의 요구조건에 맞는 산출을 생산하는 사람과 그 과정 및 체제를 중시하는 접근방법으로, Krone(1990 : 35~38)는 수요자 만족, 문화적 환경의 유지, 구성원들의 협력, 훈련체제 등으로 총체적 질 관리를 설명하고 있다. 또한, Murgatroyd와 Morgan(1993 : 45)은 지속적이고 발전적인 개선을 보장하기 위한 학교조직의 공급자-수요자의 관계에 대한 체계적인 학교경영이라 규정하고 있다.

이상의 제 학자들의 견해를 종합하면, 학교조직에서의 총체적 질 관리는 교육수요자의 요구와 기대를 충족시키기 위해 학교경영자들이 강력한 지도성을 가지고 지속적으로 교육체제를 개선함으로써 학교조직의 질을 향상시키는 경영기법이라고 할 수 있다.

이들이 강조하는 공통적인 원리로는 과정과 체제의 중시, 팀의 구성과 팀워크의 중요성 강조, 질 높은 서비스와 산출을 창출하기 위한 수요자와 공급자간의 상호작용, 직관이나 의견이 아닌 사실, 과정, 인식에 의한 질 측정, 광범위한 정보와 자료에 근거한 의사결정, 산출 혹은 서비스를 생산하는 과정과 체제의 복잡성, 그리고 변동 또는 다양성의 강조 등 일곱 가지를 들 수 있다(Crosby, 1984; Deming, 1986; Juran, 1988; Imai, 1986). 이를 구체적으로 기술하면 다음과 같다.

첫째, 과정과 체제를 중요시한다. 과정은 주어진 결과를 달성하기 위해서 필요한 결합된 과업 또는 단계를 의미하며, 체제는 구성원, 장소, 장비, 시설, 상황 등의 배열을 의미한다. 학교경영은 과정과 체제를 통하여 학교조직 구성원의 업무를 개선함으로써 질 개선이 이루어진다.

둘째, 팀 구성 및 팀워크의 중요성을 강조한다. 팀(teaming)은 양질의 서비스와 산출을 가져오는데 매우 중요하다. 학교조직은 계층제에서 프로젝트팀 관리체제로, 그리고 관료적(bureaucracy)인 학교운영 형태에서 특별위원회(adhocracy) 형태로 운영된다. 그러나 명목상의 팀구성 과정은 학교경영에 있어 오히려 질의 저하를 초래할 수 있다.

셋째, 학교조직은 질 높은 서비스와 교육산출을 위해 교육수요자와 공급자 간의

상호작용이 필수적이다. 전통적인 학교경영에 있어서 교육수요자는 재학생, 동창, 학교재단 등이었으나, 총체적 질 관리에서는 구성요소 및 단위기관과 관계에 있어서 상호작용이 필수적이다. 즉, 질 높은 교육서비스와 산출을 창출하기 위해서는 수요자와 공급자 간의 상호작용이 중요하다.

넷째, 직관이나 의견이 아닌 사실, 과정, 그리고 인식에 의해 질이 측정되어야 한다. 사실이란 산출 및 교육서비스가 명시된 요건을 충족시켰는가, 과정은 체제와 과정이 의도한 산출이나 교육서비스를 생산했는가, 그리고 인식은 교육수요자의 기대를 충족시켰는가 등에 관한 것이다.

다섯째, 광범위한 정보와 자료에 근거한 의사결정을 한다. 학교경영자는 중요한 의사결정을 하는데 종합적인 자료에 근거하여 학교를 운영하여야 하며, 교육기관의 연구자료에 기초하여 관리를 해야 한다.

여섯째, 대부분의 질 전문가들은 산출과 교육서비스를 생산하는 과정과 체제가 복잡한 것으로 보고 있다. 이러한 복잡성은 착오/결점, 지연, 비효율성, 변동(투입/산출에 대한 변화) 등 네 가지가 있으며, 교육과정의 결점을 다루는 부가적인 원리로 이를 극복하는데 활용된다.

일곱째, 변동 및 다양성에 대한 강조이다. 모든 구성원, 인적 · 물적 조건과정은 변동 및 다양성을 지니고 있으나, 지나친 변동 및 다양성은 과정과 체제를 불안정하게 하고 예측성을 떨어뜨리며, 결과적으로 질의 저하를 초래하게 된다.

또한, Shewart(1931)에 의해 제안되고 Deming에 의해 실행된 PDCA(Plan-Do-Check-Act)는 총체적 질 관리 및 개선의 절차로써, 이 네 단계는 계속적으로 순환 · 반복하면서 작용하게 된다. 이는 학교조직에서 지속적인 질 개선을 위해 적용해야 할 중요한 원리이며 절차라고 할 수 있다.

2. 총체적 질 관리 접근방법

총체적 질 관리의 접근방법에 대해 Deming, Lewis와 Smith, Baldrige Categories, Juran, 그리고 Crosby 등의 학자들이 기본원리를 중심으로 다양하게 논의하고 있는 바, 이를 기술하면 다음과 같다.

Deming(1986)은 경영자가 질과 생산성을 향상시키기 위해 적용할 수 있는 방법으로 통계적 과정 통제와 14가지 원리를 강조하고 있다. 그가 제시하고 있는 접근법은 인본주의적인 것으로, 조직 구성원을 자신의 작업을 성공적으로 성취하기를 원하는 지적인 존재로 간주하고 있다.

Deming이 제시하고 있는 14가지 원리로는 산출과 서비스의 개선을 향한 목표의 지속적 유지, 새로운 관리 철학의 채택, 전통적인 감독의 중단, 상품가격에만 근거한 거래의 중단, 산출, 서비스 등의 모든 과정의 지속적인 개선, 직무에 대한 훈련의 제도화, 지도력의 강화 및 제도화, 구성원들의 두려움 제거, 부서간의 장벽 제거, 무결점 혹은 새로운 수준의 생산성을 요구하는 슬로건 및 목표의 제거, 작업표준과 목표관리의 제거와 지도력으로의 대치, 작업자의 자긍심을 방해하는 요소 제거, 교육과 자기개선을 위한 다양한 프로그램 제도화, 그리고 변화를 성취하기 위한 구성원들의 참여 등을 들 수 있다(Walton, 1986).

그리고 총체적 질과 관련하여 Lewis와 Smith(1994)는 하나의 멋지게 건축된 '질의 집(House of Quality)'으로 비유하여 학교조직과 경영에 적용 · 설명하고 있다. 이의 주요 구성요소로는 사회, 기술, 관리체제로 구성되는 상위체제(지붕), 수요자 또는 고객만족, 지속적인 개선, 사실에 근거한 경영, 구성원에 대한 존중의 네 가지 기둥(버팀목), 전략관리, 과정관리, 프로젝트/팀관리, 그리고 개인/과업관리 등 네 가지 관리수준의 토대, 그리고 전략기획, 운영기획, 프로젝트기획, 그리고 질기획 네 가지 주춧돌 등을 들고 있다.

'질의 집' 또는 '질의 구축'에서 학교경영자는 학교체제 능력 확충과 질 향상을 위해서 세 가지 체제, 즉 사회, 기술, 관리체제에서 학교조직을 경영하게 된다. 학교경영에서의 총체적 질 관리의 실행은 체제와 구조에 역할이 부여되고 그에 따르는 행동과 태도가 규범적이고 가치형성이 이루어짐으로써 학교조직 문화를 창조하게 된다. 특히, 학교조직에서 총체적 질에 대한 인식을 제고시키기 위해 제시한 [그림 10-5]는 TQM의 주요 개념, 특징, 원리, 그리고 실행 절차 등을 파악하는 데 유용하다고 할 수 있다.

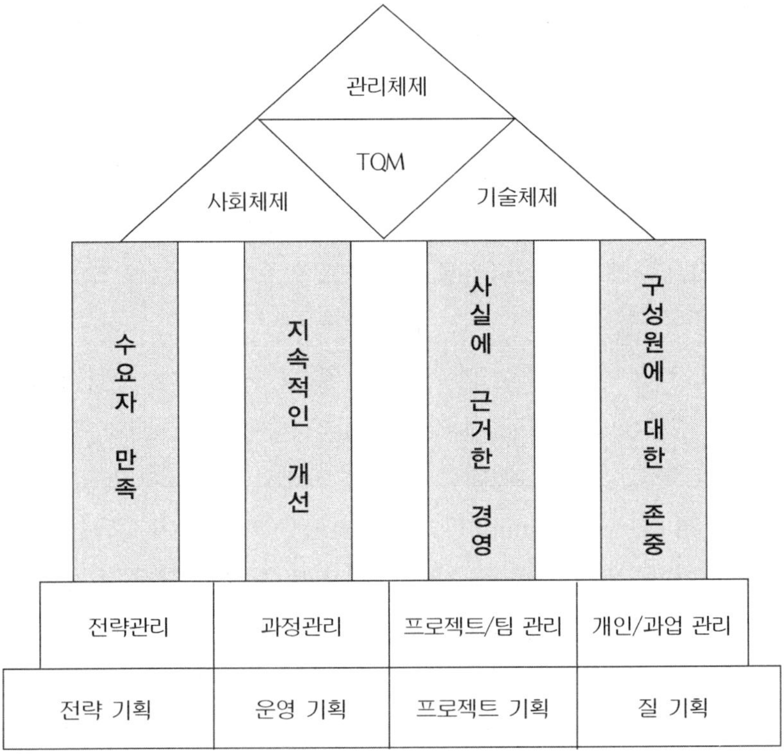

[그림 10-5] **총체적 질 관리로서의 집**

출처 : Lewis & Smith(1994 : 84).

사회체제(social system)는 학교조직의 공식적, 비공식적 특성과 관련된 요인들, 즉 학교조직의 문화, 학교 구성원과 조직(보상구조와 권력)간의 사회적 관계의 질, 학교 구성원간의 행동양식(역할, 의사소통) 등이 포함되며, 사회체제에 가장 영향을 미치는 요인들에는 동기, 창의력, 혁신적인 행동, 팀워크 등을 들 수 있다. 그러므로 모든 구성원들이 사회체제의 본질과 특징을 기를 수 있도록 학교경영자는 책무성을 길러야 한다.

기술체제(technical system)는 Tribus에 따르면, 질의 실제와 양적인 측면을 포괄하는 모든 도구와 기계를 의미한다. 이는 학교조직을 통해 이루어지는 모든 운영이나 활동의 흐름과 관련성을 지닌다. 기술체제는 기본적으로 학교조직의 사명이나 목표의 달성과 수요자들에 대한 교육서비스 제공에 초점이 두어진다. 학교조직에서 기술체제를 체제적 관점에서 보면 전환과정에 속하며, 여기에는 학생, 교육과정,

교과목, 학사일정, 교원, 행정직원, 교실 및 과학실, 도서관, 그리고 수업매체 등이 포함된다.

관리체제(managerial system)는 학교경영 구조, 이념, 비전, 목표, 그리고 행정적인 활동과 관련된 요인을 포함한다. 관리 또는 경영체제는 학교경영의 방침, 절차, 시책, 지도성에 대한 기본적인 틀을 제공한다. 관리체제는 네 가지 수준, 즉 전략, 과정, 프로젝트/팀, 개인/과업관리를 포함하고 있으며, TQM이 적용되는 주요한 영역이라고 할 수 있다.

이상의 사회, 기술, 관리체제는 학교경영의 원활한 기능 수행을 위해 필수적이며, 학교조직이나 경영의 효과성은 네 가지 버팀목, 즉 수요자 만족, 지속적인 개선, 사실에 근거한 경영, 구성원에 대한 존중에 의해서 좌우된다고 할 수 있다.

한편, Malcom Baldrige Natural Quality Award(1993)에서 제시하고 있는 총체적 질 관리의 실행 범주 일곱 가지, 즉 지도성, 정보 및 분석, 전략적 질 계획, 인적자원 활용, 산출과 서비스의 질, 질 결과, 그리고 수요자의 만족도를 학교조직의 특성에 맞게 수정하여 총체적 질 지표를 가지고 질 수준을 평가할 필요가 있다. 이 일곱 가지 범주는 총 23개의 항목이 있는데 TQM실행에 미치는 영향에 따라 가중치를 달리 적용하고 있다. 즉, 지도성 15%(3문항), 정보 및 분석 5%(1문항), 전략적 질 계획 5%(1문항), 인적자원 활용 15%(3문항), 산출과 서비스의 질 보증 15%(3문항), 질 결과 15%(3문항), 그리고 수요자의 만족도 30%(6문항)로 총 100%를 기준으로 하고 있다.

이와 같이, 교육의 질은 전문가나 학교가 설정한 기준의 충족여부와 더불어 교육수요자의 관점에서 그들의 요구와 기대를 얼마나 충족시키고 있느냐에 따라 결정하여야 할 것이다. 일곱 가지 총체적 질 지표를 기술하면 다음과 같다.

첫째, 지도성 범주는 학교경영자(교장, 교감)가 학교기관 활동에 대해서 명백하고 가시적인 질 가치와 관리체제를 어떻게 학교기관의 활동을 유지하는데 있어서 창조하고, 이를 유지하는가를 검토하게 된다. 질에 대해 충분한 인지능력을 가진 팀 구성원들은 총체적 질 관리의 접근과 원리를 반영하여 학교조직에 있어서 나타나는 장 · 단점을 밝혀야 한다.

둘째, 정보와 분석 범주는 학교기관의 총체적 질 체제의 근거가 되는 자료의 범위, 타당성, 활용 및 관리에 대해 점검한다. 정보의 적절성은 사실에 근거한 관리를 활용함으로써 예방차원의 질 접근을 지지하게 된다. 이 범주는 총체적 질지표에

있어서 핵심이 되며, 팀 구성원들은 '사실에 근거한 경영'을 필수적으로 숙지하여야 한다.

셋째, 전략적 질 계획 범주는 계획과정이 학교의 장 · 단기 목표를 충족시키는지, 그리고 지도성을 제대로 수행하고 있는가를 검토한다. 이와 같은 전략적 질 계획이 학교전체 평가에 사용될 때, 팀구성원들은 서로 다른 부서의 다른 전략을 발견하게 되고, 어떤 전략을 확산할 것인가를 결정해야 한다.

넷째, 인적자원 활용 범주는 질 개선을 위해 학교조직이 갖고 있는 잠재력을 개발 · 활용하는가를 검토하게 된다. 그리고 구성원의 전적인 참여, 지속적 개선, 개인적 성장들을 유도하도록 환경을 조성하고 있는가를 점검하게 된다.

다섯째, 산출과 서비스의 질 보증 범주는 수집된 자료, 시설, 그리고 서비스에 대한 통제를 포함하여 과정과 체제에 기초하여 질 산출과 서비스를 개선하는데 학교조직의 체계적인 접근을 검토하게 된다. 팀 구성원들은 '수요자와 공급자', 그리고 '사실, 과정, 인식에 근거한 질'을 검토하여야 한다.

여섯째, 질 결과 범주는 교육수요자의 요구 및 기대, 그리고 운영분석으로부터 도출된 객관적인 측정에 기초하여 질 개선이 이루어지고 있는가에 대해 조사한다. 또한, 경쟁하는 다른 학교조직과 비교하여 현행 학교조직이 갖고 있는 질 수준을 조사한다.

끝으로, 수요자의 만족도 범주는 학교기관이 파악하고 있는 교육수요자에 대한 지식이나, 정보, 전반적인 교육수요자 서비스 체제, 그리고 교육수요자의 기대와 요구를 충족시킬 수 있는 체제능력을 갖추고 있는가를 조사하게 된다. 이 범주에서는 팀 구성원들이 지역인사, 학부모, 학생, 동창생들을 수요자로 인지할 것으로 요구하고 있다.

이상의 학교경영의 총체적 질을 측정하기 위한 일곱 가지 범주는 각 지표문항에 대해 1~5점을 부가하여 조사하게 된다. 측정된 총체적 질 지표의 평균값이 0~2.9점이면 TQM 교육이 실질적으로 필요한 학교로, 3.0~3.4점이면 학교경영에 있어서 TQM에 대해 책무성을 가지고 있는 학교로, 3.5~3.9점이면 TQM의 실행으로 학교가 질적인 발전을 추구해 가고 있는 것으로, 그리고 4.0~5.0점이면 TQM을 성취한 학교로서 고도의 질적 발전을 통해 국가 경쟁력을 추구하고 있는 것으로 평가하고 있다. 이와 같이 학교조직에서 TQM 기법의 실행과정과 그 수준을 도입 · 적용함으로써 학교경영의 효율화 및 학교교육의 수월성 제고에 기여할 수 있을 것이다. 따라서 학교교육의 질을 제고하기 위해 총체적 질 지표를 활용할 수 있다(Cornesky, et al., 1991).

3. 총체적 질 관리를 통한 학교경영 혁신방안

이상에서 기술한 총체적 질 관리의 원리, 접근방법, 그리고 학교조직이 지니고 있는 특성을 토대로 학교경영 혁신방안을 탐색 · 제시하면 다음과 같다.

첫째, 학교조직의 목적과 이를 달성하기 위한 수단인 교육과 행정에 대한 헌신이 있어야 한다. 질 개념으로써가 아니라 실행에 대한 헌신감이 필요하다는 것이다. 성공적인 총체적 질 관리는 학교조직 구성원들간에 발전을 위한 기회제공과 자긍심을 갖도록 한다. 이는 모든 학교조직 구성원들간에 학교조직의 목적에 대해 일체감을 갖도록 한다는 것이다. 학교경영의 효율화를 위해서는 모든 구성원들이 비전과 전략을 결정하는 과정에 참여하는 것이 중요하며, 조직 구성원들이 지속적이고 헌신적인 참여와 더불어 학교경영자가 총체적인 질 지도성을 발휘할 때 새로운 학교조직의 문화는 형성될 것이다.

둘째, 교원과 행정직원의 전문성이 함양되어야 한다. 교원과 행정직원에게 질 철학과 과정에 대한 이해, 총체적 질 관리 도구와 기법에 대한 훈련을 실시하여야 한다. 학교의 지속적인 질 개선을 추구하기 위해 교원과 행정직원의 전문성 신장을 위해 자율적인 연수와 훈련의 기회가 제공되어야 한다. 이를 위해 직무수행의 필요와 여건에 따라 언제 어디서든지 다양한 연수프로그램을 선택 · 제공받을 수 있도록 한다.

그리고 학교경영 혁신을 위한 총체적 질관리 방법으로 리엔지니어링(reengineering)[4], 카이젠(Kaizen)[5], 벤치마킹(benchmarking)[6] 등을 통해서 새로운 학교체제 패러

4) 리엔지니어링은 보통 경영혁신 또는 특별한 개혁 · 혁신을 의미하는 데 급격한 변화를 초래하고 극적인(dramatic) 생산성 향상, 근본적인 개혁을 요구, 과정을 강조한다.

5) 카이젠은 끊임없는 지속적인 개선을 의미하는 일본기업 조직의 운영 방식으로, 일상생활에 있어서 더 나아지려는 과정에 도움을 주는 상호간의 범사회적인 계약이다.

6) 벤치마킹은 학교구에서 우수학교 및 세계적으로 우수한 학교들이 최고가 된 과정을 파악하여 자기학교의 목표와 전략수립을 위한 기초자료로 활용하는 것을 의미한다.

다임으로 전환히고, 효과적인 총체직 질관리를 위한 도구와 기법으로 브레인스토밍(brainstorming)[7], Fishbone diagram[8], 통제 차트(control chart)[9], 파레토 분석(pareto analysis)[10] 등을 학교경영에 활용하여 학교교육의 질을 높인다.

셋째, 학교경영자와 구성원들간의 상호 신뢰감이 구축되어야 한다. 총체적 질관리의 노력은 학교 구성원들에 대한 권한위임과 분권화된 관리구조 없이 성공을 보장하기 어렵다. 참여적 관리를 통하여 과정의 개선과 팀워크를 향상시킬 수 있다. 이때 초점은 학교조직의 개별구성원 업무에 두는 것이 아니라 팀워크과정에 두게 된다. 이러한 팀 구성 및 팀워크를 위해서는 학교경영자와 구성원간의 신뢰감이 우선적으로 형성되어야 할 것이다.

특히, 학교경영의 수행과정에서 이루어지는 제반 결정사항에 대해 구성원들에게 부여하는 권한위임은 매우 중요하다. 교육수요자의 만족, 문제해결 및 업무 향상을 위해서는 보다 하위 수준의 구성원들에게 의사결정에 대한 권한을 부여할 필요가 있다. 이것은 학교 구성원들에게 학교경영 지침과 그 성과에 대한 피드백을 제공하고, 이를 달성하였을 경우 권한과 책임을 부여한다.

넷째, 학교 구성원들이 학교 근무에 자긍심을 가질 수 있도록 보상프로그램이 마련되어야 한다. 학교의 모든 구성원들이 학교조직 내에서 만족을 가져오기 위해 구성원간의 상호 협력과 개방적인 의사소통을 원활히 이루어질 수 있는 체제를 갖춘다. 그리고 학교 구성원들에게 다양한 인센티브를 제공하여 학교의 의사결정에 구성원을 참여시킨다.

총체적 질 관리 절차에서 교사와 행정직원들에게 권한을 부여하고, 프로젝트 특별위원회를 조직하고, 참여적 목표를 설정하여 교육의 질을 개선한다. 그리고 학교구성원들이 자긍심을 갖도록 그들의 업무수행에 있어 장애요소를 제거해 준다.

---

7) 브레인스토밍은 팀의 모든 구성원들이 참여하여 자유로운 분위기에서 많은 새로운 아이디어를 창출시키는 것이다.

8) Fishbone diagram은 물고기 뼈 모형으로 목표는 물고기의 머리를 형성하고, 원인은 물고기의 뼈대를 이룬다. 특정한 문제나 조건의 가능한 모든 원인을 보여주는 것으로 문제의 원인과 인과관계를 나타내는 데 도움을 준다.

9) 통제 차트는 계속적인 과정변화를 도표로 나타낸다. 수평축은 시간을 표시하는데 사용되고, 수직축은 과정을 조사하는데 사용된다. 즉, 어떤 일이 통제 속에 존재하느냐 또는 그렇지 않느냐를 결정한다.

10) 파레토 분석은 기존의 상태에서 모든 이에게 이득을 주거나 또는 누구에게도 해를 주지 않으면서 일부의 사람에게 이득을 주는 해결책을 의미한다.

또한, 질 향상을 위해 실제 금전적인 보상을 제공하지 않더라도 다른 형태로의 보상 및 인정프로그램을 마련한다. 아울러 학교경영자는 구성원들이 업무상 실수가 발생하더라도 여전히 신뢰감을 가지고 있다는 것을 암시함으로써 그들의 자긍심을 높여 주어야 할 것이다.

끝으로, 새로운 학교경영 철학의 채택과 헌신적인 학교문화를 조성하여야 한다. 그 동안 우리 나라 학교조직은 관료주의하에서 학교장이 학교 내의 의사결정권을 독점하여 왔으며, 학교장의 권위에 의해 학교운영이 독단적으로 이루어져 왔다. 따라서 교사, 학부모들은 학교운영에 대해 참여할 기회를 거의 가지지 못하고 학교운영의 주변 인물들로 존재할 수밖에 없었다. 그러나 교육자치제, 단위학교 책임경영제, 학교운영위원회가 도입됨으로써 학교 구성원들의 참여폭이 확대되었다고 할 수 있다. 총체적 질 관리를 통해서 과정이나 체제의 중시, 학교관련 집단이나 구성원들의 팀구성을 통한 학교경영에서 참여는 학교조직의 문화를 변화시키게 될 것이다.

따라서 학교경영에서 총체적 질 관리 기법의 적용은 교육활동 및 학교조직의 개선을 위한 비전과 목표를 지속적으로 추구하게 된다. 그리고 교사, 학부모로의 권한 위임, 학교장의 권위가 아닌 사실과 자료에 근거한 의사결정, 학교장과 학교 구성원간의 공동체 의식, 교사와 학교장의 전문성에 기반한 의사결정이라는 새로운 철학의 채택이 이루어져야 할 것이다. 그리고 학교조직의 변화를 성취하기 위한 학교 구성원들의 참여 및 헌신을 통해서 새로운 학교문화를 조성하여야 할 것이다.

제7절 단위학교의 통합적 책임경영 도입

2008년 교육부의 4.15 학교자율화 조치 이후 불필요한 규제와 지침이 폐지되고 점차 단위학교 자율성의 폭이 커지고 있다. 이에 단위학교에서는 자율적인 학교경영을 할 수 있는 기반은 마련되었다고 볼 수 있다. 그러나 학교자율화의 정착을 위해서 중요한 것은 무엇보다도 단위학교의 자율역량 강화이며, 이를 위해서는 개별학교의 구성원들을 중심으로 한 통합적 책임경영이 정착되어야 할 것이다.

이러한 측면에서 단위학교의 통합적 책임경영 모형과 주요 내용을 기술하면 다음과 같다(정영수 · 정일환, 2007: 51~73).

1. 통합적 책임경영의 의미와 성격

1) 통합적 책임경영의 의미

'통합적' 책임 경영에서 '통합적'이란 의미는 첫째, 단위학교 경영에 영향을 미치는 관련 요소 모두를 투입, 과정, 산출 측면에서 고려하고 단기적 · 장기적 효과, 그리고 미시적 · 거시적 관점 모두를 함께 고려한다는 의미에서 체제적 접근의 성격을 포함하고 있다. 둘째, 학교경영 구성 요인들 간 동반자 관계의 의미에서의 파트너십과 관계구조 형성이라는 의미에서의 네트워크 형성을 통해서 조직을 운영한다는 의미를 포함한다. 셋째, 학교경영의 갈등을 조정하는 통합적 기능을 강조하고, 학교교육과정의 정상화를 위한 하나의 목적을 위해 학교경영이 이루어져야 한다는 규범적 의미를 함축한다. 넷째, 중앙정부, 교육청 수준의 거버넌스, 단위학교의 책임자로서의 교장, 교사의 임파워먼트, 총체적 교육의 질 관리(Total quality education management), 그리고 학교공동체의 제 차원이 동떨어진 것이 아닌 전체가 '하나의 프로세스'로 인식되어 학교경영이 이루어져야 한다는 것을 의미한다.

통합적 '책임'경영 모형에서 '책임'이란 첫째, 학교공동체의 이념적 지향으로서의 책임을 의미한다. 둘째, 책임공동체의 상징은 '교육의 본질'의 의미와 중요성에 대한 인식을 강조하고, 교육적 지도성(educational leadership)의 발휘와 전문적 판단을 중시한다. 셋째, 책임이라는 의미는 학교조직 구성원의 자율성과 다양성을 인정하고, 구성원 간 비판적 의사소통을 수용하고 통합함으로써 교육의 힘을 극대화하고, 변화를 이끌어 내는 실천 지향적 행위를 강조한다. 넷째, 책임이란 단위학교에서의 의사결정과 교육적 선택에 대한 책임을 지고, 책무성을 확인한다는 의미를 갖는다. 책임공동체는 구성원들이 개인과 조직, 이론과 실천, 수월성과 평등성, 사실과 가치의 관계를 조화시키고, 적정 수준에서 행동경로를 선택하고 선택에 따른 책임을 지는 공동체로서의 성격을 지닌다.

2) 통합적 책임경영의 성격

통합적 책임경영은 일종의 학교경영의 패러다임으로서, 이는 창조적 학교경영관이라 할 수 있다. 새로운 학교경영패러다임으로서 이 모형은 크게 세 가지 측면에서 종래의 학교경영관과 차이점이 있다. 즉, 하나는 학교경영을 과정으로 볼 것인가 아니면 결과로 볼 것인가 하는 인식의 관점에 관한 것이며, 다른 하나는 누가 권력을 행사하는가 하는 권력의 주체에 관한 것이고, 또 다른 하나는 어떠한 방식으로 권력을 행사할 것인가 하는 권력행사의 방식에 관한 것이다.

첫째, 새로운 학교경영은 결과중심의 학교경영이 아니라 과정중심의 학교경영으로 인식되어야 한다는 관점을 갖는다. 과정으로서의 학교경영이란 더 이상 통제의 논리에 의해 지배되는 것이 아니라 신뢰의 논리에 의해 지배되어야 함을 의미한다. 과정으로서의 학교경영이란 충분한 신뢰를 바탕으로 학교교육에 영향을 미치는 중요한 의사결정에 학부모 지역사회 학생 등 직접적으로 교육행위를 하거나 교육의 내용에 정통한 사람을 참여시키는 것을 의미한다.

둘째, 권력집중형의 교육통치구조로부터 자발적인 교육 참여구조를 강조하는 경영체제관이다. 학교조직 내 개인 또는 집단의 활동에 구성원 모두가 영향을 미칠 수 있다는 신념을 갖게 함으로써 자신의 존재와 가치를 스스로 인정할 수 있도록 하는 체제를 의미한다. 이미 종래의 권력 집중형 의사결정권한은 분권화되는 경향을 보이고 있다. 즉, 의사결정과정에서 단위학교의 학교장에게 교육과정의 선택, 재정, 인사의 측면에서 최종적으로 결정할 수 있는 책임권한의 영역을 부여하고 학부모 교사들에게 중요한 의사결정에 참여할 수 있는 권리를 부여하는 것이다.

셋째, 새로운 시대의 학교경영에 있어서 권력을 행사하는 방법은 권력을 단독으로 소유하고 행사하는 것이 아니라 많은 구성원들과 '권력을 공유한다'는 인식에서 비롯된 것이다. 교육장과 교육위원은 학교장과 권력을 공유하며 학교장은 교사와 권력을 공유하는 것을 의미한다. 종래에는 권력을 강화하는 방법은 권력을 집중시키는 것이었지만 이제는 그런 방식으로 구성원을 이끌어 갈 수 없게 되었다. 이제는 함께 권력을 나누어 가짐으로써 지도성을 발휘할 수 있게 되었다.

넷째, 새로운 학교경영의 관점은 구성원에게 의사결정에의 참여 기회를 개방하고, 자율적 선택의 문호를 부여하는 것을 특징으로 한다. 실상 권력공유는 구성원 모두에게 의사결정의 참여 기회를 개방해주는 것으로 나타난다. 기회의 개방은

충분한 지식과 정보, 그리고 필요로 하는 여건을 제공해준 다음, 자율적으로 교육적 선택을 가능하게 하는 학교경영을 의미한다.

다섯째, 참여확대와 기회 개방에 따른 책임을 담당하고 책무성을 확인하자는 것이다. 책무성은 재무, 물적 자원, 행위, 산출에 대한 책무성을 다 함께 확인하는 일을 중요시한다. 나아가서 미래에 대한 책무성을 확인하는 일이 중요하다. 창조적 학교경영은 단위학교 조직 구성원 모두가 자기 선택에 대한 책임과 책무성을 각자가 짊어진다는 인식을 요구한다.

2. 통합적 책임경영의 개념

통합적 책임경영의 개념은 다음과 같은 요소들로 구성된다. 즉 ① 이념과 목표, ② 조직관, ③ 통합적 책임 경영모형의 구조, ④ 핵심가치와 전략, 그리고 ⑤ 성과 등이다. 이 모형을 그림으로 나타내면 다음 [그림 10-6]과 같다.

단위학교의 통합적 책임경영 모형에서 나타나는 개념 요소들을 설명하면 다음과 같다.

1) 통합적 책임경영 모형의 기본 가정

이 모형은 다음과 같은 기본 가정을 함축하고 있다. 즉 ① 권한부여는 학교교육의 효과성을 극대화하는 수단이다. ② 단위학교는 변화의 중심이다. ③ 변화하는 네트워크 시대의 요구에 대응할 수 있다. ④ 학교교육 정상화에 대한 지역사회의 요구에 부응할 수 있다. ⑤ 학교경영 혁신을 위한 패러다임 전환을 전제로 한다. ⑥ 지식정보화 시대의 요구에 부응하기 위한 교육조직체제로의 변화를 수반하게 된다.

2) 통합적 책임 학교경영 모형의 이념 및 목표

이 모형이 지향하는 이념으로서 자율성, 창의성, 민주성, 책임성을 들 수 있다. 이 같은 이념 아래 다음과 같은 단위학교경영의 목표를 설정해 볼 수 있다. 즉 그것은 ① 학교장의 교육경영 지도성 강화, 단위학교 책임경영의 자율성 확대, ② 지역여건과 학교특성을 고려한 학교경영의 창의성 발휘, ③ 교사의 권한 부여, 수업

전문적 지도성 역량 강화, ④ 학교교육의 총체적 질 관리를 통한 교육경쟁력 강화, ⑤ 교육적 권위와 기강을 확립하는 교직 문화 조성 등이다.

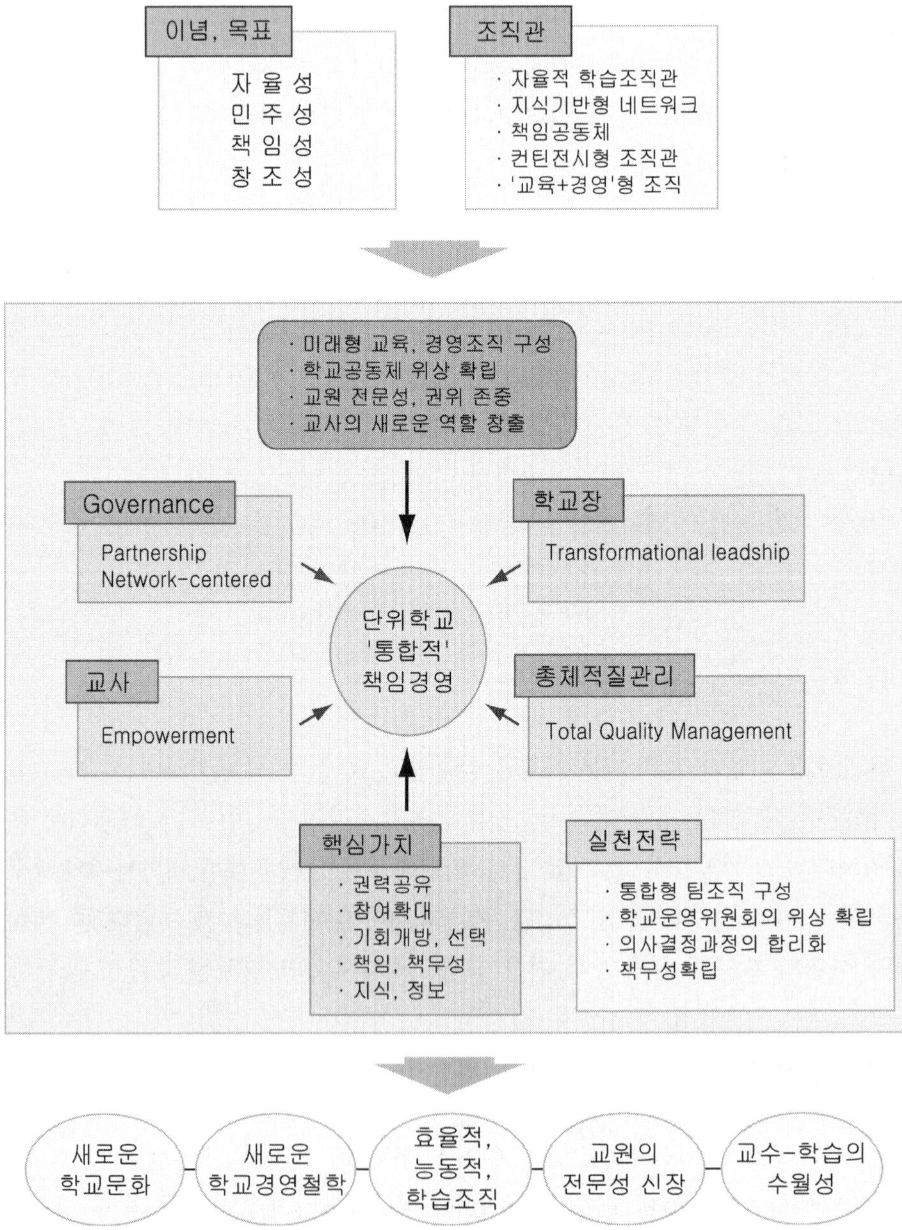

[그림 10-6] 단위학교의 통합적 책임경영 모형

출처: 정영수 · 정일환(2007: 64).

3) 통합적 책임경영 모형의 학교조직관

이 모형이 가정하는 학교조직관은 다음과 같다. 즉 ① 미래지향적 교육공동체: 책임공동체, ② 자율적 학습조직, ③ 지식기반형 네트워크 조직, ④ 컨틴전시형 조직관, 그리고 '교육+경영' 형 조직관이다.

4) 통합적 책임경영의 구조의 4 차원: 성공적 정착을 위한 조건

이 모형이 성공적으로 정착하기 위하여 갖추어야 할 기본 조건은 ① 미래형 교육, 경영조직의 구성, ② 학교공동체 위상 확립, ③ 교원의 전문성과 권위 존중, 그리고 교사의 새로운 역할을 창출하는 것 등이다.

아울러, 단위학교 통합적 책임경영이 성공적으로 이루어지기 위하여 다음과 같은 4가지 차원의 핵심 요소가 뒷받침되지 않으면 안 된다. 즉 ① 정부, 교육청 수준에서 단위학교 자율권 부여, 권한 위임 또는 이양, ② 학교장의 변혁지향적 지도성, 학교장의 전문적 권위 존중, ③ 교사의 임파워먼트, 그리고 ④ 총체적 질 관리 등이 그것이다.

5) 단위학교 통합적 책임경영의 핵심 가치

통합적 책임경영의 핵심 가치로서는 ① 권력집중이 아닌 권력공유, ② 자발적인 교육 참여 구조, ③ 의사결정에의 참여 기회 개방 및 자율적 선택, ④ 책임과 책무성, ⑤ 지식, 정보의 활용, 그리고 ⑥ 프로세스 중심의 학교경영 등이다. 이러한 가치를 지향하여 실천전략을 마련할 수 있다.

6) 통합적 책임경영의 실천전략

통합형 책임경영을 위해서 다음과 같은 조직, 제도가 전략적으로 마련되고 운영되어야 한다. 즉 ① 미래형 '교육 및 경영' 조직의 구성 및 통합 운영, ② 교사의 새로운 역할을 재규정하고, 전문적 능력 향상을 위한 연수체제 마련, ③ 학교장

지도성 발휘 여건의 조성 지원, ④ 학교공동체의 상설위원회로서 학교운영위원회의 위상 확립 및 기능 명세화, ⑤ 의사결정과정의 합리화, ⑥ 수업 준비에 몰두할 수 있는 여건 조성, 그리고 ⑦ 전문성 수준을 확인하는 책무성 제도 확립 등이다.

7) 통합적 책임경영의 성과

통합적 책임경영의 적용 결과, 기대할 수 있는 성과는 ① 새로운 학교문화의 형성, ② 새로운 학교경영 철학, ③ 효율적 · 능동적 학습조직으로서의 단위학교, ④ 교원의 전문성 신장과 직무 도전감, 그리고 ⑤ 수요자 요구에 부응하는 교수-학습의 수월성 등이다.

참고 문헌

강무섭 외(2003). **미래지향적 교육공동체 탐색**, 한국교육개발원 · 한국교육행정학회.

강인수(1999). "교원의 권리와 의무", **교육마당 21**, 교육인적자원부.

교육개혁위원회(1995). **신교육체제 수립을 위한 교육개혁방안(II)**, 서울: 대한교과서 주식회사.

교육개혁위원회(1996). **신교육체제 수립을 위한 교육개혁방안(III)**, 서울: 대한교과서 주식회사.

교육개혁위원회(1997). **신교육체제 수립을 위한 교육개혁방안(IV)**, 서울: 대한교과서 주식회사.

교육과학기술부 · 한국교육개발원(1965~2012). **교육통계연보**.

교육법전 편찬회편(2012). **2012년판 교육법전**, 서울: 교학사.

교육부 · 한국교육개발원(2015). **2015년 4주기 교원양성기관 평가편람**.

김동건(1990). **현대재정학**, 서울: 박영사.

김동건 · 원윤희(2012). **현대재정학**, 서울: 박영사.

김명한 외(1998). **신간 교육행정 및 경영**, 서울: 형설출판사.

김병주 · 정일환 외(2008). **학교자율화 정착을 위한 경영 내실화 방안**, 경상북도교육청.

김봉수(1988). **학교교육과 학급경영**, 서울: 형설출판사.

김신복(1993). "신한국 창조를 위한 교육개혁: 교육행정", **교육개혁과제 탐색 세미나**, 서울: 한국교육개발원, pp. 113~128.

김신일(2010). **교육사회학**, 파주: 교육과학사.

김영돈(1983). **학급경영론**, 파주: 교육과학사.

김영철(1985). "중앙집권과 지방분권", **교육행정학연구**, 제 3권, 제 1호, pp. 43~54.

김윤태(1994). **교육경영 · 경영신론**, 서울: 배영사.

김종철 외(1990). **학교 · 학급경영론**, 서울: 한국방송통신대학교출판부.

김종철(1991). **한국교육정책연구**, 파주: 교육과학사.

김종철(2002). **교육행정학 신강**, 서울: 세영사.

김종철 · 이종재(1994). **교육행정의 이론과 실제**, 파주: 교육과학사.

김종철 · 이종재(2003). **교육행정의 이론과 실제**, 서울: 한국학술정보.

김태완 · 박재윤 · 나민주(1990). **교육자치제 연구: 교육통치 체제와 재정정책을 중심으로**, 서울: 한국교육개발원.

김태완 · 정일환 외(1990). **교육자치제 종합연구**, 서울: 한국교육개발원.

김혜숙 외 공역(2012). **교육조직 행동론: 리더십과 학교개혁**, Owens, R. G. & T. C. Valesky (2011). Organizational behavior in education: Leadership and school reform, 10th ed., Pearson Education Inc.

남정걸 외(1995). **교육조직론**, 교육행정학 전문서 3, 한국교육행정학회, 서울: 도서출판 하우.

남정걸(2012). **교육행정 및 교육경영**, 파주: 교육과학사.

노시평 외(2006). **정책학의 이해**, 서울: 비 · 앤 · 엠 · 북스.

노종희(1992). **교육행정학: 이론과 연구**, 서울: 문음사.

노종희(1994). "교육행정가의 변혁지향적 리더십의 개발연구", **교육행정학연구**, 제 12권, 제 1호.

노종희(1999). **교육행정학: 이론과 연구**, 서울: 문음사.

노종희(2004). **교육행정학: 이론과 연구**, 서울: 문음사.

대구광역시교육청(2007). **학교회계 예산편성 기본지침**.

문낙진(1994). **학교 · 학급경영의 이론과 실제**, 서울: 형설출판사.

박동서(1995). **한국행정론**, 서울: 법문사.

박동서(1999). **인사행정론**, 서울: 법문사.

박병량 · 주철안(1999). **학교 · 학급경영**, 서울: 학지사.

박성복 · 이종열(1993). **정책학원론**, 서울: 대영문화사.

서정화 외(2011). **교육인사행정론, 교육행정학회편**, 파주: 교육과학사.

서정화(1999). "교육인사행정", 서울대교육연구소편, **교육학대백과사전**, 서울: 하우동설.

성삼재(2002). **학교예산 회계제도의 이해**, 파주: 교육과학사.

송기창 외(2012). **2012 교육재정백서**, 서울: 한국교육개발원.

신현석 · 한유경 옮김(2007). 교육정책의 이론과 실제, Fowler, F.C.(2004). Policy studies for educational leaders: An introduction, 2nd ed., 서울: 아카데미프레스.

오석홍(1997). **인사행정론**, 서울: 박영사.

오석홍(2005). **행정학**, 서울: 박영사.

유민봉(2008). **한국행정학**, 서울: 박영사.

유현숙 외(1994). **교육자치제에 따른 학교경영체제 개선방안 연구**, 서울: 한국교육개발원.

윤정일 외(2008). **교육행정학원론**, 서울: 학지사.

이대희 역(1984). **정책분석론**, 서울: 대영문화사.

이윤식 외(2007). **교직과 교사**, 서울: 학지사.

이종수 · 윤영진 외(2009). **새행정학**, 5정판, 서울: 대영문화사.

이종재 외(2012). **한국교육행정론**, 파주: 교육과학사.

이칭찬(1996). **교사론**, 서울: 동문사.

정범모(1976). **교육과 교육학**, 서울: 배영사.

정영수 · 정일환 외(2006). **새로운 시대의 학교경영모형 수립 및 지침서 개발**, 충청북도교육청.

정일환 외(1991). **교사교육 평가인정제도 도입방안 연구**, 서울: 한국교육개발원.

정일환 외(2008). **교육의 이해**, 서울: 동문사.

정일환(2000). **교육과 사회발전**, 서울: 중앙적성출판사.

정일환(2002). **교육행정학 탐구: 개념과 실제**, 서울: 원미사.

정일환(2003). 협동적 학교조직문화 형성에 관한 연구, **한국정책과학학회보**, 제7권 제1호, 301-320.

정일환 · 김병주 외 공저(2012). **비교교육학 : 이론과 실제**, 파주: 교육과학사.

정일환 · 하현길 역(2012). **평가모형**, Stufflebeam, D. L.(2001). Evaluation Models, 파주: 교육과학사.

정정길 외(2007). **정책학원론**, 서울: 대명출판사.

정정길(1998). **정책학원론**, 서울: 대명출판사.

진동섭 외 공저(2005). **한국학교조직 탐구**, 서울: 학지사.

진동섭 외(2011). **교육행정 및 학교경영의 이해**, 파주: 교육과학사.

진동섭 외(2011). **학교경영컨설팅과 수업컨설팅**, 파주: 교육과학사.

천세영 · 이선호(2002). 포뮬러 펀딩에 기초한 학교비 배분모형 연구, **교육재정경제연구**, 제11권 제2호, 149-173.

최희선(1990). **학교 · 학급경영**, 서울: 법문사.

한국교원교육학회(1999). **교사교육**, 16권, 제 1호.

한국교원단체총연합회(1997). 우수 교원 확보를 위한 교원정책 종합연구, **정책연구**, 제 86집.

한국교원단체총연합회(1998). 교원정책의 당면 과제와 개선방안, **정책연구**, 제 90집.

한국교원정책연구회(1990). 교원양성, 임용에 관한 종합 28책 연구, **교원정책연구**.

한국교육개발원(1986). **2000년을 향한 국가 장기발전 구상: 교육부문 보고서**.

한국교육개발원(1992). **한국교육의 종합 이해와 미래구상(II): 총괄편**.

한국교육개발원(1993). **신한국 창조를 위한 교육개혁**.

한국교육행정학회 편(2010). **학교경영론**, 파주: 교육과학사.

한국교육행정학회 편(2013). **한국 교육행정학연구 핸드북**, 서울: 학지사.

Acheson, K. & Gall, M. D.(1980). *Techniques in the clinical supervision of teachers*, New York: Longman.

Ackoff, R. L. & Rivett, P.(1970). *A manager's guide to operations research*, New York: John Wiley & Sons.

Alfoso, R. J., Gerald, R. F. & Neville, R. F.(1981). *Instructional supervision: A behavior system*, 2nd ed., Boston: Allyn and Bacon, Inc.

Ancona, D. & Caldwell, D.(1992). "Bridging the boundary: External activity and performance in organizational teams", *Administrative science quarterly*, vol. 37, no. 4, pp. 634~665.

Anderson, C. A, & Bowman, J. M.(1964). "Theoretical considerations in educational planning", Adams, D.(ed.), *Educational planning*, Center for Development Education, Syracuse University.

Banks, J.(1992). *The essence of total quality management*, Prentice-Hall.

Barnard, C. I.(1938). *Functions of an executive*, Cambridge, MA: Harvard University Press.

Bass(ed.)(1991). *Bass & Stogdill's handbook of leadership: Theory, research, & managerial application*, 3rd ed., New York: The Free Press.

Bates, R.(1992). *Leadership and school culture*, Seville, Spain: Interuniversity congress of the organization of teaching faculty of philosophy and science of education.

Bell, B. & Gilbert, J.(1996). *Teacher development: A model from science education*, London: Falmer Press.

Benson, C. S.(1968). *The economics of public education*, Boston: Houghton Mifflin.

Bidwell, C. E.(1965). "The school as a formal organization", in J. G. March(ed.) *Handbook of organization*, Chicago: Rand McNally.

Blake, R. R. & Mouton, J. S.(1985). *The managerial grid*, Houston Texas: Gulf Publishing Company.

Blau, P. M. and Scott, W. R.(1962). *Formal organizations: A comparative approach*, San Francisco: Chandler Publishing Co.

Blumberg, A.(1980). *Supervisors and teachers: A practice cold war*, 2nd ed., Berkley, California: Mccutchan Publishing Co.

Bobbitt, J. F.(1913). "Some general principles of management applied to the problems of city school system", in Parlcer S. C.(ed.), *The supervision of city schools*, Twleveth Yearbook of the National Society for the Study of Education, Part Ⅰ, Chicago: University of Chicago Press.

Bolman, L. & Deal, T.(1991). *Reframing organizations: Artistry, choice, and leadership*, San Francisco: Jossey-Bass.

Bowring-C, C. & John W. B.(1994). *Managing quality in schools: A training manual*, British: Longman.

Bozemen, B.(1979). *Public management and policy analysis*, New York: St. Martin's Press.

Bridges, E. M.(1967). A model for shared decision making in the school principalship, *Educational administration quarterly*, vol. 3, pp. 49~61.

Brookover, W. B., et al.(1979). *School social system and student achievement: School can make a difference*, New York: Praeger.

Burch, B. G. & Danley, W. E.(1980). "The instructional leadership role of central office

supervisors", *Educational leadership*, May.

Burns, J. M.(1978). *Leadership*, N.Y.: Haper & Row.

Bush, G.(1991). *America 2000: An education strategy.*

Campbell, A., et al.(1964). *The American voter*, N.Y.: John Wiley & Sons.

Carlson, R. O.(1964). "Environmental constraints and organizational consequences: The public school and its clients", in Griffths D. E.(ed.), *Behavioral science and educational administration*, Chicago: University of Chicago Press, pp. 262~276.

Castetter, W. B.(2000). *The personnel function in educational administration*, 5th ed., New York: Macmillan Publishing Company.

Chadwick, G.(1971). *A system views of planning*, Oxford: Pergamon Press.

Clark, D. L., Lotto, L. & Astuto, T. A.(1984). "Effective schools and school improvement: A comparative analysis of two lines of inquiry", *Educational administration quarterly*, vol. 20, pp. 41~68.

Cobb, R. W. & Elder, C. D.(1972). *Participation in American politics: The dynamics of agenda building*, Boston: Allyn and Bacon.

Cobb, R., J., Ross .K. & Ross, M. H.(1979). "Agenda building as a comparative political process", *American political science review*, vol. 7, pp. 126~128.

Cogan, M.(1973). *Clinical supervision*, New York: Houghton Mifflin Co.

Cohen, M. D., March, J. G. & Olsen, J. P.(1972). "A garbage can model of organizational choice", *Administrative science quarterly*, vol. 17, pp. 1~25.

Cooke, R. & Szumal, J. L.(1993). "Measuring normative beliefs and shared behavioral expectation in organization: The reliability and validity of the organizational culture inventory", *Psychological reports*, vol. 72, pp. 1299~1330.

Cooke, R.(1989). *Organizational culture inventory, leader's guide*, 2nd ed., Plymouth, MI: Human Synergistics.

Coombs, P. M.(1970). *What is educational planning?*, Paris: International Institute for Educational Planning.

Curtin, J.(1964). *Supervision in today's elementary schools*, New York: Macmillan.

Dalin, P.(1993). *Changing the school culture*, London: Cassell.

Deal, T. E. & Kennedy, A. A.(1982). *Corporate cultures: The rites and rituals of corporate life*, Reading MA: Addison-Wesley.

DeLeon, P. & Brower, G.(1983). *The foundations of policy analysis*, Homewood, Illinois: Dorsey Press.

Deming, W. E.(1996). *Out of the crisis*, Cambridge, MA: MIT Center for Advanced Engineering Study.

Denision, E. F.(1964). "Measuring the contribution of education to economic growth", *The residual factor economic growth*, Paris: Organization for Economic Cooperation and Development.

Dennison, D. R.(1990). *Corporate culture and organizational effectiveness*, New York: Wiley.

Dill, W. R.(1964). "Decision making", *Behavioral science and educational administration*, NSSE.

Dror, Y.(1963). "The planning process: A facet design", *International review of administrative sciences*, vol. XXIX, no. 1, pp. 46~58.

Dull, L. W.(1981). *School leaderships handbook*, Columbus, Ohio: Charles E. Merrill Publishing Co.

Duncan(1979). "What is the right organizational structure: Decision free analysis provides the answer", *Organizational dynamics*, vol. 7, pp. 59~80.

Dunn, W. N.(1981). *Public policy analysis: An introduction*, Englewood Cliffs, N.J.: Prentice-Hall, Inc.

Dunn, W. N.(1983). *Values, ethics*, and the practice of policy analysis, Lexington, Massachusetts: D.C. Heath and Company.

Dye, T. R.(1979). *Policy analysis*, Alabama: The University of Alabama Press.

Ellis, J.(1989). *Against reconstruction*, Princeton: Princeton University Press.

Elmore, R. F.(1979). "Backward mapping: Implementation research and policy decisions", *Political science quarterly*, vol. 94, No. 4, Dordrecht: Martinus Miihoff.

Enloe, C.(1975). *The politics of pollution in comparative perspective*, New York: David H. McKay, Inc.

Etzioni, A.(1961). *A. comparative analysis of complex organization*, New York: The Free Press.

Etzioni, A.(1964). *Modern organizations*, Englewood Cliffs, N.J.: Prentice-Hall.

Etzioni, A.(1967). "Mixed scanning: A third approach to decision making", PAR, vol. 27.

Eye, G. G., Netzer, L. A. & Krey, D.(1971). *Supervision of instruction*, New York: Harper & Row.

Eyestone, R.(1978). *From social issues to public policy*, New York: John Wily and Sons.

Fayol, H.(1949). *General and industrial management*, trans., by Storrs C, London: Sir Isaac Pitman & Sons.

Ferguson, K. E.(1984). *The feminist case against bureaucracy*, Philadelphia: Temple University Press.

Fiedler, F. & Garcia, J.(1987). *New approaches to effective leadership: Cognitive resources and organizational performance*, New York: Wiley.

Fiedler, F.(1967). *A theory of leadership effectiveness*, N.Y.: McGraw-Hill.

Firestone, W. A. & Wilson, B. L.(1985). "Using bureaucratic and cultural linkages to improve instruction: The principal' s contribution", *Educational administration quarterly*, vol. 21, pp. 7~31.

Fish, S.(1989). *Doing what comes naturally*, Durham, NC: Duke University Press.

Forbes, R. H.(1974). "Cost-effectiveness analysis: Primer and guidelines", *Educational technology*.

Fullan, M. & Hargreaves, A(1991). *What's worth fighting for in your school? working together for your school*, Buckingham: Open University Press.

Garms. W. I., James, W. & Pierce, I. C.(1978). *School finance: The economics and politics of public education*, Englewood Cliffs, N.J.: Prentice-Hall Inc.

Garvin, D. A.(1988). *Managing quality: The strategic and competitive*, New York: Free Press.

Gaus, J. M. et al.(1936). *The frontiers of public administration*, University of Chicago Press.

Getzels, J. W. & Guba, E. G.(1957). "Social behavior and the administrative process." *School review*, Vol. 65.

Glatthorn, A.(1984). *Differentiated supervision*, Alexandria, V.A.: Association for Supervision and Curriculum Development.

Glenn, B. C.(1981). *What works? An examination of effective schools for poor black children*, MA: Harvard University, Center for Law Education.

Goldhaber, G. M.(1979). *Organizational communications*, Dubugue, IA: Willian C. Brown.

Goldhammer, R.(1969). *Clinical supervision*, New York: Holt, Reinhart and Winston, Inc.

Goodlad, J.(1975). *The dynamics of educational change*, New York: MaGraw-Hill Book Company.

Gorton, R. A.(1976). *School administration: Challenge and opportunity for leadership*, Dubuque, IA: Brown, W. C.

Greenfield, T. B.(1980). "The man who comes back through the door in the wall: Discovering truth, discovering self, discovering organizations", *Educational administration quarterly*, vol. 16, no. 3, pp. 26～59.

Greenfield, T. B.(1985). "Theories of educational organization: A critical perspective", in Husen T. & Poshethwaite T. N.(eds.), *The international encyclopedia of education*, Oxford: Pergamon Press.

Gregg, R. T.(1957). "The administrative process", in Campbell, R. F. & Gress R. T.(eds.), *Administrative behavior in education*, New York: Harper & Brothers.

Grewood, M. S. & Gaunt, H. J.(1994). *Total quality management for school*, London: Cassell.

Griffiths, D. E.(1959). *Administrative theory*, New York: Appleton-century-Crofts, Inc.

Gruenert, S. W.(1998). Development of a school culture survey, Unpublished Doctoral Dissertation, University of Missouri-Columbia.

Gulick, L. & Urwick, L.(eds.)(1937). *Papers on the science of administration*, New York: Institute of Public Administration.

Guthrie, J. M. & Reed, R. J.(1986). *Educational administration and policy*, Englewood Cliffs,

New Jersey: Prentice-Hall, Inc.

Hall, R. H.(1962). "The concept of bureaucracy: An empirical assessment", *American sociological review*, vol. 27, pp. 295~308.

Halpin, A. & Winer, J.(1952). "The leadership behavior of the airplane commander", *Mimeographed technical report*, Columbus, Ohio: The Ohio State University Research Foundation.

Halpin, A. W. & Croft, D. B.(1963). *The organizational climate of schools*, Chicago: Midwist Administration Center, University of Chicago.

Halpin, A. W.(1966). *Theory and research in administration*, N.Y.: Macmillan.

Halpin, A. W.(1970). "Administrative theory: The fumbled torch", in Kroll, A. M.(ed.), *Issues in American education*, N.Y.: Oxford University Press.

Hanson, E. M.(1991). *Educational administration and organizational behavior*, 3rd ed., Boston: Allyn and Bacon.

Hanson, E. M.(2002). *Educational administration and organizational behavior*, 5th ed., Allyn & Bacon.

Hargreaves, A.(1995). *Changing teachers, changing times-teachers' work and culture in the postmodern age*, Teachers College Press Columbia University.

Harris, B. H. & Wiland, B.(1969). *In-service education: A guide to better practice*, Englewood Cliffs, N.J.: Premhice-Hall, Inc.

Harris, B. H.(1975). *Supervisory behavior in education*, Englewood Cliffs, N.Y.: Prentice-Hall, Inc.

Hemphill, J. K. & Coons, A. E.(1957). "Development of the leader behavior description questionnaire", in Stogdill R. M. & Coons A. E.(eds.), *Leader behavior: Its description and measurement*, Columbus, Ohio: Ohio State University Press.

Henry, N.(1988). *Public administration and public affairs*, Englewood Cliffs, N.J.: Prentice-Hall.

Herman, J. J. & Herman, J. L.(1994). *Education quality management*, Lancaster: Technomic publishing Co., Inc.

Herriot, R. E. & Firestone, W. A.(1982). "Two images of schools as organization: An explication and illustrative empirical text", *Educational administration quarterly*, vol. 18, no. 2, pp. 39~59.

Hersey, P. & Blanchard, K. H.(1988). *Management of organizational behavior*, 5th ed., Englewood Cliffs, N.J.: Prentice- Hall.

Herzberg, F.(1982). *The managerial choice: To be efficient and to be human*, Salt Lake City, UT: Olympus.

House, R. J. & Howell, J. M.(1992). "Personality and charismatic leadership," *Leadership quarterly*, vol. 3.

Howell, J. M. & Frost, P. J.(1989). "A laboratory study of charismatic leadership", *Organizational behavior and human decision processes*, vol. 43.

Hoy, W. K. & Clover, S. I.(1986). "Elementary school climate: A revision of the OCDQ", *Educational administration quarterly*, vol. 22, pp. 93 ~110.

Hoy, W. K. & Miskel, C. G.(2001). *Educational administration: Theory, research, and practice*, 6th ed., New York: McGraw-Hill, Inc.

Hoy, W. K. & Miskel, C. G.(2008). *Educational administration: Theory, research, and practice*, 8th ed., New York: McGraw-Hill, Inc.

Hoy, W. K. and Miskel, C. G.(2013). *Educational administration: Theory, research, and practice,* 9th ed., N.Y.: McGraw-Hill.

Hyneman, C. S.(1995). *Bureaucracy in a democracy*, New York: Macmillan.

Immergart, G. L. & Pilecki, F. J.(1973). *An introduction to system for the education administrator*, Reading, Massachusetts: Addison-Wisley Publishing Company, Inc.

Johnson, J. H.(1993). *Total quality management in education*, ERIC ED 354, 611.

Johnson, L. V. & Bany, M. A.(1970). *Classroom management: Theory and staff training*, New York: The Macmillan Company.

Jones, C. O.(1970). *An introduction to the study of public policy*, Mass: Duxbury Press.

Jones, R. L. et al.(1983). *The economics and financing of education*, N.Y.: Prentice-Hall, Inc.

Jones, T. H.(1985). *Introduction to school finance: Technique and social policy*, N.Y.: Macmillan Publishing Company.

Kain, D.(1996). "Looking beneath the surface: Teacher collaboration through the lens of grading practices", *Teacher college record*, vol. 97, no. 4, pp. 569~587.

Kain, D.(1996). "Looking beneath the surface: Teacher collaboration through the lens of grading practices", *Teacher College Record*, vol. 97, no. 4, pp. 569~587.

Katz, D. & Kahn, R. L.(1978). *The social psychology of organizations*, 2nd ed., N.Y.: Wiley.

Kaufman, R. A.(1972). *Educational system planning*, N.J.: Englewood Cliffs, Prentice-Hall, Inc.

Kelly, E. F.(1978). "Curriculum criticism and literary criticism: Comments on the anthology", in Willis, G.(ed.), *Qualitative evaluation*, Berkely, CA: McCutchan.

Kendrick, F. et al.(1974). *Strategies for political participation*, 2nd ed., MA: Winthrop Publishers, Inc.

Knezevich, S. J.(1973). *Administration of public education*, 2nd ed., New York: Harper and Row Publishers.

Kottkamp, R. B., Mulhern, J. A. & Hoy W. K.(1987). "Secondary school climate: A revision of the OCDQ", *Educational administration quarterly*, vol. 23, pp. 31~48.

Kowalski, T. J.(2011). Case study on educational administration, 4th ed., Boston: Pearson Education Inc.

Kuhn, T. S.(1962). *The structure of scientific revolutions*, Chicago: University of Chicago Press.

Lasswell, H. D.(1975). *A pre-view of policy science*, New York: American Elsevier Publishing Company, Inc.

Lawrence, P. R. & Lorsch, J. W.(1967). *Organization and environment*, Homewood, IL: Irwin.

Leithwood, K. & Aitken, R.(1995). *Making schools smarter: A system for monitoring school and district progress*, California: Corwin Press Inc.

Lewis, Jr. J.(1983). *Long-range and short-range planning for educational administrators*, Boston: Allyn and Bacon, Inc.

Little, J.(1981). *The power of organizational setting*, Washington D.C.: National Institute of Education.

Lorsch, J. W.(1985). "Strategic myopia: Culture as an invisible barrier to change", in Kilmann, R. H., Saxton, M. J. & Serpa, R.(eds.), *Gaining control of the corporate culture*, San Francisco: Jossey-Bass, pp. 84~102.

Lowi, T. J.(1964). "American business, public policy, case-studies, and political theory", *World politics*, vol. 16, no. 4.

Lunenburg, F. C. & Ornstein, A. C.(2001). *Educational administration: Concepts and practices*, 3rd ed., Belmont, California: Wadsworth Publishing Company.

Lunenburg, F. C. & Ornstein, A. C.(2008). *Educational administration: Concepts and practices*, 5th ed., Belmont, California: Wadsworth Publishing Company.

Lunenburg, F. C. & Ornstein, A. C.(2011). *Educational administration: Concepts and practices*, 6th ed., Belmont, California: Wadsworth Publishing Company.

Maslow, A. H.(1970). *Motivation and personality*, 2nd ed., New York: Harper & Row.

Mayo, E.(1933). *The human problems of an industrial civilization*, New York: Macmillian.

McBride, R(eds.)(1996). *Teacher education policy: Some issues arising from research and practice*, London: Falmer Press.

McGregor, D.(1960). *The human side of enterprise*, New York: McGraw-Hall Book Company.

McMahon, W. W. & Geske, T. G.(1982). *Financing education: Overcoming inefficiency and inequity*, Urbana Champaign, II: The University of Illinois Press.

Miles, A. & Matthew, B.(1971). *Organization development in schools*, Palo Alto, CA.: National Press Books, pp. 2~3.

Mincer, J.(1974). *Schooling, experience and schooling*, New York: National Bureau of Economic Research.

Mintzberg, H.(1983). *Power in and around organizations*, Englewood Cliff, N.J: Prentice-Hall.

Mitchell, D. E. & R. L. Crowson(2011). shaping education policy: power and precess, New

York: Routledge.

Moehlman, A. B.(1951). *School administration*, New York: Houghton Mifflin, Co.

Monk, B. J.(1993). *Toward quality in education*: The leader's Odyssey, ERIC ED pp. 362~951.

Mooney, J. D.(1947). *The principles of organization*, 2nd ed., N.Y.: Harper and Brothers.

Morphet, E. L. et al.(1982). *Educational organization and administration: Concepts, practice and issues*, Englewood Cliffs, N.J.: Prentice-Hall.

Munro-Faure et al.(1994). *TQM: A primer for implementation*, IRWIN.

Murgatroyd, S. & Morgan C.(1993). *Total quality management and the school*, Buckingham: Open University Press.

Murphy, J.(1988). "The Unheroic side of leadership: Notes from the Swamp", *Phi delta kappa*, Vol. 69.

Murphy, J.(1994). "Transformational change and the evolving role of the principal: Early empirical evidence", in Murphy J. & Louis, K. S.(eds.), *Reshaping the principalship: Insights from transformational reform efforts*, CA: Corwin Press.

Nagel, S. S.(1977). *Policy studies review annual*, Beverly Hills: Sage.

Nakamura, R. T. & Smallwood, F.(1980). *The politics of policy implementation*, New York: St. Martin's Press.

National Center for Education Statistics(1989). *The condition of education*, Washington D.C.: U.S. Government Printing Office.

National Commission on Excellence in Education(1983). *A nation at risk: Imperative for educational reform*, Washington, D.C.: U.S. Government Printing Office.

Navaratnam, K. K. & Mountney P. (1992). *Implementing total quality management in vocational education*, ERIC ED 351, 569.

Newman, F. & Wehlage, G.(1995). *Successful school restructuring*, University of Wisconsin -Madison: Center on Organization and Restructuring of Schools.

Nicotera, A.(1993). "Beyond two dimensions: A grounded theory model of conflict- handling behavior", *Management communication quarterly*, vol. 6, pp. 282~306.

Oakland, J.(1989). *Total quality management*, London: Butterworth.

Ornstein, A. C. & Levine, D. U.(1993). *Foundation of education*, Boston: Houghton Mifflin Company.

Ostrom, E.(1990). Governing the commons: The evolutions of institution for collective action, Cambridge Univ. Press.

Ouchi, W.(1981). *Theory Z*, Reading, MA: Addison-Wesley.

Owens, R. G. & Steinhoff, C. R.(1976). *Administering change in schools*, Englewood Cliffs, N.J.: Prentice-Hall.

Owens, R. G.(1998). *Organizational behavior in education*, 6th ed., N.J.: Prentice-Hall.

Owens, R. G.(2010). *Organizational behavior in education*, 10th ed., N.J.: Prentice-Hall.

Parkay, F. W.(1995). *Becoming a teacher*, Bevery Hardcastle Stanford.

Parsons, T.(1960). *Structure and process in modern societies*, Glencoe, IL: Free Press.

Pearce, D. W.(1981). *The dictionary of modern economic*, Cambridge Mass: MIT Press.

Perters, T. J. & Waterman, R. H. Jr.(1982). *In search of excellence*, New York: Harper and Row.

Porter, L. W. & Lawler, E. E. et al.(1975). *Behavior in organization*, New York: McGraw-Hill.

Prest, A. R. & Turvey R.(1965). "Cost-benefit analysis: A survey", *Economic journal*, vol. 75.

Presthus, R.(1976). *Public administration*, 7th ed., New York: Ronald Press.

Psacharopoulas, G. & Woodhall, M.(1985). *Education for development: An analysis of investment choice*, Oxford: Oxford University Press.

Quade, E. S.(1967). "Introduction and overview", in Goldman T. A.(ed.), *Cost-effectiveness analysis: New approaches in decision-making*, New York: Frederich A. Praeger.

Quade, E. S.(1975). *Analysis for public decisions*, New York: Elsevier North Holland Inc.

Reavis, C. A.(1978). *Teacher improvement through clinical supervision*, Bloomington, Indiana: *Phi delta kappa.*

Reddin, W. J.(1970). *Managerial effectiveness*, N.Y.: McGraw-Hill.

Ripley, R. B. & Franklin, G. A.(1982). *Bureaucracy and policy implementation*, Homewood, Illinois: The Dorsey Press.

Ripley, R. B. & Franklin, G. A.(1982). *Congress the bureaucracy and public policy*, 4th ed., Chicago: Dorsey Press.

Robbins, S. P.(1991). *Organizational behavior: Concepts, controversies, and applications*, 5th ed., Englewood Cliffs, NJ: Prentice-Hall.

Roethlisberger, F. J. & Dickson, W. J.(1939). *Management and the worker*, Cambridge: Harvard University Press.

Rogers, E. M. & Rogers, R. A.(1976). *Communication in organizations*, New York: The Free Press.

Rosenau, P. M.(1992). *Post-modernism and the social science: Insights, inroads, and intrusions*, Princeton University Press.

Rosenholtz, S.(1989). *Teacher's workplace: The social organization of schools*, New York: Longman.

Ross, K. N & Levacic(1999). *Need Based Resource Allocation in Education*, UNESCO : IIEP.

Salisburg, R. H.(1968). "The analysis of public policy: A search for theories and roles", in Austin R.(ed.), *Political science and public policy*, Chicago: Markham.

Salman, R. et al.(1988). *Public school finance programs of the United States and Canada,*

1986~87, Blacksburg, VA: American Education Finance Association.

Sarason, S.(1996). *Revisiting the culture of the school and the problem of change*, New York: Teachers College Press.

Scanlan, B. & Keys, T.(1979). *Management and organizational behavior*, New York: Wiley & Sons.

Schein, E.(1992). *Organizational culture and leadership*, 2nd ed., San Francisco: Jossey-Bass.

Schlechty, P.(1997). *Inventing better schools: An action plan for educational reform*, San Francisco: Jossey-Bass.

Schmoker, M. J. & Richard B. W.(1993). *Total quality education*, A publication of Phi Delta Kappa Education Foundation Bloominton, Indiana.

Schultz, T. W.(1963). *The economic value of education*, New York: Columbia University Press.

Schwartz, H. M. & Davis, S. M.(1981). "Matching corporate culture and business strategy", *Organizational dynamics*, vol. 10, pp. 30~48.

Scriven, M.(1972). "Pros and cons about goal-free evaluation", *Evaluation comment*, vol. 3, no. 4, pp. 1~7.

Sears, J. B.(1950). *The nature of the administrative process: With special reference to public school administration*, New York: McGraw-Hill Book Co.

Selden, W. K.(1960). *Accreditation: A struggle over standards in higher education*, New York: Harper.

Sergiovanni, T. J. & Metzcus, R. H. et al.(1969). "Toward a particularistic approach to leadership style: Some findings", *American education research journal*, vol. 6, pp. 62~80.

Sergiovanni, T. J. & Starratt, R. J.(1979). Supervision: *Human perspective*, 2nd ed., New York: McGraw-Hill Book Co.

SERVE(1989). *Total quality management passing fad or "the real thing"? An implementation study*, The Office of Educational Research and improvement, U.S. Department of education, ERIC ED 391 229.

Sevick, C.(1993). *Can Deming's concept of total quality management be applied to education?*, ERIC ED 362, 997.

Seyfarth, J. T.(1996). *Personnel management for effective schools*, 2nd ed., Boston: Allyn and Bacon.

Sharkeshaft, C.(1987). *Woman in educational administration*, California: Sage Publication, Inc.

Shultz, T. W.(1961). "Investment in human capital", *American economic review*, vol. 51.

Silver, P.(1983). Educational administration: *Theoretical perspectives in practice and research*, New York: Haper & Row.

Simon, H. A. et al.(1950). *Public administration*, New York: Alfred A. Knof.

Simon, H. A.(1976). *Administrative behavior: A study of decision-making process in administrative organizations*, 3rd ed., New York: The Free Press.

Smith, J. P.(1988). Organizational culture secondary school: A comparative case study, Unpublished Doctoral Dissertation, The Pennsylvania State University.

Snyder, K. J.(1981). “Clinical supervision in the 1980's”, *Educational leadership*, April.

Stake, R. E.(1975). *Evaluating the arts in education: A responsive approach*, Oklahoma: Columbus.

Steiner, G. A. & Miner, J. B.(1977). *Management policy and strategy*, New York: MaCmillan Publishing, Co, Inc.

Stinnette, T. M. & Hugget, A. J.(1963). *Professional problems of teachers*, New York: Collier Macmillan Inc.

Stogdill, R. M. & Coons, A. E.(eds.)(1950). *Leader behavior: Its description and measurement*, Columbus: Bureau of Business Research, Ohio State University.

Stogdill, R. M.(1948). “Personal factors associated with leader: A survey of the literature”, *Journal of psychology*, vol. 25, pp. 35～71.

Stogdill, R. M.(1974). *Handbook of leadership: A survey of theory and research*, N.Y.: The Free Press.

Stokey, E. & Zeckhauser R.(1978). *A primer for policy analysis*, New York: W. North & Company.

Stufflebeam, D. L.(1973). “An introduction to the PDK book: Educational evaluation and decision-making”, in Worthen B. R. & Sanders J. R.(eds.), Educational evaluation: *Theory and Practice*, Belmont, CA: Wads-worth.

Takakura, S. & Murata, Y.(1989). 일본의 교육: 현상과 과제, 일본: University of Takakura.

Taylor, F. W.(1947). *Scientific management*, New York: The Free Press.

The National Association of State Directors of Teacher Education and Certification(1986). *Standards for state approval of teacher education.*

The National Council for the Accreditation of Teacher Education(1986). *Standards, procedures, policies fir the accreditation of professional teacher education units*, Wachington: NCATE.

The Progressive Policy Institute(1993). *Mandate for change*, New York: Berkely Book.

Thomas, K. W.(1976). “Conflict and conflict management”, in Dunnette, M. D.(ed.), *Handbook of industrial and organizational psychology*, New York: Wiley.

Thomson, J. D.(1967). *Organizations in action*, New York: McGraw-Hill.

Travers, P. D. & Robore, R. W.(1998). *Foundation of education-becoming a teach*, N.J.: Prentice-Hall, Inc.

U. S. Department of Education(1991). *America 2000: An education strategy.*

Urwick, L. F.(1937). *Papers on the science of administration*, in Gulick, L. & Urwick, L.

F.(eds.), New York: Institute of Public Administration, Columbia University.

Vroom, V. H. & Jago, A. G.(1984). "Reflection on leadership and decision-making", *Journal of general management(UK)*, vol. 9, no. 3.

Wagner, T.(1994). How schools change: *Lessons from three communities*, Boston: Beacon Press.

Waldo, D.(1967). *The study of public administration*, N.Y.: Random House.

Waner, A. R. & White, S. C.(1980). "Eroding autonomy for schools, college and departments of education", *Phi delta kappan*, vol. 62.

Weber, M.(1946). "Bureaucracy", in Weber M. Essays in sociology, New York: Oxford University Press.

Weber, M.(1947). *The theory of social and economic organization*, N.Y.: The Free Press.

Weick, K. E.(1976). "Educational organizations as loosely coupled systems", *Administrative science quarterly*, vol. 21, March.

Weinstein, C. S. and Mignano, A. J. Jr(1993). *Classroom management: Lessons from research and practice*, New York: McGraw-Hill, Inc.

Weiss, C. H.(1972). *Evaluation research*, N.J.: Prentice-Hall, Inc.

White, L. D.(1965). *Introduction to the study of public administration*, 4th ed., New York: Macmillan.

Wholey, T. S.(1977). "Evaluability assessment", in Rutman L.(ed.), *Evaluation research methods*, Beverley Hills, Cal: Sage Publications.

Wildavsky, A.(1964). *Politics of budgetary process*, Boston: Little Brown and Company.

Wiles, J. & Bondi J.(1980). *Supervision: A guide to practice*, Columbus, Ohio: Charles E. Merrill Publishing Co.

Wiles, K.(1967). *Supervision for better schools*, Englewood Cliffs, N.J.: Prentice-Hall, Inc.

Wohlstetter, P. et al.(1994). "New boundaries for school-based management: The high involvement model", *Educational evaluation and policy analysis*, Fall, vol. 16, no. 3, pp. 268~301.

Woods, P. A.(2011). Transforming education policy: shaping a democratic future, Portland: The Policy Press.

Worthen, B. R. & Sanders, T. R.(1987). *Educational evaluation: Theory and practice, Belmont*, CA: Wadsworth.

Yukl, G. A.(1981). *Leadership in organization*, Englewood Cliffs, N.J.: Prentice-Hall, Inc.

찾아 보기

<사 항>

<인 명>

저자 소개

✍ 정일환

- 미국 펜실베니아 주립대학교 대학원 교육정책학과(철학박사)
- 한국교육개발원 책임연구원(교육행정연구부장) 역임
- 한국학술진흥재단 학술정책연구실 전문위원(파견근무) 역임
- 한국대학교육협의회 정책자문교수(파견근무) 역임
- 초등, 중등 교원 임용시험 출제위원 역임
- 교원양성기관 평가위원 역임
- 시·도 교육청 평가위원 및 시·도 교육 연수원 평가위원 역임
- 국가교육과학기술자문회의 위원 역임
- 대구가톨릭대학교 사범대학 학장, 교육대학원장 역임
- 대통령실 교육비서관 역임
- 현) 대구가톨릭대학교 사범대학 교육학과 교수

✍ 김정희

- 대구가톨릭대학교 대학원 교육학과(교육학박사)
- 대구대학교 대학원 특수교육학과 중복지체부자유아교육전공(문학박사)
- 현) 한국대학교육협의회 선임연구원, 중앙대학교 겸임교수

✍ 정현숙

- 대구가톨릭대학교 대학원 교육학과(교육학박사)
- 현) 대구가톨릭대학교 강의교수

교육행정의 이해 - 수정판 -

초판발행 2013년 7월 10일
수정1쇄 2015년 8월 15일

저 자 정일환 · 김정희 · 정현숙
발행인 김현태
발행처 태영출판사

주 소 (08301) 서울 구로구 구로동 104-10 동남오피스텔 201호
전 화 02 · 839-3757, 839-3752
팩 스 02 · 837-3754
등 록 2005년 5월 30일 제12-421호
http://www.taeyeongbook.co.kr
E-mail tys2005@hanmail.net
ISBN 978-89-6302-171-3 93370
정 가 20,000원

* 잘못 만들어진 책은 교환해 드립니다.